国家社会科学基金项目·管理学系列丛书

保险公司治理对绩效影响实证研究
——基于公司治理评价视角

郝 臣 著

科学出版社

北 京

内 容 简 介

保险公司治理是国家治理体系的重要组成部分，它与偿付能力、市场行为共同构成我国保险监管的三大支柱。我国保险公司治理在经历了政企合一的完全行政型治理、治理观念的导入、治理结构与机制的建立三个阶段后，进入了关注公司治理质量的新阶段。保险公司治理评价是以指数的形式对保险公司治理的质量进行量化反映。首先，本书构建了基于公司治理内容和治理层次的我国股份制与有限制保险公司治理评价指标体系，并利用该指标体系对我国保险公司治理状况进行了评价分析。其次，本书从公司治理整体的视角，即利用保险公司治理指数实证研究了保险公司治理对效率绩效、竞争力绩效和财务绩效的影响，研究发现，我国保险公司治理的合规性较高，但有效性总体偏低。最后，本书给出了我国保险公司治理的 16 个结论和提升我国保险公司治理水平的 16 个对策。

本书适用于高校科研人员、保险从业人员和监管部门工作人员。

图书在版编目（CIP）数据

保险公司治理对绩效影响实证研究：基于公司治理评价视角/郝臣著.
—北京：科学出版社，2016

ISBN 978-7-03-047474-2

Ⅰ. ①保…　Ⅱ. ①郝…　Ⅲ. ①保险公司–企业管理–影响–企业绩效–研究–中国　Ⅳ. ①F842.3

中国版本图书馆 CIP 数据核字（2016）第 043769 号

责任编辑：徐　倩/责任校对：贾伟娟
责任印制：徐晓晨/封面设计：蓝正设计

科 学 出 版 社 出版
北京东黄城根北街 16 号
邮政编码：100717
http://www.sciencep.com
北京京华虎彩印刷有限公司 印刷
科学出版社发行　各地新华书店经销
*
2016 年 3 月第 一 版　开本：B5（720×1000）
2016 年 3 月第一次印刷　印张：27
字数：527 000
定价：146.00 元
（如有印装质量问题，我社负责调换）

序

据有关机构统计，仅 2015 年下半年就有安邦、前海、国华等近 10 家保险公司参与"举牌"（即持股到达 5%而公告）近 30 家上市公司，这引发了社会各界对保险公司的极大关注。保险公司"举牌概念股"一度成为 2015 年年底中国资本市场追捧的热点。在狂热过后，公众也逐步增进了对保险公司的认识：一方面，它们是手握巨大现金流的"土豪"；另一方面，它们频繁"举牌"并不单纯是"有钱、任性"的土豪行为，而是有很强目的性的积极投资，是为了发挥其对被投资公司的治理作用。

我们认为，保险公司治理有两个层面，一是保险公司参与被投资公司的治理，二是保险公司自身的治理。前者指保险公司作为重要的股东，通过进入被投资公司董事会等多种形式，改善其治理结构，影响被投资公司的战略决策、监督等，提升其治理绩效。后者引发关注是源于 2008 年的金融危机，危机的爆发使得大量投资银行、保险公司等遭遇巨亏乃至破产，金融机构治理开始被世人所重视；究其根源在于金融机构治理风险的引爆和释放。在以往公司治理的框架中，金融机构往往扮演着"治理者"的角色，实际上，早在金融危机爆发前我们就提出金融机构要实现从"治理者"向"被治理者"的角色转变，关注其自身的治理。保险公司作为重要的金融机构，在我国的金融体系中正在发挥着越来越重要的作用，其自身的治理也需要研究者和实务界人士加以关注。

保险公司治理研究中有两个科学问题需要回答，即保险公司治理是什么和保险公司治理是否有效。对此，郝臣博士在这两方面都做了有益的探索。他于 2015 年 8 月出版的《中国保险公司治理研究》（清华大学出版社），侧重基础性研究，回答什么是保险公司治理；现在他即将出版的该书，旨在通过实证研究，回答保险公司治理是否能够影响保险公司绩效，来检验保险公司治理的有效性。郝臣博士的前部著作便邀请我为之作序，我欣然提笔；此番他新的研究成果即将付梓，我亦乐于受邀，既为他所取得的成绩感到骄傲，也为保险公司治理问题研究所取得的新进展而感到由衷的高兴。

郝臣博士在攻读博士学位期间便专注保险公司治理问题并深耕至今，已有一定的研究积累和独到见解。他先后主持过我国较早专门研究保险公司治理的国家社会科学基金项目"保险公司治理的合规性与有效性及其对绩效影响的实证研究"和中央高校基本科研业务费专项资金资助项目"保险公司股东治理、风险承担与监管研究"等。他还参与过我所主持的国家社会科学基金项目"我国金融机构风险控制与治理结构改革的研究——以公司治理为主线的改革"和国家社会科学基金重大招标项目"完善国有控股金融机构公司治理研究",特别是在后者的研究中既担任课题组协调人,又是子课题"完善国有控股保险公司治理"的负责人。此外,他还参与过我所主持的中国保险监督管理委员会软科学项目"中国保险公司治理评价研究"的研究工作。

该书首先构建保险公司理论体系,在多角度界定公司治理合规性的含义后,设计出我国保险公司治理评价指标体系;其次从效率绩效、竞争力绩效和财务绩效三个维度实证检验保险公司治理的有效性,发现我国保险公司治理合规性较高,但治理有效性总体偏低;最后依据理论和实证研究结果,给出我国保险公司治理的 16 个结论和提升我国保险公司治理水平的 16 个对策。该书的一大特色便是从保险公司治理评价的视角,以指数形式量化反映保险公司治理的质量。这得益于该书作者长期参与南开大学中国公司治理研究院自 2003 年发布至今,且有着中国上市公司"晴雨表"之称的中国上市公司治理指数(CCGI^{NK})的编制工作。该书在公司治理的评价方面,实现了从治理内容向治理层次的拓展;进而构建的我国保险公司治理评价指标体系,能够较好地分别反映出股份制和有限制保险公司的治理状况。该书的贡献在于,其所设计的保险公司治理评价体系及基于此体系的实证研究,弥补了我国保险公司治理研究在理论和方法上的不足,为保险公司治理研究打开了新的局面。此外,这些工作也为中国上市公司治理指数(CCGI^{NK})的进一步完善和扩展做了有益的探索。

该书的出版既是对保险公司治理学术研究方面的进一步提升,也能在相当程度上提高我国保险公司的核心竞争力和保险行业的持续发展水平,还能为监管部门加强治理监管提供一定的决策支持。

李维安

2016 年 2 月 10 日于南开园

前　言

我国保险业自 1980 年恢复以来，保费收入所占的世界份额逐年提高，在过去 30 多年间我国保险业基本保持了一个比世界范围保险业明显更快的增长速度，这样快速的发展，主要得益于国务院两次以"顶层设计"的形式对我国保险业的改革发展进行的全面部署。2006 年，国务院颁布《国务院关于保险业改革发展的若干意见》（保险业的"国十条"）；2014 年 8 月 28 日，国务院颁布《国务院关于加快发展现代保险服务业的若干意见》（保险业的新"国十条"），两次保险业顶层设计都将保险公司现代企业制度建设和完善作为改革发展的重要内容，而其核心是完善保险公司治理。

党的十八届三中全会明确提出，全面深化改革的总目标是完善和发展中国特色社会主义制度，推进国家治理体系和治理能力现代化。保险公司治理是国家治理体系的有机组成部分，为实现国家治理能力现代化目标提供基础。自 2006 年《关于规范保险公司治理结构的指导意见（试行）》出台以来，保险公司治理已经成为继市场行为和偿付能力之后的第三大监管支柱，经过 10 年的实践，作为我国保险公司体制改革核心——保险公司治理，其状况如何，是监管部门、保险公司自身等各方关注的焦点。所以，研究保险公司治理问题具有重要的理论和现实意义。基于上述现实背景，本书梳理了我国保险公司治理沿革，在构建基于治理内容和治理层次的保险公司治理评价指标体系的基础上，利用我国保险公司治理调查数据，评价了我国保险公司治理的质量，并利用保险公司治理指数从整体视角实证检验了保险公司治理对效率、竞争力、盈利能力和偿付能力四个方面绩效的影响，最后提出了完善我国保险公司治理体系和提高我国保险公司治理能力的对策及建议。

本书包括五篇共十六章研究内容，依次为引言，我国保险公司治理沿革，国内外保险公司治理研究综述，保险公司治理研究逻辑与框架，保险公司治理对绩效影响的机理分析，公司治理评价的意义、现状与展望，基于治理内容的保险公司治理评价研究，基于治理内容的保险公司治理评价结果，基于治理层次的保险公司治理评价研究，基于治理层次的保险公司治理评价结果，保险公司治理对效率绩效影响的实证研究，保险公司治理对竞争力绩效影响的实证研究，保险公司治理对盈利能力影响的实证研究，保险公司治理对偿付能力影响的实证研究，关于我国保险公司治理的研究结论，提升我国保险公司治理水平的对策。其中，第一章、第二章为背景先导篇；第三章、第四章、第五章为理论框架篇；第六章、第七章、第八章、第九章和第十章为评价分析篇；第十一章、第十二章、第十三章、第十四章为实证研究篇；第十五章、第十六章为结论对策篇。本书的具体研究内容包括如下四个方面。

首先，构建了保险公司治理研究理论体系。在借鉴一般公司治理领域理论基础上，构建了包括核心概念体系（保险公司治理、保险公司治理评价、保险公司治理强制合规、保险公司治理自主合规、保险公司治理绩效）、研究逻辑脉络（保险公司经营特殊性决定了保险公司治理特殊性）、研究框架（研究主线、理论研究与应用研究，研究内容、研究方法与研究对象）在内的理论体系。改变已有的分散式研究，为实证研究部分提供理论支撑。

其次，从不同角度界定了公司治理合规性（corporate governance compliance）的含义。本书认为，公司治理评价主要是评价治理合规性，公司治理是否能够发挥有效作用只有通过实证检验或者案例研究形式才能够得以验证；而已有公司治理评价多数是从公司治理内容角度来进行的，如股东治理评价、董事会治理评价、监事会治理评价等。本书提出从公司治理层次的角度来进行治理评价，将治理合规性分为强制合规和自主合规两个层次，实现了从治理内容角度来界定治理合规到从治理层次角度来界定治理合规的拓展。

再次，设计了我国保险公司治理评价指标体系。目前，专门针对保险公司治理评价指标体系的设计研究相对较少，本书在借鉴一般公司治理评价研究理论与方法的基础上，考虑保险公司治理的特殊性，在中国保险监督管理委员会（以下简称保监会）《公司治理报告》中治理自评指标体系的基础上，设计了针对我国股份制和有限制不同组织形式类型保险公司的治理评价指标体系，并给出了评价指标量化、权重赋予和标准化处理的方法，生成了能够反映我国保险公司治理状况的保险公司治理指数、保险公司治理分指数、保险公司治理强制合规指数、保险公司治理自主合规指数，并基于这些指数分析了我国保险公司治理的现状与问题。

最后，全面地实证检验了保险公司治理有效性（corporate governance effectiveness）。在上述生成的保险公司各类治理指数的基础上，利用大样本实证检验了保险公司治理状况对于保险公司投入产出效率、保险公司竞争力、总资产收益率、净资产收益率、收入净利率、综合费用率、综合赔付率、偿付能力溢额等反映保险公司效率绩效、竞争力绩效和财务绩效（包括偿付能力和盈利能力）三层绩效的影响，弥补了国内保险公司治理以规范研究内容为主的不足，实证研究过程中还进行了滞后一期的稳健性检验，使得研究结论更加可靠。研究结论对于提高我国保险公司治理能力、完善保险公司治理体系和加强保险公司治理监管等具有很好的指导作用。

本书认为，保险公司治理是国家治理体系中的重要组成部分，是我国保险业快速发展的微观制度基础，是我国保险公司体制改革发展的核心，也是我国保险监管的重要内容。我国保险公司治理经历了由无到有的过程，是从强制合规、自主合规到有效的过程，是由外在推动到内在需求决定的过程，是强调内部治理到内外部治理并重的过程，也是从行政型治理到经济型治理转型的过程。组织形式和控股股东性质等是影响保险公司治理状况的重要因素；董事会治理在保险公司治理各维度中表现较为突出；股东治理在保险公司治理各维度中表现居中；高管治理是我国保险公司治理各维度中的短板；保险公司治理理论研究滞后于保险公司治理实践。本书主要的研究结论包括以下两个方面。

第一，我国保险公司治理合规水平较高。保险公司治理评价的本质是评价保险公司治理的合规性，而合规性如何主要是通过保险公司治理评价指数的高低来反映的。公司治理评价指数（corporate governance appraisal index），简称公司治理指数，是运用统计学和运筹学等原理，根据一定的指标体系，对照一定的标准，按照科学的程序，通过定性分析与定量分析，以指数形式对公司治理状况做出系统、客观和准确的评价。基于本书构建的基于治理内容保险公司治理评价指标体系的评价结果显示，我国保险公司治理指数为80.95，保险公司治理指数最大值为95.27，处于治理等级Ⅰ（治理指数为90.00～100.00）的样本比例为25.81%，处于治理等级Ⅴ（治理指数为60.00以下）的样本比例为12.90%；基于层次保险公司治理评价指标体系的评价结果显示，我国保险公司治理强制合规指数为85.16，自主合规指数为80.30。无论是强制合规指数还是自主合规指数，总体水平较高，特别是保险公司治理强制合规水平显著高于自主合规水平。

第二，我国保险公司治理有效性总体上偏低。保险公司治理的合规性是保险公司治理有效发挥作用的前提条件，主要是通过评价来进行检验的；保险公司治理的有效性则需要通过实证研究或案例研究来探究保险公司治理作用的状况。本书利用基于治理内容和治理层次的保险公司治理评价指标体系的评价结果，在设计相关变量和模型的基础上，采用最小二乘回归分析（ordinary least square，OLS）的方法从公司治理整体视角实证检验了保险公司治理对效率绩效、竞争力绩效和财务绩效的影响。实证研究结果显示，公司治理指数与保险公司投入产出效率之间不存在显著关系；公司治理指数与保险公司的市场竞争力、成本竞争力、运营竞争力和竞争力结果也不存在显著关系；在公司治理与财务绩效关系中，公司治理指数与反映投保人利益保护程度的偿付能力溢额之间存在显著的正相关关系，而与反映公司盈利状况的总资产收益率、净资产收益率、收入净利率、综合费用率、综合赔付率之间不存在显著关系。实证研究结论与基于一般上市公司及上市保险公司的结论有所不同，上述实证结果说明我国保险公司治理有效性总体上偏低。

提高保险公司治理有效性是我国保险公司治理改革的风向标。为了进一步提升我国保险公司治理的有效性，本书从治理理念和治理实践两个角度提出如下 16 条对策和建议：树立正确的保险公司治理思维，构建保险公司治理分类监管框架，彰显治理标杆公司的示范效应，遵守保险公司治理强制合规底线，提高保险公司治理自主合规水平，深化保险公司治理理论研究，发挥保险公司治理机制的有效作用，加强作为重要外部治理机制的治理监管，规避保险公司"走出去"面临的制度环境落差风险，健全保险公司退出机制，谨防行政型治理带来的潜在治理风险，优化保险公司高管的激励与约束机制，建立保险公司治理评价及评价结果应用机制，整合能够有效防范风险的内部监控机制，完善保险公司信息披露途径、形式与内容，提升保险公司广大利益相关者的认同度。

本书的学术价值包括三个方面。第一，有利于深化金融机构治理理论，金融机构治理在治理主体、治理结构、治理机制等方面存在一定的特殊性，而保险公司这一金融机构治理问题的研究会使金融机构治理理论更加深入。第二，有利于完善保险公司治理评价理论，通过对保险公司治理自主合规及强制合规、保险公司分类评价等问题的研究，可以充实、完善目前保险公司治理评价理论，使保险公司治理评价能更真实、准确地反映我国保险公司治理的实际状况。第三，有利于推动保险公司治理的实证研究，保险公司治理相关核心概念的界定、保险公司治理研究脉络与框架的构建，为今后保险公司治理相关问题研究的开展奠定了理论基础，保险公司治理对各种类型绩效的影响与路径分析，以及基于调查的大样本数据的实证检验，可以有效地缩小国内保险公司治理研究与国际上的差距。

本书的应用价值包括四个方面。第一，有利于为完善保险公司治理提出科学的对策。如果以 2006 年《关于规范保险公司治理结构的指导意见（试行）》的出台作为保险公司治理改革的正式开始，那么经过 10 年的实践，保险公司治理可能会存在这样或者那样的不足，对保险公司治理进行规范、评价和实证研究，有利于科学、有效地探索出解决这些问题的对策。第二，有利于为监管部门加强公司治理监管提供决策支持。从国际上看，加强对保险公司治理的监管已经成为保险监管的新趋势，我国保险业应当积极借鉴国际经验，紧密结合我国保险业发展的实际，加强引导和监管，逐步建立具有我国特色的保险公司治理监管体系，这需要大量的保险公司治理及监管理论作为支撑。第三，有利于提升保险公司的核心竞争能力。从微观视角来说，良好的公司治理结构和机制，可以提高保险公司的科学决策水平，进而提升保险公司的核心竞争能力。第四，有利于保险行业的持续发展。保险公司治理水平提高，治理风险降低，行业能稳定发展，进而发挥其在国家治理体系中的基础作用。

2015 年 8 月出版的《中国保险公司治理研究》一书主要回答了什么是保险公司治理，偏重于基础性研究；而本书主要是从公司治理整体的视角来回答保险公司治理是否能够影响保险公司绩效，其核心是保险公司治理的有效性问题，偏重于实证研究。本书是对《中国保险公司治理研究》的深入，但还没有回答保险公司治理结构与机制是如何影响绩效的机理性问题。另外，随着上市保险公司数量的增加，研究保险公司治理对市场绩效的影响也是未来值得关注的研究领域！

本书在写作过程中得到了长江学者和创新团队发展计划、国家社科基金重大招标项目"完善国有控股金融机构公司治理研究"（项目号：10ZD&035）、国家自然科学基金重点项目"我国集团企业跨国治理与评价研究"（项目号：71132001）、国家社科基金青年项目"保险公司治理的合规性与有效性及其对绩效影响的实证研究"（项目号：11CGL045）、中央高校基本科研业务费专项资金资助项目"保险公司股东治理、风险承担与监管研究"（项目号：NKZXB1452）、教育部人文社会科学重点研究基地重大项目"基金治理与基民利益保护研究"（项目号：14JJD630007）、教育部人文社会科学青年基金项目"股权集中型公司治理的市场效应与溢价研究"（项目号：10YJC630070）、南开大学文科科研创新基金项目（项目号：NKC1021），以及南开大学商学院学科建设支持计划等项目的资助，在此对以上项目的资助一并表示感谢！

另外，特别感谢罗胜博士、李慧聪博士后、邱艾超博士、张扬博士、李浩波博士，以及我的硕士研究生团队成员崔光耀、刘芯蕊、秦晓天、白丽荷、杨冬雪、高行、李飞、张田、周盼盼、周迪、王励翔、黄佳、王方志、杨进雄等，我们一道攻关我国保险公司治理领域，感谢他们在此过程中给予的帮助和支持。另外，在书稿后期的润色阶段，吕美伦、贵思博等做了大量数据整理和编辑工作，并参与了部分章节的初稿写作，感谢他们对本书的贡献！

最后感谢科学出版社编辑的辛勤工作，有了他们的辛勤工作，本书才有机会呈现在读者面前，希望本书的出版能够提高我国保险公司治理的研究水平，推进我国保险公司治理能力现代化的进程！感谢书稿中所有引用参考文献的作者，包括标注的和因疏漏而未标注的！

郝　臣

2015 年 12 月 1 日于南开大学

目　录

第一篇　背景先导

第二篇　理论框架

第三篇　评价分析

第四篇　实　证　研　究

第五篇　结 论 对 策

第一篇　背　景　先　导

　　纵观保险业的发展历史，无论从理论还是从实践的角度看，保险与国家治理体系和治理能力有着天然的联系。有人提出，保险是推进国家治理现代化的重要工具，在国家治理的"工具箱"中，是否备有并运用好"保险"这一现代化的风险管理工具，是判定一国的国家治理是否现代化的重要标志之一。

项俊波

《保险研究》2014 年第 8 期

第一章 引 言

所谓保险公司治理（insurance company governance），是指对财产险、人身险、再保险和互助制保险公司这一特殊行业公司的治理，即"保险公司+治理"；而不是公司治理理论在保险公司上的简单运用，即"公司治理+保险公司"。完善的保险公司治理不但被广泛认为是保险业进一步深化体制改革和建立现代企业制度的核心内容，而且被认为是提升保险业竞争力的必由之路（李维安和曹廷求，2005a）。基于保险公司治理已成为保险监管的三大支柱之一、保险公司治理是保险行业快速发展的微观制度保障、保险公司治理是国家治理体系的重要组成部分，以及后危机时期要谨防金融机构治理潜在的治理风险的背景，本章提出了本书研究的科学问题，即基于公司治理整体视角的保险公司治理对绩效影响机理与实证检验，并对研究目标、研究内容、研究技术路线和研究方法进行了设计，最后从内容和方法上总结了研究的创新。

第一节 研究背景与意义

一、研究背景

（一）保险公司治理已成为保险监管的三大支柱之一

国际保险监督官协会（International Association of Insurance Supervisors，IAIS）于 2011 年 10 月出台了新的 26 项核心监管原则。其中，在 2005 年 10 月通过的《保险监管的架构》（*A New Framework for Insurance Supervision：Towards a Common Structure and Common Standards for the Assessment of Insurer Solvency*）中，用广义的偿付能力监管概括了整个保险监管体系。这个体系由以下三个广泛定义的范畴所组成：一是保险公司的财务方面，包括资本充足性和偿付能力，技术准备金的评估和充足性，资本形式，投资，财务报告和财务信息披露，这一部分实际是中国保险监管中狭义的偿付能力监管概念所涵盖的内容；二是保险公司如何被治理，包括董事、高级管理人员的适宜性测试和责任体系，权力的运作流程和控制，内部控制，风险管理，合规，股东关系，透明度，以及集团结构下所涉及的治理风险等；三是保险公司如何运作和在市场中展示自己，包括销售和处理保单的客户，以及向市场和投保人公开相关信息等，即市场行为（孟昭亿，2006）。这正是通常所说的三支柱监管框架的由来。

2004 年，IAIS 专门颁布了《保险公司治理核心原则》（*Insurance Core Principles on Corporate Governance*），将此前核心原则中与公司治理监管相关的内容汇集起来，并做了较为完整的阐述，可以视为 IAIS 对公司治理监管的完整思路。为了有效地监管保险公司治理，IAIS 提出了保险公司治理监管的标准，这种标准分为基本标准和高级标准两种。其中，基本标准是运用监管核心原则最主要的标准，监管机构表明，遵守某一原则就必须符合该基本标准；高级标准是比基本标准更高的要求，它不用于评价是否遵守了某一原则，而用于评价一国保险监管体系及提出一些建议。《保险公司治理核心原则》分为公司治理核心原则（the insurance core principle on corporate governance）、高管人员资格（suitability of persons）、控制权变化（changes in control and portfolio transfers）、内控体系（internal controls）、现场检查（on-site inspections）、风险评估与管理（risk assessment and risk management）、信息披露与透明度（information, disclosure and transparency towards the market）七部分。

早在 1999 年，经济合作与发展组织（Organization for Economic Co-operation and Development，OECD）就发布了《公司治理原则》（*Principles of Corporate Governance*），并于 2002 年开始对《公司治理原则》进行了重新审核和修订，2004 年推出新的《公司治理原则》。2005 年，OECD 在《公司治理原则》的基础上发布了《保险公司治理指引》（*Guidelines for Insurers' Governance*）。这是继 IAIS《保险公司治理核心原则》之后有关保险公司治理的又一权威指导文件。

在实体内容之前，《保险公司治理指引》首先阐述了保险公司治理的特殊性。OECD 认为，保险公司治理有以下特殊性：一是在保险公司中不仅存在着所有者与经营者之间的利益冲突，还存在着被保险人与所有者、经营者之间的利益冲突，保险公司治理不仅要保护公司所有者利益，还要保护被保险人利益；二是由于保险产品的复杂性，保险公司经营者与所有者、被保险人之间存在信息不对称问题，不仅被保险人甚至一些保险公司所有者都缺乏足够的专业知识了解保险公司的经营状况；三是被保险人和保险公司经营者之间存在权力不对称问题，广大被保险人力量分散，很难影响保险公司的经营管理。如果在保险公司治理中没有保护被保险人利益的机制，被保险人只能通过退保、诉讼等方式维护自己的权益，但这些方式无疑不是最优办法，成本也较高。《保险公司治理指引》共三部分 12 条，这三部分分别为治理结构（governance structure）、内部治理机制（internal governance mechanisms）和利益相关者保护（stakeholders' protection）。

2006 年 1 月颁布的《关于规范保险公司治理结构的指导意见（试行）》，是我国第一个专门针对保险公司治理监管的重要文件。该文件借鉴 IAIS 和 OECD 相关公司治理文件，并立足于我国保险公司的实际情况，对我国保险公司治理进行了较为全面的规定。在 2006 年 3 月召开的全国保险监管工作会议上，保监会主席吴定富指出，"目前我国现代保险监管体系已经初步形成，防范风险的五道防线正在逐步完善，初步建立起了市场行为监管、偿付能力监管和保险公司治理监管的现代保险监管'三支柱'框架"。监管的本质是一种干预，保险公司治理监管的实质是对保险公司治理行为的外部干预。在《关于规范保险公司治理结构的指导意见（试行）》中，中国保监会将"保护被保险人、投资人及其他利益相关者的合法权益，防范化解风险，促进我国保险业稳定持续健康快速发展"作为保险公司治理监管的终极目标。现阶段的目标是防范保险资金被非法挪用或侵占，保护保险资产安全；解决公司治理层面的严重冲突，维护公司正常经营；推动保险公司建立健全内控体系，提升决策、执行和风险控制能力，同时防范董事和高管人员舞弊风险（袁力，2010）。经过这些年的探索和实践，保险公司治理改革不断深入推进，公司治理监管效果初显（贾奔和臧明仪，2014）。

（二）保险公司治理是保险行业快速发展的微观制度保障

我国经济近半个世纪以来，特别是改革开放后，一直保持着高速增长的态势。我国国内生产总值（gross domestic product，GDP）总量，1956 年突破 1000 亿元；1982 年突破 5000 亿元；1986 年突破 10 000 亿元；1995 年突破 50 000 亿元，达到 60 794 亿元；2001 年超过 100 000 亿元；2006 年突破 200 000 亿元；2008 年突破 300 000 亿元；2010 年，中国 GDP 总量达到 397 983 亿元；2012 年 GDP 突破 500 000 亿元，达到 519 322 亿元；2013 年 GDP 总量达到 568 845 亿元，居世界第二位；2014 年 GDP 总量达到 636 463 亿元，稳居世界第二。

这些年经济的快速发展，当然离不开金融提供的支持和配合，这也是世界上普遍的经验和总结。"金融很重要，是现代经济的核心。金融搞好了，一着棋活，全盘皆活"（邓小平，1991）。"十一五"时期，我国金融业经受住了金融危机的严峻考验，整体实力和抗风险能力显著增强，金融调控和监管不断加强，金融市场快速发展，金融领域改革开放不断深入，金融服务水平明显提升，在促进国民经济持续健康发展方面发挥了重要作用。

2010 年年末，银行、证券、保险业金融机构总资产达到 10 136 000 亿元，较 2005 年年末累计增长 158%。其中，保险业金融机构总资产达到 50 500 亿元，位居第二，比 2005 年年末增长 230%。2011 年年末，银行、证券、保险业金融机构总资产达 12 087 000 亿元。其中，保险业金融机构总资产达 60 100 亿元。2012 年年末，保险业金融机构总资产为 73 500 亿元，突破 70 000 亿元。2013 年年末，保险业金融机构总资产为 82 900 亿元，较年初增长 12.7%。2014 年年末，保险业金融机构总资产为 1 101 591 亿元,首次突破 1 000 000 亿元,较年初增长 22.57%。其中,产险公司总资产 14 061 亿元,较年初增长 28.52%;寿险公司总资产 82 487 亿元,较年初增长 20.86%;再保险公司总资产 3 514 亿元,较年初增长 67.00%;资产管理公司总资产 241 亿元,较年初增长 26.14%。最新的我国保险机构名录详见本书附录一。

如果说,过去的 35 年,我国的保险业实现了"产业从小到大、公司从少到多、产品从简到繁、经营从粗到细、监管从虚到实"的发展,那么,要真正奠定其在国民经济中的重要地位,显然不能满足于目前已经取得的业绩,而是需要上升到一个更高的层次,那就是——产业从"大"到"强"、公司从"多"到"优"、产品从"繁"到"好"、经营从"细"到"精"、监管从"实"到"准"(孙祁祥,2014)。保险公司治理是实现上述五大转变的主线,如果治理好了,公司决策就会更加科学,产品和经营方面也必然会做得更好,进而实现产业的强大。同时,治理也是保险监管的三大支柱之一。

在 2006 年出台的《国务院关于保险业改革发展的若干意见》(保险业的"国十条")文件中,明确提出了加快我国保险业改革发展的总体目标和主要任务。总体目标是建设一个市场体系完善、服务领域广泛、经营诚信规范、偿付能力充足、综合竞争力较强,发展速度、质量和效益相统一的现代保险业。围绕这一目标,主要任务是拓宽保险服务领域,积极发展财产保险、人身保险、再保险和保险中介市场,健全保险市场体系;继续深化体制机制改革,完善公司治理结构,提升对外开放的质量和水平,增强国际竞争力和可持续发展能力;推进自主创新,调整优化结构,转变增长方式,不断提高服务水平;加强保险资金运用管理,提高资金运用水平,为国民经济建设提供资金支持;加强和改善监管,防范化解风险,切实保护被保险人合法权益;完善法规政策,宣传普及保险知识,加快建立保险信用体系,推动诚信建设,营造良好发展环境。2014 年 8 月 28 日,国务院颁布了《国务院关于加快发展现代保险服务业的若干意见》(保险业的新"国十条"),这是八年之后再次对我国保险业改革发展做出的顶层设计。该意见明确了我国保险业未来一段时间发展的目标,"到 2020 年,基本建成保障全面、功能完善、安全稳健、诚信规范,具有较强服务能力、创新能力和国际竞争力,与我国经济社会发展需求相适应的现代保险服务业,努力由保险大国向保险强国转变。保险成为政府、企业、居民风险管理和财富管理的基本手段,成为提高保障水平和保障质量的重要渠道,成为政府改进公共服务、加强社会管理的有效工具。保险深度(保费收入/国内生产总值)达到 5%,保险密度(保费收入/总人口)达到3500 元/人。保险的社会'稳定器'和经济'助推器'作用得到有效发挥"。而要实现这一目标,继续深化保险公司改革,加快建立现代保险企业制度,完善保险公司治理结构,事关这一目标能否实现和保险行业发展水平能否得到真正提升。

　　两次保险业顶层设计都将保险公司现代企业制度建设和完善作为改革和发展的重要内容，而其中的核心是完善保险公司治理。保险公司治理一方面不同于一般公司治理，另一方面与银行、证券公司等金融机构治理也存在一定的差异。在经营上，保险公司的经营目标、资本结构和经营产品等与一般公司不同，保险公司具有诸多的自身特殊性，这些特殊性导致了其治理与一般公司治理存在差异。保险公司应更多地关注利益相关者的利益，而不能仅局限于股东。保险公司的治理目标不仅要使公司价值最大化，还要考虑金融体系的安全与稳健。同时，在外部治理机制中，相对于一般公司来说，产品市场竞争、控制权市场等机制相对弱化，使用成本相对较高，但外部监管却是保险公司外部治理中非常重要的内容。

　　作为金融行业微观基础的保险公司的发展状况，在后危机时期，特别是步入"十二五"规划之年，受到了前所未有的关注。保险具有经济补偿、资金融通和社会管理功能，是市场经济条件下风险管理的基本手段之一，是金融体系和社会保障体系的重要组成部分。2012 年，《金融业改革和发展"十二五"规划》提出了我国金融业改革和发展的重要目标：大型金融机构现代企业制度逐步完善，创新发展能力和风险管理水平明显提升；证券期货机构规范发展，保险机构创新服务能力进一步加强；金融机构国际竞争力进一步增强。

（三）保险公司治理是国家治理体系的重要组成部分

　　党的十八届三中全会明确提出，全面深化改革的总目标是完善和发展中国特色社会主义制度，推进国家治理体系和治理能力现代化。这是我们党首次提出"治理体系"和"治理能力"的概念，并将其作为全面深化改革的总目标。"管理"到"治理"虽然只有一字之差，但这不仅是我党在理论和实践上的重大创新，而且反映了党和政府从"管理"国家到"治理"国家思维上的跨越，体现了党的政治智慧和勇气（李维安，2013）。

　　自 20 世纪 90 年代初我国建立现代企业制度、企业改革进入公司治理改革新阶段以来，从营利性组织的公司治理、金融机构治理到非营利组织的大学治理、慈善机构治理、政府治理，再到当前的国家治理，治理改革逐渐渗透到改革的各个层面。

　　保险公司是我国重要金融机构之一。一方面，保险公司治理问题体现为保险业对国民经济发展所带来的影响，即保险公司参与到国家治理过程中。在《中共中央关于全面深化改革若干重大问题的决定》中先后 17 次提到"保险"二字，如"完善保险经济补偿机制，建立巨灾保险制度"；"建立存款保险制度，完善金融机构市场化退出机制"；"完善农业保险制度"；"稳步推进城镇基本公共服务常住人口全覆盖，把进城落户农民完全纳入城镇住房和社会保障体系，在农村参加的养老保险和医疗保险规范接入城镇社保体系";"增强失业保险制度预防失业、促进就业功能";"坚持社会统筹和个人账户相结合的基本养老保险制度,完善个人账户制度,健全多缴多得激励机制,确保参保人权益,实现基础养老金全国统筹,坚持精算平衡原则"等。在服务国家治理体系和治理能力现代化的进程中,保险业要成为经济转型升级的重要动力,为提升国家经济治理水平服务;要成为改善民生保障的有力支撑,为提升国家社会治理水平服务;要成为转变政府职能的有效抓手,为提升政府治理水平服务(项俊波,2014a)。

另一方面,保险公司治理问题体现为保险公司在建立现代企业制度过程中,保险公司的三会一层发挥作用的情况,以及作为保险公司非常重要的外部治理机制的外部监管效果如何等,这些涉及保险公司自身未来竞争力及能否有效参与到整个国家治理体系中。随着国有保险公司股份制改革的推进和部分保险公司境内外成功上市,完善保险公司治理、转换经营机制已成为一项非常紧迫的任务,2006年《关于规范保险公司治理结构的指导意见(试行)》的出台,标志着我国保险体制改革进入了完善公司治理的纵深阶段,完善保险公司治理已经成为深化保险体制改革的中心工作。

保险公司既是国家治理的参与主体,又是治理能力现代化的重要手段,同时,自身也存在着治理问题,其治理是国家治理体系非常重要的组成部分。

(四)后危机时期要谨防金融机构治理潜在的治理风险

2008年,美国发生次贷危机并引发了全球性金融危机。后危机时期,相关组织、监管机构和学者等都将此次金融危机的原因归结为金融机构的治理风险,而不是这些机构的金融风险。我国在此次危机中受到的冲击较小,究其原因,主要是我国金融机构在危机前后一直在进行着以公司治理为核心的体制改革。例如,2005年,十六届五中全会指出,要加快金融体制改革,完善金融机构公司治理结构,并对保险业提出了新的要求,完善公司治理结构成为下一步深化保险业改革的中心工作;2006年1月5日,中国保监会颁布的《关于规范保险公司治理结构的指导意见(试行)》中,引入了保险公司治理监管制度,这是我国第一个系统的保险公司治理指引性文件,标志着我国保险公司治理在经过股改环节的准备后进入全面开展阶段;2006年6月26日,《国务院关于保险业改革发展的若干意见》(又称"国十条")发布,在该文件中四次提到"公司治理结构"一词,并从公司治理建设及其监管方面提出明确方向和要求,是一部具有历史性意义的文件。

后危机时期,金融机构行政型治理有所强化。改革开放以来,中国公司治理改革取得重大进展,治理模式逐步从以往的"资源配置行政化、企业目标行政化、人事任免行政化"等高行政型公司治理模式逐步向高经济型治理模式演进。早期的中国公司治理制度呈现出"内部治理外部化，外部治理内部化"的特征，随着市场化、制度化、规范化程度不断提高，公司治理结构不断得到优化，治理质量逐年提高。通过对中国公司治理发展历程的梳理和回顾，可以发现，从"行政型治理"向"经济型治理"的演进是一条鲜明的主线。从 1979 年恢复保险业，到目前的高速发展，中国保险业走过了"1979 年复业——1996 年首次扩容——2004年再次扩容——2005 年全面开放——2006 年'国十条'出台——2014 年新'国十条'出台"的历程。自 1980 年国内保险正式恢复业务以来，中国保险业进入了全面恢复和快速发展的新时期。30 多年的改革开放，中国保险业完成了经营体制改革、股份制改革及公司治理改革等一系列改革创新，从封闭走向全面对外开放（孙蓉和杨馥，2008a）。这其中的核心是企业制度的变革，而公司治理又是保险公司企业制度的核心，这一发展过程可以说是以公司治理为主线的发展过程，我国的保险公司治理逐步摆脱行政型治理，向经济型治理转型。

行政型治理虽然在应对危机等特定方面具有一定的优势，但保险公司治理改革不能走回头路，从行政型治理向经济型治理转型是我国保险公司治理改革发展的大方向；同时，越是平稳时期，越要注意潜在的公司治理风险。

二、研究意义

（一）理论意义

第一，有利于深化金融机构治理理论。金融机构治理理论并不是公司治理在金融机构领域的简单运用，金融机构治理在治理主体、治理结构、治理机制、治理目标等方面存在一定的特殊性，需要专门研究其治理问题，而保险公司这一金融机构治理问题的研究会使金融机构治理理论更加深入。

第二，有利于完善保险公司治理评价理论。对金融机构治理评价问题的研究总体上落后于一般公司治理评价研究。通过对保险公司治理强制合规和自主合规、保险公司分类评价等问题的研究，可以充实完善目前保险公司治理评价理论，使保险公司治理评价更能反映我国保险公司治理的实际状况，进而更好地推进保险公司治理实践。

第三，有利于推动保险公司治理实证研究。保险公司治理相关核心概念的界定、保险公司治理研究脉络与框架的构建为今后保险公司治理相关问题研究的开展奠定了理论基础，保险公司治理对各种类型绩效影响与路径分析及基于调查的大样本数据的实证检验，可以有效地缩小国内保险公司治理研究与国际上的差距。

（二）现实意义

第一，有利于为完善保险公司治理提出科学对策。如果以 2006 年《关于规范保险公司治理结构的指导意见（试行）》的出台作为保险公司治理改革的正式开始，那么经过 10 年的实践，保险公司治理可能存在这样或者那样的不足，同时也是总结和提炼经验的好时机，对保险公司治理进行规范、评价和实证研究，有利于探索出科学、有效解决保险公司治理合规性或者有效性方面问题的对策。

第二，有利于为监管部门加强公司治理监管提供决策支持。从国际上看，加强对保险公司治理结构的监管已经成为保险监管的新趋势，我国保险业应当积极借鉴国际经验，紧密结合我国保险业发展实际，加强引导，加强监管，逐步建立具有我国特色的保险公司治理监管体系，保险公司治理监管已经成为保险监管的三大支柱之一，这需要大量的保险公司治理及监管理论支撑，以更好地指导中国保险公司治理监管实践，实现其监管目标。

第三，有利于提升保险公司的核心竞争能力。从微观视角来说，良好的公司治理结构及机制，可以提高公司的竞争力，公司治理是公司竞争力制度层面的内在动因，这一点在一般公司领域实践和竞争力动因理论中已经达成共识。因此，对于保险公司来说，良好的治理结构及机制可以提高保险公司的科学决策水平，确保保险公司运行在正确的轨道上，进而提升保险公司的核心竞争能力。

第四，有利于我国保险行业的可持续发展。保险业不同于一般的行业，是国家治理体系的重要组成部分，其发展状况如何会对国家治理能力现代化进程产生较大的影响。保险公司治理好了，作为金融危机根本动因的治理风险才能降低，公司才能够稳定发展且在国内外保险市场上具有较强的竞争力，防范系统风险的累积，进而使整个行业实现可持续发展，有效发挥其在国家治理体系中的作用。

第二节　研　究　设　计

一、研究目标

本书以现阶段提升我国保险公司治理能力、优化保险公司治理体系现实需求为导向，以一般公司治理理论发展趋势和保险公司特殊性对理论创新需求为依托，在提出一组核心概念（保险公司治理、保险公司治理强制合规、保险公司治理自主合规、保险公司治理职能、保险公司治理代理成本、保险公司治理绩效）的基础上，提出了本书的四大研究目标。研究目标具体包括以下四点：第一，建立保险公司治理研究逻辑脉络和理论框架，以更好地引领国内保险公司治理研究；

第二，设计能够全面反映我国保险公司治理状况的保险公司治理评价指标体系，以准确把握我国保险公司治理的脉搏；第三，基于评价结果，探索我国保险公司治理影响治理绩效的路径，以缩小国内与国外保险公司治理实证研究领域的差距；第四，对完善我国保险公司治理提出对策和建议，以全面提升我国保险公司治理水平。

二、研究内容

本书的内容涉及六大方面，梳理与总结保险公司治理领域文献、构建保险公司治理研究脉络和框架、分析保险公司治理职能与代理成本并描述治理对绩效影响路径、设计基于保险公司治理内容的评价指标体系并基于该指标体系进行评价研究、设计基于保险公司治理层次的评价指标体系并基于该指标体系进行评价研究和检验保险公司治理对绩效的影响，这六个方面之间的逻辑关系如图 1-1 所示。

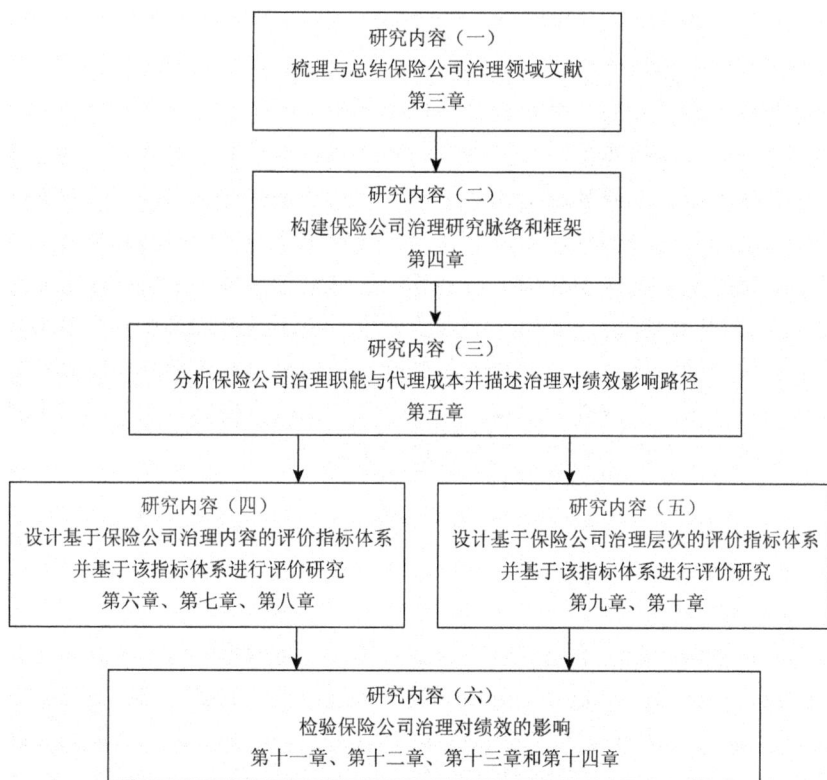

图 1-1　研究内容逻辑图

（一）研究内容一：梳理与总结保险公司治理领域文献

本书采用文献计量方法重点对国内保险公司治理研究领域的文献进行了梳理，国内保险公司治理研究主要集中在保险公司治理模式研究、保险公司治理国际比较及经验借鉴研究、保险公司治理的特殊性研究、国有保险公司治理存在的问题及改进研究、外资保险公司的准入及监管等研究、保险公司治理对财务绩效影响的实证研究、保险公司治理监管研究和保险公司治理评价研究等八个方面。国外保险公司治理研究起步较早，涉及不同组织形式保险公司治理的比较研究、保险公司股东治理研究、保险公司董事会治理研究、保险公司高管治理研究、来自外部行业监管部门的监督作用研究、再保险集团和保险代理人的监督作用研究和保险公司治理绩效问题。除了对研究主题的梳理之外，本书还对研究时点、研究对象和研究方法等进行了梳理。

（二）研究内容二：构建保险公司治理研究脉络和框架

本书在分析保险公司经营目标的特殊性、经营产品的特殊性、资本结构的特殊性、成果核算的特殊性、经营范围的特殊性和政府管制的特殊性基础上，提出保险公司经营的特殊性决定了其治理的特殊性的观点，并详细分析了保险公司内外部治理的特殊性，在此基础上构建了涵盖保险公司治理逻辑起点、治理目标特殊性、治理结构与机制特殊性等内容在内的保险公司治理研究逻辑脉络。在研究逻辑脉络的基础上，构建了保险公司治理的研究框架，整个研究框架包括研究主线、理论研究和应用研究三个层次；理论研究和应用研究均要围绕主线展开，体现保险公司治理的特殊性；理论研究是基础，更多侧重内部治理；应用研究是理论研究成果的应用，侧重外部治理。对每个层次的研究内容、研究方法和研究对象进行了分析，重点对未来的研究内容进行了展望。

（三）研究内容三：分析保险公司治理职能与代理成本并描述治理对绩效影响路径

本书界定了保险公司治理职能的内涵，并将公司治理职能（corporate governance functions）分为基本职能、具体职能和拓展职能三大类，具体来说包括合规职能（基本职能）；侧重公司内部的具体治理职能，有决策职能（本质职能）、权利配置职能（关键职能）、激励职能（条件职能）和监督职能（条件职能）；侧重公司外部的外部治理职能——协调职能（拓展职能）。在界定职能的基础上，分析了保险公司的三类代理成本，即股东与经营者之间的委托代理成本、大股东与小股东之间的委托代理成本以及股东与投保人之间的委托代理成本。结合保险公司特点，将保险公司绩效划分为效率绩效、竞争力绩效、财务绩效、经济绩效和市场绩效五个层次。最后基于治理职能、代理成本和治理绩效等核心概念，构建了保险公司治理影响绩效的传导路径。

（四）研究内容四：设计基于保险公司治理内容的评价指标体系并基于该指标体系进行评价研究

本书在分析保险公司治理评价意义的基础上，提出了保险公司治理评价指标体系设计所遵循的原则；在借鉴中国保监会《公司治理报告》中治理评价指标体系的基础上，从公司治理的内容角度，对我国保险公司治理评价指标选择、评价标准设计、权重系数确定和治理指数合成进行了设计。在设计保险公司治理评价指标体系过程中，本书提出应该分公司组织形式设立的思路，即分类公司治理评价的思路。设计了包括股东治理基础、董事会治理基础、监事会治理基础、高管治理基础、新三会、董监高、内部审计、外部监管八个维度，合计95个评价指标的股份制保险公司评价指标体系，以及包括股东治理基础、董事治理基础、高管治理基础、董监高、内部审计和外部监管六个维度，合计55个评价指标的保险公司治理评价指标体系。并基于设计的考虑治理内容的保险公司治理评价指标体系对我国保险公司治理状况进行了总体、分资本性质、分险种类型和分组织形式等的比较分析。

（五）研究内容五：设计基于保险公司治理层次的评价指标体系并基于该指标体系进行评价研究

公司治理评价的本质是通过科学量化的方法来评价公司治理的合规性，而公司治理的合规性存在层次问题，合规包括强制合规和自主合规，因此，本书提出不同于基于治理内容进行公司治理评价的传统思路，即基于治理合规层次的保险公司治理评价指标体系。在本书提出的股份制和有限制保险公司治理评价指标体系基础上，依据本书提出的判断标准将所有公司治理评价指标分为强制合规和自主合规指标两大类，最后采用哑变量求和的方式，生成我国保险公司治理强制合规指数（也称为一般合规指数）和自主合规指数（也称为高级合规指数）。本书基于所设计的保险公司治理强制和自主合规指标体系，对我国保险公司治理状况进行了评价，同时进行了保险公司治理合规指数的总体、分资本性质、分险种类型和分组织形式等的比较分析。

（六）研究内容六：检验保险公司治理对绩效的影响

基于分内容和分层次的保险公司治理评价结果，设计了相关变量和模型，采用最小二乘回归分析的方法实证检验了保险公司治理对效率绩效、竞争力绩效和财务绩效的影响。其中，效率绩效方面，采用了随机前沿分析方法（stochastic frontier analysis，SFA）分析了我国保险公司的投入产出效率；竞争力绩效方面，利用结构方程模型，对我国保险公司的竞争力进行了分析，构建了涵盖市场竞争力、成本竞争力、运营竞争力和竞争力结果四个方面的保险公司竞争力模型；财务绩效方面，主要分为从投保人和股东角度来进行，投保人角度主要选择了能够反映保险公司投保人利益保护程度的偿付能力溢额，而股东角度主要选择了能够反映保险公司收益能力有关的指标，如总资产收益率、净资产收益率、收入净利率、综合费用率和综合赔付率。在三层绩效量化的基础上，本书通过实证研究发现，我国保险公司治理与偿付能力之间存在显著的正相关关系，而与其他绩效指标之间的关系并不存在稳健的结论。

三、技术路线

本书的思路遵循着研究背景（公司治理已成为保险监管的三大支柱之一、保险公司治理是保险行业快速发展的微观制度保障、保险公司治理是国家治理体系的重要组成部分和后危机时期要谨防金融机构治理潜在的治理风险）——提出科学问题（保险公司治理对绩效影响，这是保险公司治理研究领域非常基础的一个问题，也是对公司治理与绩效关系原理在保险行业的一个再检验）——分析问题（文献综述、核心概念与理论框架）——解决问题基础性工作（样本与数据）——解决问题关键性工作（模型设计与研究）——结论与对策。具体如图 1-2 所示。

四、研究方法

（一）规范研究方法

规范研究方法主要体现为研究问题的提出、保险公司治理、保险公司治理评价、保险公司治理强制合规、保险公司治理自主合规、保险公司治理绩效等核心概念的界定和分析，保险公司治理研究脉络、保险公司治理研究框架、分内容保险公司治理评价设计、分层次保险公司治理评价设计、保险公司治理影响绩效路径、结论与对策等研究内容。

研究背景

科学问题提出
保险公司治理对绩效影响

一般公司治理领域 → 文献综述 ← 保险公司治理领域

保险公司治理　　　　　　　　　核心概念与理论框架　　　　　　保险公司治理研究脉络
保险公司治理评价　　　　　　　　　　　　　　　　　　　　　　保险公司治理研究框架
保险公司治理强制合规　　　　　　　　　　　　　　　　　　　　分内容保险公司治理评价
保险公司治理自主合规　　　　　　　　　　　　　　　　　　　　分层次保险公司治理评价
保险公司治理绩效　　　　　　　　　　　　　　　　　　　　　　保险公司治理影响绩效路径

全行业样本数据　　　　　　　　　　　样本与数据　　　　　　　《中国保险年鉴》
财产险与人身险公司　　　　　　　　　　　　　　　　　　　　　行业调查问卷
中资与外资公司　　　　　　　　　　　　　　　　　　　　　　　中国保监会网站
股份制与有限制公司　　　　　　　　　　　　　　　　　　　　　中国保险行业协会网站
不包括再保险、集团公司　　　　　　　　　　　　　　　　　　　各大保险公司网站

被解释变量：绩效指标　　　　　　　　模型设计与研究　　　　　计量模型：最小二乘回归
解释变量：各类治理指数　　　　　　　　　　　　　　　　　　　稳健性检验：滞后一期
控制变量：资本性质、险种
类型、组织形式和成立年限

结论与对策

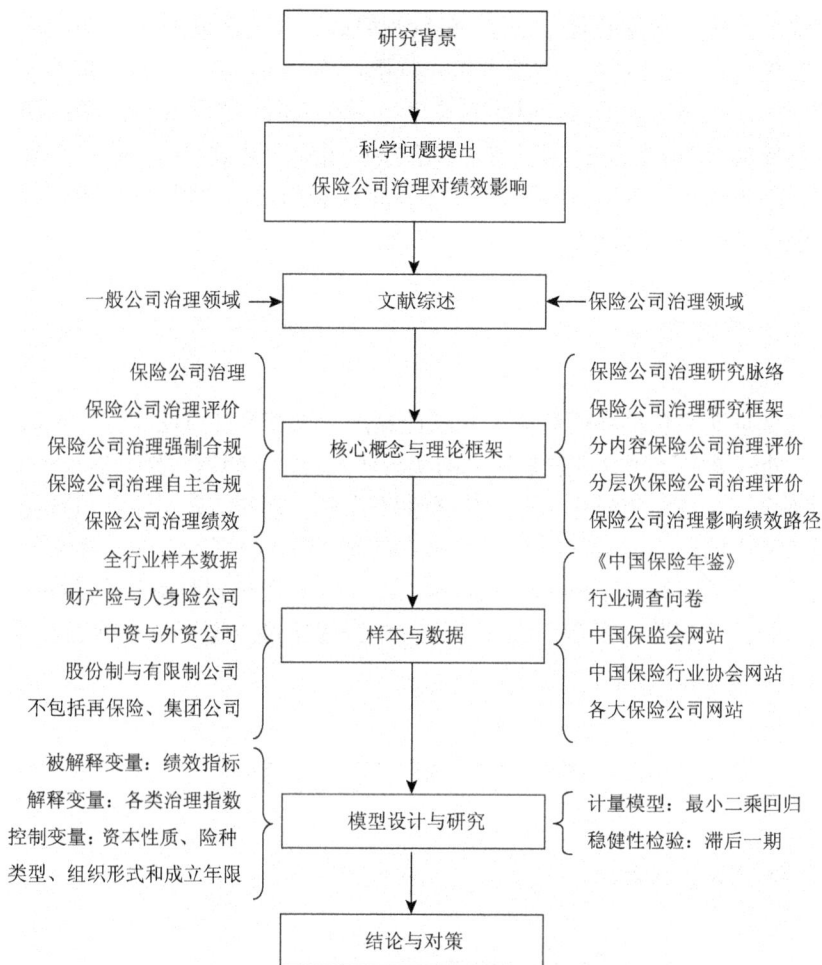

图 1-2　研究技术路线图

（二）文献计量法

为了更好地把握保险公司治理研究的动态，本书从研究时点、研究主题、研究对象和研究方法等方面，采用文献计量法对国内外保险公司治理研究文献进行梳理和比较。通过保险公司治理文献的计量分析，精准地了解我国保险公司治理目前所处的阶段，在研究主题、研究对象和研究方法上与国外同行研究的差距。

（三）调查研究方法

本书的研究对象为我国保险行业全样本公司，但保险行业公司多数为非上市

公司，截至目前只有四家上市公司，分别为中国人寿（股票代码：601628）、中国平安（股票代码：601318）、中国太保（股票代码：601601）和新华保险（股票代码：601336）。因此，研究对象特性决定了本书研究所用的公司治理数据的获取主要采取发放调查问卷的方式，没有可以直接利用的相关数据库；对于财务数据，也主要是基于历年《中国保险年鉴》、中国保监会网站、中国保险行业协会网站、各大保险公司网站，通过手工整理方式获取。

（四）实证研究方法

广义实证研究包括案例研究、文献计量法、调查研究方法和大样本的计量分析法，此处所讲实证研究方法是狭义的实证研究方法，即指大样本的计量分析法。本书相关章节实证研究过程中涉及描述性统计分析方法，公司治理与各种类型绩效关系研究中的最小二乘回归分析方法，在确定保险公司治理各分指数权重时采用层次分析法（analytic hierarchy process，AHP），保险公司效率评价过程中采用随机前沿分析法，保险公司竞争力评价过程中采用结构方程模型分析法（structural equation modeling，SEM）。

第三节 研 究 创 新

一、研究内容上创新

（一）构建了保险公司治理研究理论体系

在借鉴一般公司治理领域理论的基础上，构建了包括核心概念体系（保险公司治理、保险公司治理评价、保险公司治理强制合规、保险公司治理自主合规、保险公司治理绩效）、研究逻辑脉络（保险公司经营特殊性决定了保险公司治理特殊性）、研究框架（研究主线、理论研究与应用研究，研究内容、研究方法与研究对象）在内的理论体系。改变已有的分散式研究，也为本书提供理论支撑。

（二）从不同角度界定了公司治理合规性的含义

本书认为，公司治理评价主要是评价合规性，公司治理是否能够发挥有效作用主要通过实证检验或者案例研究形式才能够得以验证，而已有公司治理评价多数是从公司治理内容角度来进行的,如股东治理评价、董事会治理评价、监事会治理评价等,本书提出从公司治理层次角度来进行治理评价,将治理合规性分为强制合规和自主合规两个层次,实现了从内容角度来界定合规到从层次角度来界定合规的拓展。

(三)设计了我国保险公司治理评价指标体系

目前,专门针对保险公司治理评价体系设计的研究相对较少,本书在借鉴一般公司治理评价研究理论与方法的基础上,考虑保险公司治理的特殊性,在中国保监会《公司治理报告》中治理自评指标体系基础上,设计了针对我国股份制和有限制不同类型保险公司的治理评价指标体系,并给出了评价指标量化、权重赋予和标准化处理的方法,生成了能够反映我国保险公司治理状况的保险公司治理指数、保险公司治理分指数、保险公司强制合规指数、保险公司自主合规指数,并基于这些指数分析了我国保险公司治理的现状与问题。

(四)全面地实证检验了保险公司治理有效性

在上述生成的保险公司各类治理指数基础上,大样本实证检验了保险公司治理状况对于保险公司投入产出效率、保险公司竞争力、偿付能力溢额、总资产收益率、净资产收益率、收入净利率、综合费用率、综合赔付率等反映保险公司效率绩效、竞争力绩效和财务绩效三层绩效的影响,弥补了国内保险公司治理以规范研究内容为主的不足,实证研究过程中还进行了滞后一期的稳健性检验,研究结论更加可靠,研究结论对于提高我国保险公司治理能力、完善保险公司治理体系和加强保险公司治理监管等具有很好的指导作用。

二、研究方法上创新

(一)应用调查研究方法研究我国保险公司治理问题

一般公司治理领域中多采用实证研究方法,本书主要通过调查研究方法来获取相关数据进行研究。首先设计了专门针对保险公司治理状况的调查问卷,问卷在设计过程中,考虑了不同组织形式保险公司治理的区别,同时在问卷发放前期也进行了多次意见征求和试填问卷,问卷回收后也进行了问卷质量分析,最终建立了本书所需要的保险公司治理数据库。

（二）采用哑变量求和的方法生成保险公司治理指数

在一般公司治理评价领域，评价方面主要包括哑变量求和方法和专家评分法两种常用方法，其中哑变量求和法是国际期刊文献中较多采用的方法，其特点是客观性较强同时容易操作。本书在评价保险公司治理状况过程中，也导入了哑变量求和的方法，指标层所有指标均采用等权重，而准则层则根据层次分析法来确定分指数的权重。

（三）量化绩效时导入随机前沿和结构方程模型方法

本书在界定保险公司治理绩效的层次后，采用随机前沿方法，利用三组不同的投入产出指标来量化我国保险公司投入产出效率，为保险公司治理对效率影响的分析提供数据基础；同时，在评价保险公司竞争力时，导入结构方程模型方法，建立市场竞争力、运营竞争力、成本竞争力和竞争力结果的竞争力模型。

第二章　我国保险公司治理沿革

随着国有保险公司股份制改革的推进和部分保险公司境内外成功上市，完善保险公司治理、转换经营机制已成为一项非常紧迫的任务，2006年《关于规范保险公司治理结构的指导意见（试行）》的出台，标志着我国保险体制改革进入到了完善公司治理的纵深阶段，完善保险公司治理成为深化保险体制改革的中心工作。这是因为股份制改革、上市都只是手段，最终目的是完善公司治理、转换经营机制，进而提升保险公司竞争力，做大做强我国保险业。需要说明的是，上述文件中的"公司治理结构"就是一般意义上的公司治理，称呼习惯不同。本章在梳理我国公司治理改革发展沿革，我国保险公司治理有关法律、政策和法规基础上，分析了我国保险公司治理的转型历程。

第一节　中国公司治理改革发展沿革

一、中国公司治理改革的主线

30多年来，全球公司治理研究的关注主体已由英美日德等主要发达国家扩展到转轨和新兴市场国家。推进国家治理体系和治理能力现代化是我国改革的总体目标，作为国家治理微观基础的中国公司治理改革已经走过了30余年。

伴随着公司治理理念的导入，独立董事制度的建立、股权分置改革的有序实施、新《中华人民共和国公司法》（以下简称《公司法》）的颁布、中央企业（以下简称央企）董事会和监事会制度建设等公司治理大事件标志着中国公司治理正处于改革发展的重要阶段。回顾中国公司治理改革30多年的发展历程，经历了结构到机制的制度转型，"违规"、强制性治理到自主性治理的合规转型，以及不负责任到承担相应责任的问责转型。制度、合规和问责是公司治理的三要素，在三要素的转型过程中，中国的公司治理渐入佳境，从行政型治理到经济型治理是中国公司治理改革的总体路径或者方向。

在治理发展初期，公司按照法律法规的要求完善了内部治理结构，并在此基础上界定了股东大会、董事会和经理层的职责，从而使公司治理从建立治理结构向完善治理机制转型，即治理制度建立的过程。而治理结构是否合理、治理机制是否科学、需要依靠有效的评价标准的考评，如"中国上市公司治理指数（China corporate governance index of Nankai University，CCGI^{NK}）"的研发就为中国公司治理改革提供了可操作的标准。所以，公司治理实践首要遵循的就是规则，即公司治理要合规。中国企业改革已经从突破计划经济束缚的广义"违规"逐渐向公司治理改革的真正合规转型。成熟的公司治理合规应该是以降低治理成本、提高治理效率为目标的积极、自愿的合规，从这个意义上来说，随着我国公司法规和制度环境的逐步完善，中国公司治理改革逐渐从"消极守规"的强制性治理向"主动合规"的自主性治理转型。近年来，一些公司董事长、董事、总经理等因公司治理不合规而受到经济惩罚甚至承担刑事责任，显示出中国公司治理改革也是从轻视甚至忽视责任到真正问责的转型过程。

在公司治理三要素转型过程中，公司治理水平不断得到提升。总体上，中国公司治理"行政型治理度"不断弱化，"经济型治理度"不断强化。实际上，这一过程便是中国公司治理改革的总体路径或方向，即从以经营目标行政化、资源配置行政化和经营者任免行政化（即目前大家比较关注的政治联系）为典型特征的行政型治理向经济型治理的转型。

在中国企业改革的足印里，现代企业制度、公司化、法人治理结构、公司治理机制等已经成为人们耳熟能详的改革标志。中国企业改革走过了以公司治理为主线的 30 多年，可以说公司治理是企业变革的核心。企业改革的大前提往往是经济体制首先发生变化，1978 年之前中国实行的是计划经济体制，之后陆续进行了一系列改革，最后市场经济体制建立。伴随着中国经济体制的转型，公司治理也正在从行政型治理向经济型治理转型，这是中国公司治理改革的主线；在治理转型过程中，中国公司治理也经历着从"形似"到"神似"的升华过程。

二、中国公司治理改革走过的四个阶段

回顾这 30 余年的中国经济和企业发展，我们可以将这 30 余年的公司治理实践分为观念导入、结构构建、机制建立和有效性提高四个阶段。

（一）第一阶段：公司治理观念导入阶段（1978～1992 年）

1978 年十一届三中全会以后，中国经济体制开始由计划经济向有计划的商品经济转变，国家逐步下放和扩大国营企业的自主权，在国营企业的经营管理上，由单一的政府直接管理转变为政府直接管理和企业适度自主经营相结合的"双轨制管理"。之后，企业的称谓开始由"国营"逐步转变为"国有"（赵国英，2009）。企业在完成指令性计划的同时，可以自主开发市场，经批准可以投资开办企业。1984 年开始，国有企业内部管理体制由党委领导下的厂长（经理）负

责制逐步转变为厂长（经理）负责制，并于 1987 年进入全面实施阶段。1988 年正式颁布《中华人民共和国全民所有制工业企业法》，确定了全民所有制企业的法人地位，结束了全民所有制企业法律地位不明确的状况。始于 1978 年的中国国有企业改革，在经过扩大企业经营自主权、利改税、承包经营责任制和转换企业经营机制改革后，到 20 世纪 90 年代初中期，企业经营管理人员尤其是经理人员获取了过大的不受约束与控制的权力。在消除行政型治理，但尚未建立经济型治理的过程中出现了内部人控制（insider control）问题，许多学者认为是中国当时的法人治理结构不完善，企业内部缺乏对经营管理人员有效的制衡机制造成的。基于这样的背景，公司从解决内部人控制入手展开法人治理结构的搭建与完善，属于探索性的治理实践，从观念上开始导入公司治理，但这一阶段对公司治理的认识还局限于法人治理结构层面，建设法人治理结构更多是为了实现制衡的目的，即制衡"一把手"。

（二）第二阶段：公司治理结构构建阶段（1993~1998 年）

1993 年，十四届三中全会《关于建立社会主义市场经济体制若干问题的决定》指出，国有企业改革的方向是建立产权明晰、权责明确、政企分开、管理科学的现代企业制度，但文件中还没有直接讲公司治理问题。随着两个交易所的先后设立，1993 年 4 月，国务院发布了《股票发行与交易管理暂行条例》；同年 6 月，中国证券监督管理委员会（以下简称证监会）制定了《公开发行股票公司信息披露实施细则》，信息披露是公司治理的重要方面之一。1994 年 7 月，《公司法》正式实施，从法律上对规范股份有限公司的设立和运作，以及股票的发行和上市做出了明确规定，特别是明确了三会治理结构。《公司法》出台前，股份公司的设立及其股票的发行和上市，主要是依据原国家经济体制改革委员会 1992 年 5 月制定和实施的《股份有限公司规范意见》和国务院 1993 年 4 月发布和执行的《股票发行与交易管理暂行条例》。1998 年 4 月，两个交易所推出特别处理（special treatment，ST）制度；2007 年，东北高速（股票代码：600003）成为首家因公司治理问题被 ST 的公司。1998 年通过的《证券法》中关于投资者权益、持续信息披露和对经营者约束等规定均为公司治理内容。通过上述内容分析，我们不难看出，这一阶段的公司治理已经实现了由观念导入到结构构建的转变，特别是《公司法》的正式推出，使公司治理实践有了现实的主体和法律基础，因为按照《企业法》注册的企业，不存在董事会、监事会等治理问题。尽管这一阶段有了《公司法》这一根本制度，但在治理实践上，各公司多数只是满足《公司法》的基本要求而已，搭建了公司治理基本架构，治理机制没有很好地发挥作用，最明显的证据就是各公司章程与工商部门提供的范例相似性极高，董事会和监事会也多数仅局限于召开会议，从"形"

上符合治理的要求，更多强调的是治理的合规性。这一阶段过程中，如何处理好"新三会"与"老三会"的关系还没有找到合适的解决办法（卢昌崇，1994）。

（三）第三阶段：公司治理机制建立阶段（1999~2012年）

　　以1999年十五届四中全会《中共中央关于国有企业改革和发展若干重大问题的决定》（以下简称《决定》）为标志，中国公司治理实践进入一个新的阶段，即相对深入阶段，开始注重治理机制的建立。《决定》指出，公司制是现代企业制度的一种有效组织形式，而法人治理结构是公司制的核心，这是中国第一次在文件中正式提到法人治理结构的概念。为了保证董事会的独立性和更好地保护中小股东权益，2001年8月，中国证监会推出《关于在上市公司建立独立董事制度的指导意见》，正式导入英美公司治理模式中的独立董事制度，实现了监事会和独立董事的双重监督。2002年1月，证监会和国家经济贸易委员会联合发布了《中国上市公司治理准则》，使上市公司的治理有章可循。股权结构是公司治理的基础，2002年出台的《合格境外机构投资者境内证券投资管理暂行办法》及随后出台的《外国投资者对上市公司战略投资管理办法》《关于外国投资者并购境内企业的规定》《关于上市公司股权分置改革试点有关问题的通知》等规定，都从完善公司股权层面进行探索。2003年十六届三中全会通过的《中共中央关于完善社会主义市场经济体制若干问题的决定》明确提出，不但要建设公司治理，而且要完善公司治理。同年，国务院国有资产监督管理委员会（以下简称国资委）成立，之后各地方国资委相继成立，结束了中国国有企业"多龙治水"的局面，使国有企业出资人这一主体得到明确。为全面深入贯彻落实《国务院关于推进资本市场改革开放和稳定发展的若干意见》，证监会2005年推出《关于提高上市公司质量意见》的"二十六条"，其中第三条对上市公司治理进行了明确规定。随着公司治理实践的深入，实践当中出现的一些治理问题需要以法的形式对其进行总结，2005年进行了《公司法》的修改，2006年实施的新《公司法》在完善公司治理基本制度方面有颇多建树。2007年3月，证监会发文《关于开展加强上市公司治理专项活动有关事项的通知》，拉开了公司治理专项活动的序幕，使中国上市公司治理状况得到进一步改善。纵观中国企业发展的历史，可以看出，中国企业改革的"宝"押在了股份制上，始于2004年的我国央企董事会试点改革已初具规模，截至2012年年初，117家大型国有独资公司中已有40家引入董事会制度，使国有企业治理水平得到显著提高。与上一阶段公司治理实践相比，这一阶段的重要性不言而喻，该治理阶段主要是围绕如何建立治理机制，除了完善《公司法》《证券法》等法律，还有《上市公司治理准则》《国务院关于推进资本市场改革开放和稳定发展的若干意见》《关于提高上市公司质量意见的通知》《公开发行股票公司信息披露实施细则》《上市公司章程指引》等具体的规章制度。

（四）第四阶段：公司治理有效性提高阶段（2013年至今）

2013年十八届三中全会《中共中央关于全面深化改革若干重大问题的决定》指出，要推动国有企业完善现代企业制度。具体内容有健全协调运转、有效制衡的公司法人治理结构；建立职业经理人制度，更好发挥企业家作用；深化企业内部管理人员能上能下、员工能进能出、收入能增能减的制度改革；建立长效激励约束机制，强化国有企业经营投资责任追究；探索推进国有企业财务预算等重大信息公开；国有企业要合理增加市场化选聘比例，合理确定并严格规范国有企业管理人员薪酬水平、职务待遇、职务消费、业务消费等。这一阶段，在实现公司治理形似的基础上，探索如何发挥公司治理机制的有效作用，改革的目标不但要实现治理的"形"似，还要实现治理的"神"似。公司治理是国家治理体系的重要组成部分，是治理能力现代化的基础，提高公司治理有效性是未来一段时间内我国公司治理改革的风向标。

第二节　保险公司治理有关法律、政策和法规

一、我国保险法制的建设历程

保险法制是以《中华人民共和国保险法》（以下简称《保险法》）为核心的一系列与保险商业经营管理和行政监管有关的法律、法规及规章的制定、实施和适用的统称。保险业法制对于保险业的稳健、持续、快速发展具有重要意义。与此同时，建立保险法律适用的辅助机制，加强保险法律适用研究，用好、用足与保险业有关的法律、法规也对保险业的发展大有裨益。自从1995年《保险法》颁布实施以来，尤其是2000年以来，我国保险业呈现出了良好的发展态势。保险业的外部环境和内部结构都发生了深刻的变化，保险主体逐步增加、保险业务稳步增长，保险市场日益活跃，保险业的监管不断加强，保险业对外开放和市场化进程不断加快，保险公司的经营管理水平也有所提高。可以看到，在保险业的发展过程中，以《保险法》为核心的保险法制，对于我国规范保险活动、调控保险市场的竞争、促进保险业的发展起到了制度基础和法律保障作用。为了促进保险业持续、稳健、快速发展，为保险业的发展营造良好的法制环境和基础保障，中国保监会未雨绸缪，适时地启动了《保险法》及部分法律法规的修改工作，可以肯定地说，这对于完善保险法制，加强保险业法制化建设，优化保险业发展环境，促进保险业的稳定、快速发展具有极其重要而又深远的意义。

（一）《保险法》颁布之前（1981～1994 年）

新中国成立后，我国保险业处于刚刚起步阶段，市场主体单一，保险经营范围有限，保险监管工作比较薄弱。为了加强保险业监管，维护市场秩序，促进保险业发展，国家开始重视保险立法工作。十一届三中全会后，我国先后颁布了一些单项的保险法规。1981 年 12 月 13 日，第五届全国人民代表大会第四次会议公布了《中华人民共和国经济合同法》，该法对财产保险合同做了原则性的规定，这是新中国成立以后第一部真正意义的保险法律。1983 年 9 月 1 日，国务院发布了《中华人民共和国保险合同条例》，该条例基本具备了保险合同法的框架，适应了当时保险业的发展。1985 年，国务院又发布了《保险企业暂行条例》，为我国保险业法的制定打下了基础。1992 年 11 月 7 日，第七届全国人民代表大会常委会第二次会议通过了《中华人民共和国海商法》，第一次以法律的形式对海上保险做了明确规定。这些法规有些属于保险合同法的范畴，有些属于保险行为法的范畴，有些属于保险特别法的范畴，但尚未形成一套较为完整的保险法律法规。

（二）《保险法》颁布之后（1995～2001 年）

1995 年 6 月 30 日，第八届全国人民代表大会常务委员会第十四次会议通过了《保险法》，内容包括总则、财产和人身保险合同、保险公司、保险业的监督管理等。这是新中国成立以来的第一部保险基本法，是中国保险法制史上一个具有分水岭意义的事件，它标志着以《保险法》为主体、相关法规配套的中国保险法律法规体系的初步形成，我国保险业进入了有法可依、依法经营、依法监管的新阶段。《保险法》颁布后，为配合《保险法》的施行，中国人民银行相继制订了一系列配套的规章制度。1998 年 11 月，中国保监会正式成立，根据市场发展的实际情况，对保险监管制度和保险业的行为规范做出了整理、修改和补充，出台了一系列规章制度和规范性文件，初步形成由《保险法》、其他法律中的相关规定、少量的行政法规、大量的部门规章和比部门规章更多的规范性文件组成的保险法制体系。

（三）《保险法》的修订（2002～2009 年）

随着金融体制改革不断深化，市场竞争机制不断加强，保险业市场主体增大，业务规模扩大，保险产品日益丰富，旧的保险法已经跟不上实际的发展。同时，为了全面保护投保人、被保险人和受益人的合法权益、提高保险资金的运用率、加强对保险公司的市场监管，对《保险法》的修订迫在眉睫。2002 年 10 月，根据中国加入世界贸易组织的承诺，重点对保险业法部分进行了第一次修订。2004 年 10 月，《保险法》第二次修订工作开始启动。与此同时，大量涉及保险经营主体管理、保险产品管理、保险资金运用监管、专业人员管理、偿付能力监管及其他经营规则等方面的保险行政法规、规章相继出台或修订，形成对《保险法》的配套及补充。2009 年 2 月 28 日，第二次修订的《保险法》经十一届全国人大常委会第七次会议第三次审议通过，2009 年 10 月 1 日实施。这次对《保险法》进行的系统性修订，吸收了十六大以来保险业改革发展的宝贵经验和有益探索，针对保险业发展站在新起点进入新阶段的实际，对行业发展和保险监管做了许多新的规定，进一步完善了商业保险的基本行为规范和国家保险监管制度的主体框架。

（四）《保险法》修订以后（2010 年至今）

2009 年新《保险法》修订后，保险业全面开放，一系列相应政策、法规、实施细则和管理办法相继出台。为了加强对保险公司的监督管理，维护保险市场的正常秩序，保护被保险人合法权益，促进保险业健康发展，2009 年 9 月，修订后的《保险公司管理规定》的颁布，加强了对保险公司的监督管理，维护保险市场的正常秩序，进而保护被保险人的合法权益。随着我国改革开放的深入和保险业的快速发展，保险公司资本构成多元化和股权结构多样化特征日益明显，股权流动和股权交易日趋频繁，新情况、新问题不断出现，现行规定已不能适应当前保险业发展和监管的新形势，迫切需要调整和更新。2010 年 5 月，《保险公司股权管理办法》的颁布，对保持保险公司经营稳定，保护投资人和被保险人的合法权益，加强保险公司股权监管做出规定。2012 年 7 月份以来，中国保监会密集出台《关于保险资金投资股权和不动产有关问题的通知》（2012 年 7 月 25 日）、《保险资产配置管理暂行办法》（2012 年 7 月 27 日）、《基础设施债权投资计划管理暂行规定》（2012 年 10 月 22 日）、《保险资金参与股指期货交易规定》（2012 年 10 月 23 日）、《关于保险资产管理公司开展资产管理产品业务试点有关问题的通知》（2013 年 2 月 17 日）、《关于加强保险资金投资债券使用外部信用评级监管的通知》（2013 年 8 月 5 日）、《关于保险资金投资优先股有关事项的通知》（2014 年 10 月 17 日）、《中国保监会关于调整保险资金境外投资有关政策的通知》（2015 年 3 月 31 日）等保险投资改革新政，全面开放保险投资渠道，并放宽投资比例，增强了保险投资的可操作性，为改善保险公司资产配置状况提供了可能。

经过 30 余年的改革和发展，我国保险法律制度体系已经较为完善，基本涵盖了保险合同行为、保险经营和保险监管的各个环节，为依法经营和依法监管奠定了坚实的立法基础。保险监管机构严格执法，对于规范保险经营行为、提高保险公司的经营管理水平、保护活动当事人的合法权益、加强和改善保险监管有重要意义，有力地保障和推动了保险事业的健康发展。

二、我国保险公司治理相关法律、政策和法规介绍

1983 年 9 月 1 日，《中华人民共和国财产保险合同条例》出台。该条例共 5 章 23 条，实际上是经济合同法的实施细则，是新中国成立以来第一部财产保险合同方面的规范性法律文件，起到了部分保险合同法的作用。

1985 年 3 月 3 日，《中华人民共和国保险企业管理暂行条例》出台。该暂行条例共 6 章 24 条，包括总则、保险企业的设立、中国人民保险公司、偿付能力和保险准备金、再保险、附则等，是仅有的一部临时性、行政管理性的保险法规。

1988 年 4 月 13 日，《中华人民共和国全民所有制工业企业法》出台。《中华人民共和国全民所有制工业企业法》由中华人民共和国第七届全国人民代表大会第一次会议通过，自 1988 年 8 月 1 日起施行，共 8 章 69 条，包括总则、企业的设立、变更和终止、企业的权利和义务、厂长、职工和职工代表大会、企业和政府的关系、法律责任、附则等。《中华人民共和国全民所有制工业企业法》的颁布标志着我国第一次以立法的形式明确规定了国有企业对于国家财产进行经营、使用和收益的各种权利与义务，确立了企业作为商品生产和经营者的法律地位，确定了厂长负责制，企业的法律性质得到确认。

1992 年 9 月 11 日，《上海外资保险机构暂行管理办法》出台。该暂行管理办法共 8 章 44 条，包括总则、设立与登记、资本金和业务范围、业务管理、投资、清理与解散、罚则、附则等，是首例对外资保险机构监管的法规。

1993 年 12 月 29 日，《中华人民共和国公司法》出台。1993 年 12 月 29 日，第八届全国人大常委会第五次会议通过《公司法》，1994 年 7 月 1 日开始实施。《公司法》共 11 章 230 条，包括总则、有限责任公司的设立和组织机构、股份有限公司的设立和组织机构、股份有限公司的股份发行和转让、公司债券、公司财务与会计、公司合并与分立、公司破产、解散和清算、外国公司的分支机构、法律责任、附则等。《公司法》的颁布具有极大的现实意义和深远的历史意义，它意味着国有企业股份制改革步入向法制化和规范化发展的轨道，它是对我国企业制度改革的全面总结，是对我国企业改革成果的充分肯定，使我国企业制度改革成果有了法律保障。

1995 年 6 月 30 日，《中华人民共和国保险法》出台。该法律集保险合同法与保险业法于一身，共 8 章 151 条，包括总则、保险合同、保险公司、保险经营规则、保险业的监督管理、保险代理人及保险经纪人、法律责任及附则等。该保险

法的颁布彻底结束了我国保险业无法可依的局面，是我国保险法制建设史上的一个重要里程碑，掀开了中国保险业发展新的一页，与《公司法》共同构成了我国保险公司治理的基础法律。

1996年7月25日，《保险管理暂行规定》出台。该暂行规定共11章90条，包括总则、保险机构的设立变更和终止、保险公司的业务范围、保险资金管理及运用、许可证管理、保险条款和保险费率管理、保险公司偿付能力管理、保险经营行为管理、监督管理、罚则、附则。该暂行规定使保险公司管理体制发生了重大变化，保险公司的保险业务由多业经营转向分业经营；保险资金运用发生了重大转变，改变了过去放开经营的做法。

1997年11月3日，《保险代理人管理规定（试行）》出台。该规定共9章82条，包括总则、资格、专业代理人、兼业代理人、个人代理人、执业管理、保险代理合同、罚则、附则，对如何管理各种代理人做出了具体规定。

1998年2月16日，《保险经纪人管理规定（试行）》出台。该规定共6章74条，包括总则、从业资格、保险经纪公司的设立变更和终止、执业管理、罚则、附则，就保险经纪人行为做出了规范。

1999年1月11日，《保险机构高级管理人员任职资格管理暂行规定》出台。该暂行规定共5章32条，包括总则、任职资格条件、任职资格审查与管理、任职资格取消、附则，对保险机构高级管理人员任职资格进行了严格的规范。这是我国保险公司治理比较早的直接法律、法规和政策文件之一。

1999年5月20日，《保险公司购买中央企业债券管理办法》出台。该办法界定了中央企业债券概念、购买的比例、购买规定等共11条，保证保险公司资金运用的流动性、安全性、盈利性。

1999年8月5日，《保险公司内部控制制度建设指导原则》出台。该指导原则共10章68条，包括总则、内部控制建设的目标和原则、内部控制的要素、组织机构系统、决策系统、执行系统、稽核监督系统、支持保障系统、内部控制制度的管理与监督、附则，防范经营风险，建立、健全保险公司内部控制制度。

1999年10月29日，《保险公司投资证券投资基金管理暂行办法》出台。该暂行办法共6章25条，包括总则、资格条件、申报及审批程序、风险控制和监督管理、罚则、附则，加强对保险资金运用的管理，防范风险。

1999年11月26日，《外资保险机构驻华代表机构管理暂行办法》出台。该暂行办法共5章37条，包括总则、申请与设立、监督管理、罚则、附则，加强了对外资保险机构常驻中华人民共和国代表机构的管理。

1999年12月1日，《法定分保条件》出台。该文件界定法定分保的对象、分保限额等共20条，对法定分保业务实行管理，加强风险控制。

1999年12月24日，《向保险公司投资入股暂行办法》出台。该暂行办法的内容是对向保险公司投资入股的 17 条规定,有利于保险公司吸收社会资金,增加保险公司的偿付能力,保证保险公司资本来源正当、结构合理。

2000 年 4 月 1 日,《向保险公司投资入股暂行规定》出台。该暂行规定共 17 条,包括可向保险公司投资的主体的资格与条件,不得向保险公司投资主体的列示,以及投资的相应要求,对 1999 年 12 月 24 日中国保监会发布的《向保险公司投资入股暂行办法》的部分条款做了修改,取消了原有规则中不合理的条款,补充细化了其他合理条款。

2001 年 4 月 3 日,《保险公司最低偿付能力及监管指标管理规定》出台。该规定分别确定了各类公司的最低偿付标准,并对保险公司财务、资金运用、投资收益等方面设立了监管指标值,最后根据综合评分情况确立不同的干预标准,这是我国第一份比较系统、全面的关于偿付能力监管的保险规章。

2001 年 12 月 22 日,《中华人民共和国外资保险公司管理条例》出台。该管理条例共 7 章 40 条,包括总则、设立与登记、业务范围、监督管理、终止与清算、法律责任、附则,适应对外开放和经济发展的需要,加强和完善了对外资保险公司的监督管理。

2002 年 10 月 28 日,《关于修改〈中华人民共和国保险法〉的决定》出台。该规定对许多不符合入世承诺的条款,如原《保险法》第九十三条规定的提取和结转责任准备金的比例、第一百零一条规定的办理再保险的比例等问题做了修改;对 1995 年的《保险法》进行了修改,其显著特色是与国际惯例接轨和对被保险人利益的保护。

2003 年 3 月 24 日,《保险公司偿付能力额度及监管指标管理规定》出台。该规定共 6 章 22 条。明确有关概念和指标的含义及取值口径,改变了资产和负债的分类标准,改变了资产认可的假设基础、认可方式和计价属性,参照国际惯例提高了对保险责任准备金的要求,完善了偿付能力预警指标体系、偿付能力报告制度,提出了对偿付能力不足公司"分类指导"的监管原则和各种具体监管措施等,我国初步建立了保险业偿付能力监管制度框架,标志着保险监管向市场化、国际化和专业化迈出了实质性的一步,并废止了《保险公司最低偿付能力及监管指标管理规定》。

2004 年 3 月 15 日,《保险公司管理规定》出台。该规定共 7 章 105 条,包括总则、保险机构、保险经营、保险条款和保险费率、保险资金及保险公司偿付能力、监督检查、附则,加强了保险公司的监督管理,维护了保险市场的正常秩序,保护了被保险人的合法权益,促进了保险业健康发展。

2004 年 5 月 24 日,《中华人民共和国外资保险公司管理条例实施细则》出台。该实施细则共 47 条,对外资保险公司及分支机构的设立、合资公司持股比例、经营进行相应具体的规定说明。还对外资保险公司解散、清算和撤销等做出了清晰明确的规定，同时根据行政审批制度改革的有关要求，对外资保险公司的申请和审批事项做出了规定，降低了对外资进入中国保险业的资本要求，再次强调了外资在人寿保险公司中的比例不得超过 50%，这在一定程度上也限制了外资公司多头并进的可能。该文件是 2001 年颁布的《外资保险公司管理条例》的实施细则。

2005 年 10 月 27 日，《中华人民共和国公司法》修订。2005 年 10 月 27 日第十届全国人大常委会第十八次会议又对《公司法》进行了修订，修订后的公司法自 2006 年 1 月 1 日起实施。《公司法》由原来的 230 条调整为 219 条，尽管条文减少了，但其内容却极大丰富了。这次公司法的修订范围广泛，涉及公司设立和公司资本制度、公司治理、一人有限责任公司等内容，大多数条款都有所调整，意义深远。

2006 年 1 月 5 日，《关于规范保险公司治理结构的指导意见（试行）》出台。为建立现代保险企业制度，提高风险防范能力，中国保监会下发指导意见，要求各保险公司在强化股东义务、加强董事会建设、发挥监事会作用、规范管理层运作等方面进一步完善公司治理。这是我国保险公司治理改革的指引性文件，标志着我国保险公司治理改革的全面展开。

2006 年 1 月 10 日，《寿险公司内部控制评价办法（试行）》出台。为规范和加强对寿险公司内部控制的评价，推动寿险公司加强内控建设，中国保监会下发该评价办法，共 7 章 56 条，包括总则、评价目标和原则、评价内容、评价方式、评价程序与方法、评分标准与评价结果利用、附则。

2006 年 3 月 30 日，《中国保险监督管理委员会规章制定程序规定》出台。该规定共 7 章 38 条，包括总则、立项、起草、审核、发布与备案、废止和解释、附则。规定不得增设新的行政许可项目，增设的行政处罚种类仅限于警告及 3 万元以下罚款，规范中国保监会的规章制定工作，促进保险行政立法的程序化和科学化，提高规章质量。

2006 年 6 月 15 日，《国务院关于保险业改革发展的若干意见》出台。改革开放特别是十六大以来，我国保险业改革取得了举世瞩目的成就。但由于保险业起步晚、基础薄弱、覆盖面不宽，功能和作用发挥不充分，与全面建设小康社会和构建社会主义和谐社会的要求不相适应，与建立完善的社会主义市场经济体制不相适应，与经济全球化、金融一体化和全面对外开放的新形势不相适应。为全面贯彻落实科学发展观，明确今后一个时期保险业改革发展的指导思想、目标任务和政策措施，加快保险业改革发展，促进社会主义和谐社会建设，该意见提出了10 条具体意见。这是国务院首次对我国保险业发展进行的顶层设计。

2006 年 7 月 12 日，《保险公司董事和高级管理人员任职资格管理规定》出台。为了加强和完善对保险公司董事和高级管理人员的管理，保障保险公司稳健经营，促进保险业健康发展，中国保监会制定发布《保险公司董事和高级管理人员任职资格管理规定》（保监会令 2006 年第 4 号），共 6 章 55 条，自 2006 年 9 月 1 日起施行。2002 年 3 月 1 日发布的《保险公司高级管理人员任职资格管理规定》和 2003 年 7 月 23 日发布的《关于修改〈保险公司高级管理人员任职资格管理规定〉有关条文的决定》同时废止。

2006 年 7 月 12 日，《外国保险机构驻华代表机构管理办法》出台。为了加强对外国保险机构驻华代表机构的管理，适应中国保险市场对外开放的需要，中国保监会制定发布《外国保险机构驻华代表机构管理办法》（保监会令 2006 年第 5 号），共 5 章 39 条，自 2006 年 9 月 1 日起施行。2004 年 1 月 15 日发布的《外国保险机构驻华代表机构管理办法》同时废止。

2006 年 7 月 31 日，《非保险机构投资境外保险类企业管理办法》出台。根据《国务院对确需保留的行政审批项目设定行政许可的决定》和《国务院办公厅关于印发中国保险监督管理委员会主要职责内设机构和人员编制规定的通知》，中国保监会制定发布《非保险机构投资境外保险类企业管理办法》（保监会令 2006 年第 6 号），自 2006 年 9 月 1 日起施行，共 16 条，从投资申请、投资管理、监督检查、法律责任等方面对非保险机构境外投资的活动进行了明确规范，加强对非保险机构在境外投资保险类企业的监管，促进保险业健康发展。

2006 年 7 月 31 日，《保险公司设立境外保险类机构管理办法》出台。为了加强管理保险公司设立境外保险类机构的活动，防范风险，保障被保险人的利益，根据《保险法》等法律、行政法规，中国保监会制定发布《保险公司设立境外保险类机构管理办法》（保监会令 2006 年第 7 号），共 6 章 39 条，从投资申请、投资管理、监督检查、法律责任等方面对保险公司境外设立保险类企业的活动进行了明确规范，自 2006 年 9 月 1 日起施行。

2006 年 8 月 29 日，《保险公司费用分摊指引》出台。为规范保险公司费用分摊，提高会计信息质量和公司财务管理水平，为公司产品定价、经营决策、分支机构业绩考核和监管工作提供科学、准确的财务信息，中国保监会制定下发《保险公司费用分摊指引》，包括五个方面 23 条内容。

2006 年 9 月 20 日，《关于保险业实施新会计准则有关事项的通知》出台。为了提高保险公司的会计信息质量和内部管理水平，中国保监会下发《关于保险业实施新会计准则有关事项的通知》，决定从 2007 年 1 月 1 日起，保险全行业同时执行财政部颁布的新会计准则。另外，为了保证新会计准则的顺利实施，中国保监会成立了新会计准则实施领导小组，负责对行业实施新会计准则进行指导和协调，原中国保监会副主席李克穆任组长。

2006 年 9 月 21 日，《关于保险机构投资商业银行股权的通知》出台。为进一步拓宽保险资金投资渠道，改善资产配置状况，提高投资管理效益，促进保险业与银行业战略合作,中国保监会下发《关于保险机构投资商业银行股权的通知》,包括八个方面的内容。经国务院批准,保险集团(控股)公司、保险公司、保险资产管理公司可以投资商业银行股权。该通知对投资范围和投资原则、投资方式和资金来源、投资比例和核算基数、投资资格和基本要求、风险管理和监督检查等做出了具体规定。

2006 年 10 月 24 日,《关于下发〈保险兼业代理机构管理试点办法〉及开展试点工作的通知》出台。为进一步规范保险兼业代理市场,促进保险兼业代理机构依法合规经营,提高监管效率,中国保监会印发《关于下发〈保险兼业代理机构管理试点办法〉及开展试点工作的通知》,对保险兼业代理监管制度进行重大改革,并决定在北京和辽宁两地先行试点,待条件成熟时在全国推广执行。

2006 年 10 月 31 日,《关于加强保险资金风险管理的意见》出台。随着放松管制积极措施的实施,拓展了保险资金管理的空间,也带来了相关风险因素,有些可能在短时间内形成系统性风险,迫切需要加强保险资金风险管理,建立新型资金风险管理制度。为建立健全保险资金风险管理体系和运行机制,切实防范保险资金管理风险,中国保监会下发《关于加强保险资金风险管理的意见》。

2007 年 1 月 8 日,《保险机构债券投资信用评级指引(试行)》出台。为加强债券投资信用风险管理,中国保监会发布《保险机构债券投资信用评级指引(试行)》,共 6 章 42 条,要求保险机构建立内部信用评级系统,评估债券投资信用风险。这是保险业全面落实《关于加强保险资金风险管理的意见》的重要举措,标志保险资金债券投资开始步入信用风险管理阶段。

2007 年 1 月 17 日,《子公司、合营企业和联营企业》《动态偿付能力测试(人寿保险公司)》《年度报告的内容与格式》《季度报告》出台。为促进保险公司完善内部风险管理机制,中国保监会发布《子公司、合营企业和联营企业》《动态偿付能力测试(人寿保险公司)》《年度报告的内容与格式》《季度报告》等四项保险公司偿付能力报告编报规则,并对原《保险公司偿付能力报告编报规则第 2 号:货币资金和结构性存款》进行了修订,将其更名为《保险公司偿付能力报告编报规则第 2 号:投资资产》。五项编报规则的施行将进一步提高我国保险公司偿付能力评估的科学性和偿付能力监管的效率,对我国建立以偿付能力监管为核心的保险监管体系、促进保险市场又好又快发展具有深远意义。

2007 年 4 月 6 日,《保险公司独立董事管理暂行办法》出台。为健全保险公司独立董事制度,加强保险监管,提高风险防范能力,中国保监会发布《保险公司独立董事管理暂行办法》。该办法共 6 章 36 条,明确了保险公司独立董事的任职资格,提名、选举和免职,职责、义务和保障,监督和处罚等内容。

2007 年 4 月 6 日,《保险公司风险管理指引(试行)》出台。为指导保险公司加强风险管理,保障保险公司稳健经营,中国保监会发布《保险公司风险管理指引（试行）》。该指引共 7 章 39 条，包括总则、风险管理组织、风险评估、风险控制、风险管理的监督与改进、风险管理的监管、附则等内容。

2007 年 4 月 6 日，《保险公司关联交易管理暂行办法》出台。为完善保险公司治理，规范关联交易，防范保险经营风险，中国保监会发布《保险公司关联交易管理暂行办法》。该办法共 5 章 28 条，包括总则、关联方及关联交易、关联交易管理、关联交易监管、附则等内容。该办法规定，保险公司重大关联交易由董事会或股东大会批准。保险公司董事会在审议关联交易时，关联董事不得行使表决权，也不得代理其他董事行使表决权。该董事会会议由过半数的非关联董事出席即可举行，董事会会议所做决议须经非关联董事过半数通过。出席董事会会议的非关联董事人数不足 3 人的，保险公司应当将交易提交股东大会审议。

2007 年 4 月 9 日，《保险公司内部审计指引（试行）》出台。为加强内控管理，完善公司治理，提高保险公司风险防范能力，中国保监会发布《保险公司内部审计指引（试行）》。该指引包括 6 章 43 条，包括总则、机构与人员、职责与权限、工作机制、责任追究及附则等内容。

2007 年 4 月 16 日，《关于推进保险合同纠纷快速处理机制试点工作的指导意见》出台。为完善保险合同纠纷快速处理机制，积极稳妥推进试点工作，充分发挥处理机制及时解决保险合同纠纷，中国保监会发布《关于推进保险合同纠纷快速处理机制试点工作的指导意见》。该指导意见的规范内容主要包括机构建设、运行模式、受案条件、工作程序、调解的效力与执行、长效工作机制等。

2007 年 6 月 22 日，《保险许可证管理办法》出台。为加强保险许可证的管理，规范保险业许可活动，维护保险市场秩序，中国保监会颁发《保险许可证管理办法》，共 32 条。该办法对保险许可证的类型、内容、颁发和管理、违规处罚等事项做了明确规定。

2007 年 7 月 4 日，《保险资金间接投资基础设施债权投资计划管理指引（试行）》出台。为规范保险资金间接投资基础设施项目投资行为和操作流程，防范投资管理风险，中国保监会发布《保险资金间接投资基础设施债权投资计划管理指引（试行）》，对保险资金间接投资基础设施债权投资计划的发起设立、运作管理、凭证管理、资产清算及信息披露等做出规定。

2007 年 7 月 25 日，《保险资金境外投资管理暂行办法》出台。为了加强保险资金境外投资管理，防范风险，保障被保险人及保险资金境外投资当事人合法权益，根据《保险法》《中华人民共和国外汇管理条例》等法律、行政法规，《保险资金境外投资管理暂行办法》出台，共 9 章 66 条，包括总则、资格条件、申报管理、账户管理、投资管理、风险管理、信息披露与报告、监督管理、附则，加强保险资金境外投资管理，防范风险，保障被保险人及保险资金境外投资当事人合法权益。

2007 年 8 月 2 日，《保险公司资本保证金管理暂行办法》出台。为加强对保险公司资本保证金的管理，维护保险市场的平稳、健康发展，中国保监会发布《保险公司资本保证金管理暂行办法》，共 4 章 32 条。

2007 年 8 月 28 日，《公开发行证券的公司信息披露编报规则第 4 号——保险公司信息披露特别规定》出台。中国证监会发布《公开发行证券的公司信息披露编报规则第 4 号——保险公司信息披露特别规定》，规定公开发行证券并上市的保险公司除应遵循证监会有关定期报告和临时公告等信息披露的一般规定外，还应遵循本规定的要求。

2007 年 9 月 7 日，《保险公司合规管理指引》出台。为了规范保险公司治理，加强保险公司合规管理，中国保监会发布《保险公司合规管理指引》，共 6 章 37 条。《保险公司合规管理指引》的出台，既是金融监管的大势所趋，也是保险业发展的内在需要。保险业全面建立合规管理制度，对于完善保险公司治理机制、强化保险公司内控管理、提升保险公司风险管理水平具有重要意义。

2007 年 9 月 28 日，《保险公司总精算师管理办法》出台。为了完善保险精算监管制度，规范保险公司内部治理，防范经营风险，促进保险业健康发展，根据《保险法》《中华人民共和国外资保险公司管理条例》等法律、行政法规，中国保监会颁布《保险公司总精算师管理办法》（保监会令 2007 年第 3 号）。该办法对保险公司总精算师的任职资格管理、职责、监督管理、法律责任等内容做出了明确规定，共 6 章 33 条，包括总则、任职资格管理、总精算师职责、监督管理、法律责任、附则。中国保监会依法审查总精算师任职资格，并对总精算师履职行为进行监督管理。

2008 年 3 月 21 日，《保险业信息系统灾难恢复管理指引》出台。为加强保险信息安全基础设施建设，推进信息系统灾难恢复工作，中国保监会制订下发《保险业信息系统灾难恢复管理指引》，共 10 章 42 条。该指引第一次对保险机构信息系统灾备建设进度和灾难恢复能力进行了明确要求，保险机构应统筹规划信息系统灾难恢复工作，自《保险业信息系统灾难恢复管理指引》生效起五年内至少达到其规定的最低灾难恢复能力等级要求。

2008 年 4 月 15 日，《保险公司董事、监事及高级管理人员培训管理暂行办法》出台。为加强保险公司董事、监事及高级管理人员队伍建设，推动保险公司规范运作，中国保监会发布《保险公司董事、监事及高级管理人员培训管理暂行办法》，共 4 章 22 条，对保险公司高管每年定期参加学习培训时间、内容等进行了严格的规范。

2008 年 4 月 30 日，《保险公司偿付能力报告编报规则第 14 号：保险集团》出台。为加强偿付能力监管，科学评估保险集团的偿付能力，中国保监会印发《保险公司偿付能力报告编报规则第 14 号：保险集团》（共 24 条）及其实务指南。

2008 年 5 月 12 日，《企业内部控制基本规范》出台。财政部、证监会、审计署、中国银行监督管理委员会（以下简称银监会）、保监会五部委联合下发《关于印发〈企业内部控制基本规范〉的通知》，明确规定 2009 年 7 月 1 日起，将在上市公司范围内实施《企业内部控制基本规范》，同时鼓励非上市大中型企业执行。该规范的实施将为加强和规范企业内部控制，提高企业经营管理水平和风险防范能力，促进企业可持续发展，维护社会主义市场经济秩序和社会公众利益带来积极的影响。

2008 年 7 月 8 日，《保险公司董事会运作指引》出台。为促进保险公司完善治理结构，中国保监会制定发布《保险公司董事会运作指引》，共 7 章 91 条。董事会是公司治理的核心，加强董事会建设是国内外完善公司治理的普遍做法。从明确董事会职责、强化董事责任、建立独立董事制度、设立专业委员会四个方面，将加强董事会建设作为规范保险公司治理的重要内容，规范重点集中在职权明确和组织完善方面。

2008 年 7 月 8 日，《关于规范保险公司章程的意见》出台。保险公司章程是规范保险公司组织和行为，规定保险公司及其股东、董事、监事、管理层等各方权利、义务的具有法律约束力的重要文件，是规范公司治理的制度基础。为促进保险公司规范运作，加强对公司章程的监管，规范章程内容，明确章程制定、修改程序，根据《保险法》《公司法》和相关法律、行政法规及监管规定，中国保监会制定发布《关于规范保险公司章程的意见》。

2008 年 7 月 8 日，《关于向保监会派出机构报送保险公司分支机构内部审计报告有关事项的通知》出台。进一步完善了我国保险公司治理监管的制度体系。2007 年 4 月，中国保监会主席办公会议通过了《保险公司内部审计指引》，其借鉴国内外相关经验，规定了审计报告报送制度，即"保险公司内部审计部门对下属分支机构进行审计的，应当同时将审计报告抄报审计对象所在地的中国保监会派出机构。"这一规定使得监管机构能够进一步了解公司的经营和内部控制情况，是保险监管的一项创新。由于审计报告报送制度涉及保险公司审计机构、保险公司分支机构和中国保监会派出机构，政策性和操作性的要求比较高，为使这项措施积极稳妥地实施，中国保监会制定了《关于向保监会派出机构报送保险公司分支机构内部审计报告有关事项的通知》，主要目的是进一步确立保险公司分支机构内部审计报告报送制度。建立审计报告报送制度，有利于发挥内部审计辅助监管的作用，深化公司治理监管。

2008 年 7 月 10 日，《保险公司偿付能力管理规定》出台。为了加强保险公司偿付能力监管，维护被保险人利益，促进保险业健康、稳定、持续发展，中国保监会颁布《保险公司偿付能力管理规定》（保监会令 2008 年第 1 号），自 2008 年

9 月 1 日起施行。该规定共 6 章 46 条，包括总则、偿付能力评估、偿付能力报告、偿付能力管理、偿付能力监督、附则等主要内容。偿付能力监管是保险监管的三支柱之一，中国保监会自成立以来就非常重视偿付能力监管，2003 年年初，中国保监会发布实施了《保险公司偿付能力额度及监管指标管理规定》（保监会令 2003 年第 1 号）。1 号令的施行，提高了我国保险业的风险防范能力，对促进我国保险业又好又快发展发挥了积极作用。但是，随着保险业的快速发展和金融体制改革的不断深化，我国保险业已经站在了一个新的历史起点上，1 号令在一些方面已经不能适应保险业在新阶段的发展、改革、开放和监管的客观要求，这是《保险公司偿付能力管理规定》出台的背景。

2008 年 9 月 11 日，《保险保障基金管理办法》出台。2007 年 10 月，国务院批准成立中国保险保障基金有限责任公司，负责保险保障基金的筹集、管理和使用；为适应保险保障基金管理体制改革的要求，规范保险保障基金的筹集、管理和使用，保障保单持有人合法权益，同时，根据保险业迅速发展的新形势，中国保监会、财政部、中国人民银行联合发布实施新的《保险保障基金管理办法》（保监会令 2008 年第 2 号）。该管理办法共 7 章 36 条，包括总则、保险保障基金公司、保险保障基金的筹集、保险保障基金的使用、管理和监督、法律责任、附则，明确了保险保障基金的性质，并对保险保障基金管理体制、缴纳基数、缴纳范围和比例，以及投资渠道等多个方面进行了修订、完善。

2008 年 9 月 12 日，《关于暂停批设保险公司营销服务部的通知》出台。该通知指出，配合《保险法》的修订，中国保监会将对现行《保险公司管理规定》中分支机构的批设要求和审批程序进行修改完善，将营销服务部的设立和管理纳入《保险公司管理规定》中一并规范。在监管规定修改期间，中国保监会将暂停批准保险公司设立新的营销服务部。

2008 年 11 月 18 日，《中国保险监督管理委员会政府信息公开办法》出台。为提高保险监督管理工作的透明度，促进依法行政，中国保监会发布《中国保险监督管理委员会政府信息公开办法》（保监会令 2008 年第 3 号），自 2009 年 1 月 1 日起施行。该办法对政府信息的公开原则、工作机构、公开范围、公开的程序和方式、组织实施等做出了具体规定。

2008 年 12 月 1 日，《保险公司财务负责人任职资格管理规定》出台。为了促进保险公司加强经营管理，完善公司治理，实现保险业持续、健康发展，根据《保险法》《公司法》《中华人民共和国外资保险公司管理条例》等法律、行政法规，中国保监会发布《保险公司财务负责人任职资格管理规定》，对保险公司和保险资产管理公司财务负责人任职资格的监督管理进行了规范。该规定的发布是中国保监会贯彻落实科学发展观，加强和完善对保险公司董事和高级管理人员的管理，强化公司内部治理和外部监管的又一重大举措，有利于促进保险公司稳健经营。

《保险公司财务负责人任职资格管理规定》共 5 章 31 条，包括总则、任职资格管理、财务负责人职责、监督管理、附则。财务负责人应当勤勉尽责，遵守法律、行政法规和中国保监会的有关规定，遵守保险公司章程和职业准则，促进保险公司加强经营管理，完善公司治理，实现保险业持续、健康发展。

2008 年 12 月 30 日，《关于实施保险公司分类监管有关事项的通知》出台。为贯彻落实科学发展观，增强保险监管的科学性、针对性和有效性，切实防范化解风险，中国保监会对现行保险公司分类监管制度进行了修改完善，修改后的分类监管制度自 2009 年 1 月 1 日起正式运行，中国保监会将根据公司 2008 年年末信息进行首次分类评价。

2009 年 2 月 28 日，《保险监管人员行为准则》和《保险从业人员行为准则》出台。中国保监会公布施行《保险监管人员行为准则》和《保险从业人员行为准则》。《保险监管人员行为准则》在文明公正执法、遵守监管工作纪律、改进工作作风等方面做出了明确规定；《保险从业人员行为准则》根据保险业最大诚信原则，严禁销售误导、理赔难和不正当竞争，坚决维护被保险人合法权益。

2009 年 2 月 28 日，《中华人民共和国保险法》修订。胡锦涛签署了第十一号主席令，颁布实施新修订的《保险法》。在制度设计及规制完善上，加强对被保险人利益保护的立法精神贯穿始终，成为本次《保险法》修订的最大亮点。例如，明确了保险双方当事人的权利与义务，有利于减少保险合同纠纷；规范了保险公司的经营行为，保护了被保险人的利益；进一步完善了保险基本制度、规则，为保险业拓宽了发展空间；加强对保险公司偿付能力的监管，确保保险公司稳健经营。

2009 年 3 月 18 日，《关于规范保险机构股票投资业务的通知》出台。中国保监会印发《关于规范保险机构股票投资业务的通知》，要求保险公司及保险资产管理公司，改进股票资产配置管理，强化股票池制度管理，建立公平交易制度，依规运作控制总体风险，加强市场风险动态监测，并落实岗位风险责任。

2009 年 3 月 19 日，《关于加强资产管理能力建设的通知》出台。为了防范投资运作风险，提高资产管理水平，中国保监会印发《关于加强资产管理能力建设的通知》。该通知一共涉及六个方面，包括中国保监会专门制定的《保险公司股票投资管理能力标准》和《保险机构信用风险管理能力标准》，这两个标准是监管机构评估保险机构有关管理能力的主要依据。

2009 年 3 月 19 日，《关于保险资金投资基础设施债权投资计划的通知》和《基础设施债权投资计划产品设立指引》出台。为推进保险资金以债权形式间接投资基础设施项目，规范债权投资计划产品设立业务，中国保监会发布了《关于保险资金投资基础设施债权投资计划的通知》和《基础设施债权投资计划产品设立指引》。保险资金投资基础设施债权投资计划在投资主体、投资比例、投资范围和项目上均有所放宽。

2009 年 3 月 19 日，《关于增加保险机构债券投资品种的通知》出台。该通知增加了部分债券投资品种，明确了保险机构投资有关债券的资产比例，允许保险机构投资境内市场发行的无担保债券，投资有关无担保债券的余额，不得超过该保险机构上季度末总资产的 15%。

2009 年 4 月 8 日，《保险公司偿付能力报告编报规则第 15 号：再保险业务》出台。为进一步完善偿付能力监管制度，加强再保险业务监管，中国保监会发布《保险公司偿付能力报告编报规则第 15 号：再保险业务》及其实务指南。

2009 年 8 月 28 日，《关于加强保险机构债券回购业务管理的通知》出台。中国保监会印发《关于加强保险机构债券回购业务管理的通知》，要求保险机构加强回购融入资金管理，包括加强账户管理、强化成本控制、明确资金用途、控制融资规模、严格比例管理等。

2009 年 9 月 25 日，《保险公司管理规定》修订。为了加强对保险公司的监督管理，维护保险市场的正常秩序，保护被保险人合法权益，促进保险业健康发展，根据《保险法》《公司法》等法律、行政法规，中国保监会发布新修订的《保险公司管理规定》（保监会令 2009 年第 1 号），自 2009 年 10 月 1 日起施行。《保险公司管理规定》的修订主要包括以下几个方面：一是提高了准入门槛；二是强化了对保险公司分支机构的内部管控和外部监管；三是明确了对营销服务部的监管要求。

2009 年 9 月 25 日，《保险专业代理机构监管规定》《保险经纪机构监管规定》《保险公估机构监管规定》修订。为贯彻落实新《保险法》，适应保险中介市场改革发展的需要，中国保监会颁布了新的《保险专业代理机构监管规定》《保险经纪机构监管规定》《保险公估机构监管规定》，并于 2009 年 10 月 1 日起施行。原《保险代理机构管理规定》、原《保险经纪机构管理规定》于 2005 年 1 月 1 日起实施，原《保险公估机构管理规定》于 2002 年 1 月 1 日起实施。这三部管理规定对于建立保险中介市场体系、完善有序竞争的市场格局发挥了重要作用。

2009 年 9 月 25 日，《人身保险新型产品信息披露管理办法》修订。中国保监会发布新修订的《人身保险新型产品信息披露管理办法》（保监会令 2009 年第 3 号），自 2009 年 10 月 1 日起施行。新《人身保险新型产品信息披露管理办法》从销售、售后和持续披露等几个环节，提高了信息披露的及时性、准确性和透明性，增强保险公司的强制披露义务，对于规范保险公司宣传销售行为、遏制销售误导将产生重要作用。

2009 年 9 月 25 日，《保险公司中介业务违法行为处罚办法》出台。中国保监会发布《保险公司中介业务违法行为处罚办法》（保监会令 2009 年第 4 号），自 2009 年 10 月 1 日起施行。该办法规定了保险公司开展中介业务应当遵循的各项要求及违反规定应当承担的法律责任。

2009 年 11 月 23 日,《关于保监局履行偿付能力监管职责有关事项的通知》出台。为了明确保监局开展偿付能力监管工作的具体要求,形成中国保监会机关与保监局上下联动、协调一致的偿付能力监管机制,中国保监会印发《关于保监局履行偿付能力监管职责有关事项的通知》,要求各保监局提高思想认识,建立信息通报和工作报告制度,并认真组织实施,积极探索保监局履行偿付能力监管职责的具体形式和方法,不断提高监管的科学性和实效性。

2009 年 12 月 29 日,《保险公司信息化工作管理指引(试行)》出台。为加强保险公司信息化工作管理,提高保险业信息化工作水平,中国保监会制定印发《保险公司信息化工作管理指引(试行)》,共 7 章 44 条,要求各保险公司建立有效的信息化治理机制,加强信息系统风险管理,确保信息系统安全、稳定运行。

2010 年 1 月 6 日,《中国保险监督管理委员会行政复议办法》出台。为了防止和纠正违法的或者不当的具体行政行为,保护公民、法人和其他组织的合法权益,保障和监督中国保监会及中国保监会派出机构依法行使职权,根据《保险法》《中华人民共和国行政复议法》《中华人民共和国行政复议法实施条例》等有关法律、行政法规,中国保监会制定该办法。

2010 年 1 月 8 日,《保险公司董事、监事和高级管理人员任职资格管理规定》修订。为加强和完善对保险公司董事、监事和高级管理人员的管理,保障保险公司稳健经营,促进保险业健康发展,根据《保险法》和有关法律、行政法规,中国保监会发布新修订的《保险公司董事、监事和高级管理人员任职资格管理规定》(保监会令 2010 年第 2 号),自 2010 年 4 月 1 日起正式施行。

2010 年 1 月 13 日,《关于加强银行代理寿险业务结构调整 促进银行代理寿险业务健康发展的通知》出台。中国保监会、中国银监会联合下发《关于加强银行代理寿险业务结构调整促进银行代理寿险业务健康发展的通知》。通知从加强监管协作、深化银保合作出发,对完善银保业务准入制度,建立银保业务退出机制和多方合作机制,规范代理合同和手续费支付行为,严厉查处不正当竞争行为等方面工作提出了明确要求。

2010 年 1 月 29 日、2 月 24 日,《保险机构案件责任追究指导意见》和《关于贯彻落实〈保险机构案件责任追究指导意见〉的通知》出台。这两个文件与 2009 年年印发的《保险司法案件报告制度》共同形成了案件问责制度体系,明确了案件问责工作机制。

2010 年 2 月 11 日,《人身保险业务基本服务规定》出台。为规范人身保险服务活动,保护投保人、被保险人和受益人的合法权益,中国保监会发布《人身保险业务基本服务规定》(保监会令 2010 年第 4 号),自 2010 年 5 月 1 日实施。该规定共 33 条,全面规范了开展人身保险业务的各个环节,包括电话服务、新单受理、客户回访、合同保全、理赔服务及投诉处理等内容。

2010 年 2 月 23 日,《关于规范报送〈保险公司治理报告〉的通知》发布。为进一步完善公司治理结构,规范报送《公司治理报告》,中国保监会要求:第一,各公司应当按照《保险公司董事会运作指引》第八十七条和《关于规范报送〈保险公司治理报告〉的通知》附件规定的内容和格式要求,于每年 4 月 30 日前,向中国保监会报送经董事会审议通过的上一年度公司治理报告;第二,公司治理报告应同时以书面和电子形式报送中国保监会,电子形式应同时以 WORD 和 PDF 格式报送至 cg@circ.gov.cn 邮箱;第三,在中国境内依法设立并设有董事会的外资保险公司,应当遵循《保险公司董事会运作指引》和《关于规范报送〈保险公司治理报告〉的通知》的要求报送公司治理报告。

2010 年 3 月 12 日,《保险集团公司管理办法(试行)》出台。当时我国保险业共有八家保险集团(控股)公司,其合并总资产、净资产和保费收入均占行业总规模的 3/4,对行业发展起着主导作用。加强保险集团公司监管,对于维护市场安全稳定运行、防范化解金融风险、保护被保险人利益都具有十分重要的意义。为了加强保险集团公司监管,防范保险集团经营风险,更好地促进保险主业发展,中国保监会发布《保险集团公司管理办法(试行)》,共 8 章 51 条,对保险集团公司的准入条件、公司治理、资本管理、信息披露及监督管理做出规定。

2010 年 4 月 27 日,《中国保险监督管理委员会行政处罚程序规定》出台。为了规范和保障中国保监会及中国保监会派出机构依法实施行政处罚,维护保险市场秩序,保护保险机构、保险资产管理机构、保险中介机构、外国保险机构驻华代表机构、保险从业人员、其他组织和公民的合法权益,根据《中华人民共和国行政处罚法》《保险法》及其他有关法律、行政法规,制定该规定,共 6 章 84 条。

2010 年 5 月 4 日,《保险公司股权管理办法》出台。股权是公司治理的基础,加强股权监管对于完善保险公司治理关系重大。中国保监会一直非常重视保险公司股权管理,2000 年以来先后发布了《向保险公司投资入股管理暂行规定》《关于规范中资保险公司吸收外资参股有关事项的通知》等规章和文件,以保证保险公司资本金的来源正当、真实,促进保险公司规范管理。近年来,随着我国改革开放的深入和保险业的快速发展,保险公司资本构成多元化和股权结构多样化特征日益明显,股权流动和股权交易日趋频繁,新情况、新问题不断出现,现行规定已不能适应当前保险业发展和监管的新形势,迫切需要调整和更新。为保持保险公司经营稳定,保护投资人和被保险人的合法权益,加强保险公司股权监管,根据《公司法》《保险法》等法律、行政法规,制定该办法,共 5 章 37 条。该办法依据遵循市场规律、尊重商业选择、实质重于形式,以及从行政审批向强制信息披露监管转变的原则，就股东资格、投资入股、股权变更及材料申报等做出了明确规定。

2010 年 5 月 12 日，《保险公司信息披露管理办法》出台。为了规范保险公司的信息披露行为，保障投保人、被保险人和受益人的合法权益，促进保险业健康发展，根据《保险法》等法律、行政法规，中国保监会发布《保险公司信息披露管理办法》（保监会令 2010 年第 7 号），自 2010 年 6 月 12 日正式实施。该办法共分 5 章 35 条，明确规定了保险公司将反映其经营状况的主要信息向社会公众公开的各项要求。

2010 年 5 月 25 日，《保险公司分支机构分类监管暂行办法》出台。为提高保监局对保险公司分支机构的监管效率，规范保监局对保险公司分支机构分类监管工作，完善分类监管制度，中国保监会制定了《保险公司分支机构分类监管暂行办法》。分类监管是指保监局根据客观信息，综合分析评估保险公司分支机构风险，依据评估结果将其归入特定监管类属，并采取针对性监管措施的行为。

2010 年 7 月 30 日，《保险资金运用管理暂行办法》出台。为规范保险资金运用行为，防范保险资金运用风险，维护保险当事人合法权益，促进保险业持续、健康发展，根据《保险法》等法律、行政法规，中国保监会发布《保险资金运用管理暂行办法》（保监会令 2010 年第 9 号），共 6 章 70 条，自 2010 年 8 月 31 日起施行。该办法对规范保险资金运用，保障保险资金运用安全，维护广大投保人和被保险人权益，防范保险业风险，具有重要的意义。

2010 年 8 月 10 日，《保险公司内部控制基本准则》出台。为提高保险公司风险防范能力和经营管理水平，中国保监会发布《保险公司内部控制基本准则》，共 5 章 60 条，自 2011 年 1 月 1 日起施行。该准则根据我国保险公司治理的现状和国际上的发展趋势，要求保险公司建立"由董事会负最终责任、管理层直接领导、内控职能部门统筹协调、内部审计部门检查监督、业务单位负首要责任的分工明确、路线清晰、相互协作、高效执行"的内部控制组织体系。

2010 年 9 月 2 日，《保险公司董事及高级管理人员审计管理办法》出台。近年来，随着保险监管的深入，全行业越来越充分认识到，加强对保险公司董事和高管人员履职过程的监管，做到真正"管住人"，是落实监管措施、实现有效监管的关键和重点。建立高管审计制度是加强高管人员监管的必要措施。从全行业目前的实际看，大部分公司对高管人员都建立了审计制度，也开展了离任审计等工作，但普遍存在不规范的问题。各公司对高管审计的范围、频率、内容和组织方式各不相同，审计结果的运用也不统一，客观上影响了审计工作的效果。此外，部分保险公司总公司的董事长、执行董事和高管人员长期任职但从未进行过有针对性的审计，也存在一定的制度空白。制定《保险公司董事及高级管理人员审计管理办法》的目的在于规范和统一对各公司高管审计的范围、程序和内容，并对审计结果如何运用进行统一要求。通过内外部审计的方式，建立保险公司董事和高管人员的履职监督机制。为加强对保险公司董事及高级管理人员的监督管理，规范相关审计工作，中国保监会发布《保险公司董事及高级管理人员审计管理办法》，共5章20条，自2011年1月1日起施行。

2010年9月3日，《保险资金投资股权暂行办法》和《保险资金投资不动产暂行办法》出台。上述办法允许保险资金投资未上市企业股权和不动产，这将对改善保险资产负债匹配、优化资产配置、分散投资风险、保障资产安全产生积极和重要的影响。

2011年1月7日，《保险公司偿付能力报告编报规则——问题解答第11号：动态偿付能力测试的第三方独立审核》出台。为进一步完善偿付能力监管制度，明确保险公司动态偿付能力测试的第三方审核要求，中国保监会发布《保险公司偿付能力报告编报规则——问题解答第11号：动态偿付能力测试的第三方独立审核》；同时《保险公司偿付能力报告编报规则——问题解答第7号：寿险公司动态偿付能力测试的第三方独立审核》废止。

2011年2月25日，《关于开展第二次保险机构财务业务数据真实性检查工作的通知》出台。财务业务数据真实性是监管机制有效发挥作用的前提和基础，为做好2011年保险市场秩序规范工作，巩固2009年第一次财务业务数据真实性检查工作成果，中国保监会印发《关于开展第二次保险机构财务业务数据真实性检查工作的通知》。

2011年3月7日，《商业银行代理保险业务监管指引》出台。为了规范商业银行代理保险市场秩序，中国保监会、中国银监会联合发布《商业银行代理保险业务监管指引》，围绕保护消费者权益的目标，按照银保业务经营管理流程，提出了一系列规范银保市场的措施，这是迄今为止监管机构对银保市场制定的较为全面的规范性文件。

2011年3月30日，《保险公司开业验收指引》出台。为规范和指导保险公司开业验收，完善保险市场准入程序，根据《公司法》《保险法》《保险公司管理规定》《中国保监会行政许可事项实施规程》等规定，中国保监会发布《保险公司开业验收指引》，自2011年7月1日起施行。该指引对保险公司开业验收的总体要求、申请材料、验收标准及验收工作流程做了详细的规定。

2011年7月7日，《保险公司资本保证金管理办法》出台。为进一步加强对保险公司资本保证金的监管，中国保监会发布《保险公司资本保证金管理办法》，对《保险公司资本保证金管理暂行办法》进行了修订。新办法规定，保险公司应当选择两家以上商业银行作为资本保证金的存放银行；保险公司应当以定期存款、大额协议存款或中国保监会批准的其他形式，将资本保证金存放在保险公司法人机构住所地、直辖市、计划单列市或省会城市的指定银行。

2011 年 8 月 18 日，《中国保险业发展"十二五"规划纲要》出台。《中国保险业发展"十二五"规划纲要》是我国保险业 2011～2015 年科学发展的战略性和指导性规划。编制和实施《中国保险业发展"十二五"规划纲要》是保险业深入落实科学发展观的重大战略举措。其中，第二十二条明确提出，深化保险公司治理改革。继续引入各类优质资本，适当放宽保险公司股权比例限制，加强保险公司控股股东和实际控制人管理，建立适合稳健发展和持续增资需求的合理的股权结构。进一步完善董事会制度，规范董事会运作，增强董事会的独立性，强化董事尽职监督。规范保险公司薪酬考核制度，建立稳健薪酬机制，将长期风险和合规指标纳入薪酬考核体系，强化董事会在保险公司薪酬管理中的作用。健全保险公司监督问责机制，强化独立董事和监事会的监督职能。增强经营管理层的执行力，强化总精算师、合规责任人和审计责任人等关键岗位职责。深化内部审计体制改革，完善保险公司内控管理，健全风险管控体系。推动保险机构不断优化组织体系，提高管理效率。加大对非上市保险机构的信息披露力度，加强社会公众监督。

2011 年 8 月 26 日，《保险公司保险业务转让管理暂行办法》出台。为了规范保险公司保险业务转让行为，根据《保险法》，制定该办法，自 2011 年 10 月 1 日起施行。《保险公司保险业务转让管理暂行办法》的颁布实施，对于规范保险公司自愿的市场退出行为，整合保险市场资源，维护保险市场秩序，保护投保人、被保险人和受益人合法权益，具有重要意义。中国保监会根据法律和国务院授权，对保险公司保险业务转让行为实施监督管理。保险公司转让全部或者部分保险业务，应当经中国保监会批准。

2011 年 9 月 20 日，《保险代理、经纪公司互联网保险业务监管办法（试行）》出台。为了促进保险代理、经纪公司互联网保险业务的规范健康有序发展，切实保护投保人、被保险人和受益人的合法权益，中国保监会制定了《保险代理、经纪公司互联网保险业务监管办法（试行）》，共 17 条，该办法自 2012 年 1 月 1 日起施行。

2011 年 10 月 6 日，《保险公司次级定期债务管理办法》出台。为了规范保险公司次级定期债务的募集、管理、还本付息和信息披露行为，保证保险公司的偿付能力，根据《公司法》《保险法》及有关法律、行政法规的规定，中国保监会制定该办法。该办法是对 2004 年发布实施的《保险公司次级定期债务管理暂行办法》的修订。本次修订对鼓励保险公司理性经营、优化行业资本补充机制、防范金融市场风险具有积极意义。

2011 年 11 月 1 日，《保险公司偿付能力报告编报规则——问题解答第 13 号：次级债和股东增资》出台。为进一步完善偿付能力监管制度，中国保监会发布《保险公司偿付能力报告编报规则——问题解答第 13 号：次级债和股东增资》，要求保险公司募集的次级债计入实际资本的金额不得超过期末净资产的 50%。

　　2011 年 11 月 16 日，《保险公司信息系统安全管理指引（试行）》出台。为防范化解保险公司信息系统安全风险，中国保监会发布《保险公司信息系统安全管理指引（试行）》，共 6 章 61 条，要求各保险公司建立完善的信息系统开发运行维护管理组织体系，制订完备管理制度与操作规范，确保信息系统开发与运行维护过程独立、人员分离。

　　2012 年 2 月 12 日，《关于进一步做好〈保险公司治理报告〉报送工作的通知》发布。为加强保险公司治理监管，进一步规范报送《保险公司治理报告》，中国保监会从报送主体及时间、报送方式、报告编制要求和相关要求四个方面进一步做了明确要求。例如，报告编制要求方面，指出各公司应从中国保监会网站下载《公司治理报告范本》电子版，严格按照《公司治理报告范本》规定的内容和格式的要求，认真编制公司治理报告；不得漏填、错填，不得对范本内容进行增删，不得更改范本格式；公司治理报告由董事长负责牵头起草，经董事会审议通过后，报送中国保监会；独立董事对公司治理报告内容有不同意见的，应将意见一并报送。

　　2012 年 3 月 15 日，《关于开展第三次保险机构财务业务数据真实性自查工作进行督导的通知》出台。部署开展第三次保险机构财务数据真实性的检查工作，加强对各保险机构的财务数据等方面的监督管理。

　　2012 年 7 月 23 日，《保险公司薪酬管理规范指引（试行）》出台。长期以来，薪酬都由金融机构按照市场化原则自主决定，监管机构很少过问，但这一观念近年来发生了很大改变。2008 年国际金融危机发生后，不当的薪酬制度促使金融机构过度冒险被认为是引发金融危机的主要原因之一。随后启动的国际金融监管改革，将原本认为监管机构不宜介入的薪酬问题纳入监管范畴，相关组织陆续出台一系列改革措施。例如，金融稳定理事会（Financial Stability Board，FSB）发布《稳健薪酬做法原则》《稳健薪酬做法原则的执行标准》；巴塞尔银行业监管委员会发布的《稳健薪酬做法原则和实施标准评估方法》《将薪酬制度与风险、业绩挂钩的方法》等。为加强保险公司治理监管，健全激励约束机制，规范保险公司薪酬管理行为，发挥薪酬在风险管理中的作用，促进保险公司稳健经营和可持续发展，中国保监会制定了《保险公司薪酬管理规范指引（试行）》，共 7 章 32 条。

　　2012 年 7 月 25 日，《关于保险资金投资股权和不动产有关问题的通知》出台。为进一步规范保险资金投资股权和不动产行为，增强投资政策的可行性和有效性，防范投资管理风险，中国保监会出台《关于保险资金投资股权和不动产有关问题的通知》。该通知适度放松投资政策，增加投资运作空间，有利于降低保险资金对资本市场的过度依赖，支持保险资金取得长期稳定收益，促进保险业务的健康和可持续发展。

2012 年 7 月 27 日，《保险资产配置管理暂行办法》出台。加强保险资产配置管理，对提高保险业的投资管理水平，支持保险产品创新，促进全行业平稳快速发展，具有十分重要的意义。该办法借鉴国际监管原则，引导保险公司建立符合资产配置管理要求的组织架构，采用全球通行的运作流程和管理方法，进一步加强风险管理，促进资产负债与风险收益平衡。

2012 年 8 月 2 日，《保险公司控股股东管理办法》出台。共 4 章 41 条，包括总则、行为及义务、监督管理、附则。对于保险公司控股股东进行了界定，对于保险公司控股股东的控制行为和交易行为予以规范，规定了其应当承担的义务，并明确规定了中国保监会有权采取的监管措施。中国保监会根据法律、行政法规及本办法的规定，对保险公司控股股东实施监督管理，加强保险公司治理监管，规范保险公司控股股东行为，保护保险公司、投保人、被保险人和受益人的合法权益。

2012 年 10 月 22 日，《基础设施债权投资计划管理暂行规定》出台。为促进基础设施投资计划创新，规范管理行为，加强风险控制，维护投资者合法权益，中国保监会制定了《基础设施债权投资计划管理暂行规定》，合计 8 章 55 条。债权投资计划，是指保险资产管理公司等专业管理机构作为受托人，根据规定，面向委托人发行受益凭证，募集资金以债权方式投资基础设施项目，按照约定支付预期收益并兑付本金的金融产品。该规定指出，债权投资计划的资金，应当投资于一个或者同类型的一组基础设施项目，项目方资本金不低于项目总预算的 30%或者符合国家有关资本金比例的规定，而在建项目自筹资金不低于项目总预算的 60%。该规定要求，专业管理机构开展债权投资计划业务，应当建立有效的风险控制体系，覆盖项目开发、信用评级、项目评审、风险监控等关键环节。该规定的核心内容是放宽债权发行限度，降低发行门槛。

2012 年 10 月 23 日，《保险资金参与股指期货交易规定》出台。为规范保险资金参与股指期货交易，有效防范风险，中国保监会制定了《保险资金参与股指期货交易规定》，共 18 条。该规定明确，保险资金参与交易的股指期货，是指经中国证监会批准，在中国金融期货交易所上市的以股票价格指数为标的的金融期货合约。保险机构参与股指期货交易，应当以确定的资产组合为基础，分别开立股指期货交易账户，实行账户、资产、交易、核算和风险的独立管理。

2013 年 1 月 6 日，《保险销售从业人员监管办法》和《保险经纪从业人员、保险公估从业人员监管办法》出台。中国保监会认真落实法律规定，统筹规划保险公司销售从业人员和保险专业代理机构代理从业人员监管的制度框架，于 2010 年启动制定《保险销售从业人员监管办法》；同时，整合《保险经纪机构监管规定》《保险公估机构监管规定》相关规定，制定《保险经纪从业人员、保险公估从业人员监管办法》（保监会令 2013 年第 3 号）。

2013年1月18日，《保险统计管理规定》出台。该规定共7章44条，包括总则、统计机构和统计人员、统计调查和统计分析、统计信息管理与公布、统计监督检查、法律责任、附则，组织实施保险统计工作，加强保险统计监督管理，保障保险统计信息的真实性、准确性、完整性和及时性。保险统计工作实行统一管理、分级负责的管理体制。

2013年2月17日，《关于保险资产管理公司开展资产管理产品业务试点有关问题的通知》出台。2010年，中国保监会发布的《保险资金运用管理暂行办法》规定，保险资产管理公司可以设立资产管理产品，开展资产管理业务。为落实上述规定，规范资产管理公司产品业务运作行为，明确产品业务有关事项，中国保监会出台《关于保险资产管理公司开展资产管理产品业务试点有关问题的通知》。该通知主要对试点内容的五个方面进行了明确：资产公司开展产品业务的资质条件；资产公司可以发行的产品类型；产品投资人范围；产品发行审核程序；产品募集资金的投资领域和方向。

2013年3月18日，《中国保监会办公厅关于进一步做好保险公司公开信息披露工作的通知》出台。为进一步贯彻落实《保险公司信息披露管理办法》（保监会令2010年第7号）的要求，做好保险公司公开信息披露工作，提高保险经营透明度，发布该通知。

2013年3月20日，《保险公司发展规划管理指引》出台。为规范保险公司发展规划工作，根据《保险法》《保险公司管理规定》，中国保监会制定了《保险公司发展规划管理指引》，共6章39条。要求各公司要高度重视《保险公司发展规划管理指引》的贯彻落实，认真做好《保险公司发展规划管理指引》的学习、培训和执行等工作，并在2013年4月底前，向中国保监会提交2012年度公司规划实施情况全面评估报告和联系人、联系方式。

2013年3月24日，《保险公司分支机构市场准入管理办法》出台。保险公司分支机构设立审批是保险监管中一项重要的行政许可项目，对保险公司的经营管理有比较大的影响。该办法出台之前，有关分支机构设立的制度规定分见于多个监管文件中，部分保监局也制订了一些具体做法。这次出台《保险公司分支机构市场准入管理办法》的主要目的，一是统一和整合中国保监会及保监局出台的相关监管规定，同时借鉴各地好的做法，对现有制度进行补充和完善，提高分支机构设立审批的规范性和系统性，便于保险公司统一管理；二是考虑审批工作的实际需要，进一步明确审批条件，统一审批标准，能量化的尽可能量化，同时简化审批程序，合理配置监管资源和权限，提高监管效率，方便公司操作；三是促进公司加强分支机构设立的规划、投入和管理，强化保险公司分支机构的服务能力，规范保险市场秩序。

2013年4月12日，《关于规范保险机构向中国保险监督管理委员会报送文件的通知》出台。为进一步规范保险机构文件报送工作，提高报文质量，根据《党政机关公文处理工作条例》（中办发〔2012〕14 号）精神，按照《中国保险监督管理委员会公文处理办法》（保监发〔2012〕111 号）规定，结合工作实际，发布《关于规范保险机构向中国保险监督管理委员会报送文件的通知》，对文件种类、文件格式和报送要求做了详细规定。

2013 年 5 月 8 日，《保险公司业务范围分级管理办法》出台。近年来，中国保监会在引导保险业专业化发展、对保险公司实施差别化监管方面进行了积极探索。对保险公司业务范围进行审批和调整，既是法定行政许可事项，也是重要的保险监管手段。为规范保险公司业务范围管理，建立健全保险市场准入和退出机制，促进保险行业专业化、差异化发展，根据《保险法》《外资保险公司管理条例》《保险公司管理规定》等有关法律、行政法规和规章，中国保监会制定了《保险公司业务范围分级管理办法》。该办法按照"有进有出、动态调整、稳步推进"的原则，对财产保险公司和人身保险公司的业务范围进行归类细分，并确定了相应的准入和退出条件。出台《保险公司业务范围分级管理办法》的主要目的，一是通过对业务范围的合理划分，鼓励保险公司发展保障型业务；二是通过适当限定新设保险公司的业务范围，在源头上增强保险公司精耕细作、注重服务、不断创新的内在动力；三是通过将业务范围调整与偿付能力等监管指标挂钩，促使保险公司提高自身的资本管理能力、风险管控水平和合规经营意识。

2013 年 5 月 14 日，《中国第二代偿付能力监管制度体系整体框架》出台。中国保监会印发了《中国第二代偿付能力监管制度体系整体框架》，中国第二代偿付能力监管制度体系的名称为"中国风险导向的偿付能力体系"（China risk oriented solvency system，C-ROSS）（以下简称偿二代）。中国保监会计划用 3～5 年的时间建设一套既与国际接轨，又符合国情的中国第二代偿付能力监管制度体系。我国第一代偿付能力监管标准（以下简称偿一代）始建于 2003 年，在资产负债评估方法上，借鉴了美国的法定会计原则；在最低资本要求上，直接采用了欧盟偿付能力 I 的标准。10 年来，偿一代一方面对推动我国保险公司树立资本约束理念，切实防范风险，促进行业转变发展方式发挥了重要的作用；另一方面，偿一代体系所存在的风险种类覆盖不全面、资产负债评估和资本要求与风险相关度不高等问题日益难以适应保险业发展和监管的需要。《中国第二代偿付能力监管制度体系整体框架》是偿二代建设的顶层设计，是指导偿二代建设的基础性文件。

2013 年 7 月 30 日，《中国保监会关于建立分类监管评价结果通报制度的通知》出台。为进一步完善分类监管制度，根据《关于实施保险公司分类监管有关事项的通知》（保监发〔2008〕120 号）和《关于印发〈保险公司分支机构分类监管暂行办法〉的通知》（保监发〔2010〕45 号），中国保监会决定建立分类监管评价结果通报制度。每季度完成保险公司法人机构分类监管评价后，中国保监会向保险公司通报以下信息：产险或寿险行业的分类监管评价类别总体情况；该公司分类监管评价结果；被评为 C、D 类公司的主要风险。

2013 年 8 月 5 日，《关于加强保险资金投资债券使用外部信用评级监管的通知》出台。2008 年，国际金融危机和随后出现的欧债危机，凸显了信用评级的顺周期性及其对系统性风险的推动作用。当前，加强评级行业的监管，督促评级机构提高评级质量，推动投资者正确使用评级结果，减少评级所导致的顺周期性及投资盲目跟风情况，成为全球金融监管部门的共识。为进一步加强保险资金信用风险管理，规范外部信用评级使用行为，中国保监会出台《关于加强保险资金投资债券使用外部信用评级监管的通知》，该通知主要规范了三方面内容：一是明确了评级机构的服务能力标准；二是建立行业自律管理机制；三是建立持续性监管机制。

2013 年 12 月 28 日，《中华人民共和国公司法》修订。2013 年 12 月 28 日，十二届全国人大常委会通过了《公司法》的修正案，这是我国 1993 年颁布《公司法》20 年来的又一次重大修改，本次修改主要有 12 处，条文顺序也做出了相应的调整，新公司法自 2014 年 3 月 1 日起施行。修改后的《公司法》放宽了注册资本登记条件、简化了登记事项和登记文件，实现了降低创业门槛的目的。

2014 年 1 月 7 日，《中国保险监督管理委员会规范性文件制定管理办法》出台。为了规范中国保监会及其派出机构规范性文件的制定和管理，提高保险监管制度建设质量，推进依法行政，根据《国务院关于加强法治政府建设的意见》（国发〔2010〕33 号）等有关规定，结合保险监管工作实际，制定《中国保险监督管理委员会规范性文件制定管理办法》，共 32 条。

2014 年 3 月 4 日，《保险公司声誉风险管理指引》出台。为加强保险公司声誉风险管理，维护保险行业形象和市场稳定，根据《保险法》等相关法律、行政法规和中国保监会有关规定，中国保监会印发《保险公司声誉风险管理指引》，共 7 章 33 条。该指引明确规定，保险公司应将声誉风险管理纳入全面风险管理体系，建立相关制度和机制，防范和识别声誉风险，应对和处置声誉事件。

2014 年 3 月 19 日，《中国保监会关于外资保险公司与其关联企业从事再保险交易有关问题的通知》出台。为提高再保险交易安全性，防范金融风险跨境传递，根据《保险法》《外资保险公司管理条例》及有关法律法规，中国保监会出台《中国保监会关于外资保险公司与其关联企业从事再保险交易有关问题的通知》，通告要求外资保险公司与其关联企业从事再保险的分出或分入业务应报中国保监会批准。该通知自发布之日起施行，《关于印发〈外资保险公司与其关联企业从事再保险交易的审批项目实施规程〉的通知》（保监发〔2004〕115 号）和《关于加强外资保险公司与关联企业从事再保险交易信息披露工作的通知》（保监发〔2006〕116 号）同时废止。

2014 年 4 月 4 日，《保险公司收购合并管理办法》出台。兼并重组是企业加强资源整合、实现快速发展的有效措施，也是调整优化产业结构、提高发展质量效益的重要途径。国务院出台专门意见明确了进一步优化企业兼并重组市场环境的主要目标、基本原则和具体措施。近年来，随着我国保险业加快向国内外资本开放，保险公司数量持续增加，经营管理状况开始分化，不同动机、不同形式、不同规模的保险公司收购合并日益活跃。《保险公司收购合并管理办法》按照"一要促进、二要规范"的总体思路，坚持市场化、法治化原则，在注重保护保险消费者权益、维护保险市场公平秩序的基本前提下，着眼于促进保险业的结构优化和竞争力提升，同时丰富保险机构风险处置的工具箱。

2014 年 8 月 10 日，《国务院关于加快发展现代保险服务业的若干意见》出台。该意见明确了今后较长一段时期保险业发展的总体要求、重点任务和政策措施，提出到 2020 年，基本建成保障全面、功能完善、安全稳健、诚信规范，具有较强服务能力、创新能力和国际竞争力，与我国经济社会发展需求相适应的现代保险服务业，努力由保险大国向保险强国转变。这是继 2006 年国务院首次对我国保险业发展进行顶层设计之后的再一次宏观布局。

2014 年 10 月 11 日，《保险公司所属非保险子公司管理暂行办法》出台。该办法允分借鉴国际经验，采取间接监管模式，通过依法对保险公司采取监管措施并获取相关信息，加强与其他金融监管机构信息共享，全面监测保险公司所属非保险子公司的风险。该办法同时明确相关措施防范风险向保险业传递，维护行业安全稳定，切实保护保险消费者利益。

2014 年 10 月 17 日，《关于保险资金投资优先股有关事项的通知》出台。为进一步放开保险资金投资领域，优化资产配置结构，防范保险资金运用风险，中国保监会印发《关于保险资金投资优先股有关事项的通知》，该通知结合我国当前市场优先股的风险特征，明确了保险资金投资优先股的各项内容，主要包括以下五方面：一是明确优先股的资产分类；二是创新提出信用评估要求；三是坚持市场化原则；四是加强事中和事后监管；五是明确影响投资的相关事项。

2014 年 11 月 14 日，《中国保监会关于加强保险消费者权益保护工作的意见》出台。为进一步做好新形势下保险消费者权益保护工作，中国保监会制定并印发该意见，该意见明确了未来一段时间保险消费者权益保护工作的指导思想、基本原则和目标任务，并具体提出了一些建议，主要包括强化保险公司主体责任、加强信息披露、严厉查处损害消费者合法权益的行为、完善消费者维权机制、提高消费者的保险知识水平和风险意识、发挥相关部门和社会组织协同作用、加强基础建设以及加强组织领导与考核监督，共 25 条。

2014 年 12 月 4 日，《保险集团并表监管指引》出台。为完善保险集团监管工作，防范保险集团经营风险，促进行业健康发展，中国保监会制定并印发《保险集团并表监管指引》，该指引共 7 章 75 条，分别从总体概念、并表监管范围、并表监管内容、报告和披露、保险集团并表管理和并表监管方式等方面细化了对保险集团的并表监管的规定。

2015 年 1 月 23 日，《相互保险组织监管试行办法》出台。为加强对相互保险组织的监督管理，促进相互保险组织规范健康发展，中国保监会制订了该办法，共 7 章 42 条，分别从总体原则、设立、会员、组织机构、业务规则和监督管理等方面明确了对相互保险组织的监管要求。

2015 年 1 月 29 日，《中国保险业信用体系建设规划（2015—2020 年）》出台。为深入贯彻党的十八大和十八届三中、四中全会精神，全面落实国务院《社会信用体系建设规划纲要（2014~2020 年）》和《国务院关于加快发展现代保险服务业的若干意见》各项要求，适应保险业发展形势需要，中国保监会、国家发改委经过认真调查研究，制定出台了该规划。其核心内容可以概括为"两大领域""三大建设"，"两大领域"是指保险商务领域和保险政务领域，"三大建设"是指制度机制建设、信息系统建设、诚信教育与文化建设。

2015 年 3 月 27 日，《中国保监会关于调整保险资金境外投资有关政策的通知》制定。2012 年 10 月，自中国保监会发布《保险资金境外投资管理暂行办法实施细则》以来，保险资金境外投资步伐明显加快，投资规模持续增加。为加强保险资金境外投资监管，进一步扩大保险资产的国际配置空间，优化配置结构，防范资金运用风险，中国保监会制定了《中国保监会关于调整保险资金境外投资有关政策的通知》，调整了保险资金境外投资的有关规定。主要内容包括两方面：一是在风险管控方面，调整境外投资专业人员资质要求；二是适当拓宽境外投资范围，给予保险机构更多的自主配置空间。

2015 年 4 月 1 日，《中国保监会关于进一步规范保险公司关联交易有关问题的通知》出台。为进一步规范保险公司关联交易行为，有效防范经营风险，保护保险消费者合法权益，根据《保险公司关联交易管理暂行办法》等规定，中国保监会出台该通知，共 7 条。《中国保监会关于进一步规范保险公司关联交易有关问题的通知》对保险公司关联交易中有关问题进行了进一步的解释和说明。例如，保险公司重大关联交易应由董事会批准的，董事会会议所做决议须经非关联董事 2/3 以上通过；已设立独立董事的保险公司与主要股东及其关联方的重大关联交易，必须获得独立董事的一致同意，同时主要股东应向中国保监会提交关于不存在不当利益输送的书面声明。

2015 年 4 月 10 日，《保险机构董事、监事和高级管理人员培训管理办法》出台。为推进保险机构董事、监事和高级管理人员培训工作，培养一支具备合规经营理念、风险防范意识、科学发展能力的董事、监事和高级管理人员队伍，依据《中华人民共和国保险法》《保险公司董事、监事和高级管理人员任职资格管理规定》和有关法律、行政法规，中国保监会制定该办法，共 7 章 46 条。该办法分别从总体原则、培训对象、培训内容、培训组织实施、保险监管机构职责和保险机构职责角度进一步明确了保险机构董事、监事和高级管理人员培训的管理办法。

2015 年 6 月 1 日，《中国保监会关于进一步规范报送〈保险公司治理报告〉的通知》出台。为进一步简化行政程序，提高监管效率，中国保监会将保险公司治理报告、内部审计工作报告、内部控制报告和薪酬管理报告进行了整合，形成了统一的《保险公司治理报告范本》。在中国境内依法设立的保险公司和保险资产管理公司应于每年 5 月 15 日前向中国保监会报送上一年度的公司治理报告。各公司应按照《中国保监会办公厅关于规范保险公司使用电子文件传输系统报送文件有关事宜的通知》（保监厅发〔2014〕70 号）的要求，向中国保监会报送公司治理报告纸质版和电子版。公司董事长应当加强督导，董事会秘书和审计责任人应当切实负责，严格按照《中国保监会关于进一步规范报送〈保险公司治理报告〉的通知》的要求，按时向中国保监会报送公司治理报告。对于公司治理报告内容不完整、形式不符合要求及不能按时报送报告的公司，中国保监会将对其采取监管谈话或下发监管函等措施，并相应扣减公司治理监管评价得分。

2015 年 6 月 18 日，《中国保监会关于保险机构开展员工持股计划有关事项的通知》出台。该通知要求开展员工持股计划应遵循依法合规，公开透明；自愿参与，风险自担；严格监督，防范风险三项基本原则。为防范风险，该通知对员工持股计划实施主体的资质条件做了相应规定，主要要求公司具备一定经营基础，公司治理结构、薪酬体系及财务状况较为稳健，相应监管指标达到要求等。为支持创新，该通知对保险资产管理公司及专业互联网保险公司等创新型机构开展持股计划的资质条件和持股比例进行了放宽，同时，对员工持股计划的要素做了具体规定，主要包括参加对象、资金来源、股权来源和认购价格、持股比例、持股方式和持股期限，及期限届满后的权益处置方式。

2015 年 7 月 1 日，《中国保监会关于加强保险公司筹建期治理机制有关问题的通知》出台。为规范保险公司筹建行为，在源头上健全保险公司的治理结构，防范有关风险，中国保监会就保险公司筹建期治理机制有关问题做出了更加详细、严格的规定和要求。例如，未经中国保监会同意，筹建期内不得变更股东、拟任董事长或拟任总经理。筹备组变更股权占比 30% 以上股东，或同时变更拟任董事长和拟任总经理的，还需提交保险法人机构准入审核委员会审议。创立大会、首次股东会会议需由全体股东以现场会议的方式召开，中国保监会可以派员列席。针对新设保险公司在筹建期间的不规范行为，中国保监会可以采取下发监管函、监管谈话等措施，并将相关情况纳入不良记录。

2015 年 7 月 22 日，《互联网保险业务监管暂行办法》出台。为规范互联网保险业务经营行为，保护保险消费者合法权益，促进互联网保险业务健康发展，中国保监会特制定了《互联网保险业务监管暂行办法》，旨在规范互联网保险经营行为，保护保险消费者合法权益，促进互联网保险业务健康发展。内容包括第一章总则、第二章经营条件与经营区域、第三章信息披露、第四章经营规则、第五章监督管理、第六章附则，共 6 章合计 30 条内容。

2015 年 7 月 31 日，《保险公司服务评价管理办法（试行）》出台。为科学评价保险公司的服务质量，促进保险公司改进服务，提升保险业社会信誉，增强保险消费者信心，推动保险行业持续健康发展，中国保监会特制定《保险公司服务评价管理办法（试行）》。保险公司服务评价坚持消费者导向、全流程覆盖、客观公正和持续改进四项原则。保险监管部门负责评价制度的总体设计，保险服务评价委员会负责具体评价工作。服务评价工作每年面向开业满一年的财产保险公司和人身保险公司开展一次，涵盖保险公司总公司和省级（含计划单列市）分公司两个层级，覆盖保险公司销售、承保、保全、理赔、咨询、回访、投诉等全部业务流程。对保险总公司服务评级设定为 A、B、C、D 四大类共 10 级。A 类是指总体服务质量优秀的公司，B 类是指总体服务质量良好的公司，C 类是指总体服务质量较差的公司，D 类是指总体服务质量差的公司。

2015 年 8 月 7 日，《保险公司经营评价指标体系（试行）》出台。为综合评价保险公司经营状况，加强保险监管，促进保险公司改进经营管理、转变发展方式，中国保监会制定了《保险公司经营评价指标体系（试行）》。经营评价体系是保险公司评价体系的重要组成部分。经营评价体系和中国保监会此前发布的服务评价指标体系、分类监管评价体系分别从经营效果、服务水平和风险状况三个不同的角度对保险公司进行评价。经营评价指标体系主要从速度规模、效益质量和社会贡献三个方面评价保险公司的经营效果；服务评价指标体系主要从销售、承保、理赔等保险消费者直接感知的服务环节评价保险公司的服务水平；分类监管则是从保险公司面临的各种风险、拥有的资本实力和风险管理能力来评价公司的风险状况。三套指标体系既相互独立，又相互依存，一起构成了"三位一体"完整的保险公司监管评价体系，共同促进保险业防范风险、科学发展、提升服务质量。

2015 年 9 月 17 日，《中国保监会关于深化保险中介市场改革的意见》出台。为进一步推进保险中介市场深化改革，促进保险中介市场有序健康发展，中国保监会发布《中国保监会关于深化保险中介市场改革的意见》。该意见在明确保险中介市场深化改革的总体目标基础上，确定了我国保险中介市场深化改革要遵循的三个基本原则：一是简政放权，放管结合；二是统筹谋划，分步实施；三是支持试点，鼓励创新。该意见还部署了六项重点任务：一是着力完善准入退出管理，建立多层次服务体系；二是着力鼓励推动变革创新，提升中介服务能力；三是着力强化自我管控，促进行业提质升级；四是着力加强监督管理，全面提升行政效能；五是着力加强组织建设，注重行业自律作用；六是着力加强信息披露，发挥社会监督效力。

三、我国保险公司治理相关法律、政策和法规梳理

1983～2015 年，我国一共有 156 部有关保险公司治理规范等方面的法律、政策和法规，包括重新修订文件，详见表 2-1。其中，1983 年、1985 年、1988 年、1992 年、1993 年、1995 年、1996 年、1997 年、1998 年、2000 年、2002 年、2003 年、2005 年分别有 1 部相关法律、政策和法规出台；1999 年有 8 部；2001 年和2004 年分别有 2 部；2006 年有 13 部；2007 年有 18 部；2008 年有 13 部；2009 年有 18 部；2010 年有 17 部；2011 年有 11 部；2012 年有 8 部；2013 年有 13 部；2014 年有 9 部；2015 年有 12 部相关法律、政策和法规出台。2006～2011 年，累计有 90 部有关于保险机构的法律、政策和法规出台，凸显出这些年份在保险公司治理演进上的重要性，见图 2-1。

在所有的 156 部相关的法律、政策和法规中，从法律效力角度分，法律 8 部，政策 4 部，规章 148 部；从治理内容角度分，共有 25 部相关于公司治理基础的法律、政策和法规，38 部相关于公司治理核心的法律、政策和法规，以及 93 部外部监管相关的法律、政策和法规。在 38 部保险公司治理核心法律、政策和法规中，关于股东治理的有 9 部；关于董监高的有 9 部；关于外部治理的有 5 部；关于内部控制的有 4 部；关于董事会治理有 3 部；关于内部审计和风险管理的分别有 2 部；关于合规管理、信息科技治理、战略规划和指引性文件分别有 1 部。

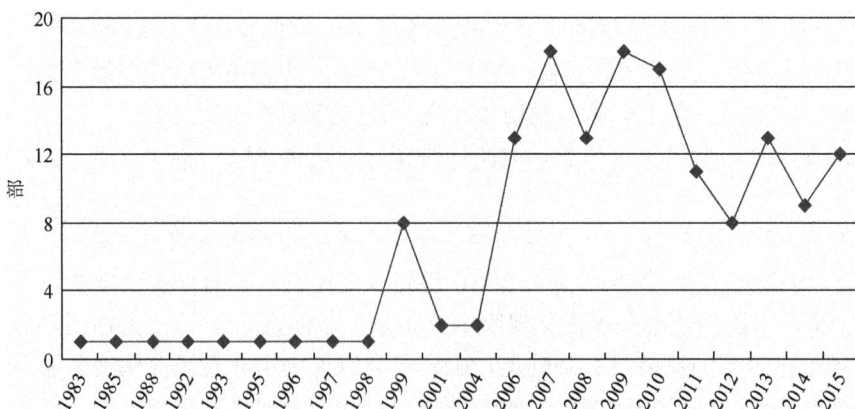

图 2-1　我国保险公司治理法律、政策和法规数量年度分布

资料来源：中国保监会网站（http://www.circ.gov.cn/）。

表2-1　我国保险公司治理相关法律、政策和法规（1983～2015年）

发布主体	发布时间	名称	文件号	内容	性质
国务院	1983年9月1日	《中华人民共和国财产保险合同条例》	国发（1938）35号	共5章23条	公司治理基础
国务院	1985年3月3日	《中华人民共和国保险企业管理暂行条例》	国发（1985）33号	共6章24条	公司治理基础
全国人民代表大会	1988年4月13日	《中华人民共和国全民所有制工业企业法》	主席令第3号	共8章69条	公司治理基础
中国人民银行	1992年9月11日	《上海外资保险机构暂行管理办法》	银发（1992）221号	共8章44条	公司治理基础
全国人大常委会	1993年12月29日	《中华人民共和国公司法》	主席令第42号	共11章230条	公司治理基础
全国人大常委会	1995年6月30日	《中华人民共和国保险法》	主席令第11号	共8章151条	公司治理基础
中国人民银行	1996年7月25日	《保险管理暂行规定》	银发（1996）255号	共11章90条	公司治理基础
中国人民银行	1997年11月3日	《保险代理人管理规定（试行）》	银发（1997）513号	共9章82条	外部监管
中国人民银行	1998年2月16日	《保险经纪人管理规定（试行）》	银发（1998）61号	共6章74条	外部监管
中国保监会	1999年1月11日	《保险机构高级管理人员任职资格管理暂行规定》	保监发（1999）10号	共5章32条	核心-董监管
中国保监会	1999年5月20日	《保险公司购买中央企业债券管理办法》	保监发（1999）85号	共11条	外部监管
中国保监会	1999年8月5日	《保险公司内部控制制度建设指导原则》	保监发（1999）131号	共10章68条	核心-内部控制
中国保监会	1999年10月29日	《保险公司投资证券投资基金管理暂行办法》	保监发（1999）206号	共6章25条	外部监管
中国保监会	1999年11月26日	《外资保险机构驻华代表机构管理暂行办法》	保监发（1999）225号	共5章37条	公司治理基础
中国保监会	1999年12月1日	《法定分保条件》	保监发（1999）229号	共20条	外部监管
中国保监会	1999年12月24日	《向保险公司投资入股暂行办法》	保监发（1999）270号	共17条	核心-股东治理
全国人大常委会	1999年12月25日	《中华人民共和国公司法》修订	主席令第29号	共11章230条	公司治理基础
中国保监会	2000年4月1日	《向保险公司投资入股暂行规定》修订	保监发（2000）49号	共17条	核心-股东治理
中国保监会	2001年4月3日	《保险公司最低偿付能力及监管指标管理规定》	保监发（2001）101号	共6章21条	外部监管
国务院	2001年12月22日	《中华人民共和国外资保险公司管理条例》	国务院令第336号	共7章40条	公司治理基础
全国人大常委会	2002年10月28日	《中华人民共和国保险法》修订	主席令第78号	共8章158条	公司治理基础
中国保监会	2003年3月24日	《保险公司偿付能力额度及监管指标管理规定》	保监会令（2003）1号	共6章22条	外部监管

续表

发布主体	发布时间	名称	文件号	内容	性质
中国保监会	2004年3月15日	《保险公司管理规定》	保监会令(2004)3号	共7章105条	公司治理基础
中国保监会	2004年5月24日	《中华人民共和国外资保险公司管理条例实施细则》	保监会令(2004)4号	共47条	公司治理基础
全国人大常委会	2005年10月27日	《中华人民共和国保险公司法》修订	主席令第42号	共13章219条	公司治理基础
中国保监会	2006年1月5日	《关于规范保险公司治理结构的指导意见(试行)》	保监会令(2006)2号	共7条	核心-指引性文件
中国保监会	2006年1月10日	《寿险公司内部控制评价办法(试行)》	保监会令(2006)6号	共6章42条	核心-内部控制
中国保监会	2006年3月30日	《中国保险监督管理委员会规章制定程序规定》	保监会令(2006)2号	共7章38条	外部监管
国务院	2006年6月15日	《国务院关于保险业改革发展的若干意见》	国发(2006)23号	共10条	公司治理基础
中国保监会	2006年7月12日	《保险公司董事和高级管理人员任职资格管理规定》	保监会令(2006)4号	共6章55条	核心-董事会治理
中国保监会	2006年7月12日	《外国保险机构驻华代表机构管理办法》	保监会令(2006)5号	共5章47条	公司治理基础
中国保监会	2006年7月31日	《非保险机构投资境外保险类企业管理办法》	保监会令(2006)6号	共16条	公司治理基础
中国保监会	2006年7月31日	《保险机构设立境外保险类机构管理办法》	保监会令(2006)7号	共6章39条	公司治理基础
中国保监会	2006年8月29日	《保险公司费用分摊指引》	保监发(2006)90号	共5条	外部监管
中国保监会	2006年9月20日	《关于保险业实施新会计准则有关事项的通知》	保监发(2006)96号	共3条	外部监管
中国保监会	2006年9月21日	《关于保险机构投资商业银行股权的通知》	保监发(2006)98号	共8条	外部监管
中国保监会	2006年10月24日	《关于下发〈保险兼业代理机构管理试点办法〉及开展试点工作的通知》	保监发(2006)109号	共7章89条	外部监管
中国保监会	2006年10月31日	《关于加强保险资金风险管理的意见》	保监发(2006)113号	共6条	外部监管
中国保监会	2007年1月8日	《保险机构债券投资信用评级指引(试行)》	保监发(2007)2号	共2章42条	外部监管
中国保监会	2007年1月17日	《子公司、合营企业和联营企业》	保监发(2007)4号	共10条	外部监管
中国保监会	2007年1月17日	《动态偿付能力测试(人寿保险公司)》	保监发(2007)4号	共16条	外部监管
中国保监会	2007年1月17日	《年度报告的内容与格式》	保监发(2007)4号	共19条	外部监管
中国保监会	2007年1月17日	《季度报告》	保监发(2007)4号	共24条	外部监管
中国保监会	2007年1月17日	《保险公司偿付能力报告编报规则第2号：投资资产》	保监发(2007)4号	共31条	外部监管

续表

发布主体	发布时间	名称	文件号	内容	性质
中国保监会	2007年4月6日	《保险公司独立董事管理暂行办法》	保监发〔2007〕22号	共6章36条	核心-董事会治理
中国保监会	2007年4月6日	《保险公司风险管理指引》（试行）	保监发〔2007〕23号	共7章	核心-风险管理
中国保监会	2007年4月6日	《保险公司关联交易管理暂行办法》	保监发〔2007〕24号	共5章	核心-股东治理
中国保监会	2007年4月9日	《保险公司内部审计指引》（试行）	保监发〔2007〕26号	共5章	外部监管
中国保监会	2007年4月16日	《关于推进保险合同纠纷快速处理机制试点工作的指导意见》	保监法规〔2007〕427号	共10条	外部监管
中国保监会	2007年6月22日	《保险许可证管理办法》	保监发〔2007〕1号	共32条	外部监管
中国保监会	2007年7月4日	《保险资金间接投资基础设施债权投资计划管理指引》（试行）	保监发〔2007〕53号	共6章52条	外部监管
中国保监会	2007年7月25日	《保险资金境外投资管理暂行办法》	保监会〔2007〕2号	共9章66条	外部监管
中国保监会	2007年8月2日	《保险公司资本保证金管理暂行办法》	保监发〔2007〕66号	共4章32条	外部监管
中国证监会	2007年8月28日	《公开发行证券的公司信息披露编报规则第4号——保险公司信息披露特别规定》	证监公司字〔2007〕139号	共18条	核心-外部治理
中国保监会	2007年9月7日	《保险公司合规管理指引》	保监发〔2007〕91号	共6章37条	核心-合规管理
中国保监会	2007年9月28日	《保险公司总精算师管理办法》	保监会〔2007〕3号	共6章33条	核心-董事会高
中国保监会	2008年3月21日	《保险业信息系统灾难恢复管理指引》	保监发〔2008〕20号	共10章42条	外部监管
中国保监会	2008年4月15日	《保险公司董事、监事及高级管理人员培训管理暂行办法》	保监发〔2008〕27号	共4章22条	核心-董事会高
中国保监会	2008年4月30日	《保险公司偿付能力报告编报规则第14号：保险集团》	保监发〔2008〕33号	共5条	外部监管
财政部、证监会、审计署、银监会、保监会五部委	2008年5月12日	《关于印发〈企业内部控制基本规范〉的通知》	财会〔2008〕7号	共7章50条	核心-内部控制
中国保监会	2008年7月8日	《保险公司董事会运作指引》	保监发〔2008〕58号	共7章91条	核心-董事会治理
中国保监会	2008年7月8日	《关于规范保险公司章程的意见》	保监发〔2008〕57号	共16条	核心-股东治理
中国保监会	2008年7月8日	《关于向保险会派出机构报送保险公司分支机构内部审计报告有关事项的通知》	保监发〔2008〕56号	共7条	核心-内部审计

续表

发布主体	发布时间	名称	文件号	内容	性质
中国保监会	2008年7月10日	《保险公司偿付能力管理规定》	保监会令（2008）1号	共6章46条	外部监管
中国保监会、财政部、中国人民银行	2008年9月11日	《保险保障基金管理办法》	保监会令（2008）2号	共7章36条	外部监管
中国保监会	2008年9月12日	《关于暂停批设保险公司营销服务部的通知》	保监发（2008）75号	共1条	外部监管
中国保监会	2008年11月18日	《中国保险监督管理委员会政府信息公开办法》	保监会令（2008）3号	共5章34条	外部监管
中国保监会	2008年12月1日	《保险公司财务负责人任职资格管理规定》	保监会令（2008）4号	共5章31条	核心-董监高
中国保监会	2008年12月30日	《关于实施保险公司分类监管有关事项的通知》	保监发（2008）120号	共7条	外部监管
中国保监会	2009年2月28日	《保险监管人员行为准则》	保监发（2009）24号	共12条	外部监管
中国保监会	2009年2月28日	《保险从业人员行为准则》	保监发（2009）24号	共3章18条	外部监管
第十一届全国人大常委会第七次会议	2009年2月28日	《中华人民共和国保险法》修订	主席令第11号	共8章187条	公司治理基础
中国保监会	2009年3月18日	《关于规范保险机构股票投资业务的通知》	保监发（2009）45号	共6条	外部监管
中国保监会	2009年3月19日	《关于加强资产管理能力建设的通知》	保监发（2009）40号	共6条	外部监管
中国保监会	2009年3月19日	《关于保险资金投资基础设施债权投资计划的通知》	保监发（2009）43号	共11条	外部监管
中国保监会	2009年3月19日	《基础设施债权投资计划产品设立指引》	保监发（2009）41号	共6章26条	外部监管
中国保监会	2009年3月19日	《关于增加保险机构债券投资品种的通知》	保监发（2009）42号	共6条	外部监管
中国保监会	2009年4月8日	《保险公司偿付能力报告编报规则第15号：再保险业务》	保监发（2009）53号	共24条	外部监管
中国保监会	2009年8月28日	《关于加强保险机构债券回购业务管理的通知》	保监发（2009）106号	共4条	外部监管
中国保监会	2009年9月25日	《保险专业代理机构监管规定》修订	保监会令（2009）5号	共98条	外部监管
中国保监会	2009年9月25日	《保险经纪机构监管规定》修订	保监会令（2009）6号	共96条	外部监管
中国保监会	2009年9月25日	《保险公估机构监管规定》修订	保监会令（2009）7号	共85条	外部监管
中国保监会	2009年9月25日	《保险公司管理规定》修订	保监会令（2009）1号	共8章80条	公司治理基础
中国保监会	2009年9月25日	《人身保险新型产品信息披露管理办法》修订	保监会令（2009）3号	共7章37条	外部监管

续表

发布主体	发布时间	名称	文件号	内容	性质
中国保监会	2009年9月25日	《保险公司中介业务违法行为处罚办法》	保监会令〔2009〕4号	共25条	外部监管
中国保监会	2009年11月23日	《关于保监局履行偿付能力监管职责有关事项的通知》	保监发〔2009〕124号	共3条	外部监管
中国保监会	2009年12月29日	《保险公司信息化工作管理指引》(试行)	保监发〔2009〕133号	共7章44条	外部监管
中国保监会	2010年1月6日	《中国保险监督管理委员会行政复议办法》	保监会令〔2010〕1号	共7章50条	外部监管
中国保监会	2010年1月8日	《保险公司董事、监事和高级管理人员任职资格管理规定》修订	保监会令〔2010〕2号	共6章53条	核心-董监高
中国保监会、中国银监会	2010年1月13日	《关于加强银行代理保险业务结构调整 促进银行代理寿险业务健康发展的通知》	保监发〔2010〕4号	共4条	外部监管
中国保监会	2010年1月29日	《保险机构案件责任追究指导意见》	保监发〔2010〕21号	共32条	外部监管
中国保监会	2010年2月11日	《人身保险业务基本服务规定》	保监发〔2010〕4号	共33条	外部监管
中国保监会	2010年2月23日	《关于规范报送〈保险公司治理报告〉的通知》	保监发改〔2010〕169号	共3条	外部监管
中国保监会	2010年2月24日	《关于贯彻落实〈保险机构案件责任追究指导意见〉的通知》	保监发〔2010〕21号	共4条	外部监管
中国保监会	2010年3月12日	《保险集团公司管理办法》	保监发〔2010〕29号	共8章51条	公司治理基础
中国保监会	2010年4月27日	《中国保险监督管理委员会行政处罚程序规定》	保监会令〔2010〕5号	共6章84条	外部监管
中国保监会	2010年5月4日	《保险公司股权管理办法》	保监会令〔2010〕6号	共5章37条	核心-股东治理
中国保监会	2010年5月12日	《保险公司信息披露管理办法》	保监会令〔2010〕7号	共5章35条	核心-外部治理
中国保监会	2010年5月25日	《保险公司分支机构分类监管暂行办法》	保监发〔2010〕45号	共5章20条	外部监管
中国保监会	2010年7月30日	《保险资金运用管理暂行办法》	保监会令〔2010〕9号	共6章70条	外部监管
中国保监会	2010年8月10日	《保险公司内部控制基本准则》	保监发〔2010〕69号	共5章60条	核心-内部控制
中国保监会	2010年9月2日	《保险公司董事及高级管理人员审计管理办法》	保监发〔2010〕78号	共5章20条	核心-董监高
中国保监会	2010年9月3日	《保险资金投资股权暂行办法》	保监发〔2010〕79号	共7章40条	外部监管
中国保监会	2010年9月3日	《保险资金投资不动产暂行办法》	保监发〔2010〕80号	共6章38条	外部监管

续表

发布主体	发布时间	名称	文件号	内容	性质
中国保监会	2011年1月7日	《保险公司偿付能力报告编报规则——问题解答第11号：动态偿付能力测试的第三方独立审核》	保监发（2011）2号	共5问	外部监管
中国保监会	2011年2月25日	《关于开展第二次保险机构财务业务数据真实性检查工作的通知》	保监稽查（2011）233号	共2条	外部监管
中国保监会、中国银监会	2011年3月7日	《商业银行代理保险业务监管指引》	保监发（2011）10号	共5章53条	外部监管
中国保监会	2011年3月30日	《保险公司开业验收指引》	保监发（2011）14号	共5条	外部监管
中国保监会	2011年7月7日	《保险公司资本保证金管理办法》	保监发（2011）39号	共4章32条	外部监管
中国保监会	2011年8月18日	《中国保险业发展"十二五"规划纲要》	保监发（2011）47号	共10章36条	公司治理基础
中国保监会	2011年8月26日	《保险公司保险业务转让管理暂行办法》	保监令（2011）1号	共20条	外部监管
中国保监会	2011年9月20日	《保险代理、经纪公司互联网保险业务监管办法（试行）》	保监发（2011）53号	共17条	外部监管
中国保监会	2011年10月6日	《保险公司次级定期债务管理办法》	保监令（2011）2号	共7章47条	外部监管
中国保监会	2011年11月1日	《保险公司偿付能力报告编报规则——问题解答第13号：次级债和股东增资》	保监发（2011）66号	共2问	外部监管
中国保监会	2011年11月16日	《保险公司信息系统安全管理指引（试行）》	保监发（2011）68号	共6章61条	核心-信科治理
中国保监会	2012年2月10日	《关于进一步做好〈保险公司治理报告〉报送工作的通知》	保监发改（2012）124号	共4条	外部监管
中国保监会	2012年3月15日	《关于开展第三次保险机构财务业务数据真实性自查工作进行的通知》	保监稽查（2012）303号	共2条	外部监管
中国保监会	2012年7月23日	《保险公司薪酬管理规范指引（试行）》	保监发（2012）63号	共7章32条	核心-董监高
中国保监会	2012年7月25日	《关于保险资金投资股权和不动产有关问题的通知》	保监发（2012）59号	共3条	外部监管
中国保监会	2012年7月27日	《保险资产配置管理暂行办法》	保监发（2012）61号	共7章39条	外部监管
中国保监会	2012年8月2日	《保险公司控股股东管理办法》	保监令（2012）1号	共4章41条	核心-股东治理
中国保监会	2012年10月22日	《基础设施债权投资计划管理暂行规定》	保监发（2012）92号	共8章55条	外部监管
中国保监会	2012年10月23日	《保险资金参与股指期货交易规定》	保监发（2012）95号	共18条	外部监管
中国保监会	2013年1月6日	《保险销售从业人员监管办法》	保监令（2013）2号	共6章38条	外部监管

续表

发布主体	发布时间	名称	文件号	内容	性质
中国保监会	2013年1月6日	《保险经纪从业人员、保险公估从业人员监管办法》	保监会令（2013）3号	共6章36条	外部监管
中国保监会	2013年1月18日	《保险统计管理规定》	保监会令（2013）1号	共7章44条	外部监管
中国保监会	2013年2月17日	《关于保险资产管理公司开展资产管理产品业务试点有关问题的通知》	保监资金（2013）124号	共12条	外部监管
中国保监会	2013年3月18日	《中国保监会办公厅关于进一步做好保险公司公开信息披露工作的通知》	保监厅发（2013）15号	共9条	核心-外部治理
中国保监会	2013年3月20日	《保险公司发展规划管理指引》	保监发（2013）18号	共6章39条	核心-战略规划
中国保监会	2013年3月24日	《保险公司分支机构市场准入管理办法》	保监发（2013）20号	共6章35条	外部监管
中国保监会	2013年4月12日	《关于规范保险机构向中国保险监督管理委员会报送文件的通知》	保监厅发（2013）20号	共3条	外部监管
中国保监会	2013年5月8日	《保险公司业务范围分级管理办法》	保监发（2013）41号	共6章29条	外部监管
中国保监会	2013年5月14日	《中国第二代偿付能力监管制度整体框架》	保监发（2013）42号	共4条	外部监管
中国保监会	2013年7月30日	《中国保监会关于建立分类监管评价结果通报制度的通知》	保监财会（2013）619号	共7条	外部监管
中国保监会	2013年8月5日	《关于加强保险资金投资债券使用外部信用评级监管的通知》	保监发（2013）61号	共8条	外部监管
全国人大常委会	2013年12月28日	《中华人民共和国保险法》修订	主席令第8号	共13章218条	公司治理基础
中国保监会	2014年1月7日	《中国保险监督管理委员会规范性文件制定管理办法》	保监发（2014）101号	共32条	外部监管
中国保监会	2014年3月4日	《保险公司声誉风险管理指引》	保监发（2014）15号	共7章33条	核心-风险管理
中国保监会	2014年3月19日	《中国保监会关于外资保险公司与其关联企业从事再保险交易有关问题的通知》	保监发（2014）19号	共8条	核心-股东治理
中国保监会	2014年4月4日	《保险公司收购合并管理办法》	保监发（2014）26号	共5章35条	核心-外部治理
国务院	2014年8月10日	《国务院关于加快发展现代保险服务业的若干意见》	国发（2014）29号	共10条	公司治理基础
中国保监会	2014年10月11日	《保险公司所属非保险子公司管理暂行办法》	保监发（2014）78号	共5章46条	核心-股东治理
中国保监会	2014年10月17日	《关于保险资金投资优先股有关事项的通知》	保监发（2014）80号	共15条	外部监管
中国保监会	2014年11月14日	《中国保监会关于加强保险消费者权益保护工作的意见》	保监发（2014）89号	共25条	核心-外部治理

续表

发布主体	发布时间	名称	文件号	内容	性质
中国保监会	2014年12月4日	《保险集团并表监管指引》	保监发（2014）96号	共7章75条	外部监管
中国保监会	2015年1月23日	《相互保险组织监管试行办法》	保监发（2015）11号	共7章42条	公司治理基础
中国保监会、发改委	2015年1月29日	《中国保险业信用体系建设规划（2015-2020年）》	保监发（2015）16号	共8章25条	外部监管
中国保监会	2015年3月27日	《中国保监会关于调整保险资金境外投资有关政策的通知》	保监发（2015）33号	共7条	外部监管
中国保监会	2015年4月1日	《中国保监会关于进一步规范保险公司关联交易有关问题的通知》	保监发（2015）36号	共7条	核心·股东治理
中国保监会	2015年4月10日	《保险机构董事、监事和高级管理人员培训管理办法》	保监发（2015）43号	共7章47条	核心·董事高
中国保监会	2015年6月1日	《中国保监会关于进一步规范报送〈保险公司治理报告〉的通知》	保监发改（2015）95号	共4条	外部监管
中国保监会	2015年6月18日	《中国保监会关于保险机构开展员工持股计划有关事项的通知》	保监发（2015）56号	共9条	核心·董事高
中国保监会	2015年7月1日	《中国保监会关于加强保险公司筹建期治理机制有关问题的通知》	保监发（2015）61号	共15条	公司治理基础
中国保监会	2015年7月22日	《互联网保险业务监管暂行办法》	保监发（2015）69号	共30条	外部监管
中国保监会	2015年7月31日	《保险公司服务评价管理办法（试行）》	保监发（2015）75号	共7条	外部监管
中国保监会	2015年8月7日	《保险公司经营评价指标体系（试行）》	保监发（2015）80号	共7章24条	外部监管
中国保监会	2015年9月17日	《中国保监会关于深化保险中介市场改革的意见》	保监发（2015）91号	共3条	外部监管

注：我国重要保险公司治理法律、政策和法规原文详见附录二。

第三节　我国保险公司治理转型历程

从 1979 年恢复保险业，到目前的高速发展，中国保险业走过了"1979 年复业—1996 年首次扩容—2004 年再次扩容—2005 年全面开放—2006 年'国十条'出台—2014 年新'国十条'出台"的历程。自国内保险正式恢复业务以来，中国保险业进入了全面恢复和快速发展的新时期。30 多年的改革开放，中国保险业完成了经营体制改革、股份制改革及公司治理改革等一系列改革创新，从封闭走向全面对外开放（孙蓉和杨馥，2008a）。这其中的核心是企业制度的变革，而公司治理又是保险公司企业制度的核心，这一发展过程可以说是以公司治理为主线的发展过程，我国的保险公司治理逐步摆脱行政型治理，向经济型治理转型。

一、保险公司治理问题的提出

20 世纪 90 年代中期之前，公司治理还主要是针对非金融机构，对于金融机构的关注主要集中体现为商业银行的专家式债权监督和非银行金融机构的市场评价式监督，即参与非金融机构的治理。股东的"搭便车"行为使管理人员的机会主义行为缺乏必要的监督，结果往往是股东的利益遭受损失。而债务的硬预算约束特点和独特的破产制度可以给非金融机构经理人员不同于股权的压力，从而赋予金融机构在公司治理中的独特和重要角色。公司治理的市场评价式监督主要依赖保险公司、证券公司、各类基金公司等机构客观公正的评价和相应的信息发布活动而对经理人员产生监督效果，进而降低代理成本，提高治理绩效。

仔细研究不同国家、不同时期金融危机的历史，我们不难发现，那些当时显赫一时、堪称国际一流的金融机构在一夜之间突然垮台，其根本的原因并不是我们习惯上所认为的金融风险，而是公司治理的缺陷所导致的治理风险。这些金融机构基本上都建立了金融风险预警与控制制度，但往往在对这些制度进行控制和完善的公司治理结构与机制上存在着重大问题和不足。1997 年开始的东亚金融危机，以及美国发生包括安然、安达信等在内的一系列大公司财务丑闻，都进一步引起了人们对银行和非银行类金融机构自身治理问题的重视。与非金融机构相比较，保险公司、商业银行、证券公司等金融机构具有许多与生俱来的特殊性质，并由此决定了金融机构治理并不能是公司治理理论在金融机构领域的简单运用，而是结合其特殊性进行治理结构与机制的创新。

20 世纪 90 年代中期之后，公司治理的研究和实践无疑已经进入了非金融机构和金融机构并重的新阶段（李维安，2005）。正是由于金融机构自身治理和对业务对象治理的双重问题，如果金融机构的治理不善，必将使得其治理风险日积月累达到阈值，并最终以风险事故的形式爆发，进而导致其自身陷入经营困境，甚至破产倒闭。从这个意义上来讲，金融机构最大、最根本的风险是治理风险。将着力点放在治理风险，是金融机构治理研究的明确选择和指导各类金融机构改革和发展的主要方向。

金融机构运营的对象是资金或有价证券等重要社会资源，鉴于他们在整个社会中的重要地位，金融机构还会受到来自银监会、保监会等政府有关部门的相应管制和治理。这也是金融机构自身治理问题的重要方面内容之一。作为金融系统的重要组成部分，保险公司的治理问题也逐渐受到经济合作与发展组织（Organization for Economic Co-operation and Development，OECD）和国际保险监督官协会（International Association of Insurance Supervisors，IAIS）等国际组织、各国政府和保险公司的广泛关注。IAIS 十分重视保险公司治理问题，在 1997 年首次发布的《保险监管核心原则》（*Insurance Core Principles*，ICPs）中，将保险公司治理监管列为重要内容。此后，在 2000 年、2003 年版的 ICPs 中，保险公司治理监管的内容不断得到强化和细化。2004 年 10 月，IAIS 又发布了《保险公司治理核心原则》（*Insurance Core Principles on Corporate Governance*），提出了对完善保险公司治理的要求及保险公司治理监管的重点与方法。OECD 出台了《保险公司治理指引》（*Guidelines for Insurers' Governance*）。基于保险公司特性的保险公司治理由此在全球范围内兴起（杨馥，2009）。

二、我国保险公司治理发展的五个阶段

（一）政企合一的计划管理：完全行政型治理阶段（1949～1959 年）

完全行政型治理是指保险公司采取单一的政府管理体制，实行政企合一的计划管理。1949 年 8 月，由陈云同志主持，在上海召开了由华东、华北、华中、东北、西北五个地区的财政、金融、贸易部门领导干部参加的财经会议。创建中国人民保险公司的建议就是在这次会议上提出来的。1949 年 9 月 25 日至 10 月 6 日由中国人民银行组织的第一次全国保险工作会议在北京举行。1949 年 10 月 20 日，中国人民保险公司在北京成立，宣告新中国统一的国家保险机构的诞生。作为新中国第一家保险公司,中国人民保险公司在其后的 60 多年时间里经历了停办、恢复、一家独大、分业经营和集团化发展的跌宕起伏之路。中国人民保险公司成立之初，不仅是一个经营各种保险业务的经济实体，而且是兼有领导与监督全国保险业职能的行政管理机构，因此，开业时总公司和各区公司均设有监理室和监理科。

中国人民保险公司的成立，标志着中国保险事业进入了新的历史时期，人民

保险事业的新纪元。公司成立后，一方面通过中国人民银行各地分支机构广泛开展保险业务，另一方面在有条件的地方建立起自己的保险分支机构。至 1950 年 6 月，总公司已下设区公司 5 个，分公司 31 个，支公司 8 个，办事处 75 个，营业部及派驻所 4 个，一些边远省份，如青海、宁夏都设置了分公司，新疆也派去了干部。保险机构分布之广，保险业务覆盖面之大，是我国保险史上前所未有的。这改变了过去保险集中在上海、天津、汉口等大城市的状况，为在全国范围内开展保险业务创造了条件。1950 年 1 月下旬起，保险监理业务改由中国人民银行金融管理部门处理，中国人民保险公司所属的监理部门相继奉令撤销，从而实现了向完全的金融企业过渡的转变。1952 年 6 月，中国人民保险公司从中国人民银行划归由财政部领导。

1951 年下半年，上海和天津的 28 家私营保险公司（中外合资与未复业的寿险公司不包括在内）分别组成太平和新丰保险公司，由中国人民保险公司投入一半以上的资金，走上了国家资本主义的道路。1956 年 8 月，太平、新丰两家保险公司通过合并实现了全行业公私合营，标志着中国保险业的社会主义改造完成。

1958 年 12 月，由于认为人民公社化后，保险工作的作用已经消失，财政部决定停办国内保险业务。除上海、哈尔滨、广州、天津的保险业务办理到 1966 年外，其余国内业务全部停办。1959 年，中国人民保险公司从财政部划归中国人民银行领导，取消了保险公司建制。到 1964 年全国共有保险机构 27 个，干部 114 人。1965 年，中国人民保险公司又独立建制，当时的保险总公司包括工友在内总共 86 人。

1949 年，在中国的外商保险公司的保费收入占全国保费收入的 62%，1950 年降低到 9.80%，1952 年则为 0.01%。因此，到 1952 年外商保险公司都陆续申请停业，自动退出中国保险市场。这一阶段我国保险公司在单一的政府直接管理模式下，类似于政府的一个职能部门，完全以传统的行政命令、计划指标来实施运营，治理客体也比较单一，中资的国有保险公司，公司股权结构也比较简单。但是，这种机制所形成的政企不分、约束缺位、所有权和经营权的分离等制度缺陷造成内部人控制与行政干预下的经营控制，容易形成严重的经营目标偏离问题。实践证明，保险公司改革必须以建立现代企业制度为方向，摆脱行政型治理。

（二）治理主体形成与改制：治理理念导入阶段（1980～2000 年）

1978 年 12 月十一届三中全会后，中国进入社会主义改革和社会主义建设的新历史时期。1979 年 2 月，中国人民银行全国分行行长会议做出恢复国内保险业务的重大决策；1979 年 4 月，国务院批准《中国人民银行分行行长会议纪要》，做出了"逐步恢复国内保险业务"的重大决策。1979 年 4 月，人民银行颁发《关于恢复国内保险业务和加强保险机构的通知》，就恢复国内保险业务和保险机构设置等问题做出指示；1979 年 11 月全国保险工作会议召开，停办 20 多年的国内保险业务就此复业。

全国保险工作会议结束后，经国务院批准，中国人民保险公司从 1980 年开始逐步恢复停办了 20 多年的国内保险业务，组建各地分支机构的工作全面展开。国务院于 1982 年 12 月批准了《中国人民保险公司章程》并批准成立中国人民保险公司董事会、监事会。当时，在人事级别上，中国人民保险公司直接隶属于中国人民银行，为局级专业公司，各地分公司相当于当地人民银行"处一级企业单位"；在职位分配上，省（市）分公司经理可由人民银行省（市）一位副行长兼任，各分、支公司内部可以根据业务和人员编制情况，分设若干科（股）；在管理体制上，基本沿袭 20 世纪 50 年代的总、分、支公司的垂直领导模式。相关人员的人事关系都在人民银行，对外是中国人民保险公司北京分公司，对内是中国人民银行北京分行保险处。这种状况一直持续到 1984 年。

1983 年 9 月，经国务院批准，中国人民保险公司升格为国务院直属局级经济实体，并于 1984 年 1 月 1 日从中国人民银行分离出来，成为副部级建制单位，接受中国人民银行的领导、管理、监督和稽核。作为全国唯一的国家独资保险公司，中国人民保险公司经营管理体制上的弊端逐步显露。由总公司统收统支、统一核算、统一交税，对分支公司管得过多，统得过死，同时分支公司又不负盈亏责任，不担风险。这一体制在 1984 年年末成为历史。1984 年 12 月中国人民保险公司召开了历时 9 天的全国保险工作会议，通过了改革管理体制的方案，改进了核算管理办法和利润留成办法，总公司和分公司实行两级核算，自负盈亏，利润留成比例由 5% 提高至 7%。同时，下放业务经营自主权、干部管理权、自有资金运用权和财务费用管理权。

恢复国内保险业务以来，我国保险事业有了很大的发展，并逐渐打破了自新中国成立以来所形成的由中国人民保险公司独家经营的传统格局。1982 年，香港民安保险公司经中国人民银行批准，在深圳设立了分公司。1985 年 3 月，国务院颁布《保险企业管理暂行条例》，根据该条例有关规定，1986 年 7 月，经中国人民银行批准成立了新疆生产建设兵团农牧业生产保险公司。1986 年 10 月，恢复组建的我国第一家股份制综合性银行——交通银行在开业后不久，便将其总管理处从北京迁至上海，并在 1987 年由上海分行率先组建了保险业务部，开展保险业务。1991 年 4 月，交通银行保险业务部按分业管理的要求分离出来，组建了中国太平洋保险公司，总部也设在上海。中国太平洋保险公司是改革开放以来第一家总部设在上海的保险公司，也是我国第一家全国性、综合性的股份制保险公司。1988 年 3 月，经中国人民银行批准，由深圳蛇口工业区招商局等单位合资创办了我国第一家股份制保险公司——平安保险公司，总公司设在深圳。1992 年，平安保险公司更名为中国平安保险公司，经营区域扩大至全国。1992 年，邓小平同志视察南方的谈话使我国的改革开放出现了崭新局面，保险业也开始对外开放。美国国际集团的子公司美国友邦保险公司和美亚保险公司于同年 9 月经中国人民银行批准在上海开设分公司。之后，日本的东京海上火灾保险公司经批准于 1994 年 11 月在上海也开设了分公司，它标志着我国保险市场迈出了国际化的第一步。与此同时，中国天安保险有限公司和大众保险有限公司这两家区域性保险公司分别于 1994 年 12 月和 1995 年 1 月在上海成立。

　　1995 年 6 月《保险法》颁布，这是新中国成立以来第一部保险基本法。为规范我国保险市场提供了有力的法律依据，也为发展我国保险市场创造了良好的法律环境。《保险法》的第六十九条规定保险公司应当采取下列组织形式：股份有限公司；国有独资公司。第八十一条规定保险公司有下列变更事项之一的，须经金融监督管理部门批准：变更名称；变更注册资本；变更公司或者分支机构的营业场所；调整业务范围；公司分立或者合并；修改公司章程；变更出资人或者持有公司股份 10%以上的股东；金融监督管理部门规定的其他变更事项；保险公司更换董事长、总经理，应当报经金融监督管理部门审查其任职资格。第八十二条规定保险公司的组织机构，适用公司法的规定。第八十三条规定国有独资保险公司设立监事会。监事会由金融监督管理部门、有关专家和保险公司工作人员的代表组成，对国有独资保险公司提取各项准备金、最低偿付能力和国有资产保值增值等情况及高级管理人员违反法律、行政法规或者章程的行为和损害公司利益的行为进行监督。

　　1995 年以前，中国保险市场实行混业经营，但产、寿险混业经营既不利于保险经营风险控制，也给保险监管增加了难度。同时，各险种之间的平衡发展也一度受到这种经营体制的束缚和制约。1995 年颁布的《保险法》以法律形式确立了产、寿险分业经营的原则，此后国内各保险公司陆续开始实施分业经营体制改革。1996 年，中国人民保险公司率先拉开了国内保险公司改制的序幕。按照《保险法》的分业经营原则，1996 年 7 月中国人民保险公司改制为中国人民保险（集团）公司，下设三家专业保险公司：中保财产保险有限公司、中保人寿保险有限公司、中保再保险有限公司（1998 年 11 月，集团公司撤销，分别改制为：中国人民保险公司、中国人寿保险公司、中国再保险公司）。同年，中国人民银行又批准成立五家中资保险公司，其中三家是总部设在北京的全国性保险公司——华泰财产保险股份有限公司、泰康人寿保险股份有限公司、新华人寿保险股份有限公司；另两家是总部分别设在西安和深圳的区域性保险公司——永安保险股份有限公司、华安保险股份有限公司。第一家获准在华开业的欧洲保险公司——瑞士丰泰保险集团于 1997 年 5 月在上海设立了分公司。

　　改革开放以来，我国保险业快速发展，截至 1997 年年底，全国共有中资保险公司 13 家，外资保险机构 9 家。1997 年全国保费收入 1080.97 亿元，比上年增长 39.19%；承保金额 215 000 亿元，保险公司总资产已达 1646 亿元。为加强保险监管，落实银行、保险、证券分业经营、分业管理的方针，1998 年 11 月，中国保监会在北京宣告成立。自此，开始逐步探索建立符合我国金融保险业发展实际的现代保险监管体系。中国保监会成立后，便立即对保险市场的现状和存在的问题进行调查研究，并着手修改、补充和完善保险法律法规体系，先后颁布了《保险公司管理规定》《向保险公司投资入股暂行规定》《保险公估人管理规定（试行）》等一系列保险规章。作为全面规范保险公司及其分支机构设立活动、经营规则、监督管理的基础性规章《保险公司管理规定》于 2000 年出台。

据统计，2000 年全国保费收入 1595.9 亿元，同比增长 14.5%；保险深度 1.8%，保险密度 127.7 元，分别比上年增长 0.1 个百分点、17.1 元。1980~2000 年，我国保险公司主体多元化，除了中资保险公司外，外资保险公司重新回到我国保险市场。这一阶段陆续出台了一些零散的公司治理法律法规，如《中华人民共和国财产保险合同条例》《中华人民共和国保险企业管理暂行条例》《上海外资保险机构暂行管理办法》《保险法》《保险管理暂行规定》《保险机构高级管理人员任职资格管理暂行规定》《保险公司内部控制制度建设指导原则》《外资保险机构驻华代表机构管理暂行办法》《向保险公司投资入股暂行办法》《向保险公司投资入股暂行规定》等。20 世纪 90 年代中后期，伴随着《公司法》和《保险法》两大保险公司治理基础性法律的出台，新成立的股份制保险公司都设立了"新三会"治理架构，公司投资主体相对多元化，出现了国家股、法人股、外资股、私人股的混合产权结构。但是这一阶段的公司治理实际上还是局限于治理理念的导入，建立治理架构也往往是为了符合相关法律法规的要求而"被动"合规，股东产权性质总体还比较单一，所以还谈不上治理有效性的问题。总体来讲，这一阶段的保险公司从"形"上已经基本符合要求，但是初步构建了董事会、监事会等现代公司治理结构的公司多数停留在"违规"和"消极合规"的阶段，其治理方式主要还是以"老三会"为主体，其实质还是行政型治理的变形，不能使现代企业制度"形神兼备"。

（三）治理主体股改与上市：现代企业制度初步确立阶段（2001~2005 年）

1999 年《关于国有企业改革和发展若干重大问题的决定》发布后，保监会就开始研究国有保险公司股份制改革。紧随国有企业改革的步伐，中国保监会于 2000 年 6 月正式提出了股份制改革的构想。在 2002 年年初召开的全国金融工作会议上提出，要"加快国有独资保险公司股份制改革步伐，完善法人治理结构，切实转换经营机制，引进国外先进技术和管理经验，增强经营活力和竞争能力"，国有保险公司股份改革进入了实质性阶段。

在随后召开的全国保险工作会议上，中国保监会又对国有保险公司股份制改革做出具体安排。保险公司方面，自 2003 年 1 月中旬中国人寿宣布公司已将股份制改革提上议程之后，中国人保和中国再保也相继宣布进行股份制改革。这表明人们期盼已久的国有保险公司的体制改革特别是股份制改革，已进入实施阶段。

2003 年 7 月 19 日，经国务院批准，中国人民保险公司重组后更名为中国人保控股公司，并同时发起设立了中国内地最大的非寿险公司——中国人民财产保险股份有限公司（以下简称人保财险）和首家保险资产管理公司——中国人保资产管理有限公司。2003 年 11 月 6 日，人保财险作为内地金融机构香港上市第一股——中国财险（股票代码：02328）正式在香港挂牌交易，由此成功拉开了内地金融业进军香港资本市场的序幕。人保财险正式在香港联合交易所挂牌交易，不仅成为内地保险第一股，同时也是金融机构香港上市第一股，创下了国有企业历年香港发行的多项纪录，被《国际金融评论》评为 2003 年度"中国股票最佳发行公司"，同时也被《亚洲货币》评为"2003 年度最佳新上市公司"。2003 年，中国人寿再次把前行的目标锁定转换体制、重组上市。经国务院同意，中国保监会批准，中国人寿保险公司启动重组改制。经过半年多的紧张筹备，2003 年 8 月 28 日，中国人寿在京举行了新公司揭牌仪式——中国人寿保险公司重组为中国人寿保险（集团）公司和中国人寿保险股份有限公司。2003 年 12 月 17 日～18 日，中国人寿股份有限公司分别在纽约证券交易所和香港联合交易所挂牌交易，成为当年全球最大首次公开募股（initial public offerings，IPO）项目，中国人寿股份有限公司也成为中国内地第一家在港、美两地同时上市的金融企业。

1995 年颁布实施的《保险法》历经七年后首次修改。2002 年 10 月 28 日，九届全国人大常委会第三十次会议通过关于修改《保险法》的决定，并将于 2003 年 1 月 1 日起实施。时任国家主席江泽民签署主席令并予以公布。此次《保险法》修改，充分体现了中国履行加入世界贸易组织的承诺、加强对被保险人利益的保护、强化保险监管、支持保险业改革与发展的指导思想，对一些过去未涉及或界限模糊的问题做出了新的规定，适应了我国保险业改革与发展的要求。《保险法》的修改涉及 38 个条文，对主要条款的修订包括取消由监管部门制定条款费率，把制定权交给保险公司；将市场监管核心从市场行为监管转向偿付能力监管；扩大产险公司的经营范围；规范保险中介尤其是保险代理人代理行为；拓宽保险资金运用渠道及加大保险违法行为的处罚力度等。修改《保险法》是我国保险界的一件大事，标志着我国保险法制建设迈出了重要一步，将对深化保险体制改革，加强和改善保险监管，推进保险市场化进程，加快我国保险业与国际接轨，保证我国保险业的持续快速健康发展产生深远的影响。

2002 年中国再保险市场发生的变化，显示出加入世界贸易组织带来的影响。

中国原来唯一的再保险市场主体——中国再保险公司，于 2002 年年初提出将大力发展商业分保业务作为公司发展战略目标。因为根据加入世界贸易组织的承诺，我国将取消法定分保，而这一业务在中国再保的业务构成中占绝对地位。2002 年 10 月底，新修改的《保险法》取消了法定分保的规定，随后中国保监会发出通知，规定自 2003 年 1 月 1 日起逐年降低法定分保比例直至取消。在这一年，两家全球性再保险公司——慕尼黑再保险公司与瑞士再保险公司，先后获得在华筹建中国分公司的资格，这标志着我国再保险业务仅由一家公司经营的局面将被打破，保险业最后一块受保护的市场对外开放。

按照国务院批准同意的股份制改革方案，国有独资的中国再保险公司重组为中国再保险（集团）公司，并以投资人和主发起人的身份控股设立中国财产再保险股份有限公司、中国人寿再保险股份有限公司、中国大地财产保险股份有限公司。在此之前，中国再保险集团已于 2003 年 8 月 18 日正式更名，并完成内部机构调整和人员重组，三家子公司也先后招股组建。其中，大地财险已于 2003 年 10 月 20 日在上海挂牌开业。中国再保险产险和中国再保险寿险在 2003 年 12 月 22 日与中国再保险集团一同在京挂牌开业。中国再保险公司重组改制挂牌，这标志着中国三大国有保险公司改制尘埃落定，同时，也标志着最后一家国有保险公司完成重组改制。

2003 年是国有保险公司股份制改革的关键之年，中国人保、中国人寿、中国再保分别成功改制。与此同时，人保财险、中国人寿、中国平安相继在香港和美国上市。2003 年，中国人保和中国人寿上市共融资 354 亿元人民币，两家公司的偿付能力当年分别达到了监管标准的 1.9 倍和 5.6 倍。2006 年，中华联合保险控股股份公司正式成立，标志着国有独资保险公司退出历史舞台，国有保险公司股份制改革全部完成。截至 2007 年，国内共有 6 家保险公司在境内外上市。

2005 年年底，我国共有保险公司 82 家，保险集团和控股公司 6 家、保险资产管理公司 5 家，专业保险中介机构达 1800 家，兼业代理机构达 12 万家，保险营销员达 152 万人。外资保险公司由 2000 年的 13 家增至 2005 年的 40 家，外资参股的保险公司达到 22 家。这一阶段，初步形成了国有控股（集团）公司、股份制公司、外资公司等多种形式、多种所有制成分并存，公平竞争、共同发展的市场格局。我国国有保险公司虽然效益逐年提高，赢利能力、综合实力大为增强，但一些由体制带来的问题仍未从根本上得到解决。随着保险业的发展，特别是在中国加入世界贸易组织后保险市场发生急剧变化，这些体制性矛盾更加突出，严重制约着国有保险公司壮大实力，提高竞争力。突破体制性障碍，改革股权结构，已成为国有保险公司进一步发展的迫切要求。这一阶段，国有保险公司完成重组改制，中国人保、中国人寿和中国平安先后在境外成功上市，为金融企业改革探索了新的道路。国有保险公司重组改制上市吸收了外资和社会资金参股，实现股权多元化；伴随着股改，保险公司治理架构形成，现代企业制度初步确立；保险公司经营机制转换，提高了竞争能力。占我国保险市场60%以上份额的国有保险公司改制成功，对我国保险业产生了重大而长远的影响。另外，保险公司上市，特别是境外上市，通过利用境外成熟法律环境来"倒逼"我国保险公司治理改革，有利于提高我国保险公司治理水平，实现公司治理与国际先进模式接轨。这一阶段，国家完成了《保险法》第一次修订，颁布实施了与之相配套的法规规章，相关支持政策相继出台，市场运行环境不断优化。行政审批制度和条款费率管理制度改革稳步推进。保险业市场化、专业化和法制化程度不断提高。出台了《保险公司最低偿付能力及监管指标管理规定》《中华人民共和国外资保险公司管理条例》《保险法》修订、《保险公司偿付能力额度及监管指标管理规定》《保险公司管理规定》《中华人民共和国外资保险公司管理条例实施细则》等公司治理相关的法律法规，但专门或指引性的公司治理文件并没有出台，所以，这一阶段主要还是通过股改来确立现代企业制度，公司治理问题实际上还没有完全提到议程上。

（四）保险公司治理全面开展：现代企业制度逐步建立阶段（2006~2010年）

2006年1月5日，中国保监会颁布了《关于规范保险公司治理结构的指导意见（试行）》，引入保险公司治理监管制度，这是我国第一个系统的保险公司治理指引性文件，标志着我国保险公司治理在经过股改环节的准备后进入全面开展阶段。

2006年6月26日，《国务院关于保险业改革发展的若干意见》（又称保险业"国十条"）发布，文件中四次提到"公司治理结构"一词，从公司治理建设及其监管方面提出明确方向和要求，是一部具有历史性意义的文件。该文件也打开了保险业混业的政策之路。

《国务院关于保险业改革发展的若干意见》指出，未来我国保险业改革发展的总体目标是：建设一个市场体系完善、服务领域广泛、经营诚信规范、偿付能力充足、综合竞争力较强，发展速度、质量和效益相统一的现代保险业。围绕这一目标，主要任务是：第一，拓宽保险服务领域，积极发展财产保险、人身保险、再保险和保险中介市场，健全保险市场体系；第二，继续深化体制机制改革，完善公司治理结构，提升对外开放的质量和水平，增强国际竞争力和可持续发展能力；第三，推进自主创新，调整优化结构，转变增长方式，不断提高服务水平；第四，加强保险资金运用管理，提高资金运用水平，为国民经济建设提供资金支持；第五，加强和改善监管，防范化解风险，切实保护被保险人合法权益；第六，完善法规政策，宣传普及保险知识，加快建立保险信用体系，推动诚信建设，营造良好发展环境。

主要任务中的第二点，具体来说，是进一步完善保险公司治理结构，规范股东会、董事会、监事会和经营管理者的权责，形成权力机构、决策机构、监督机构和经营管理者之间的制衡机制。加强内控度建设和风险管理，强化法人机构管控责任，完善和落实保险经营责任追究制。转换经营机制，建立科学的考评体系，探索规范的股权、期权等激励机制。实施人才兴业战略，深化人才体制改革，优化人才结构，建立一支高素质人才队伍。主要任务中的第四点，具体来说，是坚持把防范风险作为保险业健康发展的生命线，不断完善以偿付能力、公司治理结构和市场行为监管为支柱的现代保险监管制度。加强偿付能力监管，建立动态偿付能力监管指标体系，健全精算制度，统一财务统计口径和绩效评估标准。参照国际惯例，研究制定符合保险业特点的财务会计制度，保证财务数据真实、及时、透明，提高偿付能力监管的科学性和约束力。深入推进保险公司治理结构监管，规范关联交易，加强信息披露，提高透明度。强化市场行为监管，改进现场、非现场检查，严厉查处保险经营中的违法违规行为，提高市场行为监管的针对性和有效性。

十六届五中全会指出，要加快金融体制改革，完善金融机构公司治理结构，并对保险业提出了新的要求。完善公司治理结构成为下一步深化保险业改革的中心工作。这一阶段，伴随《关于规范保险公司治理结构的指导意见（试行）》《关于保险业改革发展的若干意见》两个重要文件的出台，以及《寿险公司内部控制评价办法（试行）》《保险公司董事和高级管理人员任职资格管理规定》《外国保险机构驻华代表机构管理办法》《保险公司设立境外保险类机构管理办法》《关于保险机构投资商业银行股权的通知》《关于加强保险资金风险管理的意见》《保险公司独立董事管理暂行办法》《保险公司风险管理指引（试行）》《保险公司关联交易管理暂行办法》《保险公司内部审计指引（试行）》《公开发行证券的公司信息披露编报规则第 4 号——保险公司信息披露特别规定》《保险公司合规管理指引》《保险公司总精算师管理办法》《保险业信息系统灾难恢复管理指引》《保险公司董事、监事及高级管理人员培训管理暂行办法》《企业内部控制基本规范》《保险公司董事会运作指引》《关于规范保险公司章程的意见》《关于向保监会派出机构报送保险公司分支机构内部审计报告有关事项的通知》《保险公司财务负责人任职资格管理规定》《保险公司管理规定》修订、《保险公司信息化工作管理指引（试行）》《保险公司董事、监事和高级管理人员任职资格管理规定》修订、《保险机构案件责任追究指导意见》《保险集团公司管理办法（试行）》《保险公司股权管理办法》《保险公司信息披露管理办法》《保险资金运用管理暂行办法》《保险公司内部控制基本准则》《保险公司董事及高级管理人员审计管理办法》等的实施，夯实了我国保险公司治理的制度基础。

"十一五"时期的五年，是我国保险行业实现跨越式发展、整体实力明显增强的五年，是改革开放深入推进、体制机制不断完善的五年，是监管体系日益健全、监管能力逐步提升的五年，是服务功能更加强大、为经济社会发展做出重要贡献的五年，是市场安全稳健运行、风险得到有效防范的五年。2010 年，保险业保费收入达到 1.45 万亿元，是 2005 年的 2.7 倍，总资产突破 5 万亿元，是 2005年的 3.2 倍。这一阶段，保险公司治理存在的风险和问题越来越受到监管部门的高度关注。IAIS 和 OECD 等先后发布了一系列相关指导文件，并提出了公司治理、偿付能力和市场行为三支柱的监管模式。保险公司治理监管成为加强和改善保险监管的重要内容和国际保险监管的新趋势。市场体系发生新变化，以现代股份制为主要特征的混合所有制已经成为我国保险企业制度的主要形式，占市场份额70%以上的市场主体是上市公司，完善治理结构成为促进保险业健康发展的重要体制保障。伴随着上述文件和制度的出台，我国保险公司治理改革深入推进，风险管理和内部控制不断加强，信息技术等现代科技手段在保险经营管理中的作用越来越大，保险公司的决策能力和管理水平明显提高，现代企业制度逐步建立。逐步构建了保险公司治理监管体系，公司治理监管是我国保险监管三大支柱之一，保险企业制度建设与公司治理改革逐步进入了"合规"建设和向经济型治理转型的新阶段。然而，对于国有保险公司而言，在治理质量逐年提高的基础上，仍然面临如何规范行政因素影响公司治理过程的实践问题。一方面政府作为国民经济的管理者与企业国有股东权利行使者这一双重身份在公司治理过程中的可能造成的角色冲突；另一方面，国有股东作为国有资产的管理者在行使股东权利时，由于多重政治因素的介入，其经济动机和行政动机也比较难以把握。在实践中容易导致治理结构与治理过程"漂亮的外衣"下"行政型治理"不同程度的存在，如公司管理中对高管任命的行政型偏好等。

（五）保险公司治理深化发展：现代企业制度日益完善阶段（2011 年至今）

经过前四个阶段的发展，我国保险公司治理架构可以说真正地搭建起来了，并且出台了大量的相关基础性制度文件，接下来将是我国保险公司治理有效发挥作用的阶段，即保险公司治理深化发展。公司治理就是要使现代企业制度有血有肉，并且要解决两方面问题：一是制度安排，即公司是谁的、向谁负责、问责于谁等基础问题；二是治理机制，要使利益相关者互相制衡，保证决策科学，实现价值最大化（李维安，2006）。

2011 年发布的《中国保险业发展"十二五"规划纲要》提出，积极推进保险业由外延式发展向内涵式发展战略转型，大力推动保险市场主体结构、区域布局、业务结构优化升级，促进市场竞争从同质化向差异化转变，充分发挥比较优势，不断提高发展质量和效益，提升保险业综合竞争力。这需要深化改革，形成有力体制机制保障，进一步调动各方面积极性。改革的重点是大力推进公司治理、国有保险公司、营销员体制、监管体制等重点领域和关键环节的改革，为保险业加快转变发展方式、实现科学发展提供有力体制机制保障。在深化保险公司治理改革方面，继续引入各类优质资本，适当放宽保险公司股权比例限制，加强保险公司控股股东和实际控制人管理，建立适合稳健发展和持续增资需求的合理的股权结构；进一步完善董事会制度，规范董事会运作，增强董事会的独立性，强化董事尽职监督；规范保险公司薪酬考核制度，建立稳健薪酬机制，将长期风险和合规指标纳入薪酬考核体系，强化董事会在保险公司薪酬管理中的作用；健全保险公司监督问责机制，强化独立董事和监事会的监督职能；增强经营管理层的执行力，强化总精算师、合规责任人和审计责任人等关键岗位职责；深化内部审计体制改革，完善保险公司内控管理，健全风险管控体系；推动保险机构不断优化组织体系，提高管理效率；加大对非上市保险机构的信息披露力度，加强社会公众监督；继续深化国有保险公司改革；加快推动中国出口信用保险公司改革，研究建立与其发展相配套的相关制度，充分发挥政策性保险机构作用；积极推动人保集团和中再集团上市，推进人寿集团股份制改革，强化公司治理和内部风险管理，完善现代企业制度。推动国有保险集团公司内部管理机制改革，切实增强集团公司风险管控、资源整合、战略协同能力；探索建立持续高效的国有保险公司资本补充机制；健全国有保险公司薪酬和考核机制；完善国有保险公司责任追究机制，强化国有控股股东对管理层监督。

2012 年 12 月 7 日，中国人民保险集团股份有限公司在香港联合交易所成功上市（股票代码：01339），此次中国人民保险集团 H 股募集资金达到 240 亿港元，这也是继 2010 年中国农业银行之后，中资企业在香港完成的最大规模首次公开募股。上市后，中国人民保险集团总股本将增至 477.13 亿股，新发行股份占总股本的 14.46%，首日市值约为 1660.41 亿港元。

中国再保险集团由财政部和中央汇金公司发起设立，注册资本人民币 364.08 亿元，其中，财政部持有 15.09% 的股份，中央汇金公司持有 84.91% 的股份。目前，中国再保险集团是我国唯一的国有再保险集团公司。截至 2012 年年底，中国再保险集团控股六家境内子公司：中国财产再保险、中国人寿再保险、中国大地财产保险、中国再保险资产管理、中国保险报业、华泰保险经纪。其实，早在中央汇金公司注资中再保险之时，中国再保险集团就有"改制、引资、上市"三步走的计划，这一计划也与中央汇金公司注资的其他大型国有金融机构无异。中国再保险集团于 2007 年获中央汇金公司 40 亿美元注资后，整体改制为股份公司。中国再保险集团董事长李培育在 2014 年年初的年度工作会议上表示，2014 年集团经营管理工作将以上市为主线，坚持"稳增长、防风险、创价值"的经营取向，不断提升集团总体经营业绩。

2014 年 8 月，国务院印发《关于加快发展现代保险服务业的若干意见》（又称新"国十条"），明确了今后较长一段时期保险业发展的总体要求、重点任务和政策措施，提出到 2020 年，基本建成保障全面、功能完善、安全稳健、诚信规范，具有较强服务能力、创新能力和国际竞争力、与我国经济社会发展需求相适应的现代保险服务业，努力由保险大国向保险强国转变。该意见提出了 10 方面 30 条政策措施。第七个方面提出要推进保险业改革开放，全面提升行业发展水平。深化保险行业改革，提升保险业对外开放水平，鼓励保险产品服务创新，加快发展再保险市场，充分发挥保险中介市场作用。这其中的重要工作就是继续深化保险公司改革，加快建立现代保险企业制度，完善保险公司治理。

2015 年 9 月 21 日，第九届保险公司董事会秘书联席会议暨保险行业协会公司治理专业委员会 2015 年年会在济南召开。中国保监会副主席梁涛出席会议并强调，要高度重视新常态下进一步深化公司治理改革，加强公司治理监管的重要意义。当前，我国经济正处于"三期叠加"的特定阶段，经济发展步入新常态，保险业也从 30 多年的高速发展进入转型升级的新阶段。对于保险业的公司治理和监管工作而言，一方面，行业治理水平仍处于初级阶段并且水平分化，基础较弱，规范任务任重道远；另一方面，互联网金融方兴未艾，互联网保险、相互保险、自保公司等新兴机构和业态不断涌现，公司治理改革和监管面临前所未有的挑战和机遇，规范与创新的任务并重。加强公司治理工作是适应行业公司治理现状，防范化解风险的需要，是适应金融业竞争格局，推动保险业创新发展的需要，是顺应国际保险监管趋势，深化行业市场化改革的需要。当前和今后一段时期，要按照建立现代金融企业制度的要求，扎实开展好下一步公司治理工作。一是明确公司治理监管目标，要保护保单持有人（保险消费者）利益，要保护股东、客户、员工及国家和社会责任等其他利益相关者，要防范保险业风险，促进行业健康发展。二是推动建立公司治理文化理念，加强相关培训，加强政策宣导，组织编写好年度的《保险业公司治理与监管报告》和理论宣传文章。三是加强公司治理制度建设。推动修订《保险法》，明确监管机构的职责、权限和处罚手段；尽快出台《保险公司治理结构评价管理办法》，加强对保险公司治理的分类监管；尽快制定发布《保险公司章程必备条款》，为公司章程制定和修改提供遵循和参考。四是进一步强化公司治理监管制度执行。

这一阶段，除了"十二五"保险业发展规划对于保险公司治理及其监管做出了更加深入的要求之外，围绕治理监管支柱，我国保险监管部门相继出台了《保险公司开业验收指引》《保险公司资本保证金管理办法》《保险公司保险业务转让管理暂行办法》《保险公司信息系统安全管理指引（试行）》《保险公司薪酬管理规范指引（试行）》《保险公司控股股东管理办法》《保险销售从业人员监管办法》《保险经纪从业人员、保险公估从业人员监管办法》《中国保监会办公厅关于进一步做好保险公司公开信息披露工作的通知》《保险公司发展规划管理指引》《保险公司分支机构市场准入管理办法》《关于规范保险机构向中国保险监督管理委员会报送文件的通知》《保险公司声誉风险管理指引》《中国保监会关于外资保险公司与其关联企业从事再保险交易有关问题的通知》《保险公司收购合并管理办法》《相互保险组织监管试行办法》《中国保监会关于进一步规范保险公司关联交易有关问题的通知》《保险机构董事、监事和高级管理人员培训管理办法》《中国保监会关于进一步规范报送〈保险公司治理报告〉的通知》《中国保监会关于保险机构开展员工持股计划有关事项的通知》《中国保监会关于加强保险公司筹建期治理机制有关问题的通知》《互联网保险业务监管暂行办法》《保险公司服务评价管理办法（试行）》《保险公司经营评价指标体系（试行）》等更加细致的保险公司治理有关的制度文件，保险公司现代企业制度日益完善，保险公司治理有效性被提上议程。保险公司治理有效性的提升是未来一段时间我国保险公司治理发展的主要方向。

第二篇 理 论 框 架

国外对保险公司治理的研究已经经历了近 30 年的时间，目前已进入深入研究的阶段；国内的相关研究起步较晚，近 10 年的研究还聚焦于保险公司治理的概念、模式及国际比较等方面，亟待进一步深入。在对国内外保险公司治理相关文献梳理和比较分析的基础上，提出将保险公司治理的特殊性作为保险公司治理研究的主线，构建了由研究主线、理论研究和应用研究组成的保险公司治理研究的理论框架，并对未来重点研究内容进行了展望。

郝臣、李慧聪和罗胜
《保险研究》2011 年第 11 期

第三章 国内外保险公司治理研究综述

自 20 世纪 80 年代开始，如何改善和提高公司治理水平无疑是最热门的话题之一，成为资本市场关注的焦点。世界各国纷纷出台了一系列措施，来规范公司的治理，以此保障投资者的合法权益，提升公司的绩效。为了使保险公司稳健地经营，各国保险业监管部门和保险公司十分重视保险公司治理。特别是两次金融危机以来，保险公司治理问题受到学术界前所未有的关注和重视。本章对 1972～2015 年国内外保险公司治理研究领域的重要文献进行了梳理和分析。

第一节 国内保险公司治理研究综述

Berle 和 Means 在 1932 年出版的著作《现代公司与私有产权》(*The Modern Corporation and Private Property*) 中，在对大量实证材料进行分析的基础上得出：现代公司的所有权和控制权实现了分离，管理者的利益经常偏离股东的利益，因此有必要设置合理的公司治理制度来保障所有者的利益。如果以该著作作为公司治理研究的开始，一般公司治理研究已经走过了 80 年，那么保险公司治理研究的进展如何？Spiller（1972）对比研究了股份制保险公司和互助制保险公司，认为二者之间的差别来源于公司所有权的差异。这是国际上首次专门研究保险公司的治理问题，标志着保险公司治理研究的开始。而我国关于保险公司治理的研究起步较晚，目前在中国学术期刊网中以题名方式检索到的关于保险公司治理研究的期刊论文始于 2001 年。为了更好地把握保险公司治理研究的脉络和指导保险公司治理实践，本章将从研究时点、研究主题、研究对象和研究方法等方面，采用全文献检索的方法对国内保险公司治理研究文献进行梳理和比较。

一、基于学术期刊网的研究文献数量检索

本章利用中国学术期刊网（www.cnki.net）进行检索，首先我们进行了以"公司治理"为题名和主题的检索，结果发现，截至 2015 年 10 月 1 日，以"公司治理"为题名的检索结果为 23 916 篇，以公司治理为主题的检索结果达到了 91 272 篇，可见公司治理方面的研究是目前理论界比较热点的问题之一。此外，我们进行了以"保险公司"为题名和主题的检索，发现以"保险公司"为题名的文献数

量达到了 12 856 篇，主题检索结果更是达到了 72 613 篇，证明保险公司方面也是比较热门的研究领域。详见表 3-1。

表 3-1　相关研究文献的数据库检索结果

检索数据库	公司治理		保险公司		保险公司治理	
	题名	主题	题名	主题	题名	主题
中国学术期刊网络出版总库	16 961	54 715	6 151	41 944	136	512
中国优秀硕士学位论文全文数据库	3 524	23 470	1 084	8 646	30	225
中国重要报纸全文数据库	2 509	8 651	5 337	20 099	88	429
中国重要会议论文全文数据库	527	1 849	237	1 120	10	20
中国博士学位论文全文数据库	395	2 587	47	804	3	58
合计/篇	23 916	91 272	12 856	72 613	267	1 244

由于保险公司治理横跨保险公司和公司治理两个领域，特此进行了以"保险公司治理"为题名和主题的检索。截至 2015 年 10 月 1 日，检索"保险公司治理"为题名的文献数量：总的检索结果为 267 篇，其中中国学术期刊网络出版总库、中国优秀硕士学位论文全文数据库、中国重要报纸全文数据库、中国重要会议论文全文数据库、中国博士学位论文全文数据库分别为 136 篇、30 篇、88 篇、10 篇和 3 篇；进行主题检索的检索结果为 1244 篇，其中中国学术期刊网络出版总库、中国优秀硕士学位论文全文数据库、中国重要报纸全文数据库、中国重要会议论文全文数据库、中国博士学位论文全文数据库分别为 512 篇、225 篇、429 篇、20 篇和 58 篇，与一般公司治理研究文献数量相比仍然偏少。

根据上述检索结果，我们可以得出，保险公司治理研究方面还有待深入的初步结论，以下相关的具体分析均基于这些检索到的参考文献来展开。

二、基于检索文献的保险公司治理研究主题提炼

卓志（2008）在《我国保险理论研究及其发展创新的方法论前提》一文中，总结了我国保险理论研究的十大内容，其中就包含保险公司治理研究，并列举了当时保险公司治理研究的一些基础内容，如保险公司股份制改造步骤、方案与模式，保险公司上市条件与障碍，保险公司上市后的发展问题，保险公司风险管理等。本节基于文献检索视角，梳理了我国保险公司治理研究的八大主题。

（一）保险公司治理模式研究

治理模式是基于对公司本质的认识而产生的治理结构价值观。它指导着人们

认识什么是治理、为什么要治理、如何进行治理及治理目标等关键性、基础性问题（吴洪，2008）。对于保险公司治理模式的研究主要从股东—利益相关者治理、内部—外部治理两个视角展开。阎建军（2006）基于知识和创新的视角指出，股东单边治理的根本缺陷在于无法对经理层进行有效的内部制衡和市场制衡，上述缺陷导致我国保险公司内部治理结构失衡。不同国家采用不同方式对股东单边治理缺陷进行弥补，通过理论推导和国外实践，阎建军指出我国保险公司治理发展只能走利益相关者治理主导模式。谢金玉（2007）简述了家族治理、内部治理和外部治理模式世界上三种代表性的公司治理模式，并结合我国实际，提出我国近期比较合理的保险公司治理模式，应该是以内部治理为主、外部治理作为重要补充的治理模式；而从长远看，未来合理的保险公司治理模式应该是内部治理与外部治理并重的公司治理模式。

（二）保险公司治理国际比较及经验借鉴研究

以两权分离为主要特征的现代企业制度已经在我国保险业中初步确立，如何完善保险公司治理，有效解决由于两权分离引起的利益冲突，提高保险公司和整个保险体系的运营效率，逐步成为保险业深化改革的首要问题（郭晓辉等，2006）。我国的保险公司治理取得了很大成就，但与国际保险同业的治理水平相比，整个保险业的公司治理水平尚处于初级阶段。因此，开展保险公司治理的国际比较，借鉴别国保险公司治理的经验成为研究的热点。该主题研究主要是比较分析我国与典型国家的保险公司治理实践，总结出保险公司治理的基本国际经验，并结合我国保险公司治理的现状提出政策建议（孙娜和晏勇健，2005；刘建国，2006；孟彦君，2007；张惠，2007；董小芳，2007；余兰，2009；魏思博，2010）。

（三）保险公司治理的特殊性研究

保险业具有不同于其他行业的显著特征，包括保险产品的特殊性、保险风险的集中性、资本结构的高比例负债性、保险的社会性及保险合同的附和性等（王丹，2010），因此，保险公司的治理也具有特殊性。鉴于作为保险公司债权主体的小投保人往往是分散的、信息不灵和易于"搭便车"的，他们需要一个"代表"来代替他们对保险公司的管理实施有效的外部干预，因此，保险公司的治理理念必然与一般的公司不同，要求趋于"共同治理"（王洪栋，2003）。对于保险公司治理特殊性研究主要是从利益相关者理论入手，刘美玉（2008）认为，传统公司治理强调股东利益最大化存在局限，因此她构建了保险公司利益相关者的共同治理机制；沈蕾（2009）把保险业的特殊性和公司治理的一般理论相结合，利用数理模型探讨了保险公司治理的特殊性；刘素春（2010）进一步指出，投保人、人力资本所有者、保险监管者是保险公司治理的特殊利益相关者；方国春（2014）认为，投保人不同于一般的消费者。此外，顾孟亚（2014）关注了保险公司治理风险问题。

（四）国有保险公司治理存在的问题以及改进研究

王浩（2014）、凌士显（2014）分析了我国保险公司治理现状，而国有保险公司无论是从数量还是从市场份额来说，都占有较大的比例，因此，国有保险公司治理问题也受到了一些学者的关注。传统体制下国有保险公司的治理存在诸多弊端，主要体现为所有者的缺位、缺乏有效的激励机制、存在较强的内部人控制和内控机制不足、保险公司内部信息流通不畅等（张悦，2004）。与一般公司相比较，国有保险公司具有一系列特殊性，这导致了国有保险公司治理与一般公司治理存在显著差异（钱琨，2008）。因此，研究我国国有保险公司的治理结构与机制尤为重要。朱日峰（2005）认为，目前国有保险公司治理中存在所有者缺位的问题，凭借国有股权的"一股独大"及信息披露渠道的欠缺，大股东容易侵害中小股东利益。李兆斌等（2007）提出引入多元化投资主体、增强董事会的独立性、完善监督机制、对保险公司高级经理人员建立合理的激励机制和进一步建立和完善信息披露制度等对策建议。

（五）外资保险公司的准入及监管等研究

我国保险业的全面开放吸引了世界各国保险公司进入我国市场。外资的进入给国内保险业带来经验和技术，促进了我国保险业的健康发展。与此同时也产生了很多新问题，这就需要加强对外资保险公司的监管。许谨良（1997）较早地关注了外资保险公司的准入和监管问题；曹春霞和展凯（2007）提出在有侧重点地坚持以市场行为、公司治理、偿付能力为监管支柱的同时，应制定完善的法律体系，建立严格的信息披露制度，加强与国际保险监管机构的合作，保证外资保险公司有序地发展；郝演苏等（2013）指出，纵观世界各主要保险市场，无论在崇尚自由经济的发达国家还是在处于半开放状态的发展中国家，外资保险的比例都较低，他们引入国家主权个性概念，借助于 PEST 模型和波特的五力模型，研究和总结外资保险境外发展的一般规律。

（六）保险公司治理对绩效影响的实证研究

一般公司治理领域，公司治理对绩效的影响及其传导机制已经是一个比较成熟的研究领域。保险公司治理对保险公司的绩效具有何种影响及其影响机理还是一个比较新的研究命题，相关研究并不多见。张惠（2007）分析了我国保险公司治理的发展进程、治理环境和存在的问题，检验了股权结构、董事会规模等公司治理机制对保险公司绩效的影响。陆渊（2009）采用数据包络分析法（data envelopment analysis，DEA），对比研究了我国主要保险公司的技术效率。谢晓霞和李进（2009）依据建立的股权结构、董事会特征与业绩模型进行分析，得到如下结论：政府持股比例增加和高管持股将有利于保险公司业绩的提高；境外战略投资者持股不利于保险公司业绩的提高；董事会规模与保险公司业绩负相关；独立董事以及具有金融从业经验的独立董事与保险业绩无关。李维安等（2012）用我国46家股份制保险公司的调研数据，从保护以保单持有人为代表的利益相关者的视角，利用偿付能力这一基础性指标作为证据，采用加权最小二乘法（weighted least squares，WLS），检验我国保险公司治理合规性建设程度及各种治理机制在实践中的有效程度，结果表明，较高的保险公司治理合规性能够更好地保护利益相关者的利益，国有股的控股股东性质存在正调节效应，寿险公司的合规性建设对利益相关者保护较好，保险公司各种治理机制对利益相关者保护的有效程度存在差异。他们的研究建议，我国保险公司治理应不断推进从强制合规到自发合规的转变，最终实现从合规到有效的转型。李秋孟（2014）研究了我国保险公司股权结构与公司治理绩效研究。李慧聪等（2015）以中国股份制保险公司为样本，分别考察遵守强制性监管规定的强制性治理合规和遵守非强制性指引建议的自主性治理合规能否提升公司治理有效性。结果表明，总体上治理合规对治理有效性并未产生显著影响。强制性治理合规对风险控制有效性和经营有效性均具有显著的提升作用，自主性治理合规的作用主要体现在提升经营有效性方面，两类治理合规行为在影响特定治理有效性方面呈现边际递减的趋势。李慧聪等的结论反映出，监管部门在监管内容上应当进一步推动从以治理结构为中心的"合规监管"向以治理机制为核心的"有效监管"转变，同时实现监管方式上刚性监管和弹性引导相结合。江津和王凯（2015）基于2007～2013年保险行业上市公司的季报和年报数据，对保险公司治理机制与公司绩效之间的关系进行了分析，研究了保险公司治理机制有效性。

（七）保险公司治理监管研究

由于保险公司管理层控制威胁到社会公众的利益，保险行业监管部门必须加强外部监管，为最大限度维护社会公众利益、保护股东权益提供法律和行政管理的保障（申院荣，2007），良好的外部监管和内部治理结构与机制互为补充。随着2006年保险公司治理监管支柱的引入和2009年我国《保险法》的修订，针对我国保险业治理监管的研究逐渐涌现，有学者尝试进行我国保险公司治理监管的制度设计（林小华和裴斐，2007；沈蕾，2009；杨馥，2009；徐徐，2010；彭虹和汤丽，2010）。袁力（2010）指出，目前我国保险公司治理监管制度体系初步形成，保险业公司治理的意识大幅增强，治理能力和治理水平明显提高；下一步将重点在薪酬考核机制、公司内部问责机制和信息披露等方面入手，进一步完善制度，推动公司治理逐步实现从"形似"向"神似"的转变。冯芬芬（2014）对保险公司治理监管模式进行了探讨。Chen 等（2014）系统地回顾了我国保险公司监管制度及其发展过程，并对未来进行了展望。项俊波（2015a）重点从保险公司治理监管角度，总结梳理国际上保险公司治理监管的基本情况和成熟经验，系统地回顾了自 2006 年以来我国保险业在深化治理改革、加强治理监管方面的实践与探索，整理汇编中国保监会在公司治理监管方面的制度建设成果，深入分析近两年我国保险业公司治理的主要情况和存在问题，为保险监管工作提供了操作指引和借鉴。

（八）保险公司治理评价研究

最早的、规范的公司治理评价研究是出美国机构投资者协会在 1952 年设计的第一个正式评价董事会的程序。随后出现了一系列公司治理诊断与评价的研究成果（Gompers et al.，2003；Beiner et al.，2006）。在国内，李维安教授率领的南开大学中国公司治理研究院（原南开大学公司治理研究中心）评价课题组于 2003 年 4 月成功构建并推出我国第一个公司治理评价系统"中国上市公司治理指数（CCGI^{NK}）"。但保险公司治理的特殊性，决定了不能够直接应用这些公司治理评价系统来评价保险公司治理的质量。因此，保险公司治理评价的指标设计、标准建立、量化方法等有待研究。以李维安教授为首的南开大学中国公司治理研究院保险公司治理评价课题组（2008）充分考虑保险公司的独特性和我国特殊的制度背景，构建了一套完整的、针对性的国内首个保险公司治理评价指标体系。也有学者尝试从一般公司治理评价角度出发，构建涵盖股东权益机制、董事会治理、监事会治理、经理层治理、信息披露机制、利益相关者治理、公司治理文化、公司社会责任等方面指标构成的保险公司治理评价指标体系（严若森，2010）。

第二节　国外保险公司治理研究综述

2008 年的华尔街金融危机，使金融机构的公司治理问题受到前所未有的广泛关注。在这次危机中，美国国际集团（American International Group，AIG）作为美国最大的保险公司和金融机构的典型代表，由于评级下调，遭到大批客户挤兑。在 AIG 出现危机后，政府给予了救助，使其最终得以脱离困境。而政府救助行为的初衷是对其数量极其庞大的利益相关者即投保人权益的保护。后金融危机时期，大家都在反思这场金融危机灾难是各金融机构正常经营所无法避免的金融风险，还是其他方面出现了问题。OECD、世界银行（World Bank Group，WBG）、国际公司治理网络（International Corporate Governance Network，ICGN）和各国监管部门等组织，毫无例外地将这次危机归因为金融机构公司治理风险的累积。因此，需要从理论上探讨保险公司治理的科学规律。郝臣等（2011）主要从研究主题和研究对象等方面对国内保险公司治理研究进行了综述，发现近 10 年的国内研究主要集中于保险公司治理的概念、模式及国际比较等方面，有限的研究文献的思路或是将一般公司治理的研究成果直接运用于保险公司治理，或是借鉴国外保险公司治理的经验并结合我国的现状提出政策建议。他们指出，国外对保险公司治理的相关研究已经开展了近 30 年，但只是从起步、发展和深入三个阶段来对相关文献进行了概括式综述。在国外，自 Spiller（1972）对比研究了股份制和互助制两种保险公司优势，开启了国外保险公司治理的研究以来，目前，除 Boubakri（2011）之外，还没有学者对国外保险公司治理研究进行详细的综述。Boubakri 从论述一般公司治理机制入手，较全面地介绍了保险公司治理的一些研究，但是并没有对保险公司治理的研究内容进行系统的归类，也没有对保险公司的研究脉络做过梳理。本章基于近年来发表在《保险与风险杂志》（*Journal of Insurance and Risk*）等权威期刊的保险公司治理的研究成果，探索保险公司治理特殊性和保险公司治理逻辑等基础问题，以期为后续保险公司治理深入研究提供基础。

一、国外保险公司治理研究的三个阶段

国外对保险公司治理的相关研究已经开展了近 30 年，从最早的对股份制保险公司治理和互助制保险公司治理简单的比较研究，到目前从保险公司治理各个因素入手，深入细致地研究保险公司治理的内在本质和科学规律，取得了一系列的成果。由于国外的相关研究文献数量较多，本章没有进行全部文献的梳理，而是将其划分为三个阶段进行归纳梳理。

（一）起步阶段的保险公司治理概念及比较分析

Spiller 是世界上最早对保险公司治理展开研究的学者，他于 1972 年对 19 家股份制保险公司和 27 家互助保险公司的财务指标进行了比较分析，发现存在显著差异。他认为公司所有权的差异是最重要的原因。

接下来的 20 世纪 80 年代基本上围绕互助制保险公司治理问题展开。Jemison 和 Oakley（1980）对互助保险公司治理改革的必要性进行了分析；Hansmann（1985）、Smith 和 Stutzer（1990）等围绕互助保险公司治理优缺点展开了比较分析。

（二）发展阶段的保险公司治理影响绩效的实证研究

20 世纪 90 年代，保险公司治理研究进入到了"大"公司治理阶段（相对于某一个治理要素而言），开始关注公司治理的绩效。

Diacon 和 O'Sullivan（1995）利用 129 家英国保险公司的调查数据检验了公司治理的效果，即公司治理对公司运营的影响程度及管理层行为的约束程度。O'Sullivan（1998）分析了英国两种类型保险公司共存的原因，并再一次检验公司治理是否会对管理层行为产生影响。O'Sullivan 和 Diacon（1999）检验了英国保险公司内外部治理机制的关系。

（三）深入阶段的治理要素有关的进一步研究

2000 年以来，保险公司治理的理论研究进入深入阶段，这时期主要关注公司治理的各个要素，研究更加深入和具体。Marx 等（2001）、Hardwick 等（2003）、O'Sullivan 和 Diacon（2003）、Huang 等（2007）、Boubakri 等（2008）、Mayers 和 Smith（2010）、He 和 Sommer（2010）、Eling 和 Marek（2014）、Cheng 等（2015）、Hsu 等（2015）等先后对保险公司治理的各要素进行了实证研究。

O'Sullivan 和 Diacon（2003）探讨了人寿保险公司中董事会的构成和表现，考察了股份制保险公司和互助制保险公司中外部董事的作用。其研究显示，互助制保险公司相比较股份制保险公司，董事会中外部董事的比例较高，两职合一的情况较少，即互助制保险公司采用较为强势的董事会，而具体采用何种董事会与公司所处的环境有关。Huang 等（2007）通过包络分析法测量公司的效率，考察了我国台湾寿险行业所有权结构和公司效率之间的关系。结果显示，内部董事的比例、家族控制的保险公司、保险公司的存续期等和公司的技术效率显著正相关。Mayers 和 Smith（2010）研究了保险公司的高管激励问题，考察了强董事会的监督作用和高管人员薪酬二者在对保险公司高管激励中的关系，证明薪酬激励比强董事会的监督对公司资产收益率的影响更显著。

二、国外保险公司内部治理研究

一般公司治理的研究内容主要是围绕委托代理问题（Jensen and Meckling,

1976）展开，研究的内部治理包括股权结构、董事会有效性、高管薪酬和股权激励、大股东、债权和分红政策；外部治理包括产品和要素市场竞争、控制权市场、信息披露、法律环境、投资者保护和经理人市场竞争等。尽管保险公司治理的研究是以保险行业的经营为背景，具有特殊性，但是其治理也不失一般性，因此，从总体上，我们还是可以将保险公司治理的研究内容按照内部治理、外部治理及治理绩效将它们划分开来加以分析。

（一）不同组织形式保险公司治理的比较研究

国外保险公司的组织形式多样，对不同组织形式保险公司治理的比较研究数量众多，成为保险公司治理的一大特色。国外保险机构的组织形式除股份制公司（stock insurance company）外，还有互助制公司（mutual insurance company）和劳合社（lloyd's）形式。其中，互助制与股份制公司广泛存在。互助制保险公司是指公司的所有权由投保人共同拥有的公司组织形式，将股东与投保人统一起来，有效控制了股东和投保人间的利益冲突，但是由于缺乏积极股东的作用，对管理者的监督不足；而股份制保险公司的所有权归属于股东，与投保人形成两个独立的利益主体，因受到多重治理机制，如股东监督、股权激励、并购等的作用，在解决所有者和管理者间的委托代理问题上具有优势，但加剧了经理人追求股权价值，从而导致公司偿付能力不足进而损害投保人利益的风险（Hansmann，1985；Mayers and Smith，1981；1988；1994）。不同组织形式的保险公司，由于风险承担主体不同也表现出不同的特征，Cummins 等（2009）提出由于风险是由所有投资者分担的，股份制保险公司会投身于具有更高风险的业务（risky insurance activities）。Lai 和 Lee（2012）的研究表明，与股份制保险公司的风险由所有者分担不同，互助制保险公司的风险由投保人承担，从而公司的总体风险较低。

国外大量的文献试图解释互助制和股份制保险公司共存的原因，最有代表性的就是经理人自由裁量权假说（Mayers and Smith，1981；1988；1994），该假说认为，公司应选择经营其所有权结构在控制代理成本方面具有比较优势的保险产品业务条线。例如，在风险损失波动较大，在保费定价、承保、理赔、准备金政策面临更大不确定性的保险业务上，需要管理者具有更大的自由裁量权，股份制保险公司具有比较优势；而在个性化定价需求较低的保险业务上，互助制保险公司具有比较优势。不同保险产品所需要的经理人自由裁量权的数量或程度，是决定市场组织结构的主要因素。

不同组织形式保险公司治理的差异还为研究内外部治理机制间的关系提供了新的样本。O'Sullivan 和 Diacon（1999）以英国保险公司为样本，分析了互助制和股份两种形式的保险公司在不同外部治理机制条件下，是否具有不同的内部治理机制，通过董事会结构和领导力、薪酬设计、审计委员会，公司同外部审计部门的关系等方面的差别，证明了内部治理和外部治理机制间的替代关系。总的来说，无论保险公司选择何种组织形式，都应针对其自身的治理特点，适用不同的治理系统（He 和 Sommer，2011）。

　　不同组织形式的保险公司在治理上各有比较优势，在保险公司经营过程中会出现组织形式上的调整。20 世纪 80 年代以来，保险行业出现了由互助制保险公司向股份制保险公司转变（demutualization）的潮流，有一部分文献研究了保险公司组织形式转变的动因。例如 McNamara 和 Rhee（1992）使用进行了股份制转型的人寿保险公司的数据，从产品、财务和管理几个方面变量的变化，证实了这一转变是出于提升效率（efficiency hypothesis），而非管理者侵占（expropriation hypothesis）。Carson 等（1998）以人寿保险公司为样本，实证表明互助制保险公司股份制转变的原因，除提升盈利外，还能够降低互助制保险公司的治理成本。

　　总体上看，国外保险公司以互助制和股份制为主体普遍存在。两种组织形式都是同保险行业的经营特点相适应的，研究主要围绕股东、管理者和投保人之间的多重代理关系、管理者的自由裁量权、风险承担主体等主题展开，不同的组织形式各自衍生出了一套适合自身产品特点和组织模式的治理模式，使得不同组织形式治理比较研究成为国外保险公司治理研究的重要问题之一。

（二）保险公司股东治理研究

　　已有的保险公司股东治理问题研究涉及两方面的内容。一方面是研究保险公司不同股权结构的治理结果，这部分研究将股权结构作为自变量；另一方面是研究保险公司股权结构形成的影响因素，将股权结构作为因变量。

　　在保险公司股权结构的治理结果研究方面，由于国外保险公司的股权结构构成多样，按照所有权和控制权分离程度由大到小，可以做出如下排序：互助制公司、由互助制控股的股份公司、分散持股公司、存在控股股东的股份公司、管理层控股的股份公司，这就为研究股权结构提供了很好的研究样本。Smith 和 Stutzer（1990）指出，保险公司的不同股权结构是与保险公司经营业务的风险有关联的。He 和 Sommer（2010）使用美国财险公司的数据，实证研究了所有权和控制权分离对董事会结构的影响，认为代理成本随着两权分离度的提高而加剧，通过引入更大比例的外部董事可以加大对两权分离的控制。Cole 等（2011）使用财产保险公司的所有权数据发现，不同所有权结构下公司的风险承担（risk taking）各不相同，同时也验证了激励错配假说（incentive misalignment hypothesis）和次优多元化假说（suboptimal diversification hypothesis）的作用。对于机构投资者的作用，以 Cheng 等（2011）为代表的研究发现，作为大股东，机构投资者能够降低市场、投资和承销风险。其背后的原因可能是机构投资者要降低公司的资本成本、迎合其他股东和监管者，以及其自身持有风险规避的态度。

在对保险公司股权结构形成的影响因素的研究中，Mayers 和 Smith（1994）以股份制保险公司为研究对象，实证证明了不同所有权结构的保险公司的产品线（business line）存在显著的差异。研究发现，显著影响了所有权结构的是与产品相联系的管理者的自由裁量权（managerial discretion），而非监管和税收差别等其他因素。

保险公司股东治理的研究，突破了以往一般公司治理研究中过分关注于公司股权结构到其治理结果的单一路径的思路限制，以管理者自由裁量权为特色的解释股权结构影响因素的有关研究，从相反的影响路径丰富了一般公司治理理论。

（三）保险公司董事会治理研究

董事会是最重要的内部治理机制，保险公司治理的研究也同样对于董事会治理的有效性给予了相应的关注。与董事会有关的保险公司治理研究主要围绕董事会结构、规模与独立性，董事长与首席执行官（Chief Executive Officer，CEO）是否两职分离等问题展开。Diacon 和 O'Sullivan（1995）较为系统地研究了董事会治理机制对英国保险公司绩效的影响。研究发现，董事会专业委员会设置与任命具有较大影响力的董事长能够限制高管薪酬，进而对公司盈利具有正面影响。Wang 等（2007）运用台湾保险公司的数据同时研究了保险公司董事会规模、董事长与 CEO 是否两职分离、内外部董事的比例三个治理要素的经济影响，发现外部董事的存在对公司的经营效率具有显著正面影响，而董事会规模及董事长与 CEO 两职合一对保险公司的经营效率则具有显著负面影响。Lai 和 Lin（2008）的研究表明，董事会规模的增大会降低总体资产和股权的风险，但也会增加系统性风险。Brick 和 Chidambaran（2008）的研究表明董事会独立性与以股票回报波动性为指标的公司风险负相关。Mayers 和 Smith（2010）验证了董事会结构同按业绩支付薪酬机制之间的联系，认为外部董事较多的公司，按业绩支付薪酬和资产回报率之间存在显著的正相关关系。Lai 和 Lee（2011）证实了董事会规模同所有类型的风险均正相关，独立董事比例降低也会导致投资风险和总风险的加剧。Ho 等（2013）研究了董事会构成和风险承担之间的关系。Hsu 等（2015）基于 1454 个美国财产险保险观测样本，探讨了董事会和财务委员会特征对保险公司的现金持有使用的影响。研究结果表明，独立董事会让管理者持有过多的现金持有量，以避免投资不足，在受管制行业，独立董事发挥管理者的现金支出行为的监督作用。总体结果来说，这符合独立董事的责任假说，独立董事在管理人员的现金消费行为和投资不足方面发挥了监督作用。Gillan 和 Panasian（2015）采用加拿大公司作为研究样本，关注公司的董事和高管人员责任保险（directors and officers liability insurance，D&O）是否对股东诉讼可能性产生影响，他们研究证据表明，具有 D&O 的公司更可能被起诉。

从与董事会有关的具体研究内容来看，保险公司董事会治理的特殊性并不明显，其主要研究变量的选取与一般公司治理研究类似。然而，保险公司董事会治理是以风险控制为导向的，其治理有效性的衡量多选取保险公司的各类风险承担水平，这是与保险公司治理的目标——维持保险公司的偿付能力、保护投保人利益相一致的。这一总体目标导向的不同，就成为保险公司董事会治理的特殊性所在。

（四）保险公司高管治理研究

高管治理涵盖高管激励约束、绩效评价和两职设置等内容。高管薪酬一直是公司治理研究关注的主要领域之一。保险公司治理中的高管薪酬研究的主要问题包括高管薪酬水平、结构、影响因素、治理效果等。

Mayers 和 Smith（1992）基于委托代理问题下的激励协调问题，通过对人身保险公司 CEO 薪酬的研究，证实股份制保险公司经理人的薪酬高于互助制保险公司经理人的薪酬，且不同组织形式下保险公司分支机构经理人获得的整体薪酬水平较高。Grace（2004）围绕 CEO 薪酬结构和薪酬水平影响因素进行了较全面的实证分析，发现公司规模和风险越大，使用激励薪酬越多，而在监管和 CEO 持股下的公司，激励薪酬使用较少。而且公司治理结构、CEO 持股与监管关注都不足以防止 CEO 的过度薪酬。

在高管薪酬对治理结果的影响方面，Barrese 等（2007）考察了保险公司股权结构、高管持股比例和托宾 Q 之间的关系，实证结果没有支持激励相容和堑壕效应假设，认为两种激励随着持股比例的变化而呈现 U 形关系。此外，还有研究基于薪酬激励计划的设计，围绕高管与盈余管理行为展开。Browne 等（2009）研究了管理者持有的股权激励的价值对股价波动的敏感性同保险公司准备金差错（reserve error）的关系，发现基于股权的高管激励和股价敏感性越高的公司，越会存在更高的准备金提取不足差错，和更低的准备金提取过量差错。Eckles 和 Halek（2010）研究了保险公司管理者在不同薪酬激励下，通过操纵损失准备金（manipulate loss reserves）最大化其报酬的动机。与以往将损失准备金提取差值局限于规避税收和监管方面的研究不同，Eckles 等（2011）以准备金估计差错（reserve estimation error）作为管理者盈余操纵的衡量变量，研究了管理层薪酬激励与治理对盈余操纵的影响。从保险行业的高管薪酬研究来看，保险公司作为金融行业的重要代表，其高管薪酬也受到了普遍的关注。华尔街金融危机后，对金融机构高管薪酬过高的指责，使得重新定位高管薪酬水平成为研究的一个主要问题。薪酬水平、薪酬计划的细节设计、薪酬监管和薪酬激励扭曲引致的盈余操纵行为等，丰富了一般公司治理理论。

　　除了高管薪酬问题外，还有部分文献对两职设置、高管自由裁量权和高管变更等问题进行了研究。Boubakri 等（2008）的研究证实，保险公司 CEO 两职兼任对股东而言成本过高，且会加剧委托代理冲突，加大公司的风险，而这同 Bebchuk 和 Weisbach（2009）以一般公司为研究样本所证实的 CEO 为了稳定工作而倾向于保守的结论是相反的。Miller（2011）围绕管理者自由裁量权理论，将原局限于股权结构的有关研究拓展到其他公司治理机制上，认为在同等条件下，通过各种治理机制能够更严格控制代理成本的公司，可以实现经营需要更大高管自由裁量权的业务条线。Cheng 等（2015）突破以往上市保险公司和非上市保险公司的划分方法，将保险公司划分为家族和非家族类别，在家族保险公司中又进一步划分为家族成员担任 CEO 和非家族成员担任 CEO，关注组织形式和所有权结构在公司治理中的作用，主要通过研究美国财产险公司的 CEO 变更情况。结果发现，非常规变更概率与公司绩效显著负相关，变更率随组织形式和所有权结构的不同而显著变化，家族成员担任 CEO 的家族保险公司变更率最低，互助制保险公司的非正常变更率比公开上市的非家族公司低，除了家族绝对控股和家族成员担任 CEO 的公开上市保险公司。

三、国外保险公司外部治理研究

　　与一般公司治理关注的控制权市场、经理人市场和产品市场竞争等外部治理机制不同，保险行业具有很强的风险负外部性。保险监管的存在使得保险行业的市场竞争、控制权市场等机制虽然依旧发挥作用但有所减弱，而且由于保险行业的经营特点，其外部治理机制中保险监管的作用，以及再保险集团和保险代理人的作用成为其研究的独特之处。

（一）来自外部行业监管部门的监督作用研究

　　由于存在经营特殊性，保险行业的外部监管是一个非常重要的外部治理机制。国际范围内，监管内容除了市场行为和偿付能力之外，近几年公司治理已成为保险监管的三大支柱之一。Skipper 和 Klein（2000）以国际保险业为背景，从促进市场竞争进而有利于促进资源配置和消费者选择与福利的视角，提出了清晰的保险业监管原则。Grace 和 Klein（2008）论述了保险监管和改革的基本原理。Harrington（2009）通过分析 AIG 在 2008 年金融危机中的角色和保险监管，对系统性风险和系统性风险监管是否要针对保险或其他非银行金融机构进行了探讨，提出了推行可选择或强制的联邦保险监管的未来趋势。Lin 等（2014）以财产险公司为研究对象，关注保险公司监管压力与风险承担行为之间的关系。研究结果表明，监管压力对保险公司风险承担行为的影响是有门槛的，资本不足的保险公司似乎知道他们接近监管干预，但不会充分地对即将到来的监管压力做出反应。Malafronte 等（2015）利用欧洲 2005～2010 年保险公司数据，研究了保险公司信息披露问题，结果发现，保险公司更倾向于披露数量上更多的风险有关信息，而不是关注报告的质量，因为风险信息数量需要较少的投入。他们还发现，金融危机这几年，保险公司风险信息披露数量呈现上升趋势。

（二）再保险集团和保险代理人的监督作用研究

保险行业中存在着再保险集团（reinsurers）和保险代理人（insurance agents），他们作为非监管机构具有重要的监督功能。再保险集团不仅提供保险公司分散风险的机制，往往还出于避免自身财务困境和减少过度税收的激励对保险公司的行为进行监督（Doherty and Smetters，2005；Cole and McCullough，2006），这就拓展了公司治理发生作用的渠道。此外，保险代理人作为第三方，提供了保险公司产品的中介销售渠道，保单购买人可以通过保险代理人提供的信息，甄别比较不同保险公司的产品，因此保险代理人也能够起到对保险公司的监督作用（Regan，1997）。

四、国外保险公司治理绩效研究

公司治理绩效的有关研究，主要包括两个层面：财务绩效和治理评价。一般公司治理研究往往关注于公司治理总体评价与股票收益之间的关系，或是关注于某一个治理机制对公司价值或财务绩效的影响，选取的指标为托宾 Q 或总资产收益率（return on assets，ROA）等。在保险公司治理研究中，目前并没有开展治理评价研究，可能的原因是其治理的目标较一般公司治理更为复杂，对其进行治理评价难度较大。保险公司治理对于财务绩效的研究较少，而已有的文献多采用各种类型的风险作为绩效衡量标准，如 Boubakri 等（2008）、Cole 等（2011）、Ho 等（2013）以公司总体风险为因变量分别研究了 CEO 两职兼任、股权结构、公司组织形式的影响；Brick 和 Chidambaran（2008）以股票回报波动性为指标研究了董事会独立性的作用；Lai 和 Lee（2011）、Cheng 等（2011）以市场风险、投资风险和承销风险等为因变量研究了董事会、机构投资者的治理作用；Eling 和 Marek（2014）基于结构方程模型方法，将公司治理作为一个潜变量（latent variable），从薪酬、监督和股权结构三个方面研究了保险公司治理对保险公司资产、产品和财务风险的影响，结果发现，更高的薪酬、更强的监督（更多的独立董事和董事会会议）和更多的大股东将会带来更低的风险承担。此外，还有研究采用效率作为绩效指标。例如，Huang 等（2011）的研究发现，公司治理同公司效率之间存在显著的关系。近年来的研究开始关注发展中国家，Chaudhary（2014）关注了印度保险公司治理对绩效的影响，指出保险公司如果想从金融危机中更快地恢复过来，必须关注自己的治理问题；Yemane 等（2015）指出，发展中经济体公司治理的问题长期被忽视，如埃塞俄比亚，他们利用 2009~2013 年的面板数据，考察了公司治理对埃塞俄比亚保险公司绩效的影响。

保险公司治理研究关注于风险承担水平和经营效率而不限于财务绩效是有其特殊意义的。由于保险产品长周期、高风险和不透明的特点，如果公司治理的目标是单纯的绩效，那么其产品背后的风险是很容易在短期内被粉饰的，而基于传统财务绩效的评价会进一步扭曲公司行为，危害广大利益相关者利益。

第三节　国内外保险公司治理研究文献综述总结

本章从研究时点、研究主题、研究对象和研究方法四个方面，对国内外保险公司治理研究文献综述进行了总结。

一、研究时点：国内关于保险公司治理研究的起步较晚

2001 年，中国学术期刊网才题名检索到第一篇期刊论文"论保险公司治理机制的完善"（夏洪，2001）；2004 年，出现一篇学位论文"国有保险公司治理研究"（张悦，2004）；自 2006 年以后，国内保险公司治理的相关研究随着保险公司治理实践的开展开始逐渐增多。而国外保险公司治理研究始于 1972 年，目前已经有30 年的历史。

二、研究主题：国内保险公司治理研究主要集中在基础性问题

国内保险公司治理研究的主题主要集中在概念、特殊性、模式比较等基础性问题。由于国外存在股份制保险公司和互助制保险公司两种类型，在早期国外的研究中，这两种保险公司治理的对比是重要主题。目前，研究的广度和深度得以极大扩展，不再局限于界定保险公司治理的基础性问题，而是将研究的内容深入至治理的机制和要素对保险公司业绩与效率的影响。

三、研究对象：国内保险公司治理研究对象比较单一且样本量少

国内现有成果的研究对象主要集中在保险公司的层面，特别是专业保险公司

和其中的上市公司。从保险公司国有或者民营性质角度出发的研究较少，只有少数学者（李琼和苏恒轩，2003；朱日峰，2005；林征，2006；李兆斌等，2007；刘金霞和齐青婵，2008）以国有保险公司作为研究对象展开定性的分析；以中介机构、保险集团作为研究对象的比较少，更缺乏保险公司的全样本研究。国外研究一方面会区别股份制保险公司和互助制保险公司，另一方面会深入到某一类型保险公司。

四、研究方法：国内保险公司治理研究主要采用规范性研究方法

从研究方法看，国内保险公司治理相关研究在研究方法的选择上是以规范研究为主，由于上市保险公司数量较少，数据获得较为困难，只有个别学者采用案例研究方法（俞勇国，2006；张惠，2007；曹晓润，2008；杨馥，2009），以及大样本的实证研究方法（张惠，2007；陆渊，2009；谢晓霞和李进，2009）。目前，国外研究大量采用大样本的实证研究方法，甚至大样本的调查研究方法。

五、文献综述小结

综上所述，国内对于保险公司治理问题的研究处于刚刚起步阶段，保险公司治理研究的基本框架还没有建立，保险公司治理的合规性（是否按照规定建立了基本的治理结构和机制）、保险公司治理的有效性（治理结构和机制是否发挥了应有的作用）、治理绩效等科学问题有待研究，研究方法也较为单一，研究样本也较少。国外对于保险公司治理问题的研究集中于两种类型保险公司的治理要素、治理绩效的比较，研究方法上已经开始导入大样本的实证研究，其研究思路和方法对于我们研究我国保险公司治理具有很好的启示作用。与国外相比，国内保险公司治理研究内容和方法等方面上，存在较大的差距，我国保险公司治理研究亟待开展。国内外相关研究的比较内容详见表 3-2。

表 3-2　国内外保险公司治理研究述评总结

比较内容	国内保险公司治理研究	国外保险公司治理研究
研究时点	起步阶段：10 余年时间	深入阶段：40 余年时间
研究主题	概念、特殊性、模式比较分析等	治理对绩效影响以及治理要素有效性等
研究对象	股份制，样本量较少，上市数量限制（四家）	股份制和互助制，有大样本调查数据
研究方法	规范研究为主	实证研究为主

第四章 保险公司治理研究逻辑与框架

金融机构治理的理论基础是一般公司治理理论和金融机构治理的特殊性。也就是说，金融机构治理的研究一方面要以一般公司治理理论为基础，可以借鉴一般公司治理的理论体系、核心概念和研究方法等；另一方面要考虑金融机构治理自身的特殊性。否则，将使金融机构治理泛化或一般化，或使金融机构治理空洞化。这两个方面是金融机构治理的理论基础，保险公司也不例外。本章在对保险公司经营和治理特殊性分析的基础上，提出了保险公司治理研究逻辑脉络和研究框架，并对未来研究进行了展望。

第一节 保险公司经营和治理特殊性分析

一、保险公司经营特殊性

保险公司所经营的业务性质决定了其所具有与其他企业不同的特点。保险公司以风险为经营对象，以提供保险保障获得利润。因此，与一般公司相比，保险公司自身具有诸多的特殊性，而这些特殊性恰恰是导致其治理与一般公司治理存在差异的根本原因。

（一）经营目标的特殊性

保险公司是通过向投保人收取保险费，建立保险基金来保障被保险人的利益的，被保险人的风险损失通过保险公司而分摊给所有未遭受风险损失的投保人承担。因此，保险公司充当着融资人的作用。同时，保险公司为了保障保险基金的增值保值，还对保险基金进行投资运用，直接参与金融市场。另外，保险业又属于风险产业，其含义不是保险公司的市场风险，而是其本身就以风险为经营对象，风险的发生及发生所致损失的大小，都具有不确定性和偶然性，不为保险公司所左右，从而决定了保险公司经营本身的风险性。

一般而言，金融体系的重要性主要表现在两个方面：一方面，作为资源配置重要机制的金融体系要确保将资本这一最稀缺的资源配置到效率相对较高的领域；另一方面，金融体系的脆弱性有可能引发金融危机，并对经济造成严重的破坏。这两个特征充分说明了保险公司经营目标的特殊性——既要在分散风险的同时实现效益的最大化，又要追求金融风险的最小化。

（二）经营产品的特殊性

保险公司经营活动是一种特殊的劳务活动，而不是一般的物质生产和商品交换活动。保险公司经营劳务活动主要表现在：保险公司经营以特定风险的存在为前提，以集合尽可能多的风险单位为条件，以概率论和大数法则为数理基础，以经济补偿和给付为基本职能。首先，保险合同这种风险特性往往会诱发公司治理的需求，以保证有足够的现金储备用于偿付被保险人。其次，保险公司经营劳务活动集中体现在保险公司的产品质量上。保险公司经营是根据保险市场的需要，精心设计保险条款，合理规定保险责任，科学厘定保险费率，制定切合实际的保险险种。随着保险产品市场的扩大，保险公司的保险合同越多，保险公司经营的规模效应将使保险公司的业务和财务经营越趋于稳定。再次，保险公司经营劳务活动还依赖于保险公司全体人员的专业素质。公司人员的专业素质高低，与保险公司经营劳务的好坏直接相关。一般地，保险公司从业人员素质越高，提供的服务越易受到保险客户好评。保险客户对保险公司越满意，保险公司的信用级别就越高，进而有助于提高保险公司的竞争力。

（三）资本结构的特殊性

保险公司经营是负债性经营与资产性经营的统一。一般企业的经营并不依靠负债性业务的创造，因此，他们的经营活动受自有资本的约束较大，这使得他们自身要有雄厚的资本为后盾。保险公司经营也不例外，保险公司要有资本金，尤其在成立初期需要一定的设备资本和经营垫付资本。但是，保险公司与一般企业毕竟不同，保险公司通过负债性业务的创造而从事保险经营活动，保险公司除在成立之初具备一定的资本金，还有更多来自自有资本以外的其他资产。保险公司的经营资产主要来自投保人按照保险合同向保险公司所交纳的保险费和保险储金，具体表现为从保险费中提取的各项准备金。保险公司的经营活动正是通过汇集资本金和各种准备金，来实现其组织风险分散进行经济补偿或给付的基本职能。

资本结构作为一种公司融资比例的选择不仅会影响公司价值，而且其所包含的股权与债权融资的不同比例，往往也意味着股东和债权人对公司的不同控制力和在公司治理中不同的角色与作用。保险公司这种高比例负债的资本结构和控制权掌握在股东手中的现实很可能会带来经典的股东债权人代理问题。这是因为债权人获取的是固定比例的投资回报，而可以获得剩余索取权的股东为追求高额的风险回报往往偏向于投资风险大的项目而侵害债权人的利益，并因此强化保险公司管理者从事高风险项目的动机和能力。

（四）成果核算的特殊性

保险公司经营活动的劳务性特征，决定了保险经营活动成果核算模式的特殊性。与一般商品成本计算相比较，保险经营成本具有未来性。保险公司经营成本未来性是说，保险公司经营的预期成本是在过去的历史支出的平均成本基础上，通过预期分析得到的。而保险公司经营的实际成本，随保险风险在未来的发生而在未来实现。未来总是充满着不确定性，这使得保险公司经营的预期成本与实际成本相一致是偶然的，绝大多数情况下二者不一致是必然的。因此，保险公司在成本核算上必将面临不确定性与偶然性的因素。利润是衡量保险公司经营成果的重要指标。与一般工商企业通过销售商品收入减成本和税金来计算利润不同，保险公司经营利润的核算，除要从保费收入中减去保险赔款、经营费用和税金外，还要减去保险公司各项准备金和未来的责任准备金。保险公司经营中的各项准备金是保险公司对全体被保险人的负债，其金额大小将直接影响到保险公司的经营成果。

（五）经营范围的特殊性

一般工商企业的经营过程是对单一产品、单一系列产品或少数几种产品进行生产管理和销售的过程，其产品一般涉及社会生产或社会生活的某一或几个方面，相应地这些企业的破产倒闭所带来的影响也只是涉及某一行业或领域或几个行业。保险公司经营活动则不同，一般来说，保险公司承保的风险范围之宽，经营的险种之多，涉及的被保险人之广，是其他一般企业无法相比的。一旦保险公司出现无力偿付，或者经营陷入极度危机，将或多或少影响到被保险人的切身利益和整个社会的安定。保险公司经营过程本质上既是风险集中的过程，又是风险分散的过程。通过保险公司的经营活动，将众多的投保人或被保险人的风险，转嫁给保险公司。保险公司通过承保活动将众多风险集中起来，而当保险责任范围内的损失出现时，保险公司又将通过各个投保人缴纳的保险费等形成资金，通过让全体投保人或被保险人承担，或部分由其他保险公司或再保险公司承担，来实现保险的经济补偿或经济给付。

（六）政府管制的特殊性

基于保险经营的特殊性、资本追逐利润的本性和被保险人所处的弱势地位，世界各国都把保险业作为高度监管的行业。保险公司除了自身不断完善治理机制外，更强调监管部门的外部推动。IAIS 在 2004 年约旦年会上首次提出将公司治理与偿付能力和市场行为并列为保险监管的三大支柱，使治理结构监管进入了新的阶段。金融市场发展的历史表明，政府管制是一种普遍存在的现象，只不过在不同的国家（地区）和不同的时期（阶段）政府出于不同的目的而采取的管制政策或措施不同而已。一般而言，出于对金融体系脆弱性和法律体系不完备性的担忧，政府对金融业的管制比其他行业要严格得多。广泛而严格的政府监管往往会在以下方面对保险公司治理产生深刻的影响：对保险公司股东身份和持股比例的政策性限定会影响保险公司的股权结构；对保险业市场的管制会影响保险公司的数量和市场集中度，并因此而限制保险业市场竞争从而削弱产品市场的竞争威胁；对并购市场的管制会使得对保险公司的并购更加昂贵，耗费的时间也会更多，在很多情况下，这些管制会使并购威胁不能有效地惩罚管理者。

二、保险公司治理特殊性

保险业是一种特殊的行业，作为一种社会化的制度安排，保险活动通过群体的确定性来抵消一部分个体的不确定性，通过风险防范和风险分担以少量的支出实现多量的补偿，从而在一定程度上降低个人未来福利的不确定性。因此，保险公司在经营目标、资本结构、产品合约和政府监管等方面都表现出了诸多的特殊性，这些特性对保险公司的治理机制产生了深远的影响。正是保险公司经营的特殊性对于其公司治理提出了相应的特殊要求，因而决定了保险公司治理的特殊性。保险公司治理特殊性具体来说主要体现在治理目标、治理原则、治理结构与机制、治理风险、治理评价与监管等方面。

（一）保险公司治理目标特殊性分析

经典的公司治理理论主要关注于分散股权条件下，所有权和经营权分离所产生的所有者和管理者间的委托代理问题，以及控股股东同中小股东间的委托代理问题，这些问题在保险公司治理中同样存在着。除此之外，保险公司治理还存在着特有的治理问题。保险公司是高比例负债经营的公司，股东投入的资本金只占公司资产的小部分，投保人对公司资产的投入和贡献远远大于股东。债权人（投保人）获取的是固定比例的投资回报，投保人倾向于稳健经营而获得稳定的未来保障，而股东的剩余索取权是无限的，股东倾向于扩大公司的业务范围，为追求高额的风险回报往往偏向于激励保险公司管理者投资高风险的项目，这将侵害债权人的利益。

由于保险公司经营的特殊性导致的债权治理不足或者缺失，使得债权人与股东利益冲突凸显，债权人利益难以得到维护，保险公司经营中的承保风险、杠杆风险、投资风险加剧了这一冲突，因而，维护债权人权益就成为保险公司治理的重要目标。同时，保险公司作为典型的金融机构，其经营失败引发的风险负外部性直接造成巨大的社会成本问题，保险监管机构作为债权人及政府的代理人参与到保险公司治理中来，尤其强调维持保险公司的偿付能力，都是这一治理目标的体现。

20 世纪 60 年代以来，利益相关者理论逐渐受到推崇，认为公司存在的目的不是单一地为股东提供回报。公司应是一个具有社会责任的组织，它必须服务于一个较大的社会目的。考虑到投保人的债权治理缺失和保险公司在金融体系和社会保障体系中的重要地位，应该适用于利益相关者理论。因此，保险公司的治理目标同一般公司的治理目标有较大的差异，一般公司往往以股东利益为中心，关注于股权价值最大化，保险公司治理相较于一般公司更应该关注利益相关者利益，尤其是广大投保人的利益。一方面，保险公司作为资本的载体，要寻求利润最大化；另一方面保险公司要承担经济补偿、资金融通和社会管理等功能。因此，保险公司治理的目标不应仅仅局限于公司价值的最大化，还应兼顾投保人的利益、保险公司自身乃至整体金融体系的安全和稳健。

如果说股东至上主义和利益相关者理论的争议在一般公司治理领域难分高低的话，那么在保险公司治理的问题上我们应该坚决支持利益相关者理论的观点，即保险公司治理不仅要考虑公司股东的利益，更要照顾投保人等公司利益相关者的利益，承担应尽的社会责任。

（二）保险公司治理原则特殊性分析

保险公司的治理原则同一般上市公司具有较大的差别。本章分别列举了 IAIS 和 OECD 对保险公司和一般上市公司的公司治理原则，见表 4-1。从表 4-1 中可以明确看出，对保险公司的公司治理要求的包罗面明显宽于对一般上市公司的治理要求，对保险公司主要治理要素的要求也更高。

表 4-1　保险公司与一般公司治理原则比较

公司类别	发布机构	主要内容
一般公司	OECD，1999 《公司治理原则》	建立有效公司治理结构的基础；发挥股东权利和所有权作用的关键；股东的公平待遇；利益相关者的角色；信息披露和透明度；董事会的责任

续表

公司类别	发布机构	主要内容
保险公司	IAIS，2004《保险公司治理核心原则》	有效的保险监管的条件；监管目标；监管机构；监管过程；监管合作和信息共享；被监管机构执照；人员的合格适宜性；控制权变更和资产转移；公司治理；内控；市场分析；向监管机构报告和非现场检查；现场检查；预防和改正措施；执行或处罚；解散和退出市场；对集团的监管；风险分析和管理；资本充足和偿付能力；审慎标准；面对市场的信息、信息披露和透明度
	OECD，2005《保险公司治理指引》	治理结构：明确责任，董事会结构，职能和责任，结构和适宜性，问责，精算师，外部审计师。内部治理机制：内部控制，信息报告；利益相关者保护；信息披露，赔付

（三）保险公司治理结构与机制特殊性分析

1. 股东治理特殊性分析

保险业的股权结构都比较集中，控制权掌控在少数大股东手中，且均存在控股股东和实际控制人。值得注意的是，控股股东性质多为国有，外资控股比例很少。这主要源于监管对股东性质的要求，中国保监会《保险公司股权管理办法》中规定，外商投资占有国内保险公司股权总额的比例上限定为25%，否则适用外资保险公司管理的有关规定。另外，除中国保监会批准的保险集团（控股）公司或保险公司外，单个企业法人或者其他组织投资保险公司的，持有的股权不得超过同一保险公司股权总额的20%。

为了说明保险公司股东治理特殊性，我们选择我国保险行业三家上市保险公司2011年的相关数据为例进行比较分析，新华保险因为2011年刚刚上市，所以没有包括在分析案例中。如表4-2所示，一般上市公司的第一大股东持股比例平均为36.78%，股东性质多为国有；中国平安的前两大股东均为汇丰集团，合计持股比例为15.58%；中国太保第2~5位大股东实际控制人均为国资委，合计持股比例为39.01%；中国人寿的第一大股东持股比例为68.37%。由此可以看出，三家上市保险公司的控股股东持股比例都较高，而且国有控股性质较为明显。这就使得保险公司治理中的大小股东和股东同债权人激励的分离问题进一步加剧。

表4-2　保险公司与一般公司股东控股比例比较

公司类别	第一大/%	第二大/%	第三大/%	前五大/%	控制人
一般公司	36.78	9.85	4.34	55.38	多为国有
中国平安	7.82	7.76	6.08	30.49	汇丰外资
中国太保	18.79	14.93	14.25	57.80	国有
中国人寿	68.37	25.68	0.18	94.41	国有

2. 董事会治理特殊性分析

由于保险公司业务复杂，经营风险高，管理资产总额庞大，董事会在履职过程中需要投入更多的精力，及时了解来自内控、风险、合规等多方面的经营情况，因此保险公司的董事会规模比一般上市公司大，董事领取的薪酬也更高。平均值来看，一般上市公司的董事会规模为 9 人，而保险上市公司董事会规模为 15 人。一般上市公司的董事会成员最高三位薪酬平均值为 46.69 万，而保险上市公司董事会最高三位薪酬平均值为 301.55 万元，详见表 4-3。

表4-3　保险公司与一般公司董事会规模与薪酬比较

公司类别	董事会规模/人	董事前三名薪酬总额/万元
一般公司	9	46.69
保险公司	15	301.55

此外，由于保险公司治理重视保护广大投保人的利益，保险公司特别重视对风险的控制。保险公司董事会结构中设有风险管理委员会，同时设有审计委员会，而且保险公司中审计委员会的责任也更为突出。从表 4-4 的数据对比可以看出，保险公司的董事会中均设有审计委员会和风险管理委员会，明显高于一般上市公司的设立比例。另外，保险公司董事会下往往设有投资决策委员会，这既是表明保险公司治理特殊性的要素，也是保险公司治理中的重要一环。

表4-4　保险公司与一般公司董事会专业委员会比较

公司	设立审计委员会	设立风险管理委员会
一般公司	55.9%	较少
中国平安	有	有
中国太保	有	有
中国人寿	有	有

3. 经理层治理特殊性分析

对经理人的激励约束是经理层治理的核心内容。随着保险公司的改革重组，保险公司的经营权逐渐分离出来，在董事会领导下，由职业经理人对保险公司进行日常的管理工作。由于保险公司的职业经理人管理的资产总量巨大，业务覆盖面广，公司员工数量繁多，需要经理人具有良好的职业道德、丰富的保险和财务管理专业知识、团队组织协调能力和丰富的实战经验。这样对保险公司的职业经理人激励就显得十分重要。从对经理人支付的薪酬来看，一般上市公司的经理人平均薪酬为51万，而保险公司的经理人平均薪酬为609万，远远高于一般公司的经理人薪酬。单纯的高薪酬并不是最优的治理方式，如何完善经理人薪酬激励，进而保护投保人利益，是完善保险公司经理层治理的重要途径。

4. 风险管理机制特殊性分析

保险公司是特殊的金融服务企业，以风险为经营对象，属于风险产业。因此，保险公司除了具备普通企业的经营和管理目标外，还有自身特殊的安全性目标，即需要保证随时履行对投保人的保险责任。对于保险公司而言，确保其偿付能力，履行对投保人的责任是公司重要的经营目标。相应地，保险公司的治理应该将重点放在建立起一套高效准确的风险防控体系上来，使保险公司的治理具备风险提示和风险预警的功能。

具体来说，如设立保险公司特有的高管人员，包括总精算师、合规官等。保险公司是经营保险业务的专业公司，而保险公司的核心技术就是保险精算，这就突出了保险精算师在公司中的地位。精算师的地位极为重要，是独立于公司高管和董事的、在公司治理结构中具有特殊地位的关键人物，这同一般公司决然不同。总精算师对保险公司董事会和总经理负责，当保险公司出现利差损、偿付能力、现金流等方面重大风险时，总精算师应及时向保监会报告，对于未及时报告的，保监会将依法追究总精算师责任。此外，保险公司总精算师对产品定价、法定责任准备金评估、分红方案确定等履职行为负终身责任，保监会依法对总精算师的不当履职行为追究责任。

在风险管理的部门设置上，保险公司与一般公司也存在较大差异，如保险公司特有的合规部、风险管理部等。为了规范保险公司治理，加强保险公司风险管理，实现有效的内部控制，保监会特别重视保险公司合规管理。所谓合规，是指保险公司及其员工和营销员的保险经营管理行为应当符合法律法规、监管机构规定、行业自律规则、公司内部管理制度及诚实守信的道德准则。合规风险是指保险公司及其员工和营销员因不合规的保险经营管理行为引发法律责任、监管处罚、财务损失或者声誉损失的风险。为了使保险公司的经营满足合规性要求，保险公司会设立合规部和合规官，这就与一般的上市公司大为不同。风险管理部是在董事会风险管理委员会下设的有关风险管理的日常工作机构，有些保险公司的合规部和风险管理部是合并设立的。

5. 产品竞争市场特殊性分析

产品竞争市场是公司重要的外部治理机制。由于保险产品市场中参与竞争的公司数量较少，保险公司的产品具有一定垄断性，接近于垄断竞争型市场。三家上市保险公司处于行业领导者地位，其他公司往往只能跟随行业主导者提供类似的保险产品。产品的定价权也牢牢掌控在行业主导者手中，因而通过产品市场竞争引发的治理机制难以发挥作用。

2011年上半年，财险公司保费收入2444.21亿元。其中，中资财险公司保费收入2417.85亿元，占据98.92%的市场份额；外资财险公司保费收入26.36亿元，仅占1.08%。为了更好地分析财险市场的行业竞争格局，本节查找整理了财险市场各公司的保费收入情况，如表4-5所示。财险市场上呈现出典型的垄断竞争市场格局，三家上市公司市场份额总计67.17%，其他33家中资公司和20家外资公司合计占比32.83%。

表4-5 财产保险公司保险保费收入及占比

项目类别	人保财险	平安财险	太保财险	其他33家中资	20家外资
保费合计/亿元	912.19	407.34	322.05	776.27	26.36
收入占比/%	37.32	16.67	13.18	31.75	1.08

人身险市场的竞争局面也同产险市场类似，2011年上半年，人身险公司保费收入5612.28亿元。其中，中资人身险公司收入5395.61亿元；外资独资和合资公司216.67亿元。中外资人身险公司分别占有96.14%和3.86%的市场份额，如表4-6所示。人身险市场上也呈现出典型的垄断竞争市场格局，前三家规模最大的公司市场份额总计57.42%，其他31家中资公司和26家外资公司合计占比42.58%。

表4-6 人身险保险公司保险保费收入及占比

项目类别	中国人寿	太保人寿	平安人寿	其他31家中资	26家外资
保费合计/亿元	1954.90	545.74	721.90	2173.07	216.67
收入占比/%	34.83	9.72	12.86	38.72	3.86

6. 经理人市场特殊性分析

表4-7显示，在2009～2011年三年中，一般上市公司董事长变更比例为80.0%，总经理变更比例为7.2%；而上市保险公司这两个比例相应为54.5%和0.0%，明显低于一般上市公司总经理更迭的频率。在高管任期方面，一般上市公司董事长平均任职年限为3.9年，总经理平均任职年限为4.2年，明显地低于保险公司董事长任职8.6年和总经理任职4.4年的平均年限。从这些数据可以看出，保险公司的高管变动较慢，高管任期期限较长。而且，保险公司总数相对较少，保险公司经理人市场门槛较高，进入较为困难，该市场可供选择的经理人十分有限，因此声誉

机制显得尤为重要。

表 4-7　董事长和总经理任职变更、任职年限

公司类别	董事长变更	董事长任职平均年限	总经理变更	总经理任职平均年限
一般公司	80.0%	3.9 年	7.2%	4.2 年
保险公司	54.5%	8.6 年	0.0%	4.4 年

7. 兼并收购与退出机制特殊性分析

保险公司的利益相关者十分广泛，在金融和经济体系中的地位也十分重要，其控制权的转移往往牵涉更大范围利益相关者的利益，因此，这一行业中的控制权转移往往受到监管部门的严格控制，由于时间拖延和信息泄露使得兼并收益锐减，进而控制权市场的治理机制难以发挥作用。

由于保险公司缺乏一般的退出机制，只能通过业务转让的办法实现退出，而出于同样的原因，为了保护广大投保人的利益，监管机构在保险业务转让中也会发挥重要的职能。2011 年 9 月，《保险公司保险业务转让管理暂行办法》确立了保险业务转让的基本原则，即平等、自愿、公开、公平原则，以及保护投保人、被保险人利益的原则。该办法规定，转让方保险公司须就转让相关事宜书面通知投保人、被保险人，并须征得其同意。受让方保险公司须依照原保险合同，继受转让方对投保人、被保险人和受益人负有的义务。以上要求充分体现了保监会对保险业务退出程序的重视和对投保人的严格保护，而这都加大了退出保险行业的成本，也间接增加了进入保险行业的壁垒，减少了竞争，进一步削弱了市场这一机制的作用。2011 年兼并收购和退出保险市场情况见表 4-8。

表 4-8　保险公司与一般公司兼并收购与退出机制比较

公司类别	2011 年兼并收购	退出机制
一般公司	7187 起公司并购事件，5136 起交易标的为股权，2633 起交易标的为资产	主要通过中关村园区股份报价转让交易系统
保险公司	38 起涉及保险公司并购，11 起交易标的为股权，6 起交易标的为资产	我国尚没有保险公司退出保险市场的实例，也没有专项的针对保险公司退出的专门性、系统性立法

8. 信息披露特殊性分析

与一般的商品企业不同，由于保险产品的复杂性和非通俗性，保险产品技术含量高，保险公司除经营保险业务外，还利用保险金余额进行复杂的投资理财活动，其财务信息透明度差，保险公司经营者与所有者、被保险人之间存在信息不

对称问题。被保险人对于复杂的保险经营的认识和理解具有一定的局限性，由此产生了内部人控制的可能性，制约了保险市场的发展。因此，对于保险业信息披露的内容和要求相较于一般公司要更为严格。通过对比保险业同一般上市公司信息披露的要求也可以得出这一结论。

一般上市公司信息披露的目的是规范发行人、上市公司及其他信息披露义务人的信息披露行为，保护投资者合法权益。证监会对上市公司信息披露的要求主要包括年度报告、中期报告、季度报告及对投资者做出投资决策有重大影响的信息。而保险公司信息披露的主要目的是规范保险公司的信息披露行为，保障投保人、被保险人和受益人的合法权益。保监会对保险公司信息披露的要求包括基本信息、财务会计信息、风险管理状况信息、保险产品经营信息、偿付能力信息、重大关联交易信息、重大事项信息、风险与合规管理状况、公司治理等方面的内容。即使是非上市保险公司，也需要对监管部门和社会公众定期、按照规定的格式披露相关信息。

（四）保险公司治理风险特殊性分析

保险公司具有一般金融企业的经营特性，即高负债或高杠杆比率。保险公司经营的主要资金来源由三部分构成：自有资本金、非寿险责任准备金和寿险责任准备金。在这里面，除了自有资本金外，其他部分都是由被保险人交纳的保险费汇集而成的。

高负债比率经营会加大经典的股东债权人代理问题，从而强化保险公司管理者从事高风险项目的激励和能力，使保险公司的经营存在更大的风险隐患。由于保险公司涉及的利益相关者范围大，受众广泛，从而保险公司在金融体系中的影响范围和程度都较大。这种风险具有极强的传染效应，因此保险公司的经营风险一旦暴露，很可能会演变为治理风险，其破坏力将大大超过一般上市公司的影响力，次贷危机中的 AIG 就是经营风险引发治理风险的例子。公司治理风险是保险公司在经营管理活动过程中面临的诸多风险中的一个重要方面，它有别于以财务指标为导向的财务风险、市场风险等，具有基础性、根源性特征。从这个角度来看，金融机构治理风险的范畴比一般公司更加广泛。

（五）保险公司治理评价与监管特殊性分析

1. 保险公司治理评价特殊性分析

纵观各类公司治理评价系统，可以发现，几乎所有公司治理评价系统都涉及对公司股权结构或股东权益、董事会、监事会、经理层及信息披露水平的评价，但这些既有的各类公司治理评价系统均系针对一般意义上的上市公司而未重视公司特性的差异。就保险公司治理评价指标体系而言，其既须科学、客观与全面地反映保险公司治理质量或状况的真实内涵与水平，又须体现保险公司治理的特性与差异。

由于金融机构治理的特殊性，金融机构治理评价也具有一定的特殊性，主要体现为评价内容的特殊性。保险公司治理评价内容往往比一般公司治理涵盖的更为广泛。例如，董事会是否下设风险管理委员会，公司是否设立总精算师、合规负责人，主要负责人权力制衡情况，内部授权体系是否完善，高管胜任能力衡量，审计委员会工作是否有效等。与此同时，保险行业的公司治理评价标准也比一般上市公司标准高，如对于董事会成员的考核不仅需要相关专业背景，还需要考量董事会的专业结构、管理经验和胜任能力，以及是否建立了相应的培训制度并严格执行。

此外，与一般公司治理评价由金融中介或学术机构等第三方开展不同，保险公司治理评价是由中国保监会这一监管部门主导展开的，主要服务于衡量保险行业整体治理状况，起到加强对保险公司监管的作用。

2. 保险公司治理监管特殊性分析

如果保险公司公司治理先进、制度健全、内控严密，一般不会实施不法经营行为，也不会因制衡失效而产生经营风险。相反，如果公司治理落后、制度混乱、内控不严，则容易违法经营，产生经营风险。因此，在完善保险监管体系的过程中，公司治理监管应运而生。通过这种监管，监管机构将"触角"深入保险公司内部，引导、督促保险公司建立科学、合理的公司治理，前移了监管关口，扩大了监管范围，深化了监管程度，提高了监管的有效性。

2005 年，IAIS 将保险公司治理监管、偿付能力监管和市场行为监管作为保险监管的三大支柱，这就凸显了保险公司治理监管的重要性。保险业重视利益相关者利益，而广大的投保人（债权人）又无法实施有效的债权治理，因此，保险公司治理监管的目的就是要发挥公司治理这一内部机制的作用，通过监管使得公司治理真正发挥作用，提高监管的整体效能。保险业的监管主要由保监会实施，其监管内容较多，监管强度较大。我们列举了一般上市公司同保险公司的监管内容，以表征这一特点。

一般上市公司由中国证监会监管，其监管内容主要有：监督上市公司完善法人治理结构，并购重组活动，信息披露，上市公司及其高管、主要股东履行证券法规规定的义务；协调有关机构处理上市公司退市等重大风险事件。

而保险公司由中国保监会监管，其监管内容主要有：对保险机构、保险中介机构的经营活动进行监督管理；查处保险违法、违规行为，依法保护被保险人利益；监测、分析保险市场运行情况，预警、防范和化解保险风险；负责保险公司的市场准入、退出等有关事项的审批和管理；负责审查核准相关高级管理人员的任职资格；负责管理有关的保险条款及费率。

由此可以看出，保险公司治理监管不仅限于一般上市公司的标准，更深入到企业管理层的任命和经营过程中的定价行为等层面。基于保险经营的特殊性、资本追逐利润的本性和被保险人所处的弱势地位，世界各国都把保险业作为高度监管的行业。在完善保险市场监管与偿付能力监管的过程中，人们逐渐认识到，在实现保险监管目标方面，保险公司自身是否健康是最重要的。

（六）保险公司治理特殊性小结

针对银行、保险公司和证券公司等，李维安和郝臣（2009）在对一般公司治理问题和金融机构治理重要意义进行论述的基础上，分析了金融机构治理的特殊性，结合国内外金融机构治理实践的情况，提出理论基础、理论体系、治理实践、治理原则和治理绩效五个层次的金融机构治理一般框架体系。金融机构治理特殊性是构建金融机构治理研究框架的基础。

保险公司是以公司的形式经营保险业务的经济主体，故其必然具有公司的一般特征，其治理特征应该适用一般公司治理的相应观点，即一般的内外部治理机制在保险公司中也发挥治理的基础性作用，这一点不能否认。保险公司治理不仅将公司治理理论应用于保险公司而且拓展了公司治理的外延，更加重要的是，强化了从公司治理视角探讨保险公司风险控制机制的研究倾向，金融体系的脆弱性和金融风险控制的内在要求对保险公司治理提出了更高的要求。本节从保险公司经营的特殊性出发，分析了保险治理目标的特殊性，目标的特殊性决定了治理原则的特殊性，进而使得保险公司治理的结构与机制也存在一定的特殊性，最后在治理风险、评价与监管等方面也存在着特殊性，具体的框架如图4-1所示。

目前，我国职业经理人市场不健全，公司高级管理人员的选聘机制并未完全形成；只有少数保险公司上市，通过证券市场进行控制权配置的功能不能有效发挥；治理发展初期，保险公司治理法律法规相对滞后。由此可见，保险行业及保险公司的诸多特殊性导致其外部治理机制发挥效用的制度环境相对欠缺，相应的治理效果欠佳或者成本高昂。因此，我国保险公司治理更应偏重内部治理。而在外部治理中，主要是发挥外部监管的作用。

经典的公司治理理论主要围绕两类问题展开。第一类问题，主要探讨的是股权分散条件下的所有权和代理权分离，以及由此产生的股东高管之间的委托代理问题；第二类问题，主要探讨的是控股股东同中小股东之间的委托代理问题。

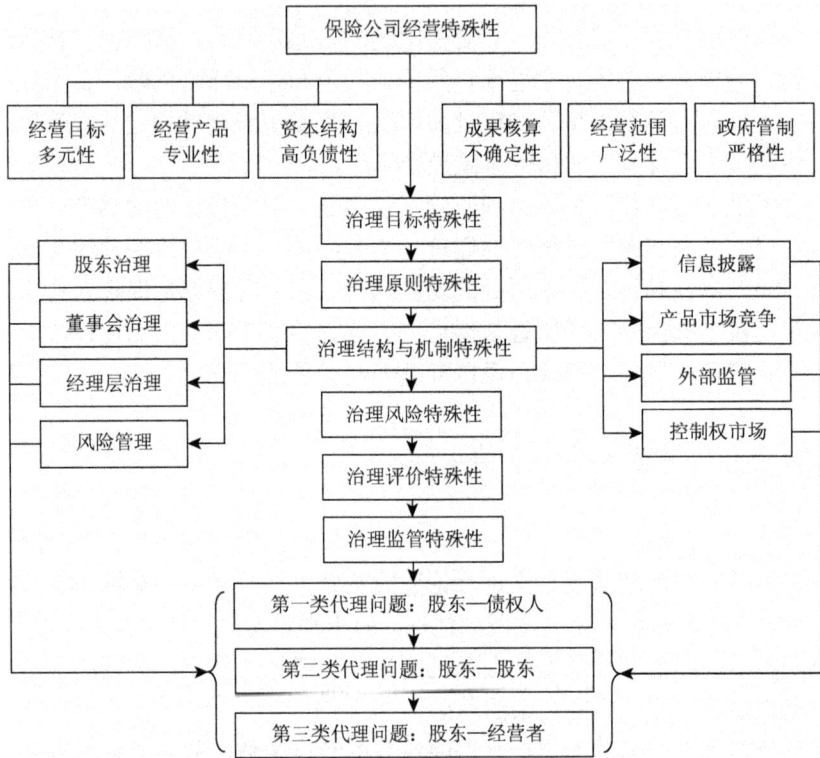

图 4-1　保险公司治理特殊性分析框架

而本章分析的保险公司治理问题，首先，主要围绕股东债权人之间的委托代理问题展开；其次，由于保险公司的股权集中于少数大股东手中，要解决大小股东之间的委托代理问题，同时保险公司大股东之间持股比例比较接近，甚至有些保险公司几个主要大股东持股比例相同，因此还要解决大股东之间的委托代理问题；最后，是股东同管理者之间的委托代理问题。这与一般的公司治理问题重要性排序存在明显的区别，也是保险公司治理特殊性的重要体现。

第二节　保险公司治理研究逻辑脉络

一、保险公司治理研究逻辑脉络构建

保险公司治理的特殊性决定了保险公司治理并不是公司治理理论在保险领域的简单套用，而是一般公司治理理论与保险公司特殊性的有机统一（李维安和曹廷求，2005b）。其研究内容既要探讨一般公司治理研究所关注的治理结构、治理机制在保险行业的作用，还要探讨基于保险行业自身特殊性的治理机制。保险公司治理的研究须同时兼顾好经典的公司治理问题和具有其自身特殊性的治理问题，要探索出一条解决其自身一般和特殊治理问题的路径。由于保险行业经营的特殊性，使得一些在一般公司治理研究中难以观察和解决的问题得以突显，相关研究能够丰富和拓展一般公司治理理论研究的结论。因此，保险公司治理研究不仅可以解决保险公司治理特殊性问题，还可以将其作为一般公司治理理论研究的优良样本。

从以上研究主题中不难看出，保险公司治理研究的内容与一般公司治理相比既有共性，又有其特殊性。作为公司治理理论与保险行业的结合，保险公司治理一方面要依赖于一般公司治理机制作用的发挥，这就体现在股权、董事会等治理机制的作用上；另一方面，保险公司因其经营的特殊性，其治理目标、治理机制、治理结果又必然体现出具有特殊性的一面，体现在对债权人利益保护的重视、再保险集团的监督作用、以风险承担水平衡量治理绩效等研究内容方面。本章试图通过对保险公司治理研究文献的分析，从整体上对保险公司治理的研究思路进行梳理，提出保险公司治理研究的逻辑。总体来讲，就是保险公司经营的特殊性决定了其治理的特殊性，本节基于这一观点构建了涵盖保险公司治理逻辑起点、治理目标特殊性、治理结构与机制特殊性等内容在内的保险公司治理研究逻辑脉络，见图4-2。

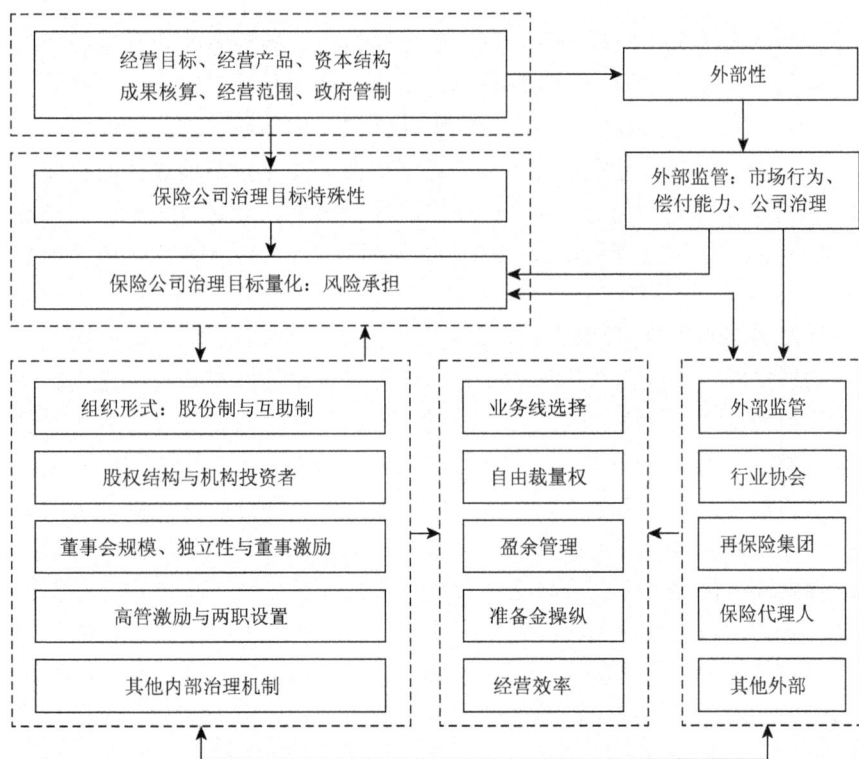

图 4-2　保险公司治理研究逻辑脉络

二、保险公司治理研究逻辑脉络分析

保险公司治理的逻辑起点是保险公司经营的特殊性，即经营目标多元性、经营产品专业性、资本结构高负债性、成果核算不确定性、经营范围广泛性和政府管制严格性等，其经营特殊性决定了其治理的特殊性。一般公司治理研究的核心问题是所有者和管理者之间的代理成本最小化，以上这些特点使得保险公司中投保人（债权人）的利益保护成为其治理要解决的重要问题，从而保险公司治理的核心问题就成为包含所有者、管理者、债权人三者的总代理成本最小化。这就决定了保险公司治理的目标与一般公司不同，特别要突出利益相关者中广大投保人的利益保护。在一般公司中，采用利益相关者治理的视角可能会受到一定程度质疑；但在保险公司中，投保人作为保险公司的债权人，其利益保护受到特别的重视，采用利益相关者治理观来研究有关治理问题，其必要性和重要性则是显而易见的。不同组织形式保险公司治理的有关研究，就是基于解决这三方利益冲突的不同方式而展开的。

保险公司治理特殊性主要体现在其治理目标的量化上。由于保险公司产品特殊性和资本结构特殊性，其经营过程中的风险较大，治理风险容易累积，这都不利于对投保人权益的保护这一治理目标的实现。而正是基于这一点，有效控制保险公司风险承担成为保险公司治理目标特殊性的具体体现，因此，保险公司治理的绩效指标较少选择具有短期性特征的业绩指标，而是更多地选择能直接反映其偿付能力的承保风险（underwriting risk）、杠杆风险（leverage risk）、投资风险（investment risk）、信用风险（credit risk）及总风险（total risk）等风险承担水平的指标。

对治理机制的研究，保险公司治理已经从治理层面深入到具体的经营层面上。从内部治理来看，保险公司治理的研究内容主要围绕着股东与股权结构、董事与董事会、高管激励、两职设置等，从表面上看，他们同一般的公司治理研究并无差异，然而，从本节列举的具体研究来看，保险公司治理的研究不仅以风险承担水平为最终治理结果来探讨治理机制的有效性，而是已深入到公司内部，立足于保险公司的具体经营而展开的。例如，保险业务条线选择、业务所需的管理者自由裁量权、盈余管理、准备金操纵等有关的研究。从外部治理来看，保险公司治理的研究也是立足于其行业特点，研究该行业特有的外部治理机制，如外部监管、再保险公司监督、保险代理人监督等有关的研究。总之，与一般公司治理研究相比，保险公司治理无论是内部还是外部治理的研究都是与公司经营特殊性紧密相连。

保险公司经营所具有的外部性对保险监管提出了要求。保险公司的投保人

（债权人）具有广为分散的特征，其治理成本和治理收益具有极大的不对称性，债权治理难以发挥作用，同时保险公司经营的特殊性使其整体的经营风险不断积聚，一旦经营失败，社会成本巨大，因此，这就需要监管部门作为重要的外部治理机制发挥积极作用。目前，保险行业的监管已经从原有的偿付能力监管、市场行为监管逐步拓展到公司治理监管上来，成为保险公司外部治理中不可忽视的机制。

第三节 保险公司治理研究框架与展望

公司治理研究经历了近 80 年的发展，目前已经形成较为完善的研究体系，与此同时，公司治理实践方面也取得了长足的进步。我国保险公司治理实践起步比较晚，公司治理处于从"形似"向"神似"转型的阶段，后国际金融危机时期的保险公司治理呈现出进一步强化的态势，保险公司治理实践迫切需要相关研究成果的支持，为此，本节提出了保险公司治理研究的框架并对研究内容进行了展望。

一、保险公司治理研究框架的提出

李维安和郝臣（2009）在对一般公司治理问题和金融机构治理重要意义进行论述的基础上，分析了金融机构治理主体、结构、机制、目标、风险和评价方面的特殊性，结合国内外金融机构治理实践的情况，提出了包括理论基础、理论体系、治理实践、治理原则和治理绩效五个层次的金融机构治理一般框架体系。具体到保险公司这一具体形态的金融机构，综合一般公司治理研究和保险公司治理研究所取得的成果，可以发现，保险公司经营的特殊性决定了保险公司治理的特殊性，而保险公司治理的特殊性是各类保险公司治理理论和应用研究的基础或依据，如果没有治理的特殊性，那么可以直接应用一般公司治理研究概念、理论和方法。因此，本节提出将保险公司治理的特殊性研究作为保险公司治理的研究主线，进而进行各方面的理论和应用研究。整个研究框架包括研究主线、理论研究和应用研究三个方面，理论研究和应用研究均要围绕主线展开，体现保险公司治理的特殊性。理论研究是基础，更多侧重内部治理；应用研究是理论研究成果的应用，侧重外部治理，详见表 4-9。

表 4-9 保险公司治理研究框架

框架层次	研究内容	研究方法	研究对象
研究主线	保险公司治理的特殊性研究，这是保险公司治理理论研究和应用研究的主线	规范研究为主，包括逻辑推理、比较等	一般意义上的保险公司，抽象的概念

续表

框架层次	研究内容		研究方法	研究对象
理论研究	保险公司治理概念、模式与国际比较	内部治理	基础性问题以规范研究为主，如回归分析、数据包络分析等。深入研究以实证研究为主，个别采用案例研究的方法	考虑具体类型保险公司，划分标准：中资与外资、国有与民营、股份制与非股份制、上市与非上市等划分标准
	保险公司治理模式与治理环境研究			
	保险公司治理转型研究			
	保险公司治理要素和绩效关系研究			
	保险公司治理对经营行为影响研究			
	保险公司的内部治理与外部监管关系研究	内外结合		
应用研究	完善各种类型我国保险公司治理对策研究	外部治理	主要通过实地调研、发放调查问卷、访谈等方式获得资料，然后利用规范研究及实证研究的方法	可以考虑下列保险公司的区别：财产险与人身保险公司、保险集团公司和保险中介机构等
	保险公司治理合规性研究			
	保险公司治理评价研究			
	保险公司治理监管研究			
	保险公司风险管理研究			

二、保险公司治理研究主线：治理的特殊性

保险业是一个特殊的行业，作为一种社会化的制度安排，保险活动通过群体的确定性来抵消一部分个体的不确定性，通过风险防范和风险分担以少量的支出实现多量的补偿，从而在一定程度上降低个人未来福利状况的不确定性。保险公司在经营目标、资本结构、产品合约和政府监管等方面所表现出来的诸多特殊性对保险公司的治理产生了深远影响，可以说经营上的特殊性决定了制度安排上的特殊性，因此，研究保险公司经营上特殊性有利于我们准确把握保险公司治理的本质和特殊性。

较早的研究将一般的公司治理研究成果直接应用于保险公司的治理（刘军，2005；张宁，2005），其没有考虑保险公司经营上的特殊性，因此也就没有体现出保险公司治理的特殊性。保险公司治理是公司治理的一般理论在保险公司这一主要金融中介的应用，既是公司治理理论和金融中介理论的有机结合，也是公司治理理论与保险业特殊性的统一，从这个意义上看，把握金融中介的特殊性质和保险公司自身的特殊性是研究保险公司治理的起点（李维安和曹廷求，2005b），而保险公司治理的特殊性是贯穿于保险公司治理理论和应用研究的主线。

三、保险公司治理理论研究展望

早期对保险公司治理的理论研究聚焦于保险公司治理的基本概念界定、模式

选择和国际比较方面，目前这方面的研究已经较为成熟。未来的理论研究主要基于保险公司治理的特殊性，考察保险公司治理的模式、治理转型、治理与绩效关系、内部治理与外部监管关系，以及保险公司治理对保险公司投资、创新等经营行为的影响。

（一）保险公司经营和治理特殊性的基础理论问题

保险公司经营的特殊性要求保险公司治理要兼顾股东、管理者和债权人之间的多重代理问题。然而，对经营特殊性的讨论还有待于进一步拓展，如保险公司的客户众多导致社会责任问题较大、保险公司投资领域及融资渠道逐步扩展引入了更多的治理主体、作为典型的金融机构其经营难以摆脱系统性金融风险，都是保险公司治理理论需要解决的新问题。

（二）保险公司治理环境和治理模式研究

从系统论视角来看，保险公司治理是一个多元化的系统，由公司治理环境和利益相关者共同作用构成；基于制度变迁的视角，公司治理是一套复杂的制度安排和持续的制度演化的结果，并且因环境而异。不同的制度安排和制度演化路径往往与不同的社会政治、法律和经济模式联系在一起，也就是说，治理环境会影响到公司治理效率。新兴市场和转轨经济的双重特质是我国保险公司所处环境的显著特征，这也决定了我国保险公司的治理问题可能与西方国家有很大的不同。相关的研究问题有我国保险公司治理环境及其对治理影响的分析、基于我国治理环境的治理模式提炼和治理模式的国际比较等。

（三）保险公司治理转型研究

在新兴市场和转轨经济的制度背景下，中国的公司治理逐步从行政型治理向经济型治理转型（李维安，1999；2005；2009），我国保险公司也不例外，正经历着从高行政型治理模式逐步向高经济型治理模式演进的过程。随着市场化、制度化、规范化程度不断提高，公司治理结构不断得到优化，治理质量逐年提高。中国由计划经济向市场经济转型的环境背景为我国保险公司治理研究提供了特殊的研究样本，如何科学地界定保险公司行政型治理和经济型治理的内涵、保险公司行政型治理度的量化、治理转型的驱动因素分析、治理转型带来的影响等是未来重要的研究课题。

（四）保险公司治理要素和绩效关系研究

在一般公司中，治理对绩效影响已被学术界大量的实证研究所证明，而且发现治理和绩效中间有很多中介变量。但国内关于保险公司治理和绩效关系研究的文献较少，样本也较少，目前还没有对二者之间传导机制展开研究。未来研究可以考虑保险公司治理状况对于偿付能力、一般财务绩效等绩效指标的影响及其可能存在的传导机制，弥补国内以保险公司治理的特殊性、保险公司治理模式、保险公司治理的国际比较及对策建议等规范研究内容为主的不足，研究结论对于加强和改善保险公司治理及其监管等具有很好的指导作用。

（五）保险公司治理对公司经营行为影响的研究

由于保险公司资本结构和经营目标等方面的特殊性，保险公司治理对保险公司经营行为的影响也存在诸多与一般公司治理不同的地方。例如，保险公司治理对保险公司投资的影响，因为保险公司的投资行为有所限制；相比起一般行业的公司，保险公司的外部监管更加严格，公司的融资行为可能存在一定的差异性。类似的，保险公司治理对公司股利政策制定、公司创新、管理效率改进、公司竞争力提高等的影响都是未来重要的研究主题。

（六）保险公司风险承担的量化研究

保险公司治理的研究采用多种风险承担指标，如承保风险，杠杆风险，投资风险等，指标自身有效性有待于进一步提升，单一风险同总体风险间的关系还不清楚。此外，现有保险公司风险承担的有关研究似乎割裂了财务绩效和风险承担的关系，能否将风险承担融入财务绩效的度量，最终实现采用单一指标对治理做出评价有待于深入研究。

（七）保险公司治理影响风险承担传导机制研究

目前，保险公司治理的研究主要集中在股权配置、董事会结构、高管薪酬激励设计和机构投资者治理对各种类型的风险承担的影响方面。从已有的研究结论看，有些研究得出的结论并不统一，如股权结构对风险承担的影响，还需要进一步从更细微的角度对治理机制的传导途径进行深入分析。在一般公司中，公司治理与绩效或风险的中介效应与调节效应等方面的研究比较深入，而对保险公司治理与风险承担之间的类似问题研究较少，值得进一步检验。

（八）保险公司内部治理与外部监管关系研究

目前的一些研究探讨了治理机制之间的关系，如董事会结构与股权结构的替代关系、董事会监督对高管薪酬的限制作用等，但基于内外部治理关系的视角，针对外部监管与内部治理机制关系的研究还很少。基于保护投保人利益，协调公司治理各利益主体，控制行业总体风险的视角，外部监管必须同保险公司内部治理发挥协同作用，即将原有公司治理问题普遍关注于所有者和管理者间的经典委托代理问题，拓展为关注所有者、高管、债权人、监管机构等主体之间的内外部治理机制关系的研究。现有的研究成果均以保险业监管作为外生变量，而没有将保险公司治理与外部监管纳入到统一的研究框架下，缺乏公司治理与外部监管关系的直接讨论，而这对于完善保险业内外部治理，落实保险业监管的三支柱模型具有特别的实践意义。

（九）一般公司治理问题的再检验

以保险公司作为研究样本，能够进一步丰富和完善一般公司治理理论问题。比较有代表性的就是基于自由裁量权问题研究，不同产品业务条线具有不同的特征，需要不同程度的管理者自由裁量权，这丰富了公司股东与高管之间委托代理关系的研究内容和内涵，使得对这一理论问题的探讨更加深入。对于一般公司治理问题研究中遇到的尚未达成一致意见或者较难深入的问题，可以利用保险公司进行研究。保险公司产品同时具有同质性和风险的差异性，这相对于一般公司治理研究使用同行业或跨行业样本数据而言，具有独特的优势，是拓展一般公司治理研究的优良样本。

四、保险公司治理应用研究展望

结合保险公司治理的相关理论研究成果，探讨保险公司治理实践过程中存在的问题，提供相应的建议支持也是研究的重要内容。

（一）我国保险公司治理问题及其特殊性研究

目前，我国保险公司治理研究始终停留在起步阶段，需要解决的理论和现实问题还有很多。保险公司治理研究是应用性研究，研究结论依赖于外部制度、经济环境，国外研究已解决的理论问题，在我国特殊的情境下是否具有相同的研究结论还需进一步验证。例如，有关治理要素的相互关系、治理变量与风险承担的传导路径等，都是值得关注的问题。同时，处于转型过程中的我国，其保险行业自身的公司治理问题就具有特别的研究意义，如我国保险公司组织结构中的党组织、国有控股股东等问题的研究。

（二）完善保险公司治理对策研究

如果以 2006 年《关于规范保险公司治理结构的指导意见（试行）》的出台作为我国保险公司治理改革的正式开始，那么经过多年的实践，保险公司治理已发现存在有这样或者那样的不足，经过规范、案例和实证研究，提出科学、有效地解决这些问题的对策建议，有利于切实提高保险公司治理水平。完善保险公司治理机制，可以提高保险公司的核心竞争能力，有利于监管部门加强公司治理监管，有利于整个保险行业的持续发展。完善保险公司治理机制的对策研究也是未来重要的研究方向。

（三）保险公司治理合规性研究

为了提高保险公司治理的水平，我国出台了《关于规范保险公司治理结构的指导意见（试行）》《保险公司合规管理指引》《保险公司董事会运作指引》《关于规范保险公司章程的意见》等规定。这些文件的颁布，使我国保险公司治理实践具有了明确的参考标准和依据。如果以《关于规范保险公司治理结构的指导意见（试行）》的出台作为我国保险公司治理改革的开始，经过多年探索后，我国保险公司治理是否达到了上述规定的基本要求，即保险公司治理是否合规，还有哪些方面存在不足、如何改进，这些都是与保险公司治理合规性有关的问题。当然，治理合规后的有效性是保险公司治理的长远目标。

（四）保险公司治理评价研究

近 20 年来，全球公司治理研究的内容开始从治理结构与机制的理论研究，到治理模式与原则的实务研究，今天治理质量与治理环境备受关注，研究重心转移到公司治理评价和治理指数（李维安，2006）。保险公司治理具有特殊性，因此不能直接将一般公司治理的评价指标复制过来评价保险公司，而需要针对保险公司，设计专门的评价指标体系，这方面研究处于刚刚起步阶段。同时，基于保险公司治理评价结果（保险公司治理指数）开展的保险公司治理有关的大样本实证研究目前还没有，这一点与一般公司治理评价研究有较大差距。

（五）保险公司治理监管研究

市场行为监管、偿付能力监管和保险公司治理监管被认为是现代保险监管制度的三个支柱。随着我国保险业的快速发展，保险监管机构逐渐认识到保险公司治理监管的重要性。但是由于治理监管实践处于刚刚起步阶段，已有的理论研究多局限于一般意义上的监管，而具体到治理监管有关的研究则较少见。目前，国内外鲜有对这一命题的系统研究（杨馥，2009）。未来可以在对国外保险公司治理监管制度对比分析的基础上，结合我国保险公司治理现实状况，探讨保险公司治理监管的目标、内容、手段等，逐步建立具有我国特色的保险公司治理监管体系。

（六）保险公司风险管理研究

保险公司的作用是经营和管理风险，对国民经济的稳定起着重要作用；而公司治理是保险公司稳健经营的基础。中国保监会对保险公司的监管由过去的注重结果的事后监管向注重过程的事前、事中监管转变。保险公司以风险作为经营对象，因此绝对消除风险是不可能也是没有意义的，但要防止这种风险的累积，经营风险一旦累积到一定程度释放便会带来毁灭性的影响，从这个意义上来说，这些风险已经不是一般的经营风险，而是治理风险。因此，从保险公司治理角度，评估、控制与监管保险公司风险等都是有待研究的保险公司风险管理问题。

第五章　保险公司治理对绩效影响的机理分析

本章将公司治理职能分为基本职能、具体职能和拓展职能三大类合计六种，在界定职能的基础上，分析了保险公司的三类代理成本，即股东与投保人之间的委托代理成本、股东与股东之间的委托代理成本、股东与经营者之间的委托代理成本。同时，结合保险公司特点，将保险公司绩效划分为效率绩效、竞争力绩效、财务绩效、经济绩效和市场绩效五个层次。最后，基于治理职能、代理成本和治理绩效等核心概念，构建了保险公司治理影响绩效的传导路径，为本书后面的实证研究部分奠定理论基础。

第一节　保险公司六种治理职能

一、公司治理职能内涵

所谓职能是指事物或者机构本身具有的功能或应起的作用。管理学家亨利·法约尔（Henri Fayol）在其 1916 年出版的著作《工业管理与一般管理》（*General and Industrial Management*）提出了管理的五大职能，即计划、组织、指挥、协调和控制。卢昌崇在其 1999 年出版的著作《企业治理结构》中指出，按照公司治理过程和对公司内、外部管理的侧重取向来划分，公司治理的基本职能可以概括为四个方面：指导职能、管理职能、监督职能和阐释职能。李维安和武立东在其 2001 年出版的著作《公司治理教程》中指出，公司治理的基本职能归纳为下面两点：保证公司管理行为符合国家法律法规、政府政策、企业的规章制度，以及对公司财富最大化的追求。闫长乐在其 2008 年出版的著作《公司治理》中将公司治理职能或者功能划分为权利配置、制衡、激励和协调四大职能。

综合上述学者观点，本章认为公司治理职能包括基本职能、具体职能和拓展职能三大类。具体来说包括合规职能（基本职能）；侧重公司内部的具体治理职能，有决策职能（本质职能）、权利配置职能（关键职能）、激励职能（条件职能）和监督职能（条件职能）；侧重公司外部的外部治理职能，协调职能（拓展职能）。需要说明的是，保险公司作为一个特殊行业公司，其治理同样具备这些公司治理职能，唯一的区别在于，有些职能在保险公司治理中可能更加重要或者突出，如合规职能、决策职能和协调职能等，这是由保险公司治理特殊性所决定的。

二、公司治理基本职能：合规职能

公司治理的合规职能是公司治理职能的起点，即公司的管理要合乎有关的法律法规的要求，这也是公司治理的底线，保证公司的管理行为不能"触礁"，区别于一般管理告诉公司"做什么"，合规职能主要是从法律法规角度出发告诉公司"怎么做"。因此，合规职能也是公司治理的起点职能。特别是在金融机构，因为其经营的特殊性，导致管理的合规更加重要。例如，2006 年中国银监会颁发的文件《商业银行合规风险管理指引》中指出，合规是指商业银行的经营活动与法律、规则和准则相一致。与银行经营业务相关的法律、规则及标准，包括如反洗钱、防止恐怖分子进行融资活动的相关规定，涉及银行经营的准则包括避免或减少利益冲突等问题、隐私、数据保护及消费者信贷等方面的规定。此外，依据监管部门或银行自身采取的不同监督管理模式，上述法律、规则及标准还可延伸至银行经营范围之外的法律、规则及准则，如劳动就业方面的法律法规及税法等。法律、规则及准则可能有不同的渊源，包括监管部门制定的法律、规则及准则，市场公约，行业协会制定的行业守则及适用于银行内部员工的内部行为守则。它们不仅包括那些具有法律约束力的文件，还应包括更广义上的诚实廉正和公平交易的行为准则。

三、侧重公司内部的职能：具体职能

（一）决策职能是公司治理的本质职能

最早对公司治理和公司管理进行区分的 Tricker（1984）指出，公司治理要确保公司管理处于正确的轨道之上。公司治理的最终目的是要实现公司的科学决策，进而为股东和公司创造更高的价值，这一点是在公司治理领域已经达成的共识。如何实现这一职能，非常重要的一点就是要建立科学的治理结构，明确划分股东、董事会、经理层各自的权利、责任和利益，形成三者之间的制衡关系，同时设计相关的治理机制。需要说明的是，公司治理的目的不是相互制衡，至少最终目的不是制衡，而是保证公司科学决策的方式和途径。科学的公司决策不仅是公司的核心，同时也是公司治理的核心，从这个意义上来说，决策职能是公司治理的本质职能。在保险公司中，除了保险经营外，对外投资也是其重要的业务内容。而保险公司能否做出准确、及时的投资决策将直接影响到投保人的利益，因此，保险公司治理决策职能除了实现股东价值外，首先可能要考虑投保人的利益，这一点与一般公司存在一定的区别。在保险公司治理实践过程中，为了保证投资决策的科学性，保险公司在董事会专业委员会层面往往设立投资决策委员会，这是保险公司治理决策职能的重要体现。

（二）权利配置职能是公司治理的关键职能

公司治理就是要解决公司剩余索取权与控制权的配置问题。现代企业理论认为，公司治理就是通过剩余索取权与控制权的配置解决公司代理问题的。能否合理配置剩余索取权和控制权，是判断公司治理是否有效的基本标准之一。公司治理的关键职能就是配置所有权，公司权利配置的基本原则是，剩余索取权与剩余控制权相对应，即拥有剩余索取权和承担风险的人要有控制权，拥有控制权的人要承担风险。如果剩余索取权与控制权不对应，即承担风险的人没有控制权，有控制权的人不承担风险，就会导致"廉价投票权"，使对自己行为后果不负责任的人有投票权。随着利益相关者理论的发展，在保险公司中，权利配置模式比一般公司更加复杂，股东至上主义需要被重新审视。

（三）激励职能是公司治理的条件职能

在现代公司中，委托人和代理人的目标效用函数不一致，代理人经营能力的发挥程度与工作积极性的高度是不易监督的，因而公司治理的重要职能就是对代理人的激励，没有激励或者激励不足，公司治理有效性难以保障。公司治理的激励机制应该具有激励相容的功效，现代委托代理理论把激励相容的条件作为委托人预期效应的两个约束条件之一。也就是说，代理人在追求个人利益的同时，其客观效果是能够更好地实现委托人想要达到的目的，这就是激励的相容性。约束是反向激励，它与激励是一个问题的两个方面。如果只有激励而没有约束，就如同只有约束而没有激励一样无效。保险公司的代理人同样也需要正向和反向激励、长期和短期激励、物质和非物质激励，以更好地实现委托代理目标。

（四）监督职能也是公司治理的条件职能

有效发挥公司治理机制的作用，除了对代理人进行激励约束之外，来自公司内外部的各种监督力量也是可以选择的途径。例如，来自产品市场竞争、经理人市场、控制权或者接管市场等的外部监督，以及来自英美法系国家常用的独立董事制度、大陆法系国家导入的监事会制度等内部监督力量。有效的监督机制能够约束代理人的偷懒行为，使之更好地为委托人利益最大化而工作。在保险公司中，为了更好地保护投保人的利益，保险公司治理的监督职能往往也会得到一定程度上的强化，如监管部门规定股份制保险公司必须设立独立董事，而且需要达到一定的比例，这一点，在非上市一般公司中并没有强制的规定。此外，一些保险公司在监事会中还设立了外部监事，以强化其监督职能。在保险公司外部治理方面，作为其重要内容的外部监管的内容和强度也远远超过一般公司。

四、侧重公司外部的职能：协调职能

协调职能是公司治理的拓展职能。协调职能是指公司治理要能够协调好公司与股东及包括债权人、供应商、客户、社区和政府等在内的其他利益相关者之间的利益关系。公司治理的主体不仅局限于股东，而是包括股东、债权人、雇员、顾客、供应商、政府、社区等在内的广大公司利益相关者。这些利益相关者在公司发展过程中都投入了一定程度的专用性资产，并承担了相应的风险。保险公司的投保人是其极为重要的利益相关者，而其参与治理的途径较少、成本较高，因此，保险公司治理相对于一般公司治理来说，其协调职能更应该得到有效发挥。在追求利润最大化的过程中，不能有效地进行自我监督与约束，协调好各利益相关者的权益问题，轻则带来公司治理违规，重则导致公司破产倒闭。

第二节　保险公司三类代理成本

一、代理成本理论

（一）代理问题与代理理论

公司广泛向社会筹资，导致公司资本社会化，众多的小股东虽是公司的所有者，但不可能也没有能力直接参与公司的经营管理；少数大股东组成的董事会及由他们聘任的总经理和其他高级职员成为公司经营活动的真正决策者和管理者。因此，便产生了股东——企业的所有者将公司资产委托给董事会及经理人员代理经营的企业运营机制，此外还有由此产生的代理效率、代理成本、代理约束的问题，此外还有经理人员的有效激励与约束机制问题、内部人控制问题、经理人员与所有者的目标不一致问题等。这些都是现代企业制度中有待解决的特殊问题。

20 世纪 70 年代后，代理理论的研究方法可以分为两种：一种为"代理理论的实证研究"，也称之为代理成本理论（agency cost theory）；另一种为"委托代理理论"。尽管这两种方法有很多区别，但它们都在研究如何通过合约来协调有着不同利益的自私个体，并假定任何合同关系都是最小化了代理成本的结果。委托

代理理论主要运用的是数学推导的方法，而不是以经验研究为基础；而实证的代理研究则刚好相反，是以经验研究为主的，基本上不用数学推导。委托代理理论更多的是分析偏好和不对称信息的作用，而对签约与监控技术的影响却较少涉及。Jensen（1983）在《会计评论》（*Accounting Review*）发表的文章《组织理论与方法论》（*Organization Theory and Methodology*）中，对两种方法的异同进行了详细的分析。

（二）代理成本理论与代理成本

代理成本理论最初是由 Jensen 和 Meckling 于 1976 年提出的。这一理论后来发展成为契约成本理论（contracting cost theory）。这一流派的代表人物有：Jensen、Meckling、Fama、Wilson、Ross、Spence、Zeckhauser 和 Mirrless 等。

所谓代理成本，指由于代理冲突对交易双方福利所造成的损失。代理冲突指代理关系中参与方之间的利益冲突。代理关系指一项交易中一个参与方（委托人）委托另一方（代理人）完成某项事务。由于双方的利益通常不一致，关于交易的有关信息不对称，代理人很可能在完成委托事务的过程中最大化自身的利益，而不是委托人的利益。理性的委托人意识到自身的利益可能遭受损失，就会采取一定的措施控制代理冲突问题。因此，在委托事务完成的过程中，相对于委托人自己完成会产生一定的损失，即代理成本。

代理关系和代理成本问题存在很广泛。下面讨论的代理成本问题主要指公司融资中所产生的代理成本问题。Jensen 和 Meckling（1976）认为，当公司进行外部融资，引入外部投资者时，外部投资人和公司决策者之间就形成了一种委托代理关系。例如，一个创始人（内部人）持有 100%股份的公司，当引入外部权益投资者（外部人）后，就会形成外部人委托内部人使用资金，为外部投资者创造并提供收益。他们将代理成本定义为由于存在委托代理关系而使公司价值遭受的损失，由监督成本、担保成本及剩余损失三部分构成。其中，监督成本是指委托人对代理人进行监督所花费的代价，如外部股东派代表进入公司董事会、中央政府成立国有资产管理部门对国有公司经理人员进行考核、董事会对经理人员进行绩效评价等。担保成本指代理人为了取得委托人的信任，保证自己不会损害委托人的利益而做出承诺所花费的代价，也称为自我约束，如股东向债权人承诺在付清利息前不发放股利，股东向银行承诺偿还贷款之前不发行新债，上市公司定期向外部披露信息等。剩余损失是指由于委托人与代理人的利益不一致，委托人做出的决策使代理人福利遭受的损失，如经理人员在职消费、建设经理帝国、偷懒等行为。剩余损失也包括由于代理人决策受到约束，从而使公司价值受到的损失。1983 年 Fama 和 Jensen 在《法律和经济学杂志》（*Journal of Law and*

Economics）上发表文章《所有权与经营权的分离》（*Separation of Ownership and Control*）中指出，代理成本也包括由于完全强制执行契约的成本超过利益所造成的产出价值的损失。

Jensen 代理成本理论的核心是代理关系和代理成本。Jensen 将代理关系定义为一种契约，这与 Williamson 无疑是一脉相承的，只不过前者强调降低代理成本，后者则强调降低交易成本；而实际上，代理成本是交易成本的一个方面。

二、两类委托代理问题到三类委托代理问题

（一）经典的两类委托代理问题：股权代理成本

自从 Berle 和 Means（1932）提出所有权与控制权相分离的观点之后，理论界开始关注代理问题。Jensen 和 Meckling（1976）认为，代理成本是为设计、监督和约束委托人与代理人之间利益冲突的一组契约所付出的代价，加上执行契约时成本超过收益的剩余损失。从公司融资的角度看，代理成本可分为两种：一种是在股权融资引起的股东与经营者的委托代理关系中，因经营者存在低努力水平、在职消费、过度投资、投资不足等道德风险而产生的股权代理成本（equity agency cost）；另一种是在负债融资引起的债权人与股东的委托代理关系中，因股东存在股利政策操作、稀释债权人权益、资产替代、负债超过、投资不足等道德风险而产生的债权代理成本（debt agency cost）。之后 Fama 和 Jensen（1983）进一步提出，公司治理研究要解决好委托人与代理人之间的关系，其核心问题就是如何降低代理成本。

Jensen 和 Meckling（1976）认为，所有权与控制权的分离导致管理者追求自身利益而牺牲股东利益，从而产生代理成本，这个代理成本就是股权代理成本。股权代理成本如何计量的问题是相关研究的基础。Prowse（1990）提出，以现金和可交易证券占总资产的比例来衡量代理成本，他认为，公司以流动性资产形式存在的资产比例越大，管理层更可能利用这些资金去选择次优的投资组合。Ang 等（2000）提出，在有零代理成本参照公司的前提下利用营业费用率法和资产周转率计量代理成本，通过实证研究将代理成本与股权结构直接联系起来。Singh 和 Davidson（2003）拓展了 Ang 等（2000）的研究，他们直接利用总资产周转率、销售费用和管理费用之和占销售收入的比例度量代理成本，应用单变量分析和多元回归分析实证检验股权结构、公司治理机制与代理成本之间的关系。Ang 等（2000）、Singh 和 Davidson（2003）均认为，资产使用效率可以直接衡量公司投资决策的有效性；而营运费用比率则被认为是衡量经理层花费的超过企业有效运营之外的消费和其他代理成本，因此，用资产使用效率来衡量代理成本更加全面。

国内关于公司治理与代理成本关系的研究中，肖作平和陈德胜（2006）直接运用
Singh 和 Davidson（2003）的代理成本度量方法，通过指标分析对股权结构和董
事会特征与代理成本的关系进行经验检验。高雷、李芬香和张杰（2007）也直接
运用总资产周转率、销售费用与管理费用之和占销售收入的比例度量代理成本，
分析公司治理指标与代理成本的关系。郝臣等（2009）以 2000~2007 年沪深两市
6264 家上市公司为研究样本，以 Ang 等（2000）、Singh 和 Davidson（2003）均
使用的资产周转率作为代理成本的度量指标，采用最小二乘和面板数据两种计量
方法，对公司治理要素与代理成本之间的关系进行实证检验，发现在九个公司治
理要素中，第一大股东持股比例、管理层薪酬和管理层持股比例与代理成本显著
负相关；持股董事比例与代理成本显著正相关，且持股董事比例可能存在区间效
应；而前五大股东持股比例、董事会规模、独立董事比例、董事持股比例和监事
会规模与代理成本无显著相关性，不能有效影响代理成本。

　　宁向东（2005）将公司治理的问题分为两类：一类是代理型公司治理问题；
另一类是剥夺型公司治理问题。代理型公司治理问题面对的是股东与经理之间的
关系；而剥夺型公司治理问题，则涉及股东之间的利益关系。高闯（2009）认为，
就本质而言，这两类公司治理问题都属于委托代理问题，只不过第一类公司治理
问题是公司所有者与经营者（亦即股东与经理之间）的委托代理问题，而第二类
公司治理问题是大股东与中小股东之间的委托代理问题。可将第一类公司治理问
题形象地称作"经理人控制与败德"问题，将第二类公司治理问题称为"终极股
东控制与侵占"问题。与高闯（2009）的界定类似，本章将两种公司治理问题简
称为第一类委托代理问题和第二类委托代理问题，考虑到两类公司治理问题被理
论界关注和出现的时间存在先后顺序，也可将公司治理问题分为一代治理问题和
二代治理问题，具体如图 5-1 所示。

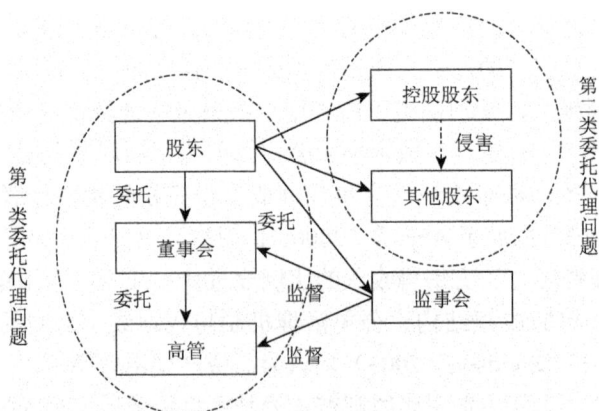

图 5-1　一代和二代公司治理问题示意图

（二）第三类委托代理问题：债权代理成本

早期代理成本理论研究主要关注股东与经营者或者股东与股东之间的委托代理问题，基本上忽视了股东与债权人之间的委托代理问题，对股权代理成本的研究远远超过对债权代理成本的关注。管理者利用其权限谋求自身利益，他们可以把本应该支付给股东的或本应该投资的资产，转为在职消费或非经营性资产，这种无效性造成的损失由股东承担。为避免和减少这种无效性，债务就是一个可供选择的治理方式。可以减少管理者可用于追求各种自身利益的自由现金，降低代理成本。然而债务融资又会带来债权代理成本，在企业处于破产边缘时，股东会倾向于投资风险更大的项目，使得债权人面临更大风险。因此，Jensen 和 Meckling（1976）认为，一方面，债务融资可增加管理者持股比例、增加可能对管理者的破产惩罚、减少自由现金等，从而减少股权代理成本；另一方面，债务融资又会产生资产替代效应、投资不足问题，从而增加了债权代理成本。他们主张，企业最优资本结构是由股权融资的代理成本和债务融资的代理成本均衡得到的。当公司外部筹资全部是股权时，债权代理成本为零；随着债务的增加，债权代理成本上升，而外部股权的代理成本下降；当债务增加到一定程度后，债权边际代理成本将超过外部股权边际代理成本；当外部筹资全部是债务时，股权的代理成本为零。

所谓债权代理成本是指，由公司债权人与股东之间的代理冲突产生的，是债权人为设计、监督和约束股东所必须付出的成本。具体来说，公司向债权人借入资金后，债权人和公司之间便形成了一种委托代理关系，因此就会出现代理冲突，股东就可能伤害债权人的利益。为了保障债权不受损害，债权人会对公司的有关行为提出要求和做出种种限制，这些要求和限制给公司造成一定负担和损失，使公司的总价值减少，形成公司债务融资的代理成本。Jensen 和 Meckling（1976）指出，与债权相关的代理成本包括制定债券合约的成本；负债通过影响企业投资决策而导致的财富的机会损失；债权人与所有者经理人（即企业）的监督和约束成本；破产与重组成本。Leland 和 Pyle（1977）认为，债权人与债务人之间存在着信息不对称问题，即债务人的信誉、担保条件、项目风险与收益等事项，债务人比债权人更加了解，具有信息优势，这种非平衡的市场机制，最终产生了借贷中的"柠檬市场"。解决这一问题的方法是债权人尽量收集、审查有关债务人以及投资项目的相关信息，进行事前和事后的监督。

Smith 和 Warner（1979）找出了债权人和股东利益冲突的四种主要原因：①利息支付——如果债券是在假设企业维持其红利政策不变的情况下被定价，那么它们的价值就会因为意外的红利增发（不论是因为投资的减少还是因为发行债券）

而减少。②权益的稀释——如果债券是在假定企业不会增发同样或更高优先级债券的情况下被定价，那么当这类债券在发行时，原有债券的价值就会受损。③资产替代——当企业用高风险的投资项目取代低风险的投资项目时，股票的价值升高而债券的价值降低。④投资不足——如果企业价值的大部分都来自未来的投资机会，而当接受净现值为正的项目的全部好处都进了债权人的腰包时，拥有外部风险债务的企业就有动机拒绝即便净现值为正的投资项目。但企业（从而也导致股东）在任何旨在转移债权人财富的非最优决策中都会承担代理成本的损失。债权代理成本会出现在下述场合：第一，企业为增加利润而加大财务杠杆，使原有债务风险加大；第二，为取得高回报率，企业向高风险项目投资，加大经营风险；第三，改变股利分配政策，提高股利率，削弱债务偿还基础；第四，企业破产和重组（张仁德和王昭凤，2003）。

从代理成本的计量分析研究情况来看，对股东与经理人之间或者股东与股东之间的代理冲突造成的代理成本的研究相对较多，而对于债权代理成本的实证研究相对较少。Blackwelll 和 Winters（1997）利用贷款利率作为银行客户来衡量债权代理成本，发现紧密的银企关系有利于降低代理成本。Anderson 等（2003）使用公司发行在外债券的加权平均收益与具有同样到期时间的国债收益率之差这一指标表示债务融资代理成本。我国学者胡奕明和谢诗蕾（2005）在研究银行监督效应与贷款定价关系时，考虑了控股股东性质及经理人持股比例对银行贷款定价的影响。王志芳和油晓峰（2009）发现，债权人为了降低债权代理成本，通常建立标准和成本很高的程序来筛选债务人，设立利率和其他的条款，进行评估并要求担保等。这些都是由于股东与债权人之间的代理冲突所发生的成本，其中作为债务融资成本的贷款利率是用来衡量债权代理成本的重要指标。

（三）保险公司三类委托代理问题与三类代理成本

已有债权代理成本研究多从银行债权人角度展开，而对于保险公司投保人这个债权人的关注较少。实际上，保险公司两类委托代理问题导致的股权代理成本都存在，而且由于保险公司经营的特殊性，使得债权代理成本的重要性可能远超过股权代理成本。从这个意义上讲，保险公司存在三类委托代理问题，即股东与经营者之间的委托代理问题、股东与股东之间的委托代理问题和股东与债权人的委托代理问题。在一般公司，这三类委托代理问题分别被简称为第一类委托代理问题、第二类委托代理问题和第三类委托代理问题；而在保险公司，这个顺序可能要颠倒过来，与一般公司顺序恰恰相反，股东与投保人（债权人）之间的委托代理问题是第一类委托代理问题，股东与股东之间的委托代理问题是第二类委托代理问题（保险公司股权结构一般来说比较集中，特别是非上市的保险公司，在非上市有限制保险公司中，股权结构更加集中，往往只有几个股东，因此使得股东之间的委托代理问题比较突出，这其中既包括大小股东之间的委托代理问题，也包括大大股东之间的委托代理问题，这区别于一般的股权集中型上市公司的大小股东之间的委托代理问题），而股东与经营者之间的委托代理问题是第三类委托代理问题。具体如图5-2所示。

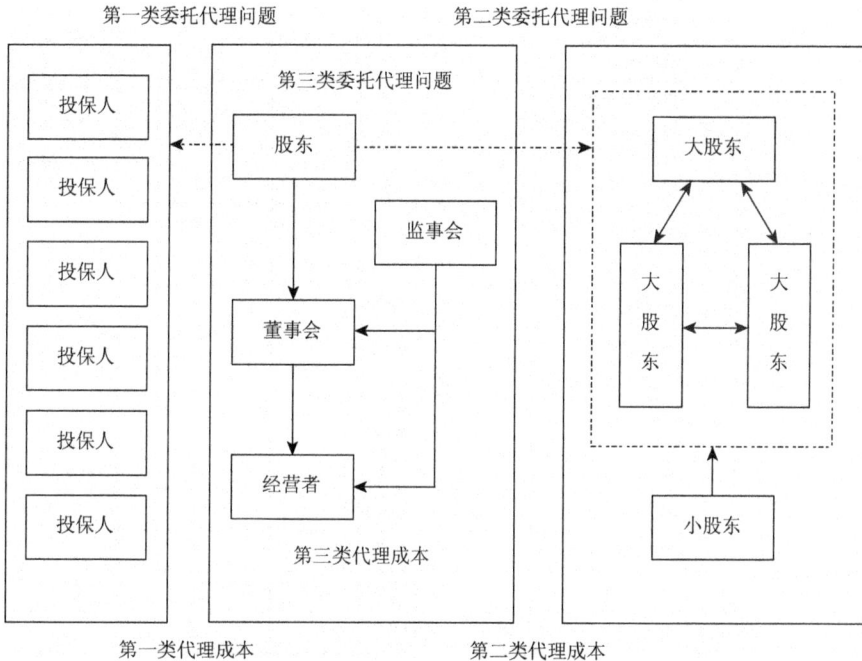

图 5-2　保险公司三类委托代理问题与三类代理成本

第三节　保险公司五层治理绩效

一、保险公司治理绩效内涵

公司治理绩效（corporate governance performance），即公司在治理上的投资之后所取得的收益，是与公司治理成本紧密相关联的一个概念。由于公司治理绩效的可计量性较差，因此，一般并没有专门的公司治理绩效衡量指标，多采用公司绩效指标来做间接的量化。公司绩效一般可以划分为效率绩效、竞争力绩效、财务绩效、经济绩效和市场绩效五层，详见表5-1。

表 5-1　保险公司治理绩效界定

绩效类型	绩效含义	绩效指标	是否保险公司特有指标
效率绩效	投入产出效率	投入产出效率指标	否
	管理效率	资产周转率	否
		应收保费周转率	是
		应收账款周转率	否
竞争力绩效	市场竞争力	市场竞争力	否
	运营竞争力	运营竞争力	否
	成本竞争力	成本竞争力	否
	竞争力结果	竞争力结果	否
财务绩效	收益能力	总资产收益率	否
		净资产收益率	否
		每股收益	否
		投入资本回报率	否
		营业利润率	否
		投资收益率	是
		综合费用率	是
		综合赔付率	是
		赔付率	是
	偿付能力	偿付能力溢额	是
		资产负债率	否
		营运资本	否
	其他方面	破产指数	否
		投资效率	否
		保费收入增长率	是
		营业利润增长率	否
		资产增长率	否
经济绩效	市场增加值	MVA	否
	经济增加值	EVA	否
市场绩效	市盈率	P/E	否
	市净率	P/B	否
	托宾Q值	Tobin Q	否
	企业价值倍数	EV/EBITDA	否

各类绩效侧重点或者反映的内容存在一定差异。效率绩效主要是从投入产出和管理效率两个角度来进行分析，一般来说也是结果性导向的。竞争力绩效是一

个综合概念，包括反映竞争力过程的市场竞争力、成本竞争力、运营竞争力及反映竞争力最终成果的竞争力结果。财务绩效主要是结果导向的，常用的反映公司收益能力的指标有总资产收益率、净资产收益率、每股收益、投入资本回报率、营业利润率、投资收益率、综合费用率、综合赔付率、赔付率等，以及反映公司其他方面财务绩效的指标有偿付能力指标、成长性指标、破产指数、投资效率等。经济绩效主要是考虑资本成本问题，包括市场增加值和经济增加值。市场绩效，主要考虑了公司的市场表现，反映公司市场价值的指标有市盈率、市净率、托宾 Q 值、企业价值倍数等。

经济绩效和市场绩效涉及公司股价问题，而我国只有四家上市保险公司，多数为非上市保险公司，因此本书主要关注保险公司的效率绩效、竞争力绩效和财务绩效三个层次的绩效问题，同时在研究保险公司治理对三个层次绩效影响过程中，本书在使用一般公司绩效指标基础上，尽可能地考虑保险公司特殊性，导入部分保险公司特有的绩效指标，如偿付能力溢额、综合费用率、综合赔付率等指标。

二、保险公司治理绩效：效率绩效

效率主要是从投入产出角度来分析公司绩效状况，在给定的同等资源条件下，产出高的公司效率更高。从 20 世纪 90 年代起，国内学者将微观效率的研究方法广泛运用到保险行业中，主要的研究成果集中在三个方面：第一，对保险公司效率的测算；第二，不同类型保险公司之间效率的比较；第三，保险公司效率影响因素的分析。在效率测算方面，已经有比较成熟的方法，主要采用数据包络分析和随机前沿分析两种方法。

关于保险公司效率，除了从投入产出角度分析之外，还有部分学者从管理效率或者运营效率角度展开，关注各类资产的管理水平。例如，总资产周转率（total assets turnover，TAT）反映的是全部资产的周转速度，它是衡量企业资产管理效率的重要财务比率，在财务分析指标体系中具有重要地位。这一指标通常被定义为销售收入与平均资产总额之比。其计算公式为：总资产周转率=销售收入/平均资产总额。同时，资产周转率也是考察企业资产运营效率的一项重要指标，它体现了企业经营期间全部资产从投入到产出的流转速度，反映了企业全部资产的管理质量和利用效率。通过该指标的对比分析，可以反映企业本年度及以前年度总资产的运营效率和变化，发现企业与同类企业在资产利用上的差距，促进企业挖掘潜力、积极创收、提高产品市场占有率、提高资产利用效率。一般情况下，该数值越高，说明企业总资产周转速度越快，销售能力越强，资产利用效率越高。

三、保险公司治理绩效：竞争力绩效

竞争力的概念是竞争主体在与竞争对手在市场竞争过程中产生的。但对竞争力的概念还没有形成一个权威的、统一的定义，不同的研究者有着自己的理解。

世界经济论坛（World Economic Forum，WEF）和瑞士洛桑国际管理开发学院（International Institute for Management Development，IMD）这两家国际竞争力权威评估机构认为，竞争力是一国或一公司在世界市场上均衡地生产出比其他竞争对手更多财富的能力。它是竞争力资产与竞争力过程的统一，即竞争力=竞争力资产×竞争力过程。所谓资产是固有的（自然资源）或创造的（基础设施）；所谓过程是指将资产转化为经济结果（如通过制造），通过国际化（在国际市场上测量的后果）所产生出来的竞争力。这两家机构在 20 世纪 80 年代和 20 世纪 90 年代相继提出国际竞争力的概念和评估体系后，两家机构在 1987 年走向合作，直到 1996 年，由于在国际竞争力评估体系和方法上产生了较大分歧，两家机构又再次分开，各自独立发布国际竞争力报告，即 WEF 的《全球竞争力报告》（*Global Competitiveness Report*）和 IMD 的《世界竞争力年鉴》（*World Competitiveness Yearbook*）。在国内，金碚（2001）指出，企业竞争力是指，在竞争性市场中，一个企业所具有的能够持续地比其他企业更有效地向市场提供产品或服务，并获得赢利和自身发展的综合素质。

由此可见，第一，竞争力绩效是一个综合的概念，涉及企业的各个方面，既有公司内部治理和管理问题，又涉及公司外部环境；第二，竞争力绩效也是一个具有层次性的概念，包括结果性的竞争力结果及过程性的竞争力状况两个层面，在竞争力状况方面包括市场竞争力、运营竞争力和成本竞争力等。关于竞争力的来源经过长期探索，逐步形成了结构学派、资源学派和能力学派三大学派；目前已有学者开始重视前期被忽视的制度因素对竞争力的影响，这也是本章将竞争力绩效在治理绩效中单独提出来的一个重要原因。

四、保险公司治理绩效：财务绩效

（一）盈利能力绩效

每股收益（earnings per share，EPS）是指分配给普通股股东的净利润与流通在外的普通股加权平均数的比率，反映每只普通股当年创造的净利润。对于仅有普通股的公司，每股收益计算比较简单；如果公司还有优先股，则每股收益为扣除当年宣告或累积的优先股股利的净利润除以流通在外普通股加权平均数。

净资产收益率（return on equity，ROE），又称股东权益收益率，是净利润与

平均股东权益的百分比。该指标反映股东权益的收益水平，指标值越高，说明投资带来的收益越高。

总资产收益率（return on assets，ROA），也叫总资产报酬率，它是用来衡量每单位资产创造多少净利润的指标。其基本计算公式为：资产收益率=净利润/平均资产总额。平均资产总额是期初资产总额与期末资产总额的平均数。总资产收益率是用来衡量盈利能力的指标之一，它将资产负债表、利润表中的相关信息有机结合起来，集中体现了获取利润能力的高低。该指标越高，表明企业资产利用效果越好，说明企业在增加收入和节约资金使用等方面取得了良好的效果，否则相反。

成长性指标（growth index），亦称为成长性比率，是用来衡量公司发展速度的重要指标，也是比率分析法中经常使用的重要比率，常见成长性指标主要有总资产增长率，主营业务收入增长率和主营利润增长率。①总资产增长率，即期末总资产减去期初总资产之差与期初总资产的比值。公司所拥有的资产是公司赖以生存与发展的物质基础，处于扩张时期公司的基本表现就是其规模的扩大。这种扩大一般来自于两方面的原因：一是所有者权益的增加；二是公司负债规模的扩大。对于前者，如果是由于公司发行股票而导致所有者权益大幅增加，投资者需关注募集资金的使用情况，如果募集资金还处于货币形态或作为委托理财等使用，这样的总资产增长率反映出的成长性将大打折扣；对于后者，公司往往是在资金紧缺时向银行贷款或发行债券，资金闲置的情况会比较少，但其受到资本结构的限制，当公司资产负债率较高时，负债规模的扩大空间有限。②主营业务收入增长率，即本期的主营业务收入减去上期的主营业务收入之差与上期主营业务收入的比值。通常具有成长性的公司多数都是主营业务突出、经营比较单一的公司。主营业务收入增长率高，表明公司产品的市场需求大，业务扩张能力强。如果一家公司能连续几年保持30%以上的主营业务收入增长率，基本上可以认为这家公司具备成长性。③主营利润增长率，即本期主营业务利润减去上期主营利润之差与上期主营业务利润的比值。一般来说，主营利润稳定增长且占利润总额的比例呈增长趋势的公司正处在成长期。一些公司尽管年度利润总额有较大幅度的增加，但主营业务利润却未相应增加，甚至大幅下降，这样的公司质量不高，投资这样的公司，尤其需要警惕。这里可能蕴藏着巨大的风险，也可能存在资产管理费用居高不下等问题。

（二）偿付能力绩效

偿付能力溢额（the actual capital minus the requirement capital）是保险公司实际资本与最低资本之间的差额，实际资本等于认可资产与认可负债之间的差额。

偿付能力溢额能够反映保险公司偿付能力状况，是监管部门监管保险公司重要的方面。偿付能力、市场行为和公司治理是保险公司三大监管支柱。

资产负债率（debt to assets ratio）是公司负债总额与资产总额的比值，是用来反映公司长期偿债能力的重要财务指标之一，计算时多采用年底数进行计算。基于资产负债率还可以衍生出来权益乘数和产权比率等财务指标。

营运资本（working capital）是公司流动资产与流动负债的差额，是用来反映公司短期偿债能力的重要财务指标之一。

五、保险公司治理绩效：经济绩效

（一）市场增加值

股东价值最大化等于公司资本的市场价值最大化，但公司资本的市场价值最大化未必等于公司为股东创造了价值。市场增加值（market value added，MVA）是总资本数量（权益资本+债务资本）的市场价值（MV）与股东和债权人投资于公司的资本数量（即公司占用的资本或投入资本总量 TC）之差，即 MVA=MV−TC。当 MVA>0 时，说明投资者认为企业总资本的市场价值大于投入资本的价值，所以企业"创造价值"；反之，当 MVA<0 时，说明投资者认为企业总资本的市场价值小于投入资本的价值，所以企业"损害价值"。MVA 以创造价值为目标，是对以企业价值最大化为目标提出的质疑和挑战。

MVA 评价法的缺点：MVA 指标需要通过股票市值来衡量企业的市场价值，因此只适用于观察上市公司；当股票市场出现异常波动时，MVA 受到的扭曲就无法避免，对业绩的评价必受影响；MVA 是对公司整体价值的评价，不能用于对部门管理者业绩进行评价；MVA 是时点数据，如果要反映企业在某一时期是否创造价值，必须观察一段时期以来各个时点上 MVA 的变动情况。

（二）经济增加值

经济增加值（economic value added，EVA），是由美国著名的思腾思特咨询公司（Stern Stewart & Co.）在 1982 年开发的一种绩效评价体系或者方法，表示一个公司的资本收益与资本成本之间的差额，即税后净营业利润减去企业的资本成本（包括债务和权益资本成本），是扣除所有投入资本成本后的剩余收益。其核心思想是，一个公司只有在其资本收益超过为获得该收益所投入的资本的全部成本时才能为股东带来价值，起源于 Smith 的剩余收益理论。EVA 可以用下列数学公式简单表示，EVA=税后净营业利润−资本成本=税后净营业利润−资本总额×加权平均资本成本，即

$$EVA = EBIT(1-T) - TC \times WACC \tag{5-1}$$

$$EVA = TC\left[\frac{EBIT(1-T)}{TC} - WACC\right] = TC(ROIC - WACC) \tag{5-2}$$

其中,税后净营业利润(NOPAT)=息税前利润(EBIT)×(1-所得税率);加权平均资本成本(WACC)=债务资本成本率×(债务资本市值/总市值)×(1-税率)+股本资本成本率×(股本资本市值/总市值)。TC 表示投入资本总量,同 MVA 计算公式;ROIC 表示投入资本回报率。

EVA 改变了会计报表没有全面考虑资本成本的缺陷,它可以帮助管理者明确了解公司的运营情况,从而向管理者提出了更高的要求。

MVA 为企业投资的未来各期的 EVA 以 WACC 为折现率折现后的累计现值。

$$MVA = \frac{EVA}{WACC - g} = \frac{TC(ROIC - WACC)}{WACC - g} \tag{5-3}$$

其中,g 表示各期 EVA 的增长率。当 WACC>固定增长率时,MVA>0,说明创造价值;当 WACC<固定增长率时,MVA<0,说明损害价值。当 ROIC>WACC 时,MVA>0,说明创造价值;当 ROIC<WACC 时,MVA<0,说明损害价值。因为企业投入资本所产生的 EVA 的累计现值等于 MVA,所以在理论上,EVA 的最大化也是 MVA 的最大化。

当然 EVA 评价法也存在一定的缺点:EVA 是一个绝对值指标;计算时要进行的会计调整项目太多;EVA 的指标是历史性的而非前瞻性的;EVA 反映的是企业所有要素的综合生产率,无助于发现运营无效的根本原因等;由于代理问题的存在,难免会出现短期行为等。

六、保险公司治理绩效:市场绩效

市盈率(price to earnings ratio,缩写为 P/E),每股市价(price per share)与每股收益(earnings per share)的比率。市盈率是最常用来评估股价水平是否合理的指标之一,容易理解且数据容易获得。一般认为,该比率保持在 15~30 是正常的,过小说明股价低,风险小,值得购买;过大则说明股价高,风险大,购买时应谨慎。该指标也有不少缺点。例如,市盈率容易受到会计的影响。作为分母的每股收益,公司往往可以进行调整,因此,理论上两家现金流量一样的公司,所公布的每股收益可能有显著差异。即使是严格按照会计准则计算得出的盈利数字反映公司获利能力的准确性也大打折扣。因此,实际应用中往往根据需要可以对公司利润加以调整。再如,市盈率无法顾及远期盈利,对于周期性和亏损企业来说估值较困难。最后,市盈率也容易忽视公司财务风险。

市净率(price to book ratio,缩写为 P/B),也称市账率,是每股市价(price per

share)与每股净资产(book value per share)的比率。一般来说市净率应保持在2~3 倍,较低的股票,投资价值较高;相反,则投资价值较低。市盈率往往随行业周期性波动而产生较大波动,而且在亏损时计算市盈率实际意义不大,这种情况下,市净率成为一个较好的补充分析指标。

　　Tobin(1969)提出托宾 Q 值,其基本公式为托宾 Q=上市公司年末市场价值/公司重置成本。在实际计算中,企业市值=股价平均值×总股本+负债合计;资产重置成本=账面总资产。托宾 Q 反映的是一个企业两种不同价值估计的比值。分子上的价值是金融市场上所说的公司值多少钱,分母中的价值是企业的重置成本。当Q>1 时,购买新生产的资本产品更有利,这会增加投资的需求;当Q<1 时,购买现成的资本产品比新生成的资本产品更便宜,这样就会减少资本需求。所以,只要企业的资产负债的市场价值相对于其重置成本来说有所提高,那么,已计划资本的形成就会有所增加。

　　企业价值倍数(EV/EBITDA),同 P/E 相对估值指标一样,也是反映企业市场估值状况的重要指标,用企业价值(enterprise value,EV)除以未计利息、税、分摊、折旧前的利润(earnings before interest tax depreciation amortization,EBITDA),计算公式为 EV÷EBITDA。企业价值倍数不仅是对股票价值的评估,而且是对企业价值的评估。

第四节　保险公司治理影响绩效框架

一、一般公司治理与绩效关系

　　提高上市公司质量是治本之策,上市公司是股市的基石,必须提高上市公司质量,股市才能健康发展,这是一个基本的概念;对上市公司质量的评价有两个重要指标,一个是财务绩效,一个是作为财务绩效制度保障的公司治理(成思危,2007)。为了考察公司治理与公司绩效之间的相关性,本章选取了反映上市公司盈利能力的六个财务指标,分别是每股收益(EPS,包括基本和稀释)、净资产收益率(ROE,包括全面摊薄和加权平均)、总资产收益率(ROA)及管理费用率(MER,管理费用占营业收入的比例,间接反映公司盈利能力,也有学者将其作为代理成本的量化指标)。然后将 2012 年的 2328 家上市公司全部样本按照中国上市公司治理指数(CCGI^{NK})的高低分成六组,每组样本 388 家。为了更好地观察公司治理对财务绩效的影响,本章选择了两个组合样本,即最好治理组合和最差治理组合的财务数据进行简单的比较分析。

　　比较结果如图 5-3 所示,公司治理 100 家上市公司即最好治理组合的绩效指标均好于其他样本。公司成长性是公司绩效的重要方面,为了全面反映上市公司的成长性，本章采用了国泰安（GTA）数据库中用来反映公司发展能力的 12 个评价指标，在同上的公司治理分组的基础上进行成长性的比较分析。

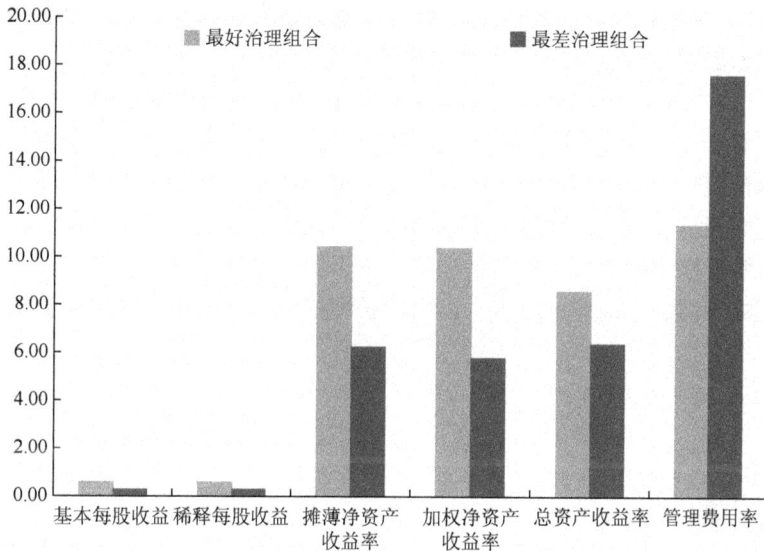

图 5-3　我国上市公司治理与盈利能力

图 5-4 的对比结果显示，除了利润总额增长率和营业收入增长率最好治理组合略低于最差治理组合外，在其他反映上市公司成长性的指标上，最好治理组合

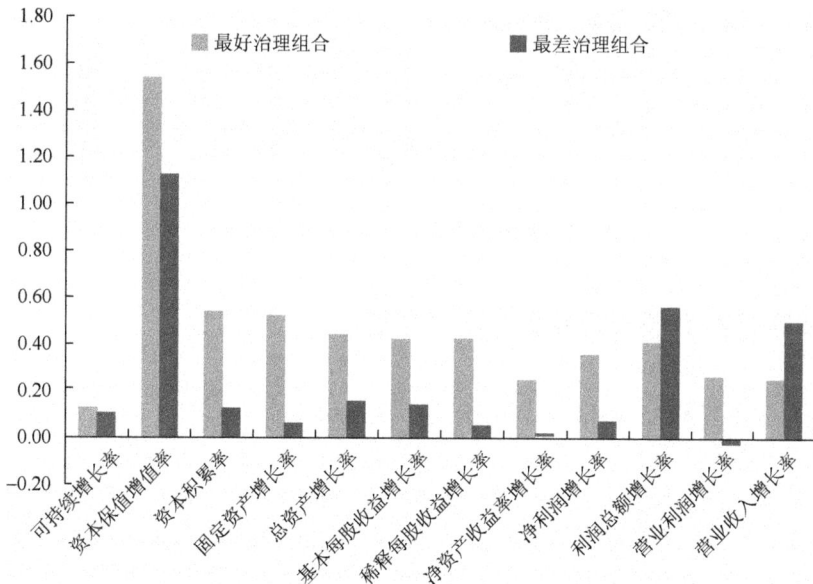

图 5-4　我国上市公司治理与成长性

均高于最差治理组合,特别是其中的基本每股收益增长率、稀释每股收益增长率、净资产收益率增长率、净利润增长率,治理好的公司要显著高于治理差的公司。分组比较的分析结果表明,治理好的公司不但会在当期具有较好的财务绩效表现,而且在未来能够保持较好的财务绩效水平,特别是公司的收益能力。

创业板这种高成长的板块,尤其需要公司治理的制度保障作用。本章同时进行了创业板考虑公司治理状况的成长性比较分析。如图 5-5 所示,分组比较分析结果表明,最好治理组合与最差治理组合成长性的差异较大,而且差异要高于主板市场,其中最好治理组合的可持续增长率明显高于最差治理组合,除了固定资产增长率、营业收入增长率这两个指标最差治理组合高于最好治理组合,总体上来说,最好治理组合的成长性好于最差治理组合,且成长性指标之间的差异在统计上显著。

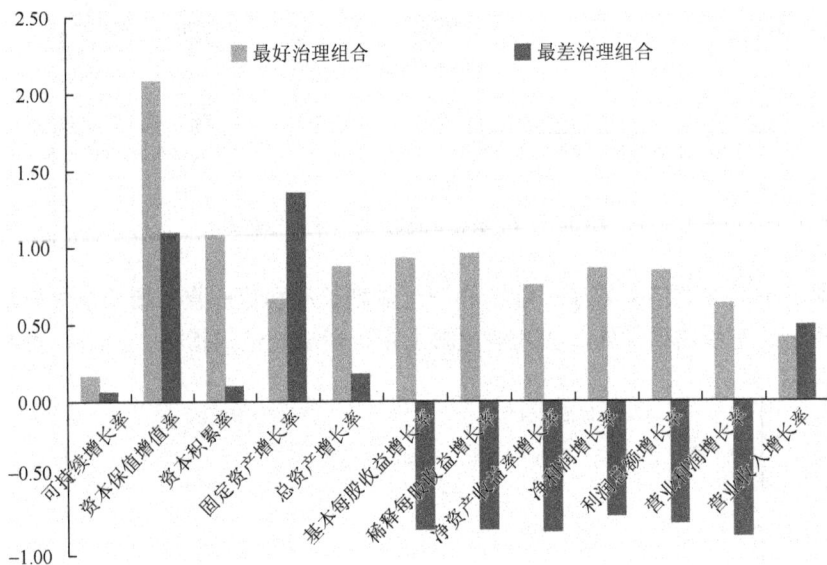

图 5-5　我国创业板上市公司治理与成长性

二、保险公司治理与绩效关系框架构建

代理成本理论为仔细分析现代公司治理即组织中一系列复杂的契约安排的决定提供了一个有力工具。一般认为,公司经营的目标是股东价值最大化。存在代理冲突不是说无法实现利益的一致性,重要的是存在代价。如何进行机制设计,减轻代理成本,实现股东价值最大化,是实务工作者和学术研究者都关心的问题。中国保监会出台了一系列保护债权人和投资者的政策法规,如要求报送公司治理报告、设立公司治理架构、股权变更进行审批等,这些政策法规都旨在减轻股东与投保人,

以及外部投资者与内部经理人之间的代理冲突，以保护投保人和外部投资人利益。

在一般公司治理研究领域，公司治理与公司绩效之间存在关系已被大量文献所证明，研究结论相对统一。第一，目前已有的一般公司治理与公司绩效关系的研究方法、研究视角、研究变量等相对成熟，研究样本多为我国的上市公司，但缺乏一个整体的理论框架；第二，研究过程中忽略了行业因素所带来的影响，研究样本上，关注某一特殊行业的二者关系检验并不多见；第三，对于保险行业公司治理与绩效关系的研究鲜有。基于上述研究现状，本书在界定保险公司六种治理职能、三类代理成本、五层治理绩效的基础上，构建如下的保险公司治理结构与机制—保险公司治理职能—保险公司代理成本—保险公司绩效的保险公司治理影响绩效的路径，如图 5-6 所示。在上述的治理影响绩效的路径框架中，实际上存在着无数条具体路径，这些具体路径有待进一步发掘和证实。

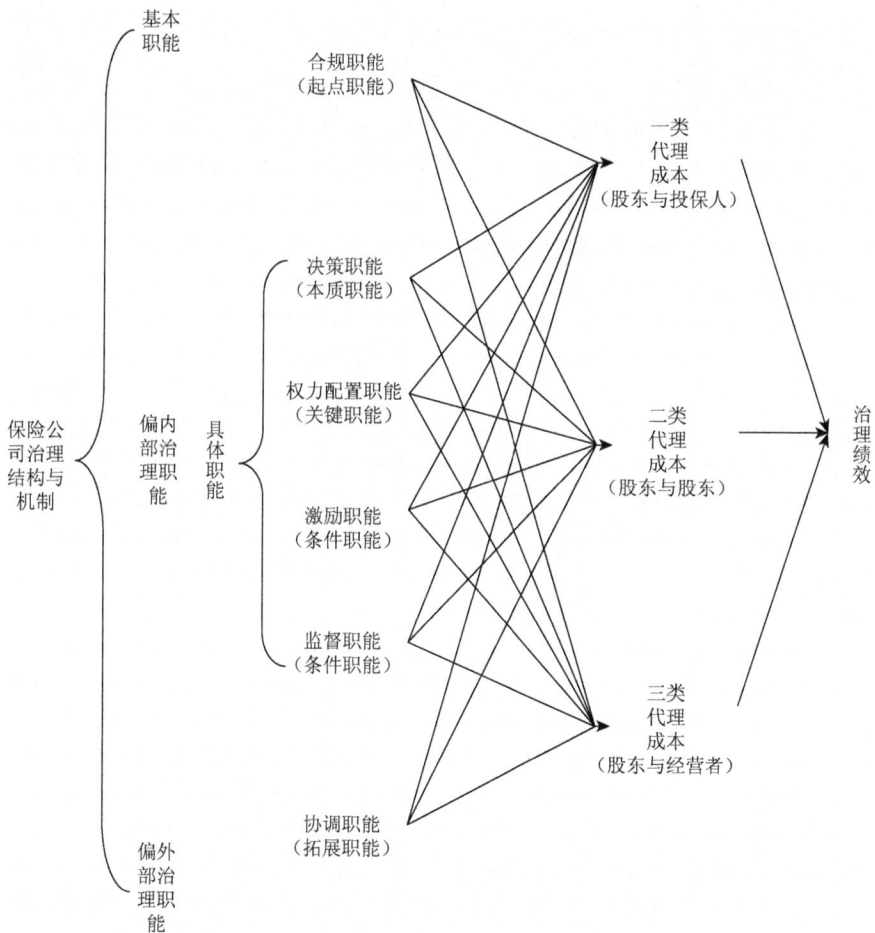

图 5-6 保险公司治理影响绩效路径分析

完善的内外部公司治理机制可以有效地减轻代理成本，公司治理机制通过发挥其相应的治理职能来影响代理成本，进而影响公司绩效。这个路径具体来说，第一，公司治理机制的合规职能能够使保险公司减少违法违规给股东、投保人带来的三类代理成本，特别是第三类代理成本，这一点在保险公司领域更加重要，如果保险公司出现了违法违规行为，如合同欺诈，投保人的利益将会直接受到侵害，为此中国保监会出台了大量的保险公司治理和经营有关的法规。第二，公司治理机制的决策职能能够保障保险公司决策的科学性，以投资决策为例，公司治理机制有效发挥作用，可以避免投资不足、过度投资，甚至是投资决策失误等问题，进而降低三类代理成本。第三，作为公司治理机制关键职能的权利配置职能会直接影响到代理成本的大小，公司治理的本质是一种制度安排，其中的权利配置是核心的制度安排内容。例如，公司两职设置，两职合一、两职分设的实践做法不同，会带来不同的代理成本，这一点多数研究成果支持两职分设。第四，作为公司治理机制的两个条件职能的激励和监督职能从不同的两个方面来降低委托代理问题产生的代理成本，设计完善的保险公司高管激励方案，能够更好地调动高管的积极性，整理了监事会、内外部审计等监督力量的大监督体系可以负向激励保险公司高管，除了内部监督外，监管机构监管、经理人市场、接管市场、产品市场竞争、媒体及第三方研究机构也有利于从外部监督公司，减轻代理成本。第五，作为偏外部治理职能的协调职能能够使公司处理好公司与股东、债权人等利益相关者关系，进而降低委托代理成本。

第三篇 评 价 分 析

保险公司治理评价是保险公司治理理论与实践的重要组成部分。就保险公司治理评价指标体系而言，其既须科学、客观与全面地反映保险公司治理质量或状况的真实内涵与水平，亦须体现保险公司治理的特性与差异。例如，保险精算师制度对于保险公司的经理层治理具有重要影响，因此，在保险公司治理评价指标体系构建的过程中，即须将保险精算师制度纳入保险公司经理层治理的范畴，亦即保险精算师制度是保险公司治理评价区别于其他性质公司治理评价的一个重要维度。

严若森
《保险研究》2010 年第 10 期

第六章 公司治理评价的意义、现状与展望

　　股市的健康发展需要四个条件：一是宏观经济的基本面要好；二是上市公司质量要高；三是投资者的成熟度和理性度要高；四是监管要适度、有效（成思危，2009）。公司治理是公司质量最重要的方面，而公司治理评价源于人们对公司价值的关注。本章首先分析了公司治理评价的重要意义，梳理了国内外一般公司主要治理评价系统，最后介绍了包括保险公司在内的国内外金融机构治理评价的最新进展。

第一节 公司治理评价的重要意义

一、公司治理质量是公司治理领域关注的焦点

　　除了公司绩效评价，越来越多的投资者开始关注公司治理状况，因为公司治理是公司质量最重要的方面。完善的公司治理机制对于保证市场秩序具有十分重要的作用，公司治理改革已经成为全球性的焦点问题。近20年来，全球公司治理研究的关注主体由以美国为主逐步扩展到英美日德等主要发达国家，而最近几年已扩展到转轨和新兴市场国家。研究内容也随之从治理结构与机制的理论研究，扩展到治理模式与原则的实务研究。目前公司治理质量与治理环境备受关注，研究重心也因此转移到公司治理评价和治理指数方面。公司治理经过30多年的探索与积累，已取得一些成效：相关法律法规政策体系的形成，使治理有所依；多层次治理监管体系的搭建，使治理有所约；上市公司治理水准逐渐提高，使治理有所得。尽管中国上市公司治理起步晚于国外，但现在已经走过建立治理结构，俗称"搭架子"，以及建设好治理机制的两步。目前，中国上市公司治理进入到了以质量为核心的改革发展重要阶段，仅建立治理结构和机制是不够的，更重要的是实现治理的有效性，如已经设立的提名委员会，是否能真正提名，这是我们治理要走的第三步。这其中，公司治理评价又是非常重要的环节，通过评价能够及时发现治理存在问题，进而提高治理有效性。

二、公司治理评价的具体意义

　　公司治理研究的重要任务之一就是探讨如何建立一套科学完善的公司治理评

价系统。通过系统的运行，一方面为投资者提供投资信息，另一方面可以掌握公司治理的现状，观察与分析公司在对利益相关者权益保护、公司治理结构与治理机制建设等方面的现状与问题，促进提高公司治理质量及公司价值。公司治理理论界及实务界迫切需要了解以下问题：中国公司治理的质量如何；如何规范股东大会及怎样才能确保公司的独立性；董事会如何运作才能形成完善的决策与监督机制；采用何种激励与约束机制才能有效降低代理成本并促使代理人为公司长期发展而努力；决定公司治理质量的主要因素有哪些；公司治理存在哪些风险及其程度如何；这些风险对投资者及其他利益相关者的利益有何影响；公司治理机制的建立与完善如何影响公司绩效。解决上述问题的核心是建立一套适应中国公司治理环境的公司治理评价系统和评价指数，用以掌握中国公司的治理结构与治理机制完善状况、公司治理风险的来源、程度与控制，并进一步观察与分析中国公司在控股股东行为、董事会运作、经理层激励约束、监事会监督，以及信息披露等方面的现状、存在的风险和治理绩效等。其重要意义具体来说包括如下五点。

（一）有利于政府监管并促进资本市场的完善与发展

公司治理指数反映了公司治理水平，详细编制并定期公布公司治理指数，能够使监管部门及时掌握其监管对象的公司治理结构与治理机制的运行状况，从而在信息反馈方面确保其监管有的放矢。同时，有利于证券监管部门及时掌握中国公司治理状况，以及相关的准则、制度等的执行情况。利用该系统，证券监管部门可以及时了解其监管对象在控股股东行为、董事会、监事会、高管人员的选聘与激励约束机制，信息披露与内部控制等方面的建立与完善程度，以及可能存在的公司治理风险等，有利于有效发挥监管部门对于公司的监管作用。

（二）有利于形成公司强有力的声誉制约并促进证券市场质量的提高

基于融资及公司持续发展的考虑，公司必须注重其在证券市场及投资者中的形象。公司治理评价系统的建立，可以对公司治理的状况进行全面、系统、及时地跟踪，从而形成强有力的声誉制约。定期将评价的结果公布，弥补了中国企业外部环境约束较弱的缺陷。由于公司治理评价状况的及时公布而产生的信誉约束，将促使公司不断改善其公司治理状况，最大限度地降低公司治理风险，因而有利于强化公司信用，提高证券市场质量。公司的信用是建立在良好的公司治理结构与治理机制的基础之上的，一个治理状况良好的公司必然具有良好的企业信用。不同时期公司治理指数的动态比较，反映了公司治理质量的变动状况，有利于形成动态声誉制约。

（三）有利于公司科学决策与监控机制诊断控制并完善

公司治理指数使公司（被评价对象）能够及时掌握本公司治理的总体运行状况，以及公司在控股股东行为、董事会、监事会、经理层等方面的治理状况及信息披露、内部控制状况，及时对可能出现的问题进行诊断，有针对性地采取措施，从而确保公司治理结构与治理机制处于良好的状态中，进而提高公司决策水平和公司竞争力。定期的公司治理评价信息的提供，将使管理当局及时地掌握公司治理潜在的风险，并采取积极的措施降低与规避监控风险；利用公司治理评价所提供的公司治理质量、公司治理风险的全面信息，可以了解其投资对象，为科学决策提供信息资源。

（四）为投资者投资提供鉴别工具并指导投资

及时量化的公司治理指数，能够使投资者对不同公司的治理水平与风险进行比较，掌握拟投资对象在公司治理方面的现状与可能存在的风险。同时，根据公司治理指数、风险预警与公司治理成本及公司治理绩效的动态数列，可以判断投资对象公司治理状况与风险的走势及其潜在投资价值，从而提高决策水平。传统上投资者主要分析投资对象的财务指标，但财务指标具有局限性。建立并定期公布公司治理指数，将促进信息的公开，降低信息不对称性，提高决策科学性。例如，成立于 1992 年的 LENS 投资管理公司的投资选择原则是从财务评价和公司治理评价两个角度找出价值被低估，并且可以通过公司治理提高价值的公司。美国机构投资者服务组织（Institutional Shareholder Services，ISS）、英国富时（Financial Times Stock Exchange，FTSE）还建立起了公司治理股价指数，为其会员提供公司治理咨询服务。

（五）有利于建立公司治理实证研究平台并提高公司治理研究水平

中国公司治理指数使公司治理的研究由理论层面的研究具体到量化研究和实务研究，有利于解决公司治理质量、公司治理风险、公司治理成本与公司治理绩效度量这些科学问题。公司治理评价过程中的一系列调查研究的成果是顺利开展对公司治理实证研究的重要数据资源。这一平台的建立，将使公司治理理论研究与公司治理实践得以有机结合，进一步提高公司治理理论研究对公司治理实践的指导作用。

第二节　国内外主要公司治理评价系统

一、国内外已有公司治理评价系统

国内外对公司治理评价与指数的研究经历了公司治理的基础理论研究、公司治理原则与应用研究、公司治理评价系统与治理指数研究的过程，并由商业机构的公司治理评价发展到非商业性机构的公司治理评价。中外学者对公司治理评价的关注是基于满足公司治理实务发展的需要，尤其是机构投资者的需要。

公司治理评价萌芽于 1950 年杰克逊·马丁德尔（Jackson Martindel）提出的董事会绩效分析，随后一些商业性的组织也推出了公司治理状况的评价系统。最早的规范性公司治理评价研究是由美国机构投资者协会在 1952 年设计的正式评价董事会的程序，随后出现了公司治理诊断与评价的系列研究成果，如 Salmon（1993）提出诊断董事会的 22 个问题；1998 年，标准普尔公司（Standard & Poor's Company，S&P）创立公司治理服务系统，该评价系统于 2004 年进行了修订；1999 年，欧洲戴米诺（Deminor）推出戴米诺公司治理评价系统；2000 年，亚洲里昂证券（Credit Lyonnais Securities Asia，CLSA）推出里昂公司治理评价系统；2003 年，南开大学中国公司治理研究院李维安教授率领的南开大学中国公司治理研究院评价课题组推出中国第一个全面系统的公司治理评价系统，即中国上市公司治理评价系统，并于 2004 年公布《中国公司治理评价报告》，同时发布中国上市公司治理指数（CCGI^{NK}）。

美国机构投资者服务组织还建立了全球性的公司治理状况数据库，为其会员提供公司治理服务。另外，还有布朗斯威克（Brunswick Warburg）、公司法与公司治理机构（Institute of Corporate Law and Corporate Governance，ICLCG）、信息和信用评级代理机构（Information and Credit Rating Agency，ICRA）、世界银行公司评价系统、泰国公司治理评价系统、韩国公司治理评价系统、日本公司治理评价系统及中国台湾公司治理与评等系统等。详细情况见表 6-1。

表 6-1　国内外主要公司治理评价系统

公司治理评价机构或个人	评价内容
杰克逊·马丁德尔	社会贡献、对股东的服务、董事会绩效分析、公司财务政策
标准普尔	所有权结构、利益相关者的权利和相互关系、财务透明度和信息披露、董事会结构和程序
戴米诺	股东权利与义务、接管防御的范围、信息披露透明度、董事会结构

续表

公司治理评价机构或个人	评价内容
里昂证券	管理层的约束、透明度、小股东保护、独立性、公平性、问责性、股东现金回报及公司社会责任
美国机构投资者服务组织	董事会及其主要委员会的结构、组成、公司章程和制度、公司所属州的法律、管理层和董事会成员的薪酬、相关财务业绩、"超前的"治理实践、高管人员持股比例、董事的受教育状况
戴维斯和海德里克	股东权利、治理委员会、透明度、公司管理以及审计
布朗斯威克	透明度、股权分散程度、转移资产/价格、兼并/重组、破产、所有权与投标限制、对外部人员的管理态度、注册性质
公司法与公司治理机构	信息披露、所有权结构、董事会和管理层结构、股东权利、侵吞风险、公司的治理历史
信息和信用评级代理机构	所有权结构、管理层结构（含各董事委员会的结构）、财务报告和其他披露的质量、股东利益的满足程度
宫岛英昭、原村健二、稻垣健一等日本公司治理评价体系	股东权利、董事会，信息披露及其透明性三方面，考察内部治理结构改革对公司绩效的影响
日本公司治理研究所公司治理评价指标体系	以股东主权为核心，从绩效目标和经营者责任体制、董事会的机能和构成、最高经营者的经营执行体制以及股东间的交流和透明性四方面评价
泰国公司治理评价系统	股东权利、董事品质、公司内部控制的有效性
韩国公司治理评价系统	股东权利、董事会和委员会结构、董事会和委员会程序、向投资者披露和所有权的平等性
香港城市大学公司治理评价系统	董事会结构、独立性或责任；对小股东的公平性；透明度及披露；利益相关者角色、权利及关系；股东权利
台湾辅仁大学公司治理与评等系统	董（监）事会组成、股权结构、参与管理与次大股东、超额关系人交易、大股东介入股市的程度
治理标准国际公司治理评价系统	透明度与披露（含内部监控）、董事会问责性、社会责任、股权结构与集中度、股东权利、管理人员薪酬、企业行为
世界银行治理评价系统	公司治理的承诺、董事会的结果和职能、控制环境和程序、信息披露与透明度、小股东的待遇
中国社会科学院世界经济与政治研究所公司治理研究中心	股东权利、对股东的平等待遇、公司治理中利益相关者的作用、信息披露和透明度、董事会职责、监事会职责
南开大学中国公司治理研究院推出的中国上市公司治理指数	股东治理、董事会治理、监事会治理、经理层治理、信息披露、利益相关者治理

资料来源：南开大学中国公司治理研究院评价课题组. 2015. 中国公司治理评价报告[R]. 天津：南开大学中国公司治理研究院.

二、已有公司治理评价系统的异同点

一般而言，公司治理评价系统具有以下四个共同特征：一是评价系统均是由一系列详细指标组成，且各个评价系统均包括了三个因素——股东权利、董事会结构及信息披露。二是在所有的评价系统中，评分特点是相同的。总体而言，较低的得分意味着较低的治理水平,反之意味着较好的治理状况。但也有两个例外,一个例外是信息和信用评级代理机构评价系统,它使用相反的评分方法,公司治理评级 CGR1 意味着最好的治理状况,公司治理评级 CGR6 意味着最低的治理水平;另一个例外是布朗斯威克的治理风险分析,他是以惩罚得分的形式来计算,得分越高,公司的治理风险越大。三是绝大多数评价系统都使用了权重评级方法,根据治理各要素重要程度的不同赋予其不同的权重,从而计算出公司治理评价值。四是获取评价所需信息的方法是一致的,主要来自公开可获得信息,其他信息通过与公司关键员工的访谈而获得。

不同评价系统的主要区别在于两个方面:第一,一些评价系统是用来评价某一个别国家公司的治理状况,如戴维斯和海德里克、布朗斯威克等,另一些评价系统则涉及多个国家的公司治理评价,如标准普尔、戴米诺和里昂证券评价系统包含了国家层次的分析,这些评价中使用的标准都很相似。第二,各评价系统在采用指标、评价指标构成及关注重点方面都存在显著差异。例如,标准普尔以 OECD《公司治理原则》(*Principles of Corporate Governance*)、美国加州公共雇员养老基金(California Public Employees' Retirement System,CalPERS)等提出的公司治理原则,以及国际上公认的对公司治理要求较高的指引、规则等制定评价指标体系,公司层面的评价包括所有权结构及其影响、利益相关者关系、财务透明与信息披露、董事会的结构与运作四个维度,而里昂证券的评价涉及管理层的约束、透明度、小股东保护、独立性、公平性、问责性、股东现金回报及公司社会责任八个维度。

公司治理评价的研究与应用,对公司治理实践具有指导意义。正如上述对不同评价系统的对比所看到的,不同的评价系统有不同的适用条件,中国公司的治理环境、治理结构和机制与国外有很大的差别,因而直接将国外评价系统移植到国内必将产生水土不服现象。只有借鉴国际经验,结合中国公司所处的法律环境、政治制度、市场条件及公司本身的发展状况,设置具有中国特色的公司评价指标体系,并采用科学的方法对公司治理状况做出评价,才能正确反映中国公司治理状况。

第三节　金融机构治理评价最新进展

一、国内外银行治理评价开展情况

(一)国外银行治理评价开展情况

我们将保险业的相关行业界定为银行业,这两个行业是金融业的重要组成部分，所以先分析银行治理评价开展情况。许多国家的中央银行及其他的金融监管者主要采用骆驼（CAMEL）模型去分析和评价一个银行的健康与否。骆驼模型通过评估银行的资本充足率（capital adequacy）、资产质量（asset quality）、管理（management）、收益水平（earnings）和流动性（liquidity）来判断银行的状况。其他一些评级机构对于银行业的评级，往往也会参照这种分析模式。而随着公司治理越来越被重视，在银行业的评价体系中，引入公司治理作为一个评价因素（G factor）的呼声也越来越高。

作为在银行评价中添加公司治理因素的先行者，亚洲开发银行的 Mathur 和 Burhan（1999）以 CAMEL-IN-A-CAGE 来直观地说明如何在银行评价体系中体现公司治理的因素，这就是亚洲开发银行所倡导的"5+7"的银行治理评价。前面的"5"是指国际通用的骆驼模型的 5 大要素，而"7"就是与公司治理相关的因素。

I——独立董事（independent directors）：董事会是否独立与客观；大多数的董事是否为独立董事；如何保证董事会的独立与客观。

N——提名委员会（nominating committee）：该委员会是否选择最称职的董事候选人；选择标准如何；董事是否具有对董事会和银行有帮助的能力、经历和品德；董事与总经理的任命是否受政府官员的影响；提名委员会是否避免了裙带影响。

A——审计委员会（audit committee）：审计委员会的工作是否有效。

C——薪酬与合规委员会（compensation and compliance committee）：报酬组合方案是否能够吸引并留住最好的人才；各种报酬方案是否与股东收益挂钩；合规委员会工作是否有效；银行合规经营的记录如何。

A——责任与透明度（accountability）：董事会是否考虑到并表现出对大多数股东的责任感；对少数股东是否公平；董事会是否有高效的程序避免利益冲突；董事会是否建立了道德行为指引。

G——公司治理委员会（governance committee）：银行是否有公司治理委员会；与国际最佳做法相比状况如何；委员会是否详细规定了对董事的要求；委员会是否能够与政治干预和指令保持距离。

E——评价、效率和教育（evaluation，effectiveness and education）：是否存在一个对董事会及其成员，以及首席执行官的评价机制；董事会的效率如何；董事会是否是"橡皮图章"；董事会成员是否抽出足够时间并定期参加董事会会议；董事会是否在影响银行业绩和前景等重要方面接受教育和指导。

（二）国内银行治理评价开展情况

目前，我国银行监管机构已经建立了公司治理评级体系。2004 年，中国银监会出台了《股份制商业银行风险评级体系（暂行）》，2006 年整合修改为《商业银行监管评级内部指引（试行）》。该评级体系采用国际通用的 CAMEL 评级体系，其中第三项管理要素评级的第一部分即为公司治理评估，评估的主要要素包括银行治理的基本架构；银行治理的决策机制；银行治理的执行机制；银行治理的监督机制和银行治理的激励约束机制。

1. 具体的公司治理评估的要素

关于银行治理的基本架构，该要素主要评价银行治理基本组织结构与运作程序。公司治理是指公司的组织架构，包括公司决策机构、执行机构和监督机构的组成、权力和职责，以及其相互之间的关系。评价内容主要是公司治理基本结构和治理主体的职责和议事规则。关于银行治理的决策机制，该要素主要评价银行治理决策机制的合理性和有效性。评价内容包括股东和股东大会，董事和董事会的结构和职能。关于银行治理的执行机制，该要素主要评价银行执行机制的有效性，包括决策传导机制、高级管理层人员的素质、高级管理人员的履职情况和高级管理层的团队精神。关于银行治理的监督机制，该要素主要评价银行监督机制的有效性，包括独立董事的资质、独立董事的独立性、监事和监事会的监督作用及外部监事的履职情况。关于银行治理的激励约束机制，该要素主要评价银行激励约束机制的有效性，包括薪酬制度和激励政策、激励机制、绩效评价和信息披露。

2. 公司治理监管评级的程序和结果

银行治理评估采用"不断的链"（unbroken chain）的程序和方法，具体为"有没有"、"做没做"和"怎么做"这三个环节。首先，对照法律、法规、规章和监管要求，评价商业银行治理的相关政策和规则的完备性与合规性，是否在制度层面存在不足；其次，评价公司治理的相关政策和规则在实践中的执行力；最后，评价政策和规则的实施效果，即是否形成良好的决策机制、执行机制、监督机制和激励约束机制。只有在上述三个环节都令人满意，才能认定该银行的公司治理状况为"良好"。如果第一环节就"缺失"或"存在重大缺陷"，与良好公司治理原则相去甚远，那么该银行治理的状况应认定为"差"；如果第一环节符合而第二、三环节不符合，即制度层面符合或者基本符合，但执行力或有效性较差，那么应认定该银行治理状况为"一般"或者"关注"。

二、国内外保险公司治理评价开展情况

良好的保险公司治理，既需要国家通过强制性的法规对治理结构进行规范，也需要制定与市场环境变化相适应的、具有非强制性和灵活性的保险公司治理原

则。换言之，有效的公司治理机制不仅需要来自法律制度的规范，还需要对公司有指导作用的管理实务原则。作为公司治理实务指引的保险公司治理原则，对于保险公司建立良好的治理结构与治理机制，起着至关重要的作用。到目前为止，国际组织和区域组织中，OECD、IAIS 都已经制定了自己的保险公司治理原则，以促进其成员国的保险公司治理与其经营的良好标准形成，建立能够使这些标准得到提升与推广的制度。

（一）保险公司自建内部治理规则

国际上的一些保险公司出于规范自己的治理行为的目的，往往都会建立起基于公司章程和战略目标的一套内部治理规则，从而更好的协调其价值最大化决策，有效地吸引外部投资。

大众互助人寿保险公司（MassMutual Life Insurance Company）建立了自己的内部公司治理规则。该治理规则由董事会批准，并作为董事会、董事会专业委员会和公司的高级管理层公司治理行为的最好惯例。规则包括董事会治理、董事和管理者的联系、伦理与合规、分支机构监管（oversight of subsidiaries）、公开披露五个部分。

美国国际集团（American International Group）的董事会，同时起到了提名委员会和公司治理委员会的作用，并提出了公司治理规则以促进股东的利益，规范了董事会、董事、各类专业委员会及管理者应该如何履行其职责。该规则和美国国际集团目前的公司经营、所有权、资本结构及经济状况相符合。规则中包括董事会和管理层的角色、董事会构成、董事会主席、董事选择、董事的选举、任期及解雇、董事会会议、董事会专业委员会、董事会职责、董事之间的沟通、评价董事会及其专业委员会绩效、慈善行为等内容。

富纳斯海达（远东）保险公司（The Chubb Corporation）的董事会制定了该公司的治理规则。该规则是基于纽约证券交易所和美国证券交易委员会的治理原则而制定的，其中包括董事会成员和任职资格、董事会主席、首席执行官及首席独立董事、董事职责、董事会专业委员会、董事薪酬、董事和高管股票所有权准则、董事定位及继续教育、首席执行官评价及管理层的存续、每年的绩效评估等方面的内容。

保德信金融集团（The Prudential Financial）建立了自身的公司治理规则及惯例，主要包括如下内容：董事的角色、董事会会议、董事会结构、董事会专业委员会。

另外，加拿大太阳人寿保险公司（Sun Life Financial），也建立了确保组织能够持续治理的规则。

（二）官方机构制定的保险公司治理原则

1. IAIS 的《保险公司治理核心原则》

IAIS 于 1997 年首次发布的 ICPs 中，就将保险公司治理监管列为重要内容。此后，在 2000 年、2003 年版的 ICPs 中，保险公司治理监管的内容不断得到强化和细化。2004 年 1 月，IAIS 发布了《保险公司治理核心原则》（*Insurance Core Principles on Corporate Governance*），提出了对完善保险公司治理的要求及保险公司治理监管的重点与方法。在 2005 年 IAIS 又明确提出了治理结构、偿付能力和市场行为监管三支柱的保险监管模式。

2. OECD 的《保险公司治理指引》

OECD 于 1999 年颁布了著名的《公司治理原则》（*Principles of Corporate Governance*）。2005 年 4 月，OECD 保险委员会在积极吸收了 IAIS 的 ICPs 等指导性文件基础上颁布了《保险公司治理指引》（*Guidelines for Insurers' Governance*）。OECD 认为，保险公司治理必须要考虑保险公司的特殊性，如受托人责任，受益人/保险客户权利及一些保险公司的非法人实体属性。另外，所有保险实体都面临着技术风险（精算风险，承保风险和投资风险）和非技术风险；而且保险交易的特点还包括复杂的委托代理关系，以及各类利益相关者之间在市场能力和信息获取上的不对称；而不同的险种如寿险、非寿险和再保险则面临着不同的代理问题。OECD 从治理结构、内部控制机制和利益相关者的保护三个方面对构建有效保险公司治理提出了要求。

3. 中国保监会的监管法规

2006 年 1 月，中国保监会出台了《关于规范保险公司治理结构的指导意见（试行）》，标志着保险公司治理全面监管的开始。该指导意见将国际上通行的治理原则与中国保险市场的特殊性相结合，从董事会建设、管理层运作、治理结构监管等几个方面，对保险公司治理提出了要求。随后几年，中国保监会以《关于规范保险公司治理结构的指导意见（试行）》为统领，相继颁布了 10 多部从不同方面完善保险公司治理的规范性、指导性监管文件。

（三）中国保监会关于保险公司治理状况的自查活动

保险公司治理自查与保险公司治理评价紧密相关，可以说这是我国监管部门开展的探索性的保险公司治理评价工作，为正式推出保险公司治理评价奠定了基础。

2006 年，中国保监会对保险公司治理状况进行了首次全面摸底检查。2007 年年初，中国保监会发布了《关于落实〈关于规范保险公司治理结构的指导意见〉的通知》（保监发〔2007〕1 号）及一系列完善保险公司治理的制度措施。为推动保险公司切实落实相关制度，进一步加大改革力度，持续改善公司治理，中国保监会在 2007 年年底开展了保险公司治理专项自查活动。具体有以下三点。

第一，要求各公司要高度重视。要将此次自查活动作为完善治理结构、提高保险公司竞争力的重要工作来抓，认真学习公司治理有关文件精神和本通知内容，周密安排，确保落实。董事长作为第一责任人要加强对此项工作的领导。董事会秘书等相关人员要切实承担起自查报告的汇总填报及相关的协调职责。

第二，各公司要认真查找公司治理中存在的不足。根据《自查依据》和《自查事项》的要求逐项填报，不得漏项，填报内容必须真实、准确、完整。公司独立董事要加强监督，对自查结果进行核实。自查报告应由董事长和两名独立董事共同签名。保监会将适时组织抽查，对不认真自查，不真实、不完整报送自查结果的公司予以处罚。自查结果真实性将列入保险公司的诚信记录，作为董事长和独立董事任职资格审查管理的重要依据。

自查依据包括《保险法》《公司法》《保险公司管理规定》《关于规范保险公司治理结构的指导意见》《关于落实〈关于规范保险公司治理结构的指导意见〉的通知》《保险公司独立董事管理暂行办法》《保险公司关联交易管理暂行办法》《保险公司总精算师管理办法》《保险公司合规管理指引》《保险公司内部审计指引》《保险公司风险管理指引》《向保险公司投资入股暂行规定》、公司章程和其他有关公司治理的文件。自查事项涉及六个大方面：股东及股东大会（15 个小问题），董事及董事会（20 个小问题），监事及监事会（7 个小问题），管理层（10 个小问题），内控、风险管理和合规（11 个小问题），关联交易（2 个小问题）。

第三，自查报告务必于 2008 年 1 月 10 日前以书面和电子文件形式报送中国保监会。自查报告不符合本通知要求的，保监会将退回公司重新填报，并视情节予以通报批评。

（四）中国保监会关于报送《保险公司治理报告》

《关于规范报送〈保险公司治理报告〉的通知》（保监发改〔2010〕169 号），要求保险公司按照规定的内容和格式要求，于每年 4 月 30 日前，向中国保监会报送经董事会审议通过的上一年度的公司治理报告。报告中关于公司治理状况的自我和监管评分工作是中国保监会全面开展保险公司治理评价的标志，而且是常态化进行，不同于临时性的自查工作。

公司治理报告合计包括 11 个部分，其中声明和公司概况是基础性内容。声明内容："本报告于×年×月×日召开的公司第×届董事会第×次会议审议通过。公司保证本报告所载资料不存在任何虚假记载、误导性陈述或重大遗漏，内容真实、准确、完整，并就此承担个别和连带的法律责任。特此声明"。公司概况内容："①公司成立时间、性质、注册地、发起设立等基本情况。②公司企业文化、经营理念。③省级分公司数量及分布，报告期内的省级分公司的增减情况。④报告期内业务经营情况，包括总资产、保费规模、利润、偿付能力等情况"。

实质性内容包括九个部分。

第一，制度建设，具体包括报告期内公司章程修改情况，公司股东（大）会、董事会、监事会议事规则的制定修改情况，报告期内主要管理制度的建设情况。

第二，股东及股权，具体包括报告期末公司股东情况，报告期内公司股权变更情况，报告期内公司股权担保、冻结、纠纷及诉讼情况，股东（大）会会议召开情况，公司引进战略投资者情况，正在引入战略投资者的，请说明工作进展情况，公司分红情况。

第三，董事会，具体包括董事会人员构成及变动情况，董事会会议召开情况，独立董事情况，董事会专业委员会设置情况，董事会专业委员会运作情况，董事参会情况，是否实行董事尽职评价，如实行，请简要说明有关情况，包括评价流程、内容和结果等。

第四，监事会，具体包括监事会人员构成及变动情况，监事会会议召开情况，监事参会情况，监事会的监督职责履行情况，包括对公司董事高管人员执行职务行为进行监督检查情况，监事会对公司财务监督检查情况等。

第五，管理层，具体包括总公司高管人员构成情况，总公司高管人员变动情况，报告期末公司内设机构情况，关键岗位设置情况。

第六，激励约束机制，具体包括执行董事及总公司高管人员业绩考核情况，董事及总公司高管人员受处罚情况，股权激励和员工持股情况，董事及总公司高管人员薪酬情况，非执行董事及独立董事的津贴情况。

第七，关联交易，具体包括关联交易管理制度的制定和报备情况，重大关联交易管理情况，关联方信息档案的建立和更新情况，关联交易的年度专项审计情况。

第八，信息披露，具体包括公司信息披露制度的制定、修改及落实情况。

第九，公司治理评价。这部分内容，给出了公司治理评价指标体系，包括遵守性指标（30%），合计 29 个评价指标；有效性指标（70%），合计 65 个评价指标；还有调节性指标，合计 6 个评价指标。其中遵守性指标和有效性指标分为定性和定量两类，定性的取值为 1、2、3、4 分，28 个评价指标赋值为 1，32 个评价指标赋值为 2，8 个评价指标赋值为 3，2 个评价指标赋值为 4，定量类的取值给一个区间范围，为 1～3 分，合计 24 个评价指标。合规性与有效性指标最高评分为 196，最低评分为 0。调节性指标最高评分为 0，最低评分为–155。所以公司治理评价总体最高评分为 196，最低为–155。

自 2010 年之后，中国保监会又先后两次出台文件规范我国保险公司治理评价有关问题，中国保监会 2012 年 2 月 10 日发布《关于进一步做好〈保险公司治理报告〉报送工作的通知》（保监发改〔2012〕124 号），2015 年 6 月 1 日发布《中国保监会关于进一步规范报送〈保险公司治理报告〉的通知》（保监发改〔2015〕95 号）。

（五）保险公司治理评价开展情况

公司治理理论研究经过实务原则阶段之后，进入公司治理评价阶段。近年来，国际上对于保险公司的治理评价主要是由非官方的评级机构或媒体完成的。例如，亚太区著名杂志《亚洲公司治理》（*Corporate Governance Asia*）评选的"亚洲公司治理年度杰出表现奖"（Corporate Governance Asia Annual Recognition Awards），就考虑了保险公司的治理情况，而中国平安保险（集团）股份有限公司曾于 2007 年获奖。国际著名财经杂志《欧洲货币》（*Euromoney*）的最佳治理公司排名中，也添加了关于保险公司治理的排名。

需要说明的是，这些治理评价都是根据一般公司的治理评价体系进行的，除了中国保监会《保险公司治理报告》中的公司治理评价之外，国际上和国内尚无基于保险公司治理特点设计的专门的、科学的、详细的和可操作的保险公司治理评价指标体系。

第七章　基于治理内容的保险公司治理评价研究

本章在分析保险公司治理评价意义的基础上，提出了我国保险公司治理评价指标体系设计所遵循的原则，在借鉴中国保监会《公司治理报告》中治理评价指标体系的基础上，从公司治理内容或治理合规内容的角度，对我国保险公司治理评价指标选择、评价标准设计、权重系数确定和治理指数合成进行了设计。在设计保险公司治理评价指标体系过程中，本书提出应该分公司组织形式设计的思路，即分类公司治理评价的思路。

第一节　我国保险公司治理评价提出与设计思路

一、设计保险公司治理评价指标体系的意义

公司治理评价通过建立科学的评价体系，对公司治理的现状进行评价与诊断，及时了解发现公司治理中存在的问题，并促使有关方采取措施加以解决。保险公司治理的特殊性决定了不能将一般公司治理的评价指标复制过来直接用以评价保险公司。

国际上，与保险行业相对较接近的银行业（都属于具有一定特殊性的行业）已经开展了治理评价。例如，前文所述的亚洲开发银行的 Mathur 和 Burhan 以 CAMEL-IN-A-CAGE 来直观地说明如何在银行评价体系中体现公司治理的因素，这就是亚洲开发银行所倡导的"5+7"的银行治理评价。前面的"5"是指国际通用的骆驼模型的 5 大要素，即资本充足率、资产质量、管理、收益水平和流动性，而"7"就是与公司治理相关的因素：I——独立董事；N——提名委员会；A——审计委员会；C——薪酬与合规委员会；A——责任与透明度；G——公司治理委员会；E——评价、效率和教育。

2004 年，中国银监会出台了《股份制商业银行风险评级体系（暂行）》，2006 年整合修改为《商业银行监管评级内部指引（试行）》。该评级体系采用国际通用的 CAMEL 评级体系，其中第三项管理要素评级的第一部分即为公司治理评估。评估的主要要素包括银行治理的基本架构；银行治理的决策机制；银行治理的执行机制；银行治理的监督机制和银行治理的激励约束机制。

孟彦君（2007）认为，我国保险公司在加强和完善治理结构的过程中，应当

将注重借鉴国际经验与我国实际相结合，关注管理层控制和股东过度干预双重风险，完善高管人员的激励约束机制，重视发挥信息披露、外部监管和企业文化在保险公司治理中的作用等，并尝试从评价目标、评价原则、评价内容、评价程序、评价结果和评价结果的运用六个方面构建我国保险公司治理的评价体系。邓文剑（2008）认为，建立一个全面、准确、科学的治理评价体系对改善我国保险公司治理具有较强的现实意义；所有的公司治理评价指标体系都有其自己的准则和使用范围，通过对国内外公司治理评价体系的比较分析，然后针对目前我国保险公司治理中所存在的问题和保险监管部门对保险公司治理的相关要求，初步构建了一套保险公司治理评价指标体系，主要包括股权结构与股东权益，董事会结构与运作，监事及监事会，高级管理层，信息披露管理，内控、风险和合规管理，经营能力和风险控制；通过对中国人寿保险公司的实证研究，发现该公司的公司治理水平总体上较好，但在股权结构、董事会运用、管理层选聘机制和监事会能力建设等方面还有待提高。

保险公司治理评价研究小结：通过上述内容，不难看出，保险公司治理评价研究处于刚刚起步阶段，特别是国内已有的评价系统多为一般公司治理评价系统，专门的评价标准有待深入研究；同时，基于保险公司治理评价结果（保险公司治理指数）开展的保险公司治理有关的大样本实证研究目前还没有。总体来说，目前关于我国保险公司治理评价的研究还处于定性分析中，缺乏一个可量化的评价系统（邓文剑，2008）。这一点与一般公司治理评价研究有较大差距。

二、设计保险公司治理评价指标体系遵循的原则

根据中国保险公司所面临的特殊制度环境、战略目标和有关监管规则，中国保险公司治理评价标准体系设计应遵守以下原则。

第一，分类评价原则。分类评价是指根据评价对象自身的治理特点来设计专门的治理评价指标体系，这样才能够使评价的结果更加科学。关于评价对象分类的标准很多，如根据保险公司组织形式，可以分为有限制、股份制、互助制保险公司；根据保险公司机构性质和业务不同又可以分为集团控股公司、资产管理公司、再保险公司、财产险公司、人身险公司等；根据保险公司是否上市可以分为上市保险公司和非上市保险公司；根据保险公司资本性质可以分为中资和外资保险公司，其中，中资保险公司根据控股股东性质不同可以分为国有控股和民营控股保险公司。

第二，可操作原则。可操作性主要是指标准体系本身的可行性以及指标项目有关数据收集的可行性。如果标准体系过于详细则会导致繁琐，同时如果某项评价指标虽然有用，但难以获取有关的数据，则应选取其他可替代的指标。

第三，系统性原则。在确定保险公司治理评价指标时，一要注意定量指标和定性指标的协调。定量指标主要以客观可观察数据为标准，定性指标则主要衡量难以量化的治理要素，如董事勤勉水平等。因此，需要将定量指标和定性指标进行有机结合。二是要注意评价内容的协调。保险公司的治理评价体系是一套综合的评价系统，对能够反映公司治理水平的各个方面要全面考虑，关键性指标要互相衔接，并赋予适当的权重。

第四，重要性原则。这里重要性原则是指全面性和重要性相结合的原则。强调保险公司治理评价标准体系的全面性，是因为它有助于从不同侧面显示出公司的治理状况。但过于面面俱到的评价指标会使整个评价体系变得模糊不清，不利于围绕核心问题来展开评论。因此，在选取指标时，应按照重要性原则的要求，选择影响公司治理的主要方面。

第五，社会效益原则。保险公司的经营目标不同于一般企业，除了要实现股东价值最大化外，更要保护所有投保人的利益。因此，在评价保险公司的治理状况时，必须考虑其对股东和投保人利益的保护程度，强调保险公司的社会效益及其经营的审慎性。

三、保险公司治理评价指标体系的设计思路

针对我国保险公司治理的特殊性及其面临的制度背景，在吸收国内外有关评价体系的基础上，利用保险公司治理评价报告中公司治理评价 100 个评价指标，设计一套符合我国保险公司特点的分企业类型和分治理维度的保险公司治理评价系统，其主要内容包括评价指标选择、评价标准设计、权重系数确定和治理指数合成。

（一）保险公司治理评价指标选择

在公司治理评价报告 100 个评价指标（表 7-1）基础上，首先删除偏经营或者区分度较小的八个评价指标，具体如下：指标 37——主要股东在过去三年是否连续亏损；指标 71——是否收集并及时更正关联方信息；指标 79——是否存在在业务计划执行末期调整考核标准的情形；指标 86——是否采取审计集中制或垂直管理；指标 88——是否建立了审计问题整改的跟踪、督促制度；指标 89——内审结果是否在被审计对象的考核任免中得到体现；指标 92——是否建立了人事、财务和审计等重要岗位的委派制度；指标 99——最近三年是否有董事高管及外部审计机构非正常变更。同时引入是否引入战略投资者；是否实施股权激励；是否有信息披露制度 3 个公司治理评价指标。经过调整以后，最后剩余评价指标 95 个。

表 7-1 中国保监会保险公司治理评价指标体系

编号	评价指标名称	类型
1	章程形式、内容是否健全、合规	遵守性
2	章程修改是否按规定进行审批	遵守性
3	股权变更是否按规定进行审批	遵守性
4	股权变更是否按规定进行备案	遵守性
5	董事、监事及高管人员任职资格是否均经核准	遵守性
6	是否按规定报送会议通知	遵守性
7	是否按规定报送会议决议	遵守性
8	是否制定关联交易管理制度	遵守性
9	关联交易管理制度是否报保监会备案	遵守性
10	是否存在发生重大关联交易未按规定报告或报批（外资）的情况	遵守性
11	董事、监事及高管人员离职是否及时报告	遵守性
12	是否按规定报备独立董事公开声明	遵守性
13	是否按规定报送公司治理报告	遵守性
14	公司治理报告内容是否真实完整	遵守性
15	独立董事人数是否达到保监会要求	遵守性
16	是否按规定设立审计委员会	遵守性
17	是否按规定设立提名薪酬委员会	遵守性
18	职工监事比例是否符合法律规定	遵守性
19	职工监事产生办法是否符合法律规定	遵守性
20	董事是因未亲自出席会议被书面提示	遵守性
21	是否制定单独的股东（大）会、董事会和监事会议事规则	遵守性
22	会议召开次数是否符合法律及监管要求	遵守性
23	是否存在会议程序不合规情况	遵守性
24	会议记录是否完整并永久保存	遵守性
25	是否按规定设立总精算师	遵守性
26	是否按规定设立合规负责人	遵守性
27	是否按规定设立财务负责人	遵守性
28	是否按规定设立审计责任人	遵守性
29	是否按规定设立董事会秘书	遵守性
30	股东（大）会、董事会和管理层的职责是否清晰	有效性
31	对主要负责人的授权是否明确	有效性
32	对主要负责人的授权是否过于集中	有效性
33	重大决策是否有明确数量标准	有效性
34	是否有明确的重大决策审议程序并实际执行	有效性
35	是否有明确制度界定各部门职责分工	有效性

续表

编号	评价指标名称	类型
36	公司的信息技术系统能否对分支机构的财务、业务进行有效的监控	有效性
37	主要股东在过去三年是否连续亏损	有效性
38	主要股东是否频繁变更	有效性
39	董事的能力和经验是否胜任	有效性
40	董事会的专业结构是否合理	有效性
41	监事会的专业结构是否合理	有效性
42	管理层成员的经验和管理能力是否胜任	有效性
43	管理层成员间的配合是否协调	有效性
44	是否建立了董事、监事和高管人员培训制度并严格执行	有效性
45	董事会及管理层成员是否频繁变动	有效性
46	是否存在董事长、总经理或关键岗位长期空缺的情况	有效性
47	是否定期充分公平地向股东报送或披露公司业务、财务和管理信息	有效性
48	是否存在未及时充分地向股东披露公司重大事项的情况	有效性
49	是否定期向董事报送公司业务、财务和管理信息	有效性
50	是否对公司会计政策合规性和真实性等进行讨论	有效性
51	是否存在董事对公司重大事项不知情的情况	有效性
52	董事会会议是否对议案进行详细说明	有效性
53	董事是否相互信任、相互尊重，积极健康地讨论议案	有效性
54	董事是否积极发言并提出有价值的专业性意见或建议	有效性
55	董事会是否制定清晰的公司战略目标并定期检视	有效性
56	董事会是否定期审查管理层对业务、财务计划的执行情况	有效性
57	董事会是否及时、认真制定公司经营预算和财务预算	有效性
58	董事会是否积极推动公司建立风险管理体系	有效性
59	是否要求管理层定期报告风险管理工作及公司风险状况	有效性
60	是否定期对公司风险状况进行全面评估并跟踪整改情况	有效性
61	董事长与总经理间工作的沟通配合是否顺畅、协调	有效性
62	是否及时召开会议对重大事项进行专题审议	有效性
63	对重大事项是否进行深入讨论形成专业意见并对风险做充分提示	有效性
64	独立董事是否有充分的独立性	有效性
65	是否存在独立董事因审议事项资料不充分要求补充资料或要求延期审查情形	有效性
66	独立董事是否能有效地利用自己的知识、经验和专业技术帮助公司解决所面临的问题	有效性
67	独立董事能否与其他董事进行有效沟通，并保持独立判断	有效性
68	独立董事是否说明弃权或反对的原因	有效性
69	是否有独立董事意见不被接受的情形	有效性
70	是否召开过只有独立董事参加的会议研讨重大事项	有效性

续表

编号	评价指标名称	类型
71	是否收集并及时更正关联方信息	有效性
72	是否有关联交易未按规定进行内部审查	有效性
73	是否每年对关联交易进行审计	有效性
74	薪酬水平是否与公司业务规模、盈利状况相匹配	有效性
75	考核指标是否纳入偿付能力、企业价值、业务质量及风险等因素	有效性
76	考核结果是否能科学反映高管人员对公司的贡献	有效性
77	高管人员薪酬考核指标是否由薪酬委员会主导制定	有效性
78	薪酬管理程序是否严格明确	有效性
79	是否存在在业务计划执行末期调整考核标准的情形	有效性
80	是否建立和落实董事会自我评价制度	有效性
81	是否有明确制度规定高管人员职务消费并有效执行	有效性
82	监事会是否对董事会决议提出意见或建议	有效性
83	监事会是否对高管人员进行监督谈话或调查	有效性
84	是否有管理层或分公司高管人员离任未作审计	有效性
85	审计人员数量和结构是否符合监管要求或满足工作需要	有效性
86	是否采取审计集中制或垂直管理	有效性
87	是否存在主要业务单位连续两年未被审计的情况	有效性
88	是否建立了审计问题整改的跟踪、督促制度	有效性
89	内审结果是否在被审计对象的考核任免中得到体现	有效性
90	是否存在不能及时出具外审报告的情形	有效性
91	是否建立通畅的举报机制并及时处理举报	有效性
92	是否建立了人事、财务和审计等重要岗位的委派制度	有效性
93	是否发生过董事和高管人员违反公司章程、股东会决议及董事会决议的情形	有效性
94	是否有明确制度规定董事、监事及高管人员的责任追究	有效性
95	是否有股东（大）会或董事会决议违反法律法规或内部授权规定	调节性
96	是否存在公司资产被挪用或侵占的情况	调节性
97	最近三年是否有年度财务报告被出具保留意见或被拒绝发表意见	调节性
98	最近三年是否有主要高管人员因经济犯罪问题被双规或司法处理	调节性
99	最近三年是否有董事高管及外部审计机构非正常变更	调节性
100	最近三年是否有股东之间严重对立导致公司会议长期不能正常召开	调节性

资料来源：中国保监会《公司治理报告范本》，中国保监会在评价过程中曾对上述100个评价指标名称进行过微调，但指标实质内容没有发生变化。

根据评价对象不同，这95个评价指标适用于股份制保险公司，因为有限制保险公司可能没有设立股东会、董事会和监事会等，所以适用于股份制保险公司的

95 个评价指标中有 40 个评价指标并不完全适用于有限制保险公司，具体为：指标 12——是否按规定报备独立董事公开声明；指标 15——独立董事人数是否达到保监会要求；指标 16——是否按规定设立审计委员会；指标 17——是否按规定设立提名薪酬委员会；指标 18——职工监事比例是否符合法律规定；指标 19——职工监事产生办法是否符合法律规定；指标 20——董事是否因未亲自出席会议被书面提示；指标 21——是否制定单独的股东（大）会、董事会和监事会议事规则；指标 22——会议召开次数是否符合法律及监管要求；指标 23——是否存在会议程序不合规情况；指标 24——会议记录是否完整并永久保存；指标 29——是否按规定设立董事会秘书；指标 30——股东（大）会、董事会和管理层的职责是否清晰；指标 40——董事会的专业结构是否合理；指标 41——监事会的专业结构是否合理；指标 49——是否定期向董事报送公司业务、财务和管理信息；指标 51——是否存在董事对公司重大事项不知情的情况；指标 52——董事会会议是否对议案进行详细说明；指标 54——董事是否积极发言并提出有价值的专业性意见或建议；指标 55——董事会是否制定清晰的公司战略目标并定期检视；指标 56——董事会是否定期审查管理层对业务、财务计划的执行情况；指标 57——董事会是否及时、认真制定公司经营预算和财务预算；指标 58——董事会是否积极推动公司建立风险管理体系；指标 59——是否要求管理层定期报告风险管理工作及公司风险状况；指标 60——是否定期对公司风险状况进行全面评估并跟踪整改情况；指标 62——是否及时召开会议对重大事项进行专题审议；指标 63——对重大事项是否进行深入讨论形成专业意见并对风险做充分提示；指标 64——独立董事是否有充分的独立性；指标 65——是否存在独立董事因审议事项资料不充分要求补充资料或要求延期审查情形；指标 66——独立董事是否能有效地利用自己的知识、经验和专业技术帮助公司解决所面临的问题；指标 67——独立董事能否与其他董事进行有效沟通，并保持独立判断；指标 68——独立董事是否说明弃权或反对的原因；指标 69——是否有独立董事意见不被接受的情形；指标 70——是否召开过只有独立董事参加的会议研讨重大事项；指标 77——高管人员薪酬考核指标是否由薪酬委员会主导制定；指标 80——是否建立和落实董事会自我评价制度；指标 37——监事会是否对董事会决议提出意见或建议；指标 82——监事会是否对高管人员进行监督谈话或调查；指标 95——是否有股东（大）会或董事会决议违反法律法规或内部授权规定；指标 100——最近三年是否有股东之间严重对立导致公司会议长期不能正常召开，主要是考虑有限制保险公司可能没有董事会或者监事会。剩余 55 个评价指标适用于有限制保险公司。

根据评价指标内涵，将股份制的 95 个评价指标和有限制的 55 个评价指标分为不同的治理维度，其中股份制保险公司包括股东治理基础、董事会治理基础、监事会治理基础、高管治理基础、新三会、董监高、内外部审计和外部监管八个维度；有限制保险公司包括股东治理基础、董事治理基础、高管治理基础、董监高、内外部审计和外部监管六个维度。在股份制治理评价的八个维度中，股东治理基础、董事会治理基础、监事会治理基础、高管治理基础是一般公司治理评价中最核心的内容，但考虑到他们评价内容存在一定的相似性，因此设计了新三会及董监高两个维度。新三会就是指股东大会、董事会、监事会相同的评价内容；董监高是指涉及公司董事、监事和高管个体相同的评价内容。因此，这里的股东治理评价、董事会治理评价、监事会治理评价实际上被分为了两部分，即股东治理基础评价、董事会治理基础评价、监事会治理基础评价，以及新三会、董监高中的相应内容。股份制保险公司中的内外部审计和外部监管维度主要是考虑保险公司治理特殊性而专门设立的两个维度，在一般公司治理中，内部审计和外部监管很少被关注，但是在保险公司治理中，不但是不可缺失的维度，而且是特别重要的维度。有限制保险公司的六个评价维度，是在股份制八个维度基础上，删除了新三会和监事会治理基础两个维度，同时将董事会治理基础维度调整为董事治理维度。

（二）保险公司治理评价标准设计

与设置评价指标相伴而生的就是其评价标准的赋值，这既取决于我们编制指数的基础，同时也服务于我们编制指数的目的。本章以现实中公司治理的实际运作情况来编制指数的，指数编制的目的在于为投资者和投保人正确决策、政府实施有效监管、保险公司实现自我诊断与控制提供依据。在综合借鉴国内外理论与实证研究的基础上，根据保险公司治理的现实特殊性，以 IAIS《保险公司治理核心原则》、OECD《保险公司治理指引》、《关于规范保险公司治理结构的指导意见（试行）》等的要求为标准，综合考虑《公司法》《保险法》等我国有关保险公司的法律法规，根据不同指标的特性确定各评价指数的标准。对于正向指标，是赋值1，否赋值0；对于反向指标，是赋值0，否赋值1。赋值过程相对来说比较客观，这也是国际上公司治理文献中最常用到的量化公司治理的方法。

（三）保险公司治理评价指标权重系数确定

在保险公司治理指数编制过程中，我们将采用分层处理与主观赋值及客观赋值相结合的方法，对于目标层及准则层采用主观赋值（即主观判断相对重要性，当然也可采用主客观相结合的层次分析法等），对于指标层采用客观赋值（没有更多的人为判断），即简单的加权平均处理。

对于准则层，股份制保险公司中，考虑到八个分指数的重要性不同，赋予不同的权重，股东治理基础分指数为10%，董事会治理基础分指数为25%，监事会治理基础分指数为5%，高管治理基础分指数为15%，新三会分指数为10%，董监高分指数为10%，内部审计分指数为12.5%，外部治理分指数为12.5%。有限制保险公司中，同样考虑到六个分指数的重要性不同，赋予不同的权重，股东治理基础分指数为15%，董事治理基础分指数为15%，高管治理基础分指数为20%，董监高分指数为20%，内部审计分指数为15%，外部治理分指数为15%。

（四）保险公司治理指数合成

指标层在处理数据方面，首先是进行简单求和，即对各分指数得分求和，获得各分指数的得分情况。其次，进行标准化处理，各保险公司治理评价分指数得分除以该指数所含指标个数再乘以100%，处理后的各分指数得分最小值为0，最大值为100。最后，将标准化后的八个分指数得分乘以各自权重再求和，获得保险公司治理评价总指数，其最小值为0，最大值为100。通过比较该总指数的高低来评价各保险公司治理水平。

指数一经合成后便可以开展相关的分析。首先，按资本性质和控股股东性质分为国有控股、民营控股和外资控股，通过对不同资本性质和控股股东性质保险公司治理指数的比较，反映资本性质、控股股东性质对保险公司治理水平的影响。其次，按险种类型分为财产险和人身险保险公司，通过对两类公司治理指数的比较，考察险种类型对公司治理水平的影响。再次，按公司组织形式分为有限制保险公司和股份制保险公司，通过对各年不同组织形式保险公司治理指数的比较，反映出组织形式对保险公司治理水平的影响。最后，评价分析股份制和有限制保险公司治理的各个维度。

第二节　我国保险公司治理评价指标体系设计

一、我国保险公司治理评价指标体系构成

本部分共包括17个表，其中表7-2列示了我国保险公司评价指标体系构成情况，表7-3～表7-11列示了我国股份制保险公司治理评价体系，表7-12～表7-18列示了我国有限制保险公司治理评价指标体系。

表7-2列示了我国保险公司治理评价指标体系总体构成情况。共有95个指标，其中"Yes"表示适用于某种类型的保险公司，"No"表示不适用于某类保险公司。这95个指标全部适用于股份制保险公司，55个指标适用于有限制保险公司。

表 7-2　我国保险公司治理评价指标体系

编号	评价指标名称	适用股份制公司	适用有限制公司
1	章程形式、内容是否健全、合规	Yes	Yes
2	章程修改是否按规定进行审批	Yes	Yes
3	股权变更是否按规定进行审批	Yes	Yes
4	股权变更是否按规定进行备案	Yes	Yes
5	董事、监事及高管人员任职资格是否均经核准	Yes	Yes
6	是否按规定报送会议通知	Yes	Yes
7	是否按规定报送会议决议	Yes	Yes
8	是否制定关联交易管理制度	Yes	Yes
9	关联交易管理制度是否报保监会备案	Yes	Yes
10	是否存在发生重大关联交易未按规定报告或报批（外资）的情况	Yes	Yes
11	董事、监事及高管人员离职是否及时报告	Yes	Yes
12	是否按规定报备独立董事公开声明	Yes	No
13	是否按规定报送公司治理报告	Yes	Yes
14	公司治理报告内容是否真实完整	Yes	Yes
15	独立董事人数是否达到保监会要求	Yes	No
16	是否按规定设立审计委员会	Yes	No
17	是否按规定设立提名薪酬委员会	Yes	No
18	职工监事比例是否符合法律规定	Yes	No
19	职工监事产生办法是否符合法律规定	Yes	No
20	董事是否因未亲自出席会议被书面提示	Yes	No
21	是否制定单独的股东大会、董事会和监事会议事规则	Yes	No
22	会议召开次数是否符合法律及监管要求	Yes	No
23	是否存在会议程序不合规情况	Yes	No
24	会议记录是否完整并永久保存	Yes	No
25	是否按规定设立总精算师	Yes	Yes
26	是否按规定设立合规负责人	Yes	Yes
27	是否按规定设立财务负责人	Yes	Yes
28	是否按规定设立审计责任人	Yes	Yes
29	是否按规定设立董事会秘书	Yes	No
30	股东大会、董事会和管理层的职责是否清晰	Yes	No
31	对主要负责人的授权是否明确	Yes	Yes
32	对主要负责人的授权是否过于集中	Yes	Yes
33	重大决策是否有明确数量标准	Yes	Yes
34	是否有明确的重大决策审议程序并实际执行	Yes	Yes

续表

编号	评价指标名称	适用股份制公司	适用有限制公司
35	是否有明确制度界定各部门职责分工	Yes	Yes
36	公司的信息技术系统能否对分支机构的财务、业务进行有效的监控	Yes	Yes
37	主要股东是否频繁变更	Yes	Yes
38	董事的能力和经验是否胜任	Yes	Yes
39	董事会的专业结构是否合理	Yes	No
40	监事会的专业结构是否合理	Yes	No
41	管理层成员的经验和管理能力是否胜任	Yes	Yes
42	管理层成员间的配合是否协调	Yes	Yes
43	是否建立了董事、监事和高管人员培训制度并严格执行	Yes	Yes
44	董事会及管理层成员是否频繁变动	Yes	Yes
45	是否存在董事长、总经理或关键岗位长期空缺的情况	Yes	Yes
46	是否定期充分公平地向股东报送或披露公司业务、财务和管理信息	Yes	Yes
47	是否存在未及时充分地向股东披露公司重大事项的情况	Yes	Yes
48	是否定期向董事报送公司业务、财务和管理信息	Yes	No
49	是否对公司会计政策合规性和真实性等进行讨论	Yes	Yes
50	是否存在董事对公司重大事项不知情的情况	Yes	No
51	董事会会议是否对议案进行详细说明	Yes	No
52	董事是否相互信任、相互尊重,积极健康地讨论议案	Yes	Yes
53	董事是否积极发言并提出有价值的专业性意见或建议	Yes	No
54	董事会是否制定清晰的公司战略目标并定期检视	Yes	No
55	董事会是否定期审查管理层对业务、财务计划的执行情况	Yes	No
56	董事会是否及时、认真制定公司经营预算和财务预算	Yes	No
57	董事会是否积极推动公司建立风险管理体系	Yes	No
58	是否要求管理层定期报告风险管理工作及公司风险状况	Yes	No
59	是否定期对公司风险状况进行全面评估并跟踪整改情况	Yes	No
60	董事长与总经理间工作的沟通配合是否顺畅、协调	Yes	Yes
61	是否及时召开会议对重大事项进行专题审议	Yes	No
62	对重大事项是否进行深入讨论形成专业意见并对风险做充分提示	Yes	No
63	独立董事是否有充分的独立性	Yes	No
64	是否存在独立董事因审议事项资料不充分要求补充资料或要求延期审查情形	Yes	No
65	独立董事是否能有效地利用自己的知识、经验和专业技术帮助公司解决所面临的问题	Yes	No
66	独立董事能否与其他董事进行有效沟通,并保持独立判断	Yes	No
67	独立董事是否说明弃权或反对的原因	Yes	No

续表

编号	评价指标名称	适用股份制公司	适用有限制公司
68	是否有独立董事意见不被接受的情形	Yes	No
69	是否召开过只有独立董事参加的会议研讨重大事项	Yes	No
70	是否有关联交易未按规定进行内部审查	Yes	Yes
71	是否每年对关联交易进行审计	Yes	Yes
72	薪酬水平是否与公司业务规模、盈利状况相匹配	Yes	Yes
73	考核指标是否纳入偿付能力、企业价值、业务质量及风险等因素	Yes	Yes
74	考核结果是否能科学反映高管人员对公司的贡献	Yes	Yes
75	高管人员薪酬考核指标是否由薪酬委员会主导制定	Yes	No
76	薪酬管理程序是否严格明确	Yes	Yes
77	是否建立和落实董事会自我评价制度	Yes	No
78	是否有明确制度规定高管人员职务消费并有效执行	Yes	No
79	监事会是否对董事会决议提出意见或建议	Yes	No
80	监事会是否对高管人员进行监督谈话或调查	Yes	No
81	是否有管理层或分公司高管人员离任未作审计	Yes	Yes
82	审计人员数量和结构是否符合监管要求或满足工作需要	Yes	Yes
83	是否存在主要业务单位连续两年未被审计的情况	Yes	Yes
84	是否存在不能及时出具外审报告的情形	Yes	Yes
85	是否建立通畅的举报机制并及时处理举报	Yes	Yes
86	是否发生过董事和高管人员违反公司章程、股东会决议及董事会决议的情形	Yes	Yes
87	是否有明确制度规定董事、监事及高管人员的责任追究	Yes	Yes
88	是否有股东大会或董事会决议违反法律法规或内部授权规定	Yes	No
89	是否存在公司资产被挪用或侵占的情况	Yes	Yes
90	最近三年是否有年度财务报告被出具有保留意见或被拒绝发表意见	Yes	Yes
91	最近三年是否有主要高管人员因经济犯罪问题被双规或司法处理	Yes	Yes
92	最近三年是否有股东之间严重对立导致公司董事会会议长期不能正常召开	Yes	No
93	是否引入战略投资者	Yes	Yes
94	是否实施股权激励	Yes	Yes
95	是否有信息披露制度	Yes	Yes

二、我国股份制保险公司治理评价指标体系

本部分列示了我国股份制保险公司治理评价指标体系。其中，表 7-3 列示了股份制保险公司治理评价指标体系构成，包括八个准则层指标，分别为股东治理基础分指数、董事会治理基础分指数、监事会治理基础分指数、高管治理基础分

指数、新三会分指数、董监高分指数、内外部审计分指数和外部监管分指数。具体指标详见表 7-4～表 7-11。

表 7-3　我国股份制保险公司治理评价指标体系

指数（目标层）	八个维度（准则层）	指标个数（指标层）
保险公司治理指数	股东治理基础分指数	11
	董事会治理基础分指数	33
	监事会治理基础分指数	5
	高管治理基础分指数	11
	新三会分指数	5
	董监高分指数	13
	内外部审计分指数	10
	外部监管分指数	7

表 7-4　我国股份制保险公司股东治理基础评价指标体系

编号	评价指标名称	指标性质
1	股东大会、董事会和管理层的职责是否清晰	正向
2	最近三年是否有股东之间严重对立导致公司董事会会议长期不能正常召开	反向
3	章程形式、内容是否健全、合规	正向
4	章程修改是否按规定进行审批	正向
5	股权变更是否按规定进行审批	正向
6	股权变更是否按规定进行备案	正向
7	是否制定关联交易管理制度	正向
8	主要股东是否频繁变更	反向
9	是否定期充分公平地向股东报送或披露公司业务、财务和管理信息	正向
10	是否存在未及时充分地向股东披露公司重大事项的情况	反向
11	是否引入战略投资者	正向

表 7-5　我国股份制保险公司董事会治理基础评价指标体系

编号	评价指标名称	指标性质
1	是否按规定报备独立董事公开声明	正向
2	独立董事人数是否达到保监会要求	正向
3	是否按规定设立审计委员会	正向
4	是否按规定设立提名薪酬委员会	正向
5	董事是否因未亲自出席会议被书面提示	反向

续表

编号	评价指标名称	指标性质
6	是否按规定设立董事会秘书	正向
7	董事会的专业结构是否合理	正向
8	是否定期向董事报送公司业务、财务和管理信息	正向
9	是否存在董事对公司重大事项不知情的情况	反向
10	董事会会议是否对议案进行详细说明	正向
11	董事是否积极发言并提出有价值的专业性意见或建议	正向
12	董事会是否制定清晰的公司战略目标并定期检视	正向
13	董事会是否定期审查管理层对业务、财务计划的执行情况	正向
14	董事会是否及时、认真制定公司经营预算和财务预算	正向
15	董事会是否积极推动公司建立风险管理体系	正向
16	是否要求管理层定期报告风险管理工作及公司风险状况	正向
17	是否定期对公司风险状况进行全面评估并跟踪整改情况	正向
18	是否及时召开会议对重大事项进行专题审议	正向
19	对重大事项是否进行深入讨论形成专业意见并对风险做充分提示	正向
20	独立董事是否有充分的独立性	正向
21	是否存在独立董事因审议事项资料不充分要求补充资料或要求延期审查情形	反向
22	独立董事是否能有效地利用自己的知识、经验和专业技术帮助公司解决所面临的问题	正向
23	独立董事能否与其他董事进行有效沟通，并保持独立判断	正向
24	独立董事是否说明弃权或反对的原因	正向
25	是否有独立董事意见不被接受的情形	反向
26	是否召开过只有独立董事参加的会议研讨重大事项	正向
27	是否建立和落实董事会自我评价制度	正向
28	重大决策是否有明确数量标准	正向
29	是否有明确的重大决策审议程序并实际执行	正向
30	董事的能力和经验是否胜任	正向
31	是否对公司会计政策合规性和真实性等进行讨论	正向
32	董事是否相互信任、相互尊重，积极健康地讨论议案	正向
33	董事长与总经理间工作的沟通配合是否顺畅、协调	正向

表 7-6　我国股份制保险公司监事会治理基础评价指标体系

编号	评价指标名称	指标性质
1	职工监事比例是否符合法律规定	正向
2	职工监事产生办法是否符合法律规定	正向

续表

编号	评价指标名称	指标性质
3	监事会的专业结构是否合理	正向
4	监事会是否对董事会决议提出意见或建议	正向
5	监事会是否对高管人员进行监督谈话或调查	正向

表 7-7　我国股份制保险公司高管治理基础评价指标体系

编号	评价指标名称	指标性质
1	高管人员薪酬考核指标是否由薪酬委员会主导制定	正向
2	是否按规定设立总精算师	正向
3	是否按规定设立合规负责人	正向
4	是否按规定设立财务负责人	正向
5	是否按规定设立审计责任人	正向
6	管理层成员的经验和管理能力是否胜任	正向
7	管理层成员间的配合是否协调	正向
8	考核指标是否纳入偿付能力、企业价值、业务质量及风险等因素	正向
9	考核结果是否能科学反映高管人员对公司的贡献	正向
10	是否有明确制度规定高管人员职务消费并有效执行	正向
11	是否有管理层或分公司高管人员离任未做审计	反向

表 7-8　我国股份制保险公司新三会评价指标体系

编号	评价指标名称	指标性质
1	是否制定单独的股东大会、董事会和监事会议事规则	正向
2	会议召开次数是否符合法律及监管要求	正向
3	是否存在会议程序不合规情况	反向
4	会议记录是否完整并永久保存	正向
5	是否有股东大会或董事会决议违反法律法规或内部授权规定	反向

表 7-9　我国股份制保险公司董监高评价指标体系

编号	评价指标名称	指标性质
1	董事、监事及高管人员任职资格是否均经核准	正向
2	董事、监事及高管人员离职是否及时报告	正向
3	对主要负责人的授权是否明确	正向
4	对主要负责人的授权是否过于集中	反向

续表

编号	评价指标名称	指标性质
5	是否建立了董事、监事和高管人员培训制度并严格执行	正向
6	董事会及管理层成员是否频繁变动	反向
7	是否存在董事长、总经理或关键岗位长期空缺的情况	反向
8	薪酬水平是否与公司业务规模、盈利状况相匹配	正向
9	薪酬管理程序是否严格明确	正向
10	是否发生过董事和高管人员违反公司章程、股东会决议及董事会决议的情形	反向
11	是否有明确制度规定董事、监事及高管人员的责任追究	正向
12	最近三年是否有主要高管人员因经济犯罪问题被双规或司法处理	反向
13	是否股权激励	正向

表 7-10　我国股份制保险公司内外部审计评价指标体系

编号	评价指标名称	指标性质
1	是否有明确制度界定各部门职责分工	正向
2	公司的信息技术系统能否对分支机构的财务、业务进行有效的监控	正向
3	是否有关联交易未按规定进行内部审查	反向
4	是否每年对关联交易进行审计	正向
5	审计人员数量和结构是否符合监管要求或满足工作需要	正向
6	是否存在主要业务单位连续两年未被审计的情况	反向
7	是否存在不能及时出具外审报告的情形	反向
8	是否建立通畅的举报机制并及时处理举报	正向
9	是否存在公司资产被挪用或侵占的情况	反向
10	最近三年是否有年度财务报告被出具有保留意见或被拒绝发表意见	反向

表 7-11　我国股份制保险公司外部监管评价指标体系

编号	评价指标名称	指标性质
1	是否按规定报送会议通知	正向
2	是否按规定报送会议决议	正向
3	关联交易管理制度是否报保监会备案	正向
4	是否存在发生重大关联交易未按规定报告或报批（外资）的情况	反向
5	是否按规定报送公司治理报告	正向
6	公司治理报告内容是否真实完整	正向
7	是否有信息披露制度	正向

三、我国有限制保险公司治理评价指标体系

本部分列示了我国有限制保险公司治理评价指标体系。其中，表 7-12 列示了有限制保险公司治理评价指标体系构成，包括六个准则层指标，分别为股东治理基础分指数、董事治理基础分指数、高管治理基础分指数、董监高分指数、内外部审计分指数和外部监管分指数。具体指标详见表 7-13～表 7-18。

表 7-12　我国有限制保险公司治理评价指标体系

指数（目标层）	六个维度（准则层）	指标个数（指标层）
保险公司治理指数	股东治理基础分指数	9
	董事治理基础分指数	6
	高管治理基础分指数	10
	董监高分指数	13
	内外部审计分指数	10
	外部监管分指数	7

表 7-13　我国有限制保险公司股东治理基础评价指标体系

编号	评价指标名称	指标性质
1	章程形式、内容是否健全、合规	正向
2	章程修改是否按规定进行审批	正向
3	股权变更是否按规定进行审批	正向
4	股权变更是否按规定进行备案	正向
5	是否制定关联交易管理制度	正向
6	主要股东是否频繁变更	反向
7	是否定期充分公平地向股东报送或披露公司业务、财务和管理信息	正向
8	是否存在未及时充分地向股东披露公司重大事项的情况	反向
9	是否引入战略投资者	正向

表 7-14　我国有限制保险公司董事治理基础评价指标体系

编号	评价指标名称	指标性质
1	重大决策是否有明确数量标准	正向
2	是否有明确的重大决策审议程序并实际执行	正向
3	董事的能力和经验是否胜任	正向

续表

编号	评价指标名称	指标性质
4	是否对公司会计政策合规性和真实性等进行讨论	正向
5	董事是否相互信任、相互尊重,积极健康地讨论议案	正向
6	董事长与总经理间工作的沟通配合是否顺畅、协调	正向

表 7-15　我国有限制保险公司高管治理基础评价指标体系

编号	评价指标名称	指标性质
1	是否按规定设立总精算师	正向
2	是否按规定设立合规负责人	正向
3	是否按规定设立财务负责人	正向
4	是否按规定设立审计责任人	正向
5	管理层成员的经验和管理能力是否胜任	正向
6	管理层成员间的配合是否协调	正向
7	考核指标是否纳入偿付能力、企业价值、业务质量及风险等因素	正向
8	考核结果是否能科学反映高管人员对公司的贡献	正向
9	是否有明确制度规定高管人员职务消费并有效执行	正向
10	是否有管理层或分公司高管人员离任未作审计	反向

表 7-16　我国有限制保险公司董监高评价指标体系

编号	评价指标名称	指标性质
1	董事、监事及高管人员任职资格是否均经核准	正向
2	董事、监事及高管人员离职是否及时报告	正向
3	对主要负责人的授权是否明确	正向
4	对主要负责人的授权是否过于集中	反向
5	是否建立了董事、监事和高管人员培训制度并严格执行	正向
6	董事会及管理层成员是否频繁变动	反向
7	是否存在董事长、总经理或关键岗位长期空缺的情况	反向
8	薪酬水平是否与公司业务规模、盈利状况相匹配	正向
9	薪酬管理程序是否严格明确	正向
10	是否发生过董事和高管人员违反公司章程、股东会决议及董事会决议的情形	反向
11	是否有明确制度规定董事、监事及高管人员的责任追究	正向
12	最近三年是否有主要高管人员因经济犯罪问题被双规或司法处理	反向
13	是否股权激励	正向

表 7-17 我国有限制保险公司内外部审计评价指标体系

编号	评价指标名称	指标性质
1	是否有明确制度界定各部门职责分工	正向
2	公司的信息技术系统能否对分支机构的财务、业务进行有效的监控	正向
3	是否有关联交易未按规定进行内部审查	反向
4	是否每年对关联交易进行审计	正向
5	审计人员数量和结构是否符合监管要求或满足工作需要	正向
6	是否存在主要业务单位连续两年未被审计的情况	反向
7	是否存在不能及时出具外审报告的情形	反向
8	是否建立通畅的举报机制并及时处理举报	正向
9	是否存在公司资产被挪用或侵占的情况	反向
10	最近三年是否有年度财务报告被出具有保留意见或被拒绝发表意见	反向

表 7-18 我国有限制保险公司外部监管评价指标体系

编号	评价指标名称	指标性质
1	是否按规定报送会议通知	正向
2	是否按规定报送会议决议	正向
3	关联交易管理制度是否报保监会备案	正向
4	是否存在发生重大关联交易未按规定报告或报批（外资）的情况	反向
5	是否按规定报送公司治理报告	正向
6	公司治理报告内容是否真实完整	正向
7	是否有信息披露制度	正向

第八章　基于治理内容的保险公司治理评价结果

我们在研究保险公司的治理及进行保险公司治理评价体系设计时，要在融合公司治理理论和金融中介理论的基础上，充分考虑保险公司的独特性质和我国特殊的制度背景，建立广为接受的保险公司治理评价标准和评估系统；这项工作既是准确把握保险公司治理实际，进行风险防范和制度规制的前提基础，也是"统筹协调、全面推进，分类指导、突出重点，完善制度、重在执行，循序渐进、务求实效"原则的内在要求（吴定富，2006；袁力，2006）。本章基于上一章构建的我国保险公司治理评价指标体系，对我国保险公司治理状况进行了总体和分内容的量化评价和多角度的比较分析。

第一节　我国保险公司治理状况总体分析

一、我国保险公司治理指数总体分析

公司治理评价指数，简称公司治理指数，是运用统计学和运筹学等原理，根据一定的指标体系，对照一定的标准，按照科学的程序，通过定量分析与定性分析，以指数形式对公司治理状况做出的系统、客观和准确的评价。

表 8-1 展示的是我国保险公司治理指数描述统计情况。我国保险公司治理指数的最小值是 30.17，最大值是 95.27，平均值是 80.95，标准差是 15.78。

表 8-1　我国保险公司治理指数描述统计

统计指标	保险公司治理指数
样本数/家	93
平均值	80.95
中位数	86.41
标准差	15.78
偏度	−1.90
峰度	2.63
全距	65.10
最小值	30.17
最大值	95.27

资料来源：课题组调研。

表 8-2 展示的是我国保险公司治理指数等级分布情况。从表 8-2 中可以看出，我国保险公司治理等级主要集中在 I 和 II 等级上，分别占样本总数的 25.81%和 48.39%。治理等级IV的样本很少，只有 1 家，仅占样本总数的 1.08%。

表 8-2　我国保险公司治理指数等级分布

治理等级	治理指数区间	样本数/家	比例/%
I	90.00～100.00	24	25.81
II	80.00～89.99	45	48.39
III	70.00～79.99	11	11.83
IV	60.00～69.99	1	1.08
V	60.00 以下	12	12.90
合计		93	100.00

资料来源：课题组调研。

我国保险公司治理指数的分布见图 8-1，分布图均显示总体呈现出右偏。

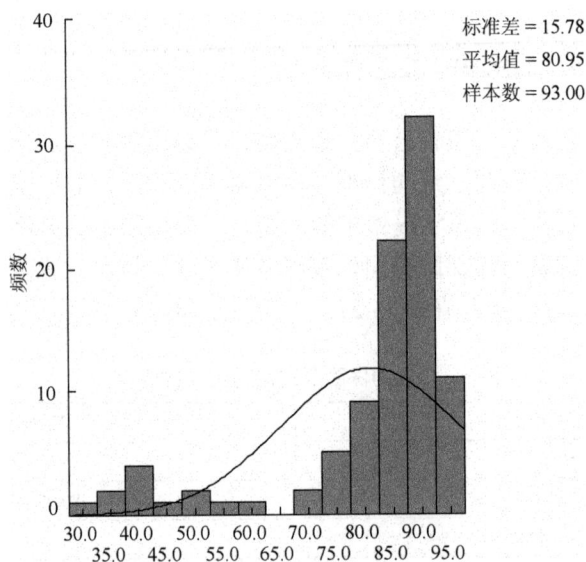

图 8-1　我国保险公司治理指数分布

二、我国保险公司治理指数分资本性质比较分析

表 8-3 展示的是我国保险公司治理指数分中资和外资比较情况。其中，中资保险公司 61 家统计结果，治理指数的平均值是 81.33；外资保险公司 32 家统计结

果，治理指数的平均值是 80.22。

表 8-3　分中、外资我国保险公司治理指数比较分析

统计指标	中资保险公司	外资保险公司
样本数/家	61	32
平均值	81.33	80.22
中位数	88.13	83.96
标准差	17.50	12.06
偏度	−1.89	−1.84
峰度	2.25	3.46
全距	65.10	50.86
最小值	30.17	40.94
最大值	95.27	91.79

资料来源：课题组调研。

　　表 8-4 展示的是我国保险公司治理指数分国有、民营和外资控股比较情况。其中，国有控股保险公司 41 家统计结果，治理指数的平均值是 80.08；民营控股保险公司 20 家统计结果，治理指数的平均值是 83.90；外资控股保险公司 32 家统计结果，治理指数的平均值是 80.22。

表 8-4　分国有、民营和外资控股我国保险公司治理指数比较分析

统计指标	国有控股保险公司	民营控股保险公司	外资控股保险公司
样本数/家	41	20	32
平均值	80.08	83.90	80.22
中位数	88.13	87.84	83.96
标准差	18.54	15.25	12.06
偏度	−1.74	−2.48	−1.84
峰度	1.64	5.52	3.46
全距	64.69	55.17	50.86
最小值	30.17	40.10	40.94
最大值	94.86	95.27	91.79

资料来源：课题组调研。

三、我国保险公司治理指数分险种类型比较分析

　　表 8-5 展示的是我国保险公司治理指数分险种类型比较情况。财产险保险公

司 43 家统计结果，治理指数的平均值是 79.60；人身险保险公司 50 家统计结果，治理指数的平均值是 82.11。

表 8-5　分险种类型我国保险公司治理指数比较分析

统计指标	财产险保险公司	人身险保险公司
样本数/家	43	50
平均值	79.60	82.11
中位数	86.41	86.57
标准差	17.51	14.20
偏度	−1.71	−2.12
峰度	1.55	4.38
全距	59.08	65.10
最小值	34.38	30.17
最大值	93.46	95.27

资料来源：课题组调研。

四、我国保险公司治理指数分组织形式比较分析

我国保险公司按照组织形式的类型，可以划分为股份制保险公司和有限制保险公司两大类。下面从我国保险公司的组织形式上来进行公司治理指数的比较分析。

从表 8-6 可以看出，我国股份制保险公司样本数为 58 家，公司治理指数最大值为 95.27，最小值为 30.17，平均值为 81.70，标准差为 17.55；有限制保险公司样本数为 35 家，公司治理指数最大值为 91.79，最小值为 40.94，平均值为 79.70，标准差为 12.45。

表 8-6　分组织形式我国保险公司治理指数比较分析

统计指标	股份制保险公司	有限制保险公司
样本数/家	58	35
平均值	81.70	79.70
中位数	88.48	84.05
标准差	17.55	12.45
偏度	−1.97	−1.71
峰度	2.54	2.53
全距	65.10	50.86
最小值	30.17	40.94
最大值	95.27	91.79

资料来源：课题组调研。

第二节 我国股份制保险公司治理状况分析

一、我国股份制保险公司治理指数分析

表 8-7 展示的是我国股份制保险公司治理指数统计情况。保险公司治理指数的最小值是 30.17，最大值是 95.27，平均值是 81.70，标准差是 17.55。八个分指数中新三会分指数最高，平均值为 90.34，高管治理基础分指数最低，平均值为 68.70。另外六个分指数股东治理基础分指数、董事会治理基础分指数、监事会治理基础分指数、董监高分指数、内外部审计分指数和外部监管分指数，平均值分别为 87.15、81.50、78.62、78.78、87.24 和 84.48。

表 8-7 我国股份制保险公司治理指数描述统计

统计指标	样本数/家	平均值	中位数	标准差	偏度	峰度	全距	最小值	最大值
保险公司治理指数	58	81.70	88.48	17.55	−1.97	2.54	65.10	30.17	95.27
股东治理基础分指数	58	87.15	90.91	12.86	−1.57	2.19	54.55	45.45	100.00
董事会治理基础分指数	58	81.50	90.91	25.93	−1.91	2.41	96.97	3.03	100.00
监事会治理基础分指数	58	78.62	80.00	25.37	−1.09	0.59	100.00	0.00	100.00
高管治理基础分指数	58	68.70	76.92	16.29	−1.62	3.14	76.92	7.69	84.62
董监高分指数	58	78.78	84.62	17.90	−1.75	2.77	84.62	15.38	100.00
新三会分指数	58	90.34	100.00	23.17	−2.67	6.52	100.00	0.00	100.00
内外部审计分指数	58	87.24	100.00	19.63	−1.83	2.84	80.00	20.00	100.00
外部监管分指数	58	84.48	85.71	17.81	−1.52	3.08	85.71	14.29	100.00

资料来源：课题组调研。

二、我国分资本性质的股份制保险公司治理指数分析

表 8-8 展示的是我国股份制保险公司治理指数分中资和外资统计情况。中资股份制保险公司样本数为 57 家，治理指数的平均值是 81.55。八个分指数中新三会分指数最高，平均值为 90.18，高管治理基础分指数最低，平均值为 68.56。另外，股东治理基础分指数、董事会治理基础分指数、监事会治理基础分指数、董监高分指数内外部审计分指数和外部监管分指数，平均值分别为 86.92、81.34、78.25、78.81、87.19 和 84.21。表 8-8 中，无外资保险公司指数数据，我国外资保险公司组织形式主要为有限制公司。

表 8-8　分中、外资我国股份制保险公司治理指数描述统计

统计指标	中资保险公司		外资保险公司	
	样本数/家	平均值	样本数/家	平均值
保险公司治理指数	57	81.55	—	—
股东治理基础分指数	57	86.92	—	—
董事会治理基础分指数	57	81.34	—	—
监事会治理基础分指数	57	78.25	—	—
高管治理基础分指数	57	68.56	—	—
董监高分指数	57	78.81	—	—
新三会分指数	57	90.18	—	—
内外部审计分指数	57	87.19	—	—
外部监管分指数	57	84.21	—	—

资料来源：课题组调研。

表 8-9 展示的是我国股份制保险公司治理指数分国有、民营和外资控股统计情况，股份制保险公司中没有外资控股样本。国有股份制保险公司样本数为 37家,治理指数的平均值是 80.28。八个分指数中新三会分指数最高，平均值为 90.27,高管治理基础分指数最低，平均值为 66.74。另外，股东治理基础分指数、董事会治理基础分指数、监事会治理基础分指数、董监高分指数、内外部审计分指数和外部监管分指数，平均值分别为 86.98、78.62、76.22、78.59、85.95 和 83.78。民营股份制保险公司样本数为 20 家，治理指数的平均值是 83.90。八个分指数中新三会分指数最高，平均值为 90.00，高管治理基础分指数最低，平均值为 71.92。另外分指数股东治理基础分指数、董事会治理基础分指数、监事会治理基础分指数、董监高分指数、内外部审计分指数和外部监管分指数，平均值分别为 86.82、86.36、82.00、79.23、89.50 和 85.00。

表 8-9　分国有和民营控股我国股份制保险公司治理指数描述统计

统计指标	国有控股保险公司		民营控股保险公司	
	样本数/家	平均值	样本数/家	平均值
保险公司治理指数	37	80.28	20	83.90
股东治理基础分指数	37	86.98	20	86.82
董事会治理基础分指数	37	78.62	20	86.36
监事会治理基础分指数	37	76.22	20	82.00
高管治理基础分指数	37	66.74	20	71.92
董监高分指数	37	78.59	20	79.23

续表

统计指标	国有控股保险公司		民营控股保险公司	
	样本数/家	平均值	样本数/家	平均值
新三会分指数	37	90.27	20	90.00
内外部审计分指数	37	85.95	20	89.50
外部监管分指数	37	83.78	20	85.00

资料来源：课题组调研。

三、我国分险种类型的股份制保险公司治理指数分析

表 8-10 展示的是我国股份制保险公司治理指数分险种类型统计情况。财产险样本数为 28 家，治理指数的平均值是 79.15。八个分指数中股东治理基础分指数最高，平均值为 86.69，高管治理基础分指数最低，平均值为 66.21。人身险样本数为 30 家，治理指数的平均值是 84.09。八个分指数中新三会治理基础分指数最高，平均值为 94.67，高管治理基础分指数最低，平均值为 71.03。

表 8-10　分公司类型我国股份制保险公司治理指数描述统计

统计指标	财产险保险公司		人身险保险公司	
	样本数/家	平均值	样本数/家	平均值
保险公司治理指数	28	79.15	30	84.09
股东治理基础分指数	28	86.69	30	87.58
董事会治理基础分指数	28	79.55	30	83.33
监事会治理基础分指数	28	72.14	30	84.67
高管治理基础分指数	28	66.21	30	71.03
董监高分指数	28	76.65	30	80.77
新三会分指数	28	85.71	30	94.67
内外部审计分指数	28	83.93	30	90.33
外部监管分指数	28	82.65	30	86.19

资料来源：课题组调研。

第三节　我国有限制保险公司治理状况分析

一、我国有限制保险公司治理指数分析

表 8-11 展示的是我国有限制保险公司治理指数统计情况。保险公司治理指数

的最小值是 40.94，最大值是 91.79，平均值是 79.70，标准差是 12.45。六个分指数中董事治理基础分指数最高，平均值为 92.38，高管治理基础分指数最低，平均值为 67.62。另外四个分指数股东治理基础分指数、董监高分指数、内外部审计分指数、外部监管分指数的平均值分别为 82.54、76.92、85.71 和 77.96。

表 8-11　我国有限制保险公司治理指数描述统计

统计指标	样本数/家	平均值	中位数	标准差	偏度	峰度	全距	最小值	最大值
保险公司治理指数	35	79.70	84.05	12.45	−1.71	2.53	50.86	40.94	91.79
股东治理基础分指数	35	82.54	88.89	11.52	−1.31	0.65	44.44	55.56	100.00
董事治理基础分指数	35	92.38	100.00	16.34	−2.11	3.12	50.00	50.00	100.00
高管治理基础分指数	35	67.62	75.00	12.75	−0.99	0.52	50.00	33.33	83.33
董监高分指数	35	76.92	76.92	15.04	−1.15	1.35	61.54	30.77	92.31
内外部审计分指数	35	85.71	90.00	19.89	−1.86	3.20	80.00	20.00	100.00
外部监管分指数	35	77.96	85.71	19.70	−0.69	−0.38	71.43	28.57	100.00

资料来源：课题组调研。

二、我国分资本性质的有限制保险公司治理指数分析

表 8-12 展示的是我国有限制保险公司治理指数分中资和外资统计情况。中资有限制保险公司样本数为 4 家，治理指数的平均值是 78.24。六个分指数中外部监管分指数最高，平均值为 89.29，内外部审计分指数最低，平均值为 70.00。另外股东治理基础分指数、高管治理基础分指数、董监高分指数和内外部审计分指数，平均值分别为 77.78、87.50、70.83 和 76.92。外资有限制保险公司样本数为 31 家，治理指数的平均值是 79.89。六个分指数中董事治理基础分指数最高，平均值为 93.01，高管治理基础分指数最低，平均值为 67.20。另外，股东治理基础分指数、董监高分指数、内外部审计分指数和外部监管分指数平均值分别为 83.15、76.92、87.74 和 76.50。

表 8-12　分中、外资我国有限制保险公司治理指数描述统计

统计指标	中资保险公司		外资保险公司	
	样本数/家	平均值	样本数/家	平均值
保险公司治理指数	4	78.24	31	79.89
股东治理基础分指数	4	77.78	31	83.15
董事治理基础分指数	4	87.50	31	93.01
高管治理基础分指数	4	70.83	31	67.20

续表

统计指标	中资保险公司		外资保险公司	
	样本数/家	平均值	样本数/家	平均值
董监高分指数	4	76.92	31	76.92
内外部审计分指数	4	70.00	31	87.74
外部监管分指数	4	89.29	31	76.50

资料来源：课题组调研。

表 8-13 展示的是我国有限制保险公司治理指数分国有、民营和外资控股统计情况，有限制保险公司中没有民营控股样本。国有控股有限制保险公司样本数为 4 家，治理指数的平均值是 78.24。六个分指数中外部监管分指数最高，平均值为 89.29，内外部审计分指数最低，平均值为 70.00。另外，股东治理基础分指数、董事治理基础分指数、高管治理基础分指数和董监高分指数，平均值分别为 77.78、87.50、70.83 和 76.92。外资有限制保险公司样本数为 31 家，治理指数的平均值是 79.89。六个分指数中董事治理基础分指数最高，平均值为 93.01，高管治理基础分指数最低，平均值为 67.20。另外，股东治理基础分指数、董监高分指数、内外部审计分指数和外部监管分指数平均值分别为 83.15、76.92、87.74 和 76.50。

表 8-13　分国有和外资控股我国有限制保险公司治理指数描述统计

统计指标	国有控股保险公司		外资控股保险公司	
	样本数/家	平均值	样本数/家	平均值
保险公司治理指数	4	78.24	31	79.89
股东治理基础分指数	4	77.78	31	83.15
董事治理基础分指数	4	87.50	31	93.01
高管治理基础分指数	4	70.83	31	67.20
董监高分指数	4	76.92	31	76.92
内外部审计分指数	4	70.00	31	87.74
外部监管分指数	4	89.29	31	76.50

资料来源：课题组调研。

三、我国分险种类型的有限制保险公司治理指数分析

表 8-14 展示的是我国有限制保险公司治理指数分险种类型统计情况。财产险样本数为 15 家，治理指数的平均值是 80.43。六个分指数中董事治理基础分指数最高，平均值为 92.22，高管治理基础分指数最低，平均值为 69.44。人身险样本

数为 20 家，治理指数的平均值是 79.15。六个分指数中董事治理基础分指数最高，平均值为 92.50；高管治理基础分指数最低，平均值为 66.25。

表 8-14　分险种类型我国有限制保险公司治理指数描述统计

统计指标	财产险保险公司		人身险保险公司	
	样本数/家	平均值	样本数/家	平均值
保险公司治理指数	15	80.43	20	79.15
股东治理基础分指数	15	80.74	20	83.89
董事治理基础分指数	15	92.22	20	92.50
高管治理基础分指数	15	69.44	20	66.25
董监高分指数	15	80.00	20	74.62
内外部审计分指数	15	84.00	20	87.00
外部监管分指数	15	80.00	20	76.43

资料来源：课题组调研。

第九章 基于治理层次的保险公司治理评价研究

公司治理评价的本质是通过科学量化的方法来评价公司治理的合规性，而公司治理的合规性存在层次问题，合规包括强制合规和自主合规，因此本章提出不同于基于治理内容进行公司治理评价的传统思路，提出基于治理合规层次的保险公司治理评价指标体系。首先将所有的保险公司治理评价指标按照一定的标准划分为自主合规和强制合规两类；然后考虑保险公司组织形式，分别构建了股份制保险公司治理强制合规评价指标体系、股份制保险公司治理自主合规评价指标体系、有限制保险公司治理强制合规评价指标体系和有限制保险公司治理自主合规评价指标体系；最后给出保险公司治理合规指数合成办法。

第一节 我国保险公司治理合规性及其评价

一、保险公司治理合规层次的划分

（一）治理合规性与治理有效性

公司治理合规性是指公司治理活动中，遵从有关公司治理法律法规政策的情况，治理合规性是治理有效性的必要条件。治理合规性具有层次性，可以分为强制合规（也称一般合规）和自主合规（也称高级合规）。

公司治理有效性是指公司治理结构与机制建立起来以后，解决公司治理问题的状况，即公司制度安排的有效性。公司治理的核心问题是如何在不同的企业参与人之间分配企业的剩余索取权和控制权（张维迎，1996；2005），这是从另外一个视角来理解公司治理的有效性。对此，公司治理学家已经得出如下结论：第一，剩余索取权和控制权应当尽可能对应，即拥有剩余索取权和承担风险的人应当拥有控制权，或者说，拥有控制权的人应当承担风险；第二，经理人的收入报酬应当与企业的经营业绩挂钩而不应当是固定合同支付；第三，投资者应当拥有选择和监督经理的权威；第四，最优公司治理结构应当是一种状态依存控制结构，也就是说，控制权应当与企业的经营状态相关，不同状态下的企业应当由不同的利益要求者控制；第五，为了解决投资者的搭便车问题，应当让所有权适当集中于大股东手中。

需要说明的是，治理合规性是能通过具体的评价指标来明确判断其是否合规及合规情况的；而治理有效性其实并不容易进行量化，因为公司治理是否有效，具体制度是否能解决委托代理问题，需要通过公司的绩效才能反映出来，而不能直接从具体公司治理评价指标的遵守情况来确定。这也是本书划分我国保险公司治理强制合规和自主合规指标的思路。

（二）强制性治理与强制合规

公司治理制度在投资者与经理人等参与人内生的自我实施机制和外生的法律监管制度相互博弈的冲突和协调过程中不断演进，并根据博弈双方的作用大小在实施过程中表现为强制性和自主性（青木昌彦，2001）。强制性治理是指在公司组织领域外生的法律监管制度在与公司参与人内生的自我实施机制的相互博弈过程中占据主导地位，并迫使公司采取非自愿的"守信"行为的治理形式，它更多地表现为公司被动迎合外在法律对公司治理规定的最低监管要求。因此，强制治理主要是根据《公司法》《证券法》等法律规则所要求实施的国家层面的治理准则，同时结合我国公司治理的现实特征。当某一条公司层面所实施治理准则虽然不是法律强制性监管要求内容，但是如果所有的公司都实施，则该治理准则也是强制性治理内容。

La Porta 等（2002）通过深入研究发现，通过法律体系（即立法和执法）来保护外部投资者是问题的关键。虽然信誉和经济泡沫可能有助于筹集资金，但是，立法和执法方面的差异可能是导致一些国家的公司筹集的资金多于其他国家公司的一个关键因素。如果潜在股东和债权人的权利能得到法律的保护，那么他们就会愿意向公司融资。与公司员工或供应商相比，外部投资者更容易受到权利被剥夺的伤害。因此，他们对法律的依赖性也更大。在 La Porta 等看来，公司治理在很大程度上，就是为外部投资者采取的阻止内部人（控股股东和经理人）实施盘剥行为的一整套机制。由此他们开创了公司治理的法与金融学研究方法，并率先从国家层面的法律制度，即强制性治理方式，保护投资者权益的角度来研究公司治理问题。

（三）自主性治理与自主合规

现实中为了能够在全球性资本竞争中获胜，具有创新意识的公司会主动开展治理创新活动，探索完善公司治理的路径。这些自愿性的公司治理创新活动往往是在合规的基础上进行的，在改变单个公司治理状况的同时也为其他公司的治理完善起到了示范作用。Anand 等（2006）开始引进自主性治理的概念去概括这一行为，在他看来，已有的治理合规可以视为一种强制性的治理行为，而超越这一水平的治理活动可以视为公司自愿基础上的自主性治理，这一划分无疑开拓了公司治理研究更广阔的空间。自主性治理是指在公司组织领域公司参与人内生的自我实施机制在与外生的法律监管制度相互博弈的过程中占据主导地位，公司出于自身提高公司治理效率和创造公司价值的内在需要而在满足法律监管要求的基础上主动进行治理创新。

　　强制性治理是实行自主性治理的前提条件，而自主性治理是公司在满足强制性治理要求的基础上实施的治理创新，并且是对强制性治理的有效补充和超越。这两种治理机制产生于投资者、公司管理层等内生的自我实施机制和外生的法律监管制度相互博弈的冲突和协调过程，其影响作用取决于博弈双方的实力。Anand等（2006）以加拿大公司为研究对象，并以董事会质量为衡量上市公司自主性治理水平的指标，考察了公司特征与自主性治理水平之间的关系。他们发现，自主性治理水平与大股东或高管持股比例负相关，与公司较好的投资机会或高水平的研发支出正相关；资本需求是公司实施自主性治理的重要动因，公司对外部资金的需求越大，就越有动机采用更加有效的治理实践，以吸引潜在的投资者。Bruno和 Claessens（2007）以 23 个国家 5857 家上市公司为对象，分析了强制性治理和自主性治理对公司价值的影响，结果显示，与自主性治理相比，强制性治理对公司价值的作用较小。Chhaochharia 和 Laeven（2009）在区分强制性治理和自主性治理的基础上，通过跨国比较分析了自主性治理对公司价值的影响，结果表明，很多公司主动实施超越强制性治理的自主性治理，而且它们的自主性治理水平与公司价值显著正相关。由此可见，治理实践对投资者的影响主要取决于这样一个因素：它们是法律强制规定的还是公司自主实施的。

（四）保险公司治理合规与治理监管

　　保险公司治理合规与治理监管之间既有区别又有联系。区别主要体现为阐释角度、表达内容和目的不同。首先，二者的阐释角度不同，保险公司治理合规是从保险公司的视角来进行阐释；而保险公司治理监管是从监管者的角度来解读。其次，二者表达的内容也不尽相同，保险公司治理合规是公司对治理过程自我检查和评价的一种方式；而保险公司治理监管是相应监管机构履行职责而对保险公司治理情况进行的监管，这对于保险公司来说属于一种被动监管过程。第三，二者的目的也不同，保险公司治理合规性主要是为保险公司进行自我检查和评价，类似于事前对公司治理监管情况进行的自我评估，在进行自我评价之后，既能更好地满足相关监管机构的要求，还能有助于发现自身在公司治理中存在的问题，并对此做出改进；而保险公司治理监管是监管机构出于更好地维护利益相关者的利益，维护整个行业安全，而做出的监管行为。二者之间的联系主要体现为，随着治理监管的推进，治理的合规性将会得到提升；而治理合规后，将会对治理监管内容、方式和力度等提出更高的要求。

二、我国保险公司治理合规性评价指标体系设计

（一）保险公司治理合规性的评价指标体系设计的原则

因为本书是对保险公司治理合规性来进行系统评价，所以在评价指标的设计上遵循以下几个原则。第一是可操作性原则，选择的评价指标进行评价时的可操作性要强；第二是分类原则，本书通过将保险公司按组织形式分成有限制和股份制两种，再分别将这两种公司按照治理强制和自主合规设计评价指标；第三是科学性原则，也就是说所设计的指标能够真实客观地反映保险公司治理合规性的情况；第四是可比性原则，即评价指标体系的设计要能针对不同的评价对象做出比较，具体的比较分值高低能反映公司治理合规性的实际情况；第五是系统性原则，也就是在设计评价指标时，要全方位系统性地考虑保险公司治理的各方面；第六是重要性原则，即虽然评价合规性的指标会有很多，但是要能够分清主次，有所侧重，而次要或不可量化的部分要能够有选择地进行省略。

（二）保险公司治理合规性的评价指标体系设计的思路

本章评价指标主要来源于第七章和第八章所设计的基于内容的我国保险公司治理评价指标体系。本章在将保险公司治理评价指标分为股份制和有限制两大类后，根据强制合规和自主合规的含义，这些指标又分别划分为治理强制合规指标和治理自主合规指标两大类。基于层次和基于内容评价最大的区别在于对指标的分组角度不同。在对治理指标进行治理强制合规指标和自主合规指标进行区分时，强制合规指标的标准如下：第一，有明确强制性或者禁止性规定，即有关法律、行政法规、部门规章中的，具有明确的强制性规定或禁止性规定；第二，评价标准明确，即比较容易给出客观的判断，而不存在较大的主观因素；第三，对公司治理影响或意义重大。只要具备上述三方面中的任何一条，均将该指标划分为强制合规指标。自主合规指标的标准如下：第一，没有强制性规定或禁止性规定，即有关法律、行政法规、部门规章中的，没具有明确的强制性规定或禁止性规定；第二，不易做出客观评价，即根据已有的理论和经验，无法比较容易给出客观的判断，在评价指标中多出现一些表示程度的副词。只要具备上述两个方面中的任何一条，均将该指标划分为自主合规指标。各个评价指标的划分依据可以参考附录三中相关内容。

（三）保险公司治理合规指数合成

具体的评价标准设计、指标权重系数确定、合规指数的合成均与基于内容的保险公司治理评价设计思路完全相同。本章采用哑变量求和的方式，生成了反映我国保险公司治理合规状况的保险公司治理合规性指数。该指数包括治理强制合规指数（也称为治理一般合规指数），以及治理自主合规指数，中国保监会《保险公司治理报告》中的自评指标体系中趋向于称为治理有效性指数，但为了区别于严格意义上的治理有效性，本书采用治理自主合规指数这一称呼，也可称为治理高级合规指数。

第二节　我国股份制保险公司治理合规性评价指标体系

下面对股份制保险公司的合规性评价体系进行描述，它具体包括强制合规框架和自主合规框架两大部分。其中股份制保险公司治理强制合规评价指标体系中有 42 个评价指标，治理自主合规评价指标体系中有 53 个评价指标。

一、我国股份制保险公司治理强制合规评价指标

我国股份制保险公司治理强制合规评价指标体系中有 42 个评价指标。这些指标的评价方向有正反向之分，其中，正向代表公司必须实行或者积极鼓励其去践行的指标，而反向指标表示禁止或者不鼓励公司去实行的指标。具体见表 9-1。

表 9-1　我国股份制保险公司治理强制合规评价指标

编号	强制合规指标名称	指标方向	识别方法
1	章程形式、内容是否健全、合规	正向	有明确强制性规定且评价标准明确
2	章程修改是否按规定进行审批	正向	有明确强制性规定且评价标准明确
3	股权变更是否按规定进行审批	正向	有明确强制性规定且评价标准明确
4	股权变更是否按规定进行备案	正向	有明确强制性规定且评价标准明确
5	董事、监事及高管人员任职资格是否均经核准	正向	有明确强制性规定且评价标准明确
6	是否按规定报送会议通知	正向	有明确强制性规定且评价标准明确
7	是否按规定报送会议决议	正向	有明确强制性规定且评价标准明确
8	是否制定关联交易管理制度	正向	有明确强制性规定且评价标准明确
9	关联交易管理制度是否报保监会备案	正向	有明确强制性规定且评价标准明确

编号	强制合规指标名称	指标方向	识别方法
10	是否存在发生重大关联交易未按规定报告或报批（外资）的情况	反向	有明确禁止性规定且评价标准明确
11	董事、监事及高管人员离职是否及时报告	正向	有明确强制性规定且评价标准明确
12	是否按规定报备独立董事公开声明	正向	有明确强制性规定且评价标准明确
13	是否按规定报送公司治理报告	正向	有明确强制性规定且评价标准明确
14	公司治理报告内容是否真实完整	正向	对公司治理影响或意义重大
15	独立董事人数是否达到保监会要求	正向	有明确强制性规定且评价标准明确
16	是否按规定设立审计委员会	正向	有明确强制性规定且评价标准明确
17	是否按规定设立提名薪酬委员会	正向	有明确强制性规定且评价标准明确
18	职工监事比例是否符合法律规定	正向	有明确强制性规定且评价标准明确
19	职工监事产生办法是否符合法律规定	正向	有明确强制性规定且评价标准明确
20	董事是否因未亲自出席会议被书面提示	反向	有明确禁止性规定且评价标准明确
21	是否制定单独的股东大会、董事会和监事会议事规则	正向	有明确强制性规定且评价标准明确
22	会议召开次数是否符合法律及监管要求	正向	有明确强制性规定且评价标准明确
23	是否存在会议程序不合规情况	反向	有明确禁止性规定且评价标准明确
24	会议记录是否完整并永久保存	正向	有明确强制性规定且评价标准明确
25	是否按规定设立总精算师	正向	有明确强制性规定且评价标准明确
26	是否按规定设立合规负责人	正向	有明确强制性规定且评价标准明确
27	是否按规定设立财务负责人	正向	有明确强制性规定且评价标准明确
28	是否按规定设立审计负责人	正向	有明确强制性规定且评价标准明确
29	是否按规定设立董事会秘书	正向	有明确强制性规定且评价标准明确
30	是否存在董事长、总经理或关键岗位长期空缺的情况	反向	有明确禁止性规定且评价标准明确
31	是否有关联交易未按规定进行内部审查	反向	有明确禁止性规定且评价标准明确
32	是否每年对关联交易进行审计	正向	有明确强制性规定且评价标准明确
33	是否有管理层或分公司高管人员离任未做审计	反向	有明确禁止性规定且评价标准明确
34	是否存在不能及时出具外申报告的情形	反向	有明确禁止性规定且对公司治理影响或意义重大
35	是否发生过董事和高管人员违反公司章程、股东会决议及董事会决议的情形	反向	有明确禁止性规定且对公司治理影响或意义重大
36	是否有明确制度规定董事、监事及高管人员的责任追究	正向	有明确强制性规定且评价标准明确
37	是否有股东大会或董事会决议违反法律或内部授权规定	反向	有明确禁止性规定且评价标准明确
38	是否存在公司资产被挪用或侵占的情况	反向	有明确禁止性规定且评价标准明确

编号	强制合规指标名称	指标方向	识别方法
39	最近三年是否有年度财务报告被出具有保留意见或被拒绝发表意见	反向	对公司治理影响或意义重大
40	最近三年是否有主要高管人员因经济犯罪问题被双规或司法处理	反向	有明确禁止性规定且对公司治理影响或意义重大
41	最近三年是否有股东之间严重对立导致公司董事会会议长期不能正常召开	反向	有明确禁止性规定且对公司治理影响或意义重大
42	是否有信息披露制度	正向	有明确强制性规定且评价标准明确

二、我国股份制保险公司治理自主合规评价指标

与股份制保险公司治理强制合规评价指标体系类似，我国股份制保险公司治理自主合规评价指标体系中有 53 个评价指标。这些指标的评价方向亦有正反向之分，具体判断方法与前文中股份制保险公司治理强制合规评价一致。具体见表 9-2 所示。

表 9-2　我国股份制保险公司治理自主合规评价指标

编号	自主合规指标名称	指标方向	识别方法
1	股东大会、董事会和管理层的职责是否清晰	正向	没有强制性规定且不易做出客观评价
2	对主要负责人的授权是否明确	正向	没有强制性规定
3	对主要负责人的授权是否过于集中	反向	没有禁止性规定且不易做出客观评价
4	重大决策是否有明确数量标准	正向	不易做出客观评价
5	是否有明确的重大决策审议程序并实际执行	正向	没有强制性规定
6	是否有明确制度界定各部门职责分工	正向	没有强制性规定
7	公司的信息技术系统能否对分支机构的财务、业务进行有效的监控	正向	没有强制性规定
8	主要股东是否频繁变更	反向	没有禁止性规定
9	董事的能力和经验是否胜任	正向	不易做出客观评价
10	董事会的专业结构是否合理	正向	没有强制性规定且不易做出客观评价
11	监事会的专业结构是否合理	正向	没有强制性规定且不易做出客观评价
12	管理层成员的经验和管理能力是否胜任	正向	不易做出客观评价
13	管理层成员的配合是否协调	正向	不易做出客观评价
14	是否建立了董事、监事和高管人员培训制度并严格执行	正向	没有强制性规定
15	董事会及管理层成员是否频繁变动	反向	没有禁止性规定且不易做出客观评价

续表

编号	自主合规指标名称	指标方向	识别方法
16	是否定期充分公平地向股东报送公司业务、财务和管理信息	正向	不易做出客观评价
17	是否存在未及时充分地向股东披露公司重大事项的情况	反向	不易做出客观评价
18	是否定期向董事报送公司业务、财务和管理信息	正向	没有强制性规定
19	是否针对公司会计政策合规性和真实性进行讨论	正向	没有强制性规定
20	是否存在董事对公司重大事项不知情的情况	反向	不易做出客观评价
21	董事会会议是否对议案进行详细说明	正向	没有强制性规定
22	董事是否相互信任、相互尊重，积极健康地讨论议案	正向	没有强制性规定且不易做出客观评价
23	董事是否积极发言并提出有价值的专业性意见或建议	正向	没有强制性规定
24	董事会是否制定清晰的公司战略目标并定期检视	正向	没有强制性规定
25	董事会是否定期审查管理层对业务、财务计划的执行情况	正向	没有强制性规定
26	董事会是否及时、认真制定公司经营预算和财务预算	正向	不易做出客观评价
27	董事会是否积极推动公司建立风险管理体系	正向	没有强制性规定且不易做出客观评价
28	是否要求管理层定期报告风险管理工作及公司风险状况	正向	没有强制性规定
29	是否定期对公司风险状况进行全面评估并跟踪整改情况	正向	没有强制性规定
30	董事长与总经理间工作的沟通配合是否顺畅、协调	正向	没有强制性规定且不易做出客观评价
31	是否及时召开会议对重大事项进行专题审议	正向	没有强制性规定
32	对重大事项是否进行深入讨论形成专业意见并对风险做充分提示	正向	没有强制性规定
33	独立董事是否有充分的独立性	正向性	不易做出客观评价
34	是否存在独立董事因审议事项资料不充分要求补充资料或要求延期审查情形	反向	不易做出客观评价
35	独立董事是否能有效地利用自己的知识、经验和专业技术帮助公司解决所面临的问题	正向	没有强制性规定且不易做出客观评价
36	独立董事能否与其他董事进行有效沟通，并保持独立判断	正向	没有强制性规定且不易做出客观评价
37	独立董事是否说明弃权或反对的原因	正向	没有强制性规定
38	是否有独立董事意见不被接受的情形	反向	没有禁止性规定
39	是否召开过只有独立董事参加的会议研讨重大事项	正向	没有强制性规定
40	薪酬水平是否与公司业务规模、盈利状况相匹配	正向	不易做出客观评价

续表

编号	自主合规指标名称	指标方向	识别方法
41	考核指标是否纳入偿付能力、企业价值、业务质量及风险等因素	正向	不易做出客观评价
42	考核结果是否能科学反映高管人员对公司的贡献	正向	没有强制性规定且不易做出客观评价
43	高管人员薪酬考核指标是否由薪酬委员会主导制定	正向	没有强制性规定
44	薪酬管理程序是否严格明确	正向	没有强制性规定
45	是否建立和落实董事会自我评价制度	正向	没有强制性规定
46	是否有明确制度规定高管人员职务消费并有效执行	正向	没有强制性规定
47	监事会是否对董事会决议提出意见或建议	正向	没有强制性规定
48	监事会是否对高管人员进行监督谈话或调查	正向	没有强制性规定
49	审计人员数量和结构是否符合监管要求或满足工作需要	正向	没有强制性规定且不易做出客观评价
50	是否存在主要业务单位连续两年未被审计的情况	反向	没有禁止性规定
51	是否建立通畅的举报机制并及时处理举报	正向	不易做出客观评价
52	是否引入战略投资者	正向	没有强制性规定
53	是否实施股权激励	正向	没有强制性规定

第三节　我国有限制保险公司治理合规性评价指标体系

下面对有限制保险公司治理合规性评价指标体系进行描述，同股份制保险公司类似，也包括强制合规和自主合规两大部分。

一、我国有限制保险公司治理强制合规评价指标

我国有限制保险公司治理强制合规评价指标体系中有28个评价指标。这些指标的评价方向也有正反向之分，具体判断方法同上文股份制保险公司一致。具体如表9-3所示。

表9-3　我国有限制保险公司治理强制合规评价指标

编号	强制合规指标名称	指标方向	识别方法
1	章程形式、内容是否健全、合规	正向	有明确强制性规定且评价标准明确
2	章程修改是否按规定进行审批	正向	有明确强制性规定且评价标准明确
3	股权变更是否按规定进行审批	正向	有明确强制性规定且评价标准明确
4	股权变更是否按规定进行备案	正向	有明确强制性规定且评价标准明确

续表

编号	强制合规指标名称	指标方向	识别方法
5	董事、监事及高管人员任职资格是否均经核准	正向	有明确强制性规定且评价标准明确
6	是否按规定报送会议通知	正向	有明确强制性规定且评价标准明确
7	是否按规定报送会议决议	正向	有明确强制性规定且评价标准明确
8	是否制定关联交易管理制度	正向	有明确强制性规定且评价标准明确
9	关联交易管理制度是否报保监会备案	正向	有明确强制性规定且评价标准明确
10	是否存在发生重大关联交易未按规定报告或报批（外资）的情况	反向	有明确禁止性规定且评价标准明确
11	董事、监事及高管人员离职是否及时报告	正向	有明确强制性规定且评价标准明确
12	是否按规定报送公司治理报告	正向	有明确强制性规定且评价标准明确
13	公司治理报告内容是否真实完整	正向	对公司治理影响或意义重大
14	是否按规定设立总精算师	正向	有明确强制性规定且评价标准明确
15	是否按规定设立合规负责人	正向	有明确强制性规定且评价标准明确
16	是否按规定设立财务负责人	正向	有明确强制性规定且评价标准明确
17	是否按规定设立审计负责人	正向	有明确强制性规定且评价标准明确
18	是否存在董事长、总经理或关键岗位长期空缺的情况	反向	有明确禁止性规定且评价标准明确
19	是否有关联交易未按规定进行内部审查	反向	有明确禁止性规定且评价标准明确
20	是否每年对关联交易进行审计	正向	有明确强制性规定且评价标准明确
21	是否有管理层或分公司高管人员离任未做审计	反向	有明确禁止性规定且评价标准明确
22	是否存在不能及时出具外申报告的情形	反向	有明确禁止性规定且对公司治理影响或意义重大
23	是否发生过董事和高管人员违反公司章程、股东会决议及董事会决议的情形	反向	有明确禁止性规定且对公司治理影响或意义重大
24	是否有明确制度规定董事、监事及高管人员的责任追究	正向	有明确强制性规定且评价标准明确
25	是否存在公司资产被挪用或侵占的情况	反向	有明确禁止性规定且评价标准明确
26	最近三年是否有年度财务报告被出具有保留意见或被拒绝发表意见	反向	对公司治理影响或意义重大
27	最近三年是否有主要高管人员因经济犯罪问题被双规或司法处理	反向	有明确禁止性规定且对公司治理影响或意义重大
28	是否有信息披露制度	正向	有明确强制性规定且评价标准明确

二、我国有限制保险公司治理自主合规评价指标

我国有限制保险公司治理自主合规评价指标体系中有 27 个评价指标。这些指标的评价方向也有正反向之分，具体判断方法同上文股份制保险公司一致。具体

见表 9-4 所示。

表 9-4　我国有限制保险公司治理自主合规评价指标

编号	自主合规指标名称	指标方向	识别方法
1	对主要负责人的授权是否明确	正向	没有强制性规定
2	对主要负责人的授权是否过于集中	反向	没有禁止性规定且不易做出客观评价
3	重大决策是否有明确数量标准	正向	不易做出客观评价
4	是否有明确的重大决策审议程序并实际执行	正向	没有强制性规定
5	是否有明确制度界定各部门职责分工	正向	没有强制性规定
6	公司的信息技术系统能否对分支机构的财务、业务进行有效的监控	正向	没有强制性规定
7	主要股东是否频繁变更	反向	没有禁止性规定
8	董事的能力和经验是否胜任	正向	不易做出客观评价
9	管理层成员的经验和管理能力是否胜任	正向	不易做出客观评价
10	管理层成员的配合是否协调	正向	不易做出客观评价
11	是否建立了董事、监事和高管人员培训制度并严格执行	正向	没有强制性规定
12	董事会及管理层成员是否频繁变动	反向	没有禁止性规定且不易做出客观评价
13	是否定期充分公平地向股东报送公司业务、财务和管理信息	正向	不易做出客观评价
14	是否存在未及时充分地向股东披露公司重大事项的情况	反向	不易做出客观评价
15	是否针对公司会计政策合规性和真实性进行讨论	正向	没有强制性规定
16	董事是否相互信任、相互尊重，积极健康地讨论议案	正向	没有强制性规定且不易做出客观评价
17	董事长与总经理间工作的沟通配合是否顺畅、协调	正向	没有强制性规定且不易做出客观评价
18	薪酬水平是否与公司业务规模、盈利状况相匹配	正向	不易做出客观评价
19	考核指标是否纳入偿付能力、企业价值、业务质量及风险等因素	正向	不易做出客观评价
20	考核结果是否能科学反映高管人员对公司的贡献	正向	没有强制性规定且不易做出客观评价
21	薪酬管理程序是否严格明确	正向	没有强制性规定
22	是否有明确制度规定高管人员职务消费并有效执行	正向	没有强制性规定
23	审计人员数量和结构是否符合监管要求或满足工作需要	正向	没有强制性规定且不易做出客观评价
24	是否存在主要业务单位连续两年未被审计的情况	反向	没有禁止性规定
25	是否建立通畅的举报机制并及时处理举报	正向	不易做出客观评价
26	是否引入战略投资者	正向	没有强制性规定
27	是否实施股权激励	正向	没有强制性规定

第十章　基于治理层次的保险公司治理评价结果

公司治理合规具有强制合规和自主合规两个层次，本章首先，对我国保险公司治理评价指标体系进行了均值描述统计；其次，基于第九章所设计的保险公司治理强制和自主合规评价指标体系，对我国保险公司治理状况进行了评价；最后，对我国保险公司治理合规指数分资本性质、组织形式和险种类型等进行了比较分析。

第一节　我国保险公司治理合规性评价指标分析

一、我国股份制保险公司治理强制合规评价指标分析

本部分首先对股份制保险公司治理强制合规评价指标进行描述性统计，具体统计结果见表 10-1。从表 10-1 中统计结果数据来看，第 2、3、13、14、35、37、39、40、1、5、34、38 和 41 个强制合规指标均值较高，而第 28、42、15、12、17、16、32、20 和 29 个强制合规指标均值较低。

表 10-1　我国股份制保险公司治理强制合规评价指标

编号	强制合规指标名称	指标方向	指标均值
1	章程形式、内容是否健全、合规	正向	0.948 3
2	章程修改是否按规定进行审批	正向	1.000 0
3	股权变更是否按规定进行审批	正向	0.982 8
4	股权变更是否按规定进行备案	正向	0.931 0
5	董事、监事及高管人员任职资格是否均经核准	正向	0.948 3
6	是否按规定报送会议通知	正向	0.827 6
7	是否按规定报送会议决议	正向	0.810 3
8	是否制定关联交易管理制度	正向	0.844 8
9	关联交易管理制度是否报保监会备案	正向	0.810 3
10	是否存在发生重大关联交易未按规定报告或报批（外资）的情况	反向	0.931 0
11	董事、监事及高管人员离职是否及时报告	正向	0.896 6
12	是否按规定报备独立董事公开声明	正向	0.655 2
13	是否按规定报送公司治理报告	正向	0.982 8
14	公司治理报告内容是否真实完整	正向	0.982 8

续表

编号	强制合规指标名称	指标方向	指标均值
15	独立董事人数是否达到保监会要求	正向	0.620 7
16	是否按规定设立审计委员会	正向	0.758 6
17	是否按规定设立提名薪酬委员会	正向	0.741 4
18	职工监事比例是否符合法律规定	正向	0.827 6
19	职工监事产生办法是否符合法律规定	正向	0.879 3
20	董事是否因未亲自出席会议被书面提示	反向	0.793 1
21	是否制定单独的股东大会、董事会和监事会议事规则	正向	0.913 8
22	会议召开次数是否符合法律及监管要求	正向	0.810 3
23	是否存在会议程序不合规情况	反向	0.913 8
24	会议记录是否完整并永久保存	正向	0.913 8
25	是否按规定设立总精算师	正向	0.862 1
26	是否按规定设立合规负责人	正向	0.913 8
27	是否按规定设立财务负责人	正向	0.810 3
28	是否按规定设立审计负责人	正向	0.448 3
29	是否按规定设立董事会秘书	正向	0.793 1
30	是否存在董事长、总经理或关键岗位长期空缺的情况	反向	0.862 1
31	是否有关联交易未按规定进行内部审查	反向	0.827 6
32	是否每年对关联交易进行审计	正向	0.775 9
33	是否有管理层或分公司高管人员离任未做审计	反向	0.913 8
34	是否存在不能及时出具外申报告的情形	反向	0.948 3
35	是否发生过董事和高管人员违反公司章程、股东会决议及董事会决议的情形	反向	0.965 5
36	是否有明确制度规定董事、监事及高管人员的责任追究	正向	0.810 3
37	是否有股东大会或董事会决议违反法律或内部授权规定	反向	0.965 5
38	是否存在公司资产被挪用或侵占的情况	反向	0.948 3
39	最近三年是否有年度财务报告被出具有保留意见或被拒绝发表意见	反向	0.965 5
40	最近三年是否有主要高管人员因经济犯罪问题被双规或司法处理	反向	0.965 5
41	最近三年是否有股东之间严重对立导致公司董事会会议长期不能正常召开	反向	0.948 3
42	是否有信息披露制度	正向	0.569 0

资料来源：课题组调研。

二、我国股份制保险公司治理自主合规评价指标分析

本部分对股份制保险公司自主合规评价指标进行描述性统计，具体统计结果见表 10-2 所示。从表 10-2 中统计结果来看，第 9、6、12、13、17、22、30、51

和 1 个自主合规指标均值较高；而第 53、52、39、14、48、45、47 和 49 个自主合规指标均值较低。

表 10-2　我国股份制保险公司治理自主合规评价指标

编号	自主合规指标名称	指标方向	指标均值
1	股东大会、董事会和管理层的职责是否清晰	正向	0.913 8
2	对主要负责人的授权是否明确	正向	0.896 6
3	对主要负责人的授权是否过于集中	反向	0.879 3
4	重大决策是否有明确数量标准	正向	0.879 3
5	是否有明确的重大决策审议程序并实际执行	正向	0.879 3
6	是否有明确制度界定各部门职责分工	正向	0.931 0
7	公司的信息技术系统能否对分支机构的财务、业务进行有效的监控	正向	0.810 3
8	主要股东是否频繁变更	反向	0.896 6
9	董事的能力和经验是否胜任	正向	0.948 3
10	董事会的专业结构是否合理	正向	0.879 3
11	监事会的专业结构是否合理	正向	0.879 3
12	管理层成员的经验和管理能力是否胜任	正向	0.931 0
13	管理层成员的配合是否协调	正向	0.931 0
14	是否建立了董事、监事和高管人员培训制度并严格执行	正向	0.482 8
15	董事会及管理层成员是否频繁变动	反向	0.827 6
16	是否定期充分公平地向股东报送公司业务、财务和管理信息	正向	0.896 6
17	是否存在未及时充分地向股东披露公司重大事项的情况	反向	0.931 0
18	是否定期向董事报送公司业务、财务和管理信息	正向	0.879 3
19	是否针对公司会计政策合规性和真实性进行讨论	正向	0.862 1
20	是否存在董事对公司重大事项不知情的情况	反向	0.896 6
21	董事会会议是否对议案进行详细说明	正向	0.879 3
22	董事是否相互信任、相互尊重，积极健康地讨论议案	正向	0.931 0
23	董事是否积极发言并提出有价值的专业性意见或建议	正向	0.896 6
24	董事会是否制定清晰的公司战略目标并定期检视	正向	0.862 1
25	董事会是否定期审查管理层对业务、财务计划的执行情况	正向	0.844 8
26	董事会是否及时、认真制定公司经营预算和财务预算	正向	0.844 8
27	董事会是否积极推动公司建立风险管理体系	正向	0.844 8
28	是否要求管理层定期报告风险管理工作及公司风险状况	正向	0.844 8
29	是否定期对公司风险状况进行全面评估并跟踪整改情况	正向	0.844 8
30	董事长与总经理间工作的沟通配合是否顺畅、协调	正向	0.931 0
31	是否及时召开会议对重大事项进行专题审议	正向	0.827 6

续表

编号	自主合规指标名称	指标方向	指标均值
32	对重大事项是否进行深入讨论形成专业意见并对风险做充分提示	正向	0.844 8
33	独立董事是否有充分的独立性	正向	0.862 1
34	是否存在独立董事因审议事项资料不充分要求补充资料或要求延期审查情形	反向	0.741 4
35	独立董事是否能有效地利用自己的知识、经验和专业技术帮助公司解决所面临的问题	正向	0.775 9
36	独立董事能否与其他董事进行有效沟通，并保持独立判断	正向	0.844 8
37	独立董事是否说明弃权或反对的原因	正向	0.793 1
38	是否有独立董事意见不被接受的情形	反向	0.793 1
39	是否召开过只有独立董事参加的会议研讨重大事项	正向	0.379 3
40	薪酬水平是否与公司业务规模、盈利状况相匹配	正向	0.810 3
41	考核指标是否纳入偿付能力、企业价值、业务质量及风险等因素	正向	0.758 6
42	考核结果是否能科学反映高管人员对公司的贡献	正向	0.741 4
43	高管人员薪酬考核指标是否由薪酬委员会主导制定	正向	0.793 1
44	薪酬管理程序是否严格明确	正向	0.879 3
45	是否建立和落实董事会自我评价制度	正向	0.724 1
46	是否有明确制度规定高管人员职务消费并有效执行	正向	0.827 6
47	监事会是否对董事会决议提出意见或建议	正向	0.724 1
48	监事会是否对高管人员进行监督谈话或调查	正向	0.620 7
49	审计人员数量和结构是否符合监管要求或满足工作需要	正向	0.724 1
50	是否存在主要业务单位连续两年未被审计的情况	反向	0.862 1
51	是否建立通畅的举报机制并及时处理举报	正向	0.931 0
52	是否引入战略投资者	正向	0.293 1
53	是否实施股权激励	正向	0.017 2

资料来源：课题组调研。

三、我国有限制保险公司治理强制合规评价指标分析

下面对有限保险公司治理合规性评价指标体系进行描述，同股份制保险公司类似，也包括强制合规框架和自主合规两大部分。其中，有限制保险公司的强制合规评价指标体系中有 28 个评价指标，自主合规评价指标体系中有 27 个评价指标。这些指标的评价方向也有正反向之分，具体判断方法同前文股份制保险公司一致。具体统计结果见表 10-3。根据表中数据，第 2、5、12、13、15、22 和 23 个强制合规指标均值较高，而第 24、17、6、28、9、7 和 20 个强制合规指标均值较低。

表 10-3　我国有限制保险公司治理强制合规评价指标

编号	强制合规指标名称	指标方向	指标均值
1	章程形式、内容是否健全、合规	正向	0.942 9
2	章程修改是否按规定进行审批	正向	1.000 0
3	股权变更是否按规定进行审批	正向	0.942 9
4	股权变更是否按规定进行备案	正向	0.914 3
5	董事、监事及高管人员任职资格是否均经核准	正向	1.000 0
6	是否按规定报送会议通知	正向	0.600 0
7	是否按规定报送会议决议	正向	0.714 3
8	是否制定关联交易管理制度	正向	0.771 4
9	关联交易管理制度是否报保监会备案	正向	0.657 1
10	是否存在发生重大关联交易未按规定报告或报批（外资）的情况	正向	0.942 9
11	董事、监事及高管人员离职是否及时报告	正向	0.885 7
12	是否按规定报送公司治理报告	正向	0.971 4
13	公司治理报告内容是否真实完整	正向	0.971 4
14	是否按规定设立总精算师	正向	0.885 7
15	是否按规定设立合规负责人	正向	0.971 4
16	是否按规定设立财务负责人	正向	0.828 6
17	是否按规定设立审计负责人	正向	0.571 4
18	是否存在董事长、总经理或关键岗位长期空缺的情况	反向	0.914 3
19	是否有关联交易未按规定进行内部审查	反向	0.771 4
20	是否每年对关联交易进行审计	正向	0.714 3
21	是否有管理层或分公司高管人员离任未做审计	反向	0.800 0
22	是否存在不能及时出具外申报告的情形	反向	0.971 4
23	是否发生过董事和高管人员违反公司章程、股东会决议及董事会决议的情形	反向	0.971 4
24	是否有明确制度规定董事、监事及高管人员的责任追究	正向	0.428 6
25	是否存在公司资产被挪用或侵占的情况	反向	0.942 9
26	最近三年是否有年度财务报告被出具有保留意见或被拒绝发表意见	反向	0.942 9
27	最近三年是否有主要高管人员因经济犯罪问题被双规或司法处理	反向	0.942 9
28	是否有信息披露制度	正向	0.600 0

资料来源：课题组调研。

四、我国有限制保险公司治理自主合规评价指标分析

本部分主要进行有限制保险公司治理自主合规评价指标描述性统计，具体统

计结果如表 10-4 所示。根据表中数据，第 8、16、13、17 和 21 个自主合规指标均值较高，而第 27、26、11、22、23、19 和 20 个自主合规指标均值较低。

表 10-4　我国有限制保险公司治理自主合规评价指标

编号	自主合规指标名称	指标方向	指标均值
1	对主要负责人的授权是否明确	正向	0.914 3
2	对主要负责人的授权是否过于集中	反向	0.885 7
3	重大决策是否有明确数量标准	正向	0.828 6
4	是否有明确的重大决策审议程序并实际执行	正向	0.885 7
5	是否有明确制度界定各部门职责分工	正向	0.914 3
6	公司的信息技术系统能否对分支机构的财务、业务进行有效的监控	正向	0.885 7
7	主要股东是否频繁变更	反向	0.885 7
8	董事的能力和经验是否胜任	正向	1.000 0
9	管理层成员的经验和管理能力是否胜任	正向	0.914 3
10	管理层成员的配合是否协调	正向	0.914 3
11	是否建立了董事、监事和高管人员培训制度并严格执行	正向	0.400 0
12	董事会及管理层成员是否频繁变动	反向	0.857 1
13	是否定期充分公平地向股东报送公司业务、财务和管理信息	正向	0.971 4
14	是否存在未及时充分地向股东披露公司重大事项的情况	反向	0.914 3
15	是否针对公司会计政策合规性和真实性进行讨论	正向	0.885 7
16	董事是否相互信任、相互尊重，积极健康地讨论议案	正向	1.000 0
17	董事长与总经理间工作的沟通配合是否顺畅、协调	正向	0.942 9
18	薪酬水平是否与公司业务规模、盈利状况相匹配	正向	0.857 1
19	考核指标是否纳入偿付能力、企业价值、业务质量及风险等因素	正向	0.771 4
20	考核结果是否能科学反映高管人员对公司的贡献	正向	0.771 4
21	薪酬管理程序是否严格明确	正向	0.942 9
22	是否有明确制度规定高管人员职务消费并有效执行	正向	0.685 7
23	审计人员数量和结构是否符合监管要求或满足工作需要	正向	0.714 3
24	是否存在主要业务单位连续两年未被审计的情况	反向	0.828 6
25	是否建立通畅的举报机制并及时处理举报	正向	0.885 7
26	是否引入战略投资者	正向	0.085 7
27	是否实施股权激励	正向	0.000 0

资料来源：课题组调研。

第二节　我国保险公司治理合规性指数分析

一、我国保险公司治理强制合规指数分析

（一）我国保险公司治理强制合规指数总体分析

　　表 10-5 展示的是我国保险公司治理强制合规指数描述性统计情况。我国保险公司样本数量为 93 家，强制合规指数的最小值是 33.33，最大值是 100.00，平均值是 85.16，标准差是 14.97。

表 10-5　我国保险公司治理强制合规指数描述性统计

统计指标	保险公司治理强制合规指数
样本数/家	93
平均值	85.16
中位数	90.48
标准差	14.97
偏度	−1.93
峰度	3.33
全距	66.67
最小值	33.33
最大值	100.00

　　资料来源：课题组调研。

（二）我国保险公司治理强制合规指数等级分析

　　表 10-6 展示的是我国保险公司强制合规指数等级分布情况。从其中可以看出，我国保险公司强制合规指数等级主要集中在 Ⅰ 和 Ⅱ 等级上，分别占样本总数的 52.69% 和 26.88%。强制合规指数等级Ⅳ的样本很少，只有 4 家，只占样本总数的 4.30%。

表 10-6　我国保险公司治理强制合规指数等级分布

治理等级	治理指数区间	样本数/家	比例/%
Ⅰ	90.00～100.00	49	52.69
Ⅱ	80.00～89.99	25	26.88

续表

治理等级	治理指数区间	样本数/家	比例/%
Ⅲ	70.00~79.99	7	7.53
Ⅳ	60.00~69.99	4	4.30
Ⅴ	60.00 以下	8	8.60
合计		93	100.00

资料来源：课题组调研。

（三）分资本性质保险公司治理强制合规指数分析

表 10-7 展示的是我国保险公司治理强制合规指数分中资和外资比较情况。其中，中资保险公司 61 家统计结果，强制合规指数的平均值是 85.48；外资保险公司 32 家统计结果，强制合规指数的平均值是 84.56。

表 10-7　分中、外资我国保险公司治理强制合规指数比较分析

统计指标	中资保险公司	外资保险公司
样本数/家	61	32
平均值	85.48	84.56
中位数	92.86	86.90
标准差	16.57	11.55
偏度	−1.88	−2.15
峰度	2.62	6.80
全距	66.67	60.71
最小值	33.33	39.29
最大值	100.00	100.00

资料来源：课题组调研。

表 10-8 展示的是我国保险公司治理强制合规指数分国有、民营和外资控股比较情况。其中，国有控股保险公司 41 家统计结果，强制合规指数的平均值是 84.84；民营控股保险公司 20 家统计结果，强制合规指数的平均值是 86.79；外资控股保险公司 32 家统计结果，强制合规指数的平均值是 84.56。

表 10-8　分国有、民营和外资控股我国保险公司治理强制合规指数比较分析

统计指标	国有控股保险公司	民营控股保险公司	外资控股保险公司
样本数/家	41	20	32
平均值	84.84	86.79	84.56

续表

统计指标	国有控股保险公司	民营控股保险公司	外资控股保险公司
中位数	90.48	92.86	86.90
标准差	16.72	16.59	11.55
偏度	−1.76	−2.31	−2.15
峰度	2.32	4.77	6.80
全距	66.67	61.90	60.71
最小值	33.33	38.10	39.29
最大值	100.00	100.00	100.00

资料来源：课题组调研。

（四）分险种类型保险公司治理强制合规指数分析

表 10-9 展示的是我国保险公司治理强制合规指数分险种类型比较情况。财产险保险公司 43 家统计结果，强制合规指数的平均值是 83.00；人身险保险公司 50 家统计结果，强制合规指数的平均值是 87.02。

表 10-9　分险种类型我国保险公司治理强制合规指数比较分析

统计指标	财产险保险公司	人身险保险公司
样本数/家	43	50
平均值	83.00	87.02
中位数	90.48	90.48
标准差	18.09	11.52
偏度	−1.62	−2.03
峰度	0.36	0.34
全距	1.64	4.80
最小值	0.71	0.66
最大值	66.67	54.76

资料来源：课题组调研。

（五）分组织形式保险公司治理强制合规指数分析

表 10-10 展示的是我国保险公司治理强制合规指数分组织形式比较情况。其中，股份制保险公司 58 家统计结果，强制合规指数的平均值是 85.76；有限制保险公司 35 家统计结果，强制合规指数的平均值是 84.18。

表 10-10　分组织形式我国保险公司治理强制合规指数比较分析

统计指标	股份制保险公司	有限制保险公司
样本数/家	58	35
平均值	85.76	84.18
中位数	92.86	89.29
标准差	16.53	12.10
偏度	−1.95	−1.94
峰度	2.97	4.88
全距	66.67	60.71
最小值	33.33	39.29
最大值	100.00	100.00

资料来源：课题组调研。

二、我国保险公司治理自主合规指数分析

（一）我国保险公司治理自主合规指数总体分析

表 10-11 展示的是我国保险公司治理自主合规指数描述性统计情况。我国保险公司样本数量为 93 家，自主合规指数的最小值是 11.32，最大值是 98.11，平均值是 80.30，标准差是 19.77。

表 10-11　我国保险公司治理自主合规指数描述性统计

统计指标	保险公司治理自主合规指数
样本数/家	93
平均值	80.30
中位数	86.79
标准差	19.77
偏度	−1.88
峰度	2.96
全距	86.79
最小值	11.32
最大值	98.11

资料来源：课题组调研。

（二）我国保险公司治理自主合规指数等级分析

表 10-12 展示的是我国保险公司自主合规指数等级分布情况。从其中可以看

出，我国保险公司自主合规指数等级主要集中在Ⅰ和Ⅱ等级上，分别占样本总数的 37.63%和 36.56%。自主合规指数等级Ⅳ的样本很少，只有 4 家，只占样本总数的 4.30%。

表 10-12　我国保险公司治理自主合规指数等级分布

治理等级	治理指数区间	样本数/家	比例/%
Ⅰ	90.00~100.00	35	37.63
Ⅱ	80.00~89.99	34	36.56
Ⅲ	70.00~79.99	7	7.53
Ⅳ	60.00~69.99	4	4.30
Ⅴ	60.00 以下	13	13.98
合计		93	100.00

资料来源：课题组调研。

（三）分资本性质保险公司治理自主合规指数分析

表 10-13 展示的是我国保险公司治理自主合规指数分中资和外资比较情况。其中，中资保险公司 61 家统计结果，自主合规指数的平均值是 80.20；外资保险公司 32 家统计结果，自主合规指数的平均值是 80.49。

表 10-13　分中、外资我国保险公司治理自主合规指数比较分析

统计指标	中资保险公司	外资保险公司
样本数/家	61	32
平均值	80.20	80.49
中位数	86.79	85.19
标准差	21.62	15.96
偏度	-1.92	-1.51
峰度	2.88	1.38
全距	86.79	57.30
最小值	11.32	37.04
最大值	98.11	94.34

资料来源：课题组调研。

表 10-14 展示的是我国保险公司治理自主合规指数分国有、民营和外资控股比较情况。其中，国有控股保险公司 41 家统计结果，自主合规指数的平均值是

78.14；民营控股保险公司 20 家统计结果，自主合规指数的平均值是 84.43；外资控股保险公司 32 家统计结果，自主合规指数的平均值是 80.49。

表 10-14　分国有、民营和外资控股我国保险公司治理自主合规指数比较分析

统计指标	国有控股保险公司	民营控股保险公司	外资控股保险公司
样本数/家	41	20	32
平均值	78.14	84.43	80.49
中位数	86.79	88.68	85.19
标准差	23.63	16.52	15.96
偏度	−1.78	−2.04	−1.51
峰度	2.18	3.83	1.38
全距	86.79	58.49	57.30
最小值	11.32	39.62	37.04
最大值	98.11	98.11	94.34

资料来源：课题组调研。

（四）分险种类型保险公司治理自主合规指数分析

表 10-15 展示的是我国保险公司治理自主合规指数分险种类型比较情况。财产险保险公司 43 家统计结果，自主合规指数的平均值是 79.93；人身险保险公司 50 家统计结果，自主合规指数的平均值是 80.62。

表 10-15　分险种类型我国保险公司治理自主合规指数比较分析

统计指标	财产险保险公司	人身险保险公司
样本数/家	43	50
平均值	79.93	80.62
中位数	86.79	86.79
标准差	19.70	20.02
偏度	−1.71	−2.07
峰度	2.05	4.13
全距	81.13	86.79
最小值	16.98	11.32
最大值	98.11	98.11

资料来源：课题组调研。

（五）分组织形式保险公司治理自主合规指数分析

表 10-16 展示的是我国保险公司治理自主合规指数分组织形式比较情况。其中，股份制保险公司 58 家统计结果，自主合规指数的平均值是 80.61；有限制保险公司 35 家统计结果，自主合规指数的平均值是 79.79。

表 10-16　分组织形式我国保险公司治理自主合规指数比较分析

统计指标	股份制保险公司	有限制保险公司
样本数/家	58	35
平均值	80.61	79.79
中位数	88.68	85.19
标准差	21.87	15.98
偏度	−1.97	−1.41
峰度	0.31	0.40
全距	3.04	0.96
最小值	0.62	0.78
最大值	86.79	55.56

资料来源：课题组调研。

第四篇　实 证 研 究

　　国外保险公司治理研究始于1972年Spiller对19家股份制保险公司和 27 家互助制保险公司开展的比较研究，他将两类公司存在业绩差异的原因归为公司所有权的差别。相比较一般公司治理，国外保险公司治理的研究普遍针对保险业的特征，采用基于大样本的实证研究方法，聚焦于不同所有制结构保险公司的治理绩效、政府与行业监管部门对保险公司治理的监管及治理评价等方面，其中在治理监管和评价中特别关注利益相关者保护。而国内关于保险公司治理的研究起步较晚。

李维安、李慧聪和郝臣
《中国软科学》2012 年第 8 期

第十一章　保险公司治理对效率绩效影响的实证研究

本章选取保费收入效率、净资产收益率效率和投资收益效率三个指标来衡量我国保险公司效率绩效，在理论分析的基础上，从保险公司治理指数、保险公司治理合规性不同层次和保险公司治理合规性不同内容三个角度实证研究了保险公司治理对保险公司效率绩效的影响。研究发现，保险公司治理与保险公司效率绩效之间没有显著关系，无论是保险公司治理总指数，还是自主合规指数、强制合规指数，以及股份制和有限制保险公司治理的各维度分指数，与效率绩效之间均不存在显著的相关关系，且通过了稳健性检验。实证结果表明，我国保险公司治理有效性还有待提高。此外，本章还发现组织形式、资本性质、险种类型和成立年限是影响保险公司效率绩效的重要因素。

第一节　问题提出

一、保险公司效率研究的意义

保险业是我国金融业的支柱之一，在社会融资、社会保障、社会管理和促进社会和谐稳定可持续发展方面发挥着重要作用。自从中国加入世界贸易组织之后，我国保险行业的开放程度逐渐加深，对内降低行业的进入门槛，对外放宽外资企业进入我国保险市场，市场上的竞争者数量迅速增长，竞争愈发激烈。尤其是进入中国保险市场的外资保险公司，大都是品牌知名度广泛、历史悠久、实力雄厚的国际性大型金融保险企业。而中国国内保险公司知名度低、经营时间短、实力不强等问题越来越突出。

效率作为衡量保险行业投入产出关系的标志，是公司投入产出能力、持续发展能力和市场竞争力的综合体现。通过对保险公司的效率进行分析，可以使公司的经营者和其他利益相关者了解公司目前的经营现状，根据分析结果采取措施提高公司的竞争力。因此，增强对保险行业效率的重视，对促进我国保险行业的可持续发展具有重要意义。随着中国保险市场的进一步开放和国有保险公司的股份制改造，保险行业的效率问题成为社会各界关注的焦点。从长远来看，我国保险行业能否实现持续、健康发展取决于经营效率的高低，而每一家保险公司的经营效率又会在一定程度上影响整个市场的效率。保险市场的可持续发展并不仅表现在行业的发展速度上，还应该表现在发展质量上。因此，增强市场竞争力，改变经营方式刻不容缓，保险业必须坚持在保证质量的基础上加快发展，在结构优化的基础上扩大规模，实现从粗放式经营模式向集约化经营模式的转变。

二、我国保险业效率现状

蒋才芳和陈收（2014）运用数据包络分析投入导向型模型，考量了我国 30 家人寿保险公司 2002~2011 年经营绩效的有效性，结果显示，中资寿险公司经营绩效数据包络分析相对有效性，中外合资或外资寿险公司经营绩效数据包络分析有效性低于中资寿险公司经营绩效的有效性。而徐敏和姜勇（2014）运用基于松弛变量测度的数据包络分析模型对 2011 年中国 109 家保险公司的承保系统和资本运作系统的经营效率水平进行测算。研究表明，中国保险公司无论是整体系统、承保系统还是资本运作系统的经营效率得分都小于 1，呈数据包络分析非有效状态，全行业仍存在投入产出失衡、资源管理效率低下的问题。只有对保险行业的运营效率做出全面分析，清楚了解到影响保险行业效率高低的内外部因素、影响程度和影响范围，才能防范保险行业的经营风险，从而提高保险业的运营效率，促进保险业的发展。本章利用随机前沿方法对我国保险公司效率进行大样本、长时间分析，试图从公司治理层面探究保险公司效率差异原因所在。

第二节　保险公司效率文献综述

一、保险公司效率评价研究

在竞争日益激烈的市场环境中，无论是保险经营者还是保险监管者都开始关注保险行业的经营效率这一问题，因此，对保险业经营效率的研究逐渐成为一个热门课题。国外对保险公司效率的研究较早的代表学者有 Yuengert、Cummins 和 Weiss 等。Yuengert（1993）利用随机前沿分析法估计 1989 年美国 757 家保险公司的效率状况，得到效率值为 32.4%~49.5%。随后，Cummins 和 Weiss（1993）采用随机前沿分析法对 1980~1988 年美国 261 家财险公司的效率进行分析，提出如果能够使低效率的公司退出市场并使投保人获益于规模经济，兼并和收购将起到有益的作用。在这之后，分析保险公司效率的数学模型发生变化，一些学者开始利用数据包络分析法进行效率测算。Cummins 等（1996）分析了意大利保险业 1985~1993 年的技术效率和生产力增长的差距，运用数据包络分析法计算得出样本期间保险公司的技术效率几乎没有变动，而生产力能力却明显下降。Cummins 和 Zi（1998）也采用数据包络分析法对 1988~1992 年 445 家寿险公司的效率进行了分析。Cummins 等（1999）用数据包络分析法计算了美国寿险业 1988～1995 年的成本效率和收益效率。Cummins 和 Xie（2008）使用数据包络分析法和 Malmqusit 全要素生产率的变动研究了 1994～2003 年美国财产责任保险业的兼并和收购给生产力和效率带来的影响。通过比较并购方、被并购方和非并购企业在效率和生产力方面的不同，结果发现，并购方与非并购方相比能够得到更多的收入效率，被并购企业拥有更高的成本和配置效率增长率，而规模经济在并购活动中的作用不明显。Cummins 等（2010）调查了 1993～2006 年美国保险产业的规模经济状况，分析保险公司是分业经营更有利还是混业经营更有利。在分析过程中，运用数据包络分析法测算了保险公司的成本效率、收益效率和利润效率，并且通过回归控制变量和战略指标的效率值来检验规模经济。

从 20 世纪 90 年代末起，国内学者将微观效率的研究方法广泛运用到保险行业中，黄旭南和吴国华（2001）较早做出该方面探索研究，两位学者使用数据包络分析法计算出 Malmquist 生产力指数，得出本国保险公司的相对效率优于外资保险公司，公司经营绩效和绩效的变动与公司形象排名呈高度正相关。随后，恽敏和李心丹（2003）选取 1999 年我国主要保险公司的经营数据，运用数据包络分析法计算了当年保险行业的经营效率。随后，国内对保险公司效率的研究逐渐展开。姚树洁等（2005）、李克成（2005）、李陈华和张伟（2005）等学者使用数据包络分析法，对财险、寿险公司进行多类别的效率测算，包括经营效率、规模效率等。曹乾（2006）运用非参数数据包络分析法对 1999～2003 年我国保险业的运营效率进行了分析，并且从技术效率、纯技术效率与规模效率、规模报酬、全要素生产率几个方面对效率进行了探讨。除此之外，以黄薇（2006）、刘志迎等（2007）为代表的学者利用随机前沿分析测算保险公司的技术效率和成本效率。在此之后，对保险公司的效率进行比较和评价逐渐受到学者们的关注。韩松和王德令（2009）以 2003～2007 年 13 家主要保险公司为样本，运用数据包络分析法对其技术效率、纯技术效率、规模效率及全要素生产率进行实证分析，结果发现，中国近几年的技术效率值较高。王家庭和赵亮（2010）运用数据包络分析三阶段方法对 2007 年我国 39 家财产险公司的经营效率进行了实证分析，结果发现，排除环境因素外，内外资保险公司的经营效率差距很大。胡林昌（2011）运用数据包络分析法研究了国内财产保险公司的技术效率，为进一步分析我国保险公司效率和效益的综合水平，又选取权益收益率（ROE）和资产利润率（ROA）作为反映保险公司盈利能力的指标，技术效率作为反映公司效率水平的指标，将两者排序进行比较。

综上所述，国外对于保险公司效率的研究开始的比较早，研究也较深入，使用的主要评价方法包括随机前沿分析法和数据包络分析法，总体上来说效率评价研究已经很成熟。

二、保险公司效率影响因素研究

在效率评价基础上，进一步的研究是对效率影响因素的实证检验，这些因素可以分为企业内部因素和企业外部因素。企业外部因素主要有：经济条件（Fukuyama，1997）、国家政策（Gardner and Grace，1993）、GDP（Li and Li，2011）等；企业内部因素众说纷纭。国外早期研究保险公司效率的学者都不约而同地提到了企业规模。例如，Cummins 和 Weiss（1993）、Rai（1996）在文献中都提到企业规模越大，保险公司效率越高。随着研究该领域的学者数量的增加，研究也进行得越来越深入、越来越广泛。Fukuyama（1997）提出了权益结构是保险公司效率的一个影响因素。Cummins 等（1999）提出兼并与收购对保险公司效率也有一定的影响。Hsu 和 Petchsakulwong（2010）在《泰国非寿险保险公司公司治理对效率绩效的影响》（*The Impact of Corporate Governance on the Efficiency Performance of the Thai Non-Life Insurance Industry*）一文中提出，保险公司效率的影响因素包括董事会的独立性和勤奋，公司规模；董事会任期长度；董事会成员的年龄；董事持股比例与数量。此外，Huang 等（2011）在《公司治理与效率：来自美国财产责任险行业的证据》（*Corporate Governance and Efficiency：Evidence from U.S. Property-Liability Insurance Industry*）一文中还提出了独立董事的比例。Hardwick 等（2011）在《英国人寿保险业董事会特征与利润效率》（*Board Characteristics and Profit Efficiency in the United Kingdom Life Insurance Industry*）一文中提出，非执行董事的董事比例、首席执行官和董事长是否分设同样会影响保险公司效率。

国内的研究起步较晚，提出的影响因素普遍涉及多个方面。例如，张俊岭（2007）运用数据包络分析法对财产险公司的效率进行评价，并运用面板数据模型分析了影响公司效率的因素。金晶（2007）认为，影响保险公司效率的因素有公司规模、所有制形式、营销方式、员工受教育程度、市场垄断程度、投资主体差异。李双杰和杨熠（2008）认为，影响保险公司效率的因素有人力资本、股权结构、资产规模、业务种类。李艳虹和吴聪（2009）认为，公司规模、承保能力、所有权特征、经营区域、业务扩张都是公司经营效率的影响因素。

三、保险公司效率评价及影响因素研究小结

无论是保险公司效率评价还是影响因素的研究，我国总体上要慢于国际上的进展，但是保险公司效率及其影响因素已经受到学者的关注，在效率影响因素方面已经开始有一些探索，但总体上来说：第一，专门从公司治理视角展开研究的文献鲜有，多数研究考虑公司层面的基本信息；第二，研究选取的样本期间都比

较短，这样不利于对公司效率进行一个长期的动态分析，并且由于某些时段的经济政策影响，可能使得到的结论受时间上的限制；第三，由于工作量等原因，目前大样本的相关实证研究还较少。

第三节　公司治理对保险公司效率绩效影响研究设计

一、保险公司效率评价

效率是指在投入一定的情况下产出可增加的能力或者在产出一定的情况下投入可减少的能力。常用的度量效率的方法为前沿分析方法，前沿分析方法根据是否已知生产函数的具体的形式分为参数方法和非参数方法，前者主要是指随机前沿分析，后者主要是指数据包络分析。随机前沿分析方法相对于数据包络分析的优点在于考虑了随机因素对于产出的影响，能够方便地检查结果的显著性，对效率估计的离散程度较小。在已有研究的基础上，本章选择员工数量、总资本、管理及一般费用、福利及理赔、资产负债率和营业税金及附加作为投入指标，分别选择保费收入、资产收益率和投资收益作为产出指标，利用 Frontier4.1 软件进行数据分析。

二、研究样本与数据来源

本章研究样本为我国全部保险公司。研究数据中各保险公司基本信息和效率数据是根据对应年份《中国保险年鉴》手工整理计算所得；各保险公司公司治理相关数据来自调查问卷整理计算所得，同第八章和第十章。

三、研究变量与实证模型设计

（一）变量定义

根据本章的研究内容，本章选取了相应的被解释变量、解释变量和控制变量。本章选取保费收入效率、资产收益率效率和投资收益效率三个指标作为反映保险公司效率绩效的被解释变量。本章选取的反映保险公司公司治理状况的解释变量包括三方面 11 个指标，即反映保险公司治理总体状况的保险公司治理指数，反映保险公司治理合规性不同层次的强制合规指数和自主合规指数，以及反映保险公司治理合规性不同内容的股东治理基础分指数、董事（会）治理基础分指数、监事会治理基础分指数、高管治理基础分指数、董监高分指数、新三会分指数、内外部审计分指数和外部监管分指数。本章选取的控制变量包括资本性质、险种类型、组织形式和成立年限四个，其中前三个均用哑变量表示。具体变量简称及说明见表11-1。

表 11-1　变量定义

变量类型	变量名称	变量简称	变量说明
被解释变量	保费收入效率	E-PI	保费收入作为产出变量计算得到
	资产收益率效率	E-ROE	资产收益率作为产出变量计算得到
	投资收益效率	E-II	投资收益作为产出变量计算得到
	保费收入效率滞后一期	E-PI$_{t-1}$	滞后一期处理得到
	资产收益率效率滞后一期	E-ROE$_{t-1}$	滞后一期处理得到
	投资收益效率滞后一期	E-II$_{t-1}$	滞后一期处理得到
解释变量	保险公司治理指数	IGI	计算过程详见第七章
	强制合规指数	CCI	计算过程详见第九章
	自主合规指数	ACI	计算过程详见第九章
	股东治理基础分指数	IGI1	计算过程详见第七章
	董事（会）治理基础分指数	IGI2	计算过程详见第七章
	监事会治理基础分指数	IGI3	计算过程详见第七章
	高管治理基础分指数	IGI4	计算过程详见第七章
	董监高分指数	IGI5	计算过程详见第七章
	新三会分指数	IGI6	计算过程详见第七章
	内外部审计分指数	IGI7	计算过程详见第七章
	外部监管分指数	IGI8	计算过程详见第七章
控制变量	资本性质	ZBXZ	虚拟变量，1为中资，0为外资
	险种类型	XZLX	虚拟变量，1为财产险，0为人身险
	组织形式	ZZXS	虚拟变量，1为股份制，0为有限制
	成立年限	Age	成立年限=统计年份−设立年份+1

（二）模型设计

为了实证检验我国保险公司治理对保险公司效率绩效的影响，本部分设计了以下模型分别从保险公司治理指数、保险公司治理合规性不同层次和保险公司治理合规性不同内容三个方面检验其影响。

$$\text{DVariable}_i = \alpha_i + \beta_{i1}\text{IGI} + \beta_{i2}\text{ZBXZ} + \beta_{i3}\text{XZLX} + \beta_{i4}\text{ZZXS} + \beta_{i5}\text{Age} + \varepsilon_i \quad (11\text{-}1)$$

$$\text{DVariable}_i = \alpha_i + \beta_{i1}\text{CCI} + \beta_{i2}\text{ACI} + \beta_{i3}\text{ZBXZ} + \beta_{i4}\text{XZLX} + \beta_{i5}\text{ZZXS} + \beta_{i6}\text{Age} + \varepsilon_i \quad (11\text{-}2)$$

$$DVariable_i = \alpha_i + \beta_{i1}CCI + \beta_{i2}ZBXZ + \beta_{i3}XZLX + \beta_{i4}ZZXS + \beta_{i5}Age + \varepsilon_i \quad (11\text{-}3)$$

$$DVariable_i = \alpha_i + \beta_{i1}ACI + \beta_{i2}ZBXZ + \beta_{i3}XZLX + \beta_{i4}ZZXS + \beta_{i5}Age + \varepsilon_i \quad (11\text{-}4)$$

$$\begin{aligned} DVariable_i = \alpha_i &+ \beta_{i1}IGI1 + \beta_{i2}IGI2 + \beta_{i3}IGI3 + \beta_{i4}IGI4 + \beta_{i5}IGI5 \\ &+ \beta_{i6}IGI6 + \beta_{i7}IGI7 + \beta_{i8}IGI8 + \beta_{i9}ZBXZ \\ &+ \beta_{i10}XZLX + \beta_{i11}ZZXS + \beta_{i12}Age + \varepsilon_i \end{aligned} \quad (11\text{-}5)$$

$$\begin{aligned} DVariable_i = \alpha_i &+ \beta_{i1}IGI1 + \beta_{i2}IGI2 + \beta_{i3}IGI4 + \beta_{i4}IGI5 \\ &+ \beta_{i5}IGI7 + \beta_{i6}IGI8 + \beta_{i7}ZBXZ + \beta_{i8}XZLX \\ &+ \beta_{i9}ZZXS + \beta_{i10}Age + \varepsilon_i \end{aligned} \quad (11\text{-}6)$$

上式中 i=1、2 和 3 分别表示被解释变量为 E-PI、E-ROE 和 E-II 时的模型形式。其中，式（11-1）是用来检验总体上保险公司治理指数对其效率绩效的影响；式（11-2）～式（11-4）是用来检验保险公司治理合规性不同层次对其效率绩效的影响；式（11-5）和式（11-6）是用来检验保险公司治理合规性不同内容对其效率绩效的影响。

第四节　公司治理对保险公司效率绩效影响实证检验

一、保险公司效率描述性统计

（一）我国保险公司效率总体评价结果

本部分首先分别进行了三个被解释变量 E-PI、E-ROE 和 E-II 的描述性统计，具体见表 11-2。整体来看，保费收入效率均值逐年下降，标准差总体提高；净资产收益率效率均值逐年提升，标准差逐年下降；投资收益效率逐年提升，而标准差有升有降。这反映了 2009～2012 年我国保险公司保费收入效率在降低且行业内差距在扩大，净资产收益率效率在提升且行业内差距在缩小，投资收益效率也在提升，行业内差距变化不一。

表 11-2　被解释变量描述性统计

变量名	年份	样本数量	平均值	中位数	标准差	最小值	最大值
E-PI	2009	75	0.912 7	0.919 7	0.059 2	0.467 3	0.959 8
	2010	80	0.880 6	0.886 3	0.053 8	0.577 3	0.951 3
	2011	90	0.816 6	0.840 0	0.098 3	0.177 2	0.927 9
	2012	116	0.752 7	0.780 9	0.107 5	0.074 6	0.894 4
	合计	361	0.830 2	0.852 8	0.106 8	0.074 6	0.959 8

变量名	年份	样本数量	平均值	中位数	标准差	最小值	最大值
E-ROE	2009	75	0.756 8	0.760 3	0.120 2	0.028 4	0.908 0
	2010	80	0.834 6	0.830 4	0.100 4	0.133 1	0.946 2
	2011	90	0.902 1	0.888 4	0.038 2	0.768 8	0.969 0
	2012	116	0.943 1	0.934 3	0.023 1	0.858 1	0.982 3
	合计	361	0.870 1	0.893 2	0.103 2	0.028 4	0.982 3
E-II	2009	75	0.816 0	0.835 1	0.075 1	0.541 0	0.920 7
	2010	80	0.818 6	0.833 8	0.085 0	0.294 8	0.923 8
	2011	90	0.826 8	0.840 7	0.069 7	0.567 8	0.926 8
	2012	116	0.836 6	0.846 7	0.063 6	0.580 9	0.918 2
	合计	361	0.825 9	0.840 5	0.072 8	0.294 8	0.926 8

资料来源：中国保险年鉴编委会. 2009-2012. 中国保险年鉴[M]. 北京：中国保险年鉴编辑部.

（二）不同组织形式保险公司效率指标分析

本部分按照不同组织形式对三个被解释变量进行了均值的年度比较，如表11-3所示。从表11-3中我们可以发现，在保费收入效率、净资产收益率效率和投资收益效率三个方面，股份制保险公司的效率均值均高于有限制保险公司，反映出股份制保险公司效率绩效更好。

表 11-3　我国不同组织形式保险公司效率比较分析

效率类型		2009 年	2010 年	2011 年	2012 年
E-PI	股份制	0.921 2	0.885 4	0.827 0	0.759 6
	有限制	0.905 6	0.876 4	0.808 4	0.744 5
E-ROE	股份制	0.799 5	0.859 4	0.907 6	0.947 3
	有限制	0.722 1	0.812 1	0.897 7	0.938 1
E-II	股份制	0.833 8	0.834 9	0.840 4	0.844 3
	有限制	0.801 6	0.803 8	0.815 6	0.827 4

（三）不同险种类型保险公司竞争力指标分析

本部分按照不同险种类型对三个被解释变量进行了均值的年度比较，如表11-4所示。从表11-4中我们可以发现，在净资产收益率效率方面，财产险保险公司的效率均值高于人身险保险公司，反映出财产险保险公司净资产收益率效率绩效更好；在投资收益效率方面，人身险保险公司的效率均值高于财产险保险公司，反映出人身险保险公司投资收益效率绩效更好；而在保费收入效率方面，2009 年、2011 年和 2012 年均为人身险保险公司效率均值高于财产险保险公司，2010 年财产险保险公司保费收入效率高于人身险保险公司。

表 11-4　我国不同险种类型保险公司效率比较分析

效率类型		2009 年	2010 年	2011 年	2012 年
E-PI	财产险	0.904 3	0.882 8	0.808 3	0.740 4
	人身险	0.921 9	0.879 0	0.824 4	0.764 2
E-ROE	财产险	0.771 4	0.847 8	0.902 2	0.943 8
	人身险	0.740 9	0.824 8	0.902 0	0.942 4
E-II	财产险	0.807 8	0.815 3	0.817 2	0.826 2
	人身险	0.825 0	0.821 0	0.836 1	0.846 3

（四）不同资本性质保险公司效率指标分析

本部分按照不同资本性质对三个被解释变量进行了均值的年度比较，如表 11-5 所示。从表 11-5 中我们可以发现，在净资产收益率效率和投资收益效率方面，中资保险公司的效率均值高于外资保险公司，反映出中资保险公司净资产收益率效率和投资收益效率绩效更好；而在保费收入效率方面，2009 年和 2010 年均为外资保险公司效率均值高于中资保险公司，2011 年和 2012 年为中资保险公司保费收入效率高于外资保险公司，但中外资之间差异不大。

表 11-5　我国不同资本性质保险公司效率比较分析

效率类型		2009 年	2010 年	2011 年	2012 年
E-PI	中资	0.912 6	0.872 6	0.817 3	0.752 9
	外资	0.912 8	0.888 6	0.815 8	0.752 5
E-ROE	中资	0.794 6	0.859 2	0.908 3	0.947 5
	外资	0.715 8	0.809 9	0.895 3	0.936 6
E-II	中资	0.826 8	0.833 5	0.836 9	0.842 9
	外资	0.804 3	0.803 7	0.815 9	0.827 3

二、公司治理对保险公司效率影响实证结果

按照前文的模型设计，本部分实证结果包括三部分内容，分别对保险公司治

理指数、保险公司治理合规性不同层次和保险公司治理合规性不同内容对保险公司效率绩效的影响进行检验。

（一）保险公司治理指数与效率

根据式（11-1），本部分使用最小二乘回归分析的计量方法对保险公司治理指数对保险公司效率绩效的影响进行了实证研究，实证结果如表11-6所示。

表 11-6　保险公司治理指数对效率绩效的影响实证结果

模型变量	E-PI	E-ROE	E-II
（Constant）	0.90 (0.00) **	0.75 (0.00) **	0.83 (0.00) **
IGI	0.01 (0.46)	0.01 (0.32)	−0.01 (0.21)
ZBXZ	−0.06 (0.02) *	0.03 (0.45)	0.01 (0.83)
XZLX	−0.01 (0.54)	0.01 (0.80)	−0.01 (0.65)
ZZXS	0.09 (0.00) **	0.01 (0.70)	0.05 (0.03) *
Age	−0.01 (0.44)	0.01 (0.34)	0.01 (0.72)
F	2.91 (0.02) *	1.465 (0.20)	4.137 (0.00) **
Adj-R^2	0.051	0.013	0.081

注：括号内数字表示 p 值。
**和*分别表示在1%和5%的显著性水平下显著。

根据实证结果我们可以发现，保险公司治理指数与三个反映保险公司效率绩效的指标均没有显著的关系；控制变量中资本性质与E-PI负相关且显著；组织形式与E-PI和E-II正相关且显著，这说明整体上保险公司治理水平对其效率绩效没有显著的影响。从具体指标来看，外资公司保费收入效率比中资公司高，股份制保险公司保费收入效率和投资收益效率比有限制保险公司高。

（二）保险公司治理合规性不同层次与效率

从保险公司治理合规性的不同层次来看，可以分为强制合规和自主合规两大类。本部分根据式（11-2）～式（11-4）使用最小二乘回归分析法检验保险公司治理合规性不同层次对其效率绩效的影响，结果如表11-7～表11-9所示。

表 11-7　保险公司治理合规性不同层次对 **E-PI** 的影响实证结果

模型变量	合规性	强制合规	自主合规
（Constant）	0.92 （0.00）**	0.91 （0.00）**	0.89 （0.00）**
CCI	0.01 （0.25）	0.01 （0.32）	—
ACI	0.01 （0.50）	—	0.01 （0.74）
ZBXZ	−0.06 （0.02）*	−0.06 （0.02）*	−0.06 （0.02）*
XZLX	−0.01 （0.44）	−0.01 （0.49）	−0.01 （0.56）
ZZXS	0.08 （0.00）**	0.09 （0.00）**	0.09 （0.00）**
Age	0.01 （0.47）	0.01 （0.46）	0.00 （0.41）
F	2.57 （0.02）*	3.00 （0.01）**	2.82 （0.02）*
Adj-R^2	0.051	0.054	0.049

注：括号内数字表示 p 值。
**和*分别表示在 1%和 5%的显著性水平下显著。

表 11-8　保险公司治理合规性不同层次对 **E-ROE** 的影响实证结果

模型变量	合规性	强制合规	自主合规
（Constant）	0.75 （0.00）**	0.75 （0.00）**	0.77 （0.00）**
CCI	0.01 （0.45）	0.01 （0.32）	—
ACI	0.01 （0.87）	—	0.01 （0.51）
ZBXZ	0.03 （0.46）	0.03 （0.46）	0.03 （0.45）
XZLX	0.01 （0.73）	0.01 （0.75）	0.01 （0.83）
ZZXS	0.02 （0.65）	0.01 （0.66）	0.01 （0.70）
Age	0.00 （0.35）	0.00 （0.35）	0.01 （0.32）
F	1.22 （0.30）	1.47 （0.20）	1.35 （0.24）
Adj-R^2	0.007	0.013	0.010

注：括号内数字表示 p 值。
**表示在 1%的显著性水平下显著。

表 11-9　保险公司治理合规性不同层次对 E-II 的影响实证结果

模型变量	合规性	强制合规	自主合规
（Constant）	0.83 (0.00) **	0.83 (0.00) **	0.81 (0.00) **
CCI	0.01 (0.33)	0.01 (0.18)	—
ACI	0.01 (0.87)	—	0.01 (0.36)
ZBXZ	0.01 (0.82)	0.01 (0.82)	0.01 (0.83)
XZLX	−0.01 (0.58)	−0.01 (0.59)	0.01 (0.70)
ZZXS	0.05 (0.04) *	0.05 (0.04) *	0.05 (0.04) *
Age	0.01 (0.70)	0.01 (0.70)	0.01 (0.76)
F	3.47 (0.00) **	4.18 (0.00) **	3.97 (0.00) **
Adj-R^2	0.077	0.082	0.077

注：括号内数字表示 p 值。
**和*分别表示在 1%和 5%的显著性水平下显著。

　　根据实证结果，我们可以发现，整体上来看保险公司治理合规性不同层次对其效率绩效没有显著的影响。控制变量中资本性质与 E-PI 负相关且显著，组织形式与 E-PI 和 E-II 正相关且显著，这说明整体上保险公司治理水平对其效率绩效没有显著的影响。从具体指标来看，外资公司保费收入效率比中资公司高，股份制保险公司保费收入效率和投资收益效率比有限制保险公司高。

（三）保险公司治理合规性不同内容与效率

　　从保险公司治理合规性的不同内容来看，可以分为股东治理基础分指数、董事（会）治理基础分指数、监事会治理基础分指数、高管治理基础分指数、董监高分指数、新三会分指数、内外部审计分指数和外部监管分指数八大类。其中，监事会治理基础分指数和新三会分指数不适用于有限制保险公司。本部分按照组织形式将样本分为股份制保险公司和有限制保险公司，根据式（11-5）和式（11-6）使用最小二乘回归分析的计量方法对保险公司治理合规性不同内容对其效率绩效的影响进行了实证研究，结果如表 11-10～表 11-12 所示。

表 11-10　保险公司治理合规性不同内容对 E-PI 的影响实证结果

模型变量	股份制保险公司	有限制保险公司
（Constant）	1.02 （0.00）**	0.70 （0.00）**
IGI1	0.01 （0.94）	0.01 （0.69）
IGI2	0.01 （0.94）	0.00 （0.59）
IGI3	0.01 （0.78）	—
IGI4	0.01 （0.26）	0.01 （0.59）
IGI5	0.01 （0.56）	0.01 （0.38）
IGI6	0.01 （0.11）	—
IGI7	0.01 （0.01）**	0.01 （0.62）
IGI8	0.01 （0.22）	0.01 （0.85）
ZBXZ	−0.06 （0.17）	0.14 （0.00）**
XZLX	−0.02 （0.65）	−0.01 （0.62）
Age	−0.01 （0.30）	0.01 （0.73）
F	2.11 （0.03）*	2.11 （0.04）*
Adj-R^2	0.140	0.090

注：括号内数字表示 p 值。

**和*分别表示在 1%和 5%的显著性水平下显著。

表 11-11　保险公司治理合规性不同内容对 E-ROE 的影响实证结果

模型变量	股份制保险公司	有限制保险公司
（Constant）	0.86 （0.00）**	0.92 （0.00）**
IGI1	0.01 （0.20）	0.01 （0.54）
IGI2	0.01 （0.33）	0.01 （0.19）
IGI3	0.01 （0.11）	—

续表

模型变量	股份制保险公司	有限制保险公司
IGI4	0.01 (0.91)	0.01 (0.61)
IGI5	0.01 (0.80)	0.01 (0.79)
IGI6	0.01 (0.13)	—
IGI7	0.01 (0.35)	0.01 (0.01)**
IGI8	0.01 (0.52)	0.01 (0.68)
ZBXZ	0.06 (0.29)	−0.08 (0.16)
XZLX	0.01 (0.83)	−0.02 (0.27)
Age	0.01 (0.70)	0.01 (0.00)**
F	1.08 (0.39)	2.71 (0.01)**
Adj-R^2	0.011	0.132

注：括号内数字表示 p 值。

**表示在1%的显著性水平下显著。

表 11-12　保险公司治理合规性不同内容对 E-II 的影响实证结果

模型变量	股份制保险公司	有限制保险公司
（Constant）	0.85 (0.00)**	0.83 (0.00)**
IGI1	0.01 (0.58)	0.01 (0.02)*
IGI2	0.01 (0.59)	0.01 (0.25)
IGI3	0.01 (0.71)	—
IGI4	0.01 (0.64)	0.01 (0.54)
IGI5	0.01 (0.25)	0.01 (0.25)
IGI6	0.01 (0.26)	—
IGI7	0.01 (0.38)	0.01 (0.96)

续表

模型变量	股份制保险公司	有限制保险公司
IGI8	0.01 （0.60）	0.01 （0.56）
ZBXZ	0.03 （0.51）	0.04 （0.25）
XZLX	0.01 （0.80）	−0.02 （0.02）*
Age	0.01 （0.58）	0.00 （0.03）*
F	0.47 （0.92）	2.68 （0.01）**
Adj-R^2	−0.085	0.130

注：括号内数字表示 p 值。

$**$和$*$分别表示在 1%和 5%的显著性水平下显著。

根据实证结果，我们可以发现，整体上来看，保险公司治理合规性不同内容对效率绩效没有显著的影响。控制变量中有限制保险公司的资本性质与 E-PI 正相关且显著，险种类型与 E-II 负相关且显著，成立年限与 E-ROE 和 E-II 正相关且显著，而其余控制变量并不显著。这说明保险公司治理合规性的不同内容对其效率绩效没有显著的影响。有限制保险公司中，中资公司的保费收入效率比外资公司高，财产险公司的投资收益效率比人身险公司低，成立年限越长的保险公司净资产收益率效率和投资收益效率越高。

三、公司治理对保险公司效率影响稳健性检验

为了保证前文实证结果的稳健性，本部分进行了稳健性检验，使用滞后一期的被解释变量作为新的被解释变量重新进行了实证分析与检验，结果如表 11-13～表 11-15 所示。稳健性检验的结果与之前的实证结论基本一致，验证了本章实证结果的稳健性。

表 11-13 基于 E-PI 稳健性检验

模型变量	治理指数	治理合规层次			治理合规内容	
		合规性	强制合规	自主合规	股份制	有限制
（Constant）	0.87 （0.00）**	0.89 （0.00）**	0.89 （0.00）**	0.84 （0.00）**	1.09 （0.00）**	0.56 （0.00）**
IGI	0.01 （0.35）	—	—	—	—	—
CCI	—	0.01 （0.16）	0.01 （0.21）			

续表

模型变量	治理指数	治理合规层次			治理合规内容	
		合规性	强制合规	自主合规	股份制	有限制
ACI	—	0.01 (0.43)	—	0.01 (0.64)	—	—
IGI1	—	—	—	—	0.01 (0.67)	0.01 (0.83)
IGI2	—	—	—	—	0.01 (0.79)	0.01 (0.94)
IGI3	—	—	—	—	0.01 (0.69)	—
IGI4	—	—	—	—	0.01 (0.37)	0.01 (0.38)
IGI5	—	—	—	—	0.01 (0.87)	0.01 (0.26)
IGI6	—	—	—	—	0.01 (0.52)	—
IGI7	—	—	—	—	0.01 (0.17)	0.01 (0.12)
IGI8	—	—	—	—	0.01 (0.18)	0.01 (0.57)
ZBXZ	−0.03 (0.33)	−0.03 (0.35)	−0.03 (0.33)	−0.03 (0.34)	−0.05 (0.39)	0.19 (0.00) **
XZLX	0.01 (0.80)	−0.01 (0.66)	−0.01 (0.73)	0.01 (0.84)	−0.01 (0.87)	0.01 (0.99)
ZZXS	0.06 (0.06)	0.06 (0.08)	0.06 (0.07)	0.06 (0.06)	—	—
Age	0.01 (0.32)	0.01 (0.33)	0.01 (0.34)	0.01 (0.30)	−0.01 (0.34)	0.01 (0.78)
F	1.53 (0.18)	1.50 (0.18)	1.68 (0.14)	1.39 (0.23)	1.23 (0.29)	2.04 (0.05) *
Adj-R^2	0.017	0.020	0.022	0.013	0.039	0.097

注：括号内数字表示 p 值。

**和*分别表示在1%和5%的显著性水平下显著。

表 11-14　基于 E-ROE 稳健性检验

模型变量	治理指数	治理合规层次			治理合规内容	
		合规性	强制合规	自主合规	股份制	有限制
（Constant）	0.82 (0.00) **	0.81 (0.00) **	0.81 (0.00) **	0.85 (0.00) **	0.84 (0.00) **	0.97 (0.00) **
IGI	0.01 (0.12)	—	—	—	—	—
CCI	—	0.01 (0.17)	0.01 (0.10)	—	—	—

续表

模型变量	治理指数	治理合规层次			治理合规内容	
		合规性	强制合规	自主合规	股份制	有限制
ACI	—	0.01 （0.67）	—	0.01 （0.32）	—	—
IGI1	—	—	—	—	0.01 （0.77）	0.01 （0.38）
IGI2	—	—	—	—	0.01 （0.25）	0.01 （0.38）
IGI3	—	—	—	—	0.01 （0.06）	—
IGI4	—	—	—	—	0.01 （0.75）	0.01 （0.19）
IGI5	—	—	—	—	0.01 （0.74）	0.01 （0.65）
IGI6	—	—	—	—	0.01 （0.06）	—
IGI7	—	—	—	—	0.01 （0.19）	0.01 （0.01）*
IGI8	—	—	—	—	0.01 （0.99）	0.01 （0.47）
ZBXZ	0.03 （0.31）	0.03 （0.33）	0.03 （0.32）	0.03 （0.32）	0.06 （0.18）	−0.05 （0.19）
XZLX	0.00 （0.83）	0.01 （0.71）	0.01 （0.75）	0.01 （0.89）	0.04 （0.29）	−0.02 （0.07）
ZZXS	−0.01 （0.71）	−0.01 （0.82）	−0.01 （0.78）	−0.01 （0.73）	—	—
Age	0.01 （0.51）	0.01 （0.52）	0.01 （0.52）	0.01 （0.47）	0.01 （0.75）	0.01 （0.00）**
F	1.07 （0.38）	0.98 （0.44）	1.14 （0.34）	0.78 （0.56）	1.13 （0.36）	2.52 （0.01）**
Adj-R^2	0.002	−0.001	0.005	−0.007	0.023	0.136

注：括号内数字表示 p 值。

**和*分别表示在1%和5%的显著性水平下显著。

表 11-15　基于 E-II 稳健性检验

模型变量	治理指数	治理合规层次			治理合规内容	
		合规性	强制合规	自主合规	股份制	有限制
（Constant）	0.86 （0.00）**	0.85 （0.00）**	0.85 （0.00）**	0.85 （0.00）**	0.85 （0.00）**	0.87 （0.00）**
IGI	0.01 （0.11）	—	—	—	—	—

续表

模型变量	治理指数	治理合规层次			治理合规内容	
		合规性	强制合规	自主合规	股份制	有限制
CCI	—	0.01 (0.92)	0.01 (0.20)	—	—	—
ACI	—	0.01 (0.34)	—	0.01 (0.11)	—	—
IGI1	—	—	—	—	0.01 (0.51)	0.01 (0.21)
IGI2	—	—	—	—	0.01 (0.45)	0.01 (0.46)
IGI3	—	—	—	—	0.01 (0.43)	
IGI4	—	—	—	—	0.01 (0.84)	0.01 (0.47)
IGI5	—	—	—	—	0.01 (0.55)	0.01 (0.38)
IGI6	—	—	—	—	0.01 (0.19)	—
IGI7	—	—	—	—	0.01 (0.63)	0.01 (0.85)
IGI8	—	—	—	—	0.01 (0.60)	0.01 (0.84)
ZBXZ	0.02 (0.21)	0.02 (0.22)	0.03 (0.20)	0.02 (0.21)	0.04 (0.21)	0.03 (0.37)
XZLX	−0.01 (0.29)	−0.01 (0.32)	−0.01 (0.26)	−0.01 (0.32)	−0.02 (0.59)	−0.02 (0.03) *
ZZXS	0.02 (0.41)	0.02 (0.41)	0.01 (0.47)	0.02 (0.40)	—	—
Age	0.01 (0.87)	0.01 (0.86)	0.01 (0.85)	0.01 (0.85)	−0.01 (0.18)	0.01 (0.09)
F	3.23 (0.01) **	2.68 (0.02) *	3.03 (0.01) **	3.23 (0.01) **	0.57 (0.84)	1.78 (0.09)
Adj-R^2	0.069	0.063	0.063	0.069	−0.082	0.074

注：括号内数字表示 p 值。

**和*分别表示在 1% 和 5% 的显著性水平下显著。

第五节　研究结论与启示

一、研究结论

本章主要研究了保险公司治理对其效率绩效的影响。首先，明确了保险公司效率研究的重要性，并试图从公司治理视角解释保险公司效率差异的原因；其次，从保险公司效率评价和保险公司效率影响因素两个角度回顾了国内外学者的已有研究，发现研究保险公司治理对其效率绩效影响具有重要的理论和现实意义。本章在理论分析和文献回顾的基础上最终选取随机前沿分析法对我国保险公司效率进行评价，随后利用效率评价结果得出的保费收入效率、净资产收益率效率和投资收益效率三个指标作为被解释变量来衡量我国保险公司效率绩效，选取保险公司治理指数、保险公司治理合规性不同层次（强制合规和自主合规）和保险公司治理合规性不同内容（股东治理基础分指数、董事（会）治理基础分指数、监事会治理基础分指数、高管治理基础分指数、董监高分指数、新三会分指数、内外部审计分指数和外部监管分指数）三个角度共计 11 个指标来衡量我国保险公司的公司治理状况。另外，还选用了相应的控制变量，采用手工整理计算的保险公司相关数据，使用最小二乘回归分析的方法实证研究了保险公司治理对保险公司效率绩效的影响。

　　本章研究发现，保险公司治理指数与其效率绩效之间没有显著关系，无论是自主合规指数还是强制合规指数，都没有呈现出与效率绩效的显著相关关系，同时股份制和有限制保险公司治理的各维度分指数与效率绩效之间也不存在显著的相关关系。实证结果表明，我国保险公司治理的有效性不足，未能有效地提高公司效率。此外，本章还发现组织形式、资本性质、险种类型和成立年限是影响保险公司效率绩效的重要因素。从整体上来看，外资公司保费收入效率比中资公司高，股份制保险公司保费收入效率和投资收益效率比有限制保险公司高。而有限制保险公司中，中资公司的保费收入效率比外资公司高，人身险公司的投资收益效率比财产险公司高，成立年限越长的保险公司净资产收益率效率和投资收益效率越高。本章最后还使用滞后一期的保险公司效率数据对实证结论进行了稳健性检验，验证了本章实证结论的稳健性。

二、研究启示

　　本章的研究结论反映了我国保险公司治理有效性不足的现状，公司治理的完善并未有效地带来公司效率绩效的提升。这也提醒和启示保险公司和监管部门不仅应当关注公司治理的合规性，更应当从效率视角关注公司治理的有效性。效率是保险公司竞争力的源泉之一。治理有效性提高了，保险公司效率会得到提升，进而增强保险公司的竞争力，最后才能获得更好的财务绩效。

第十二章　保险公司治理对竞争力绩效影响的实证研究

本章采用结构方程模型从市场竞争力、运营竞争力、成本竞争力和竞争力结果四个维度对我国保险公司竞争力进行评价。评价发现，我国保险公司竞争力总体良好，特别是 2008 年之后，保险公司市场竞争力、成本竞争力和竞争力结果均表现出显著提高的趋势。基于保险公司竞争力评价的结果，从治理层次和治理内容两个方面实证检验了保险公司治理对保险公司市场竞争力、运营竞争力、成本竞争力和竞争力结果的影响。研究发现，保险公司治理并不显著影响保险公司竞争力，而组织形式、资本性质和险种类型是影响保险公司竞争力的重要因素。

第一节　问题提出

一、保险公司竞争力研究的意义

企业竞争力研究是一个经久不衰的课题。企业竞争力是基于企业自身优势和竞争资源在过去和现在的市场中表现出优良业绩的内在支撑力（范晓屏，1999）。随着经济发展，人们对保险行业越来越关注，30 年来，由于保险业制度的不断完善，我国保险业从总体上看发展迅猛，保费收入增长势头强劲。保险行业恢复发展初期，国家便出台了相关的保险条例，之后更是建立了以《保险法》为核心的保险法律体系，对于规范保险活动、调控保险市场竞争、促进保险业的发展起到了制度基础和法律保障作用。

二、我国保险公司竞争力发展现状

从微观层面来看，随着经济全球化发展，我国保险行业国际化趋势愈加明显，保险公司之间的竞争不再仅限于国内竞争，还有国际间的竞争。在过去 30 年，我国的保险密度和保险深度一直保持快速增长的态势。由于法律法规逐步健全和国家政策的支持，我国保险业的发展逐渐呈现出良好的态势，保费收入占世界的份额从 1982 年的 0.07% 上升到 2012 年的 5.32%。截至 2012 年年底，保费收入已达 1.55 万亿元，是 1980 年保费收入的 5310 倍。截至 2012 年年底，我国保险密度为

178.9 美元，保险深度为 2.96%，而世界平均保险密度为 655.7 美元，平均保险深度为 6.50%。

从总体情况来看，我国保险行业发展持续、稳健和快速，但是从人均水平来看，我国保险行业的发展尚有很大空间。在这种背景下，客观全面地评价我国保险公司竞争力并找出其影响因素，从而有针对性地提高我国保险行业竞争力显得十分必要。

第二节　企业竞争力评价文献综述

一、企业竞争力评价研究文献综述：评价方法

企业竞争力的评价方法已经由最初的定性分析发展到定量分析与定性分析相结合的方式。定性分析法主要是指内涵解析法；定量分析与定性分析相结合的方法较多，包括因子分析法（李卫东，2009）、层次分析法（林汉川和管鸿禧，2004）、数据包络分析法（聂辰席，2003）、灰色综合评价法（胡大立，2003）、结构方程模型（王世波和王成，2010；谢光亚和崔君，2013）等。以《保险研究》杂志为例，以"竞争力"作为关键词进行题名检索后发现其创刊以来共有 27 篇相关文献。其中，陈文辉（2012）等主要为定性分析，只有郑培明和顾宇萍（2007）、寇业富和周月琴（2012）、寇业富和许文璐（2013）、陈虹和马永健（2013）少数几篇文献以定量分析作为研究主要方法。

二、企业竞争力评价研究文献综述：评价指标

在一般企业竞争力评价的财务类指标中，盈利能力、偿债能力和运营能力是较重要的三个评价维度。反映盈利能力的评价指标有净资产收益率、销售利润率和总资产报酬率；反映偿债能力的评价指标有资产负债率、产权比率、流动比率和速动比率；反映运营能力的评价指标有总资产周转率、流动资产周转率、存货周转率和应收账款周转率（张进财和左小德，2013）。在一般企业竞争力评价的非财务类指标中，员工素质能力、技术创新能力和组织管理能力是较重要的三个评价维度。反映员工素质能力的评价指标有员工的学历水平和全员劳动生产率（陈海秋，2004；王兆峰，2009）；反映技术创新能力的评价指标有研发经费比率、研究开发人员比率、专利授权量和新产品开发周期等（潘镇和鲁明泓，2003；蒋有凌和周红梅，2007；Banyte and Salickaite，2015）；反映组织管理能力的评价指标有企业家精神、公司信誉及企业文化和团队精神等（Man et al.，2002）。

三、企业竞争力评价研究小结

目前，企业竞争力评价的方法和指标已经趋于成熟，评价方法包括因子分析法、层次分析法和结构方程模型等，评价指标分为财务类指标和非财务类指标。随着保险业市场不断扩大，已有学者开始关注保险行业的竞争力评价（吕宙，2003；寇业富和周月琴，2012；吴成浩，2012；黄丽青，2012；陈虹和马永健，2013；寇业富和许文璐，2013）。需要说明的是，一是在评价方法方面可以导入更加严谨和科学的结构方程模型方法；二是在评价指标设计方面需要更多地考虑保险公司特色。保险公司竞争力评价指标体系与一般企业竞争力评价指标体系具有一定的相似性，在对保险公司进行竞争力评价时，可以在一般企业竞争力评价的基础上进行改进，使之更加符合保险行业的特点。例如，由于保险公司的特点，使用保险赔付率衡量其成本竞争力，利用应收保费周转率来反映其资产管理水平。本章基于上述思路，利用结构方程模型方法，在设计我国保险公司竞争力评价指标体系基础上，对我国保险公司竞争力进行评价，并基于竞争力指数对保险公司竞争力状况进行总体分析和比较分析。

第三节　保险公司竞争力评价设计

一、保险公司竞争力评价方法设计

评价方法包括定性分析法和定量分析与定性分析相结合的方法。定性分析法主要是指内涵解析法，内涵解析法的特点是重点研究影响企业竞争力的内在决定性因素，对于一些难以直接量化的因素可以采取专家意见或者问卷调查的方式进行分析判断。内涵解析法缺点是难以全面量化，可能含有较大程度的主观性，并且，有些因素在性质上是难以进行企业间的直接比较的。

定量与定性分析相结合的方法主要包括因子分析法、层次分析法、数据包络分析法和结构方程模型等，但前三种方法均存在较为明显的不足。因子分析法的缺点在于，要求所分析的维度之间相互独立，在提取少量独立指标时存在信息遗漏；层次分析法的缺点在于，不能为决策提供新方案，定量数据少，定性成分多，不易令人信服；数据包络分析法的缺点在于，对有效单元能给出的信息较少，不能够对其排序。

结构方程模型建立在因子分析法和路径分析法等方法的基础之上，可以同时处理多个因变量，不要求各个因变量之间相互独立，可以通过设计不同的模型来对同一个样本数据进行拟合，并且计算出不同模型对同一样本数据的整体拟合度，有利于判断所建立模型的合理性并挑选出拟合最佳和最符合事实的模型，因此本章选取结构方程模型对保险公司竞争力进行分析。

二、保险公司竞争力评价指标设计

保险公司竞争力指标体系的构建应该既符合保险公司的行业特点，又要有利于保险公司竞争力的识别和评价，力求做到全面、客观、准确地反映保险公司竞争力的内涵。参考已有的一般企业竞争力和保险公司竞争力研究的有关成果，综合考虑指标体系的全面性、合理性、间接性、可比性和可得性原则，本章分别从市场竞争力、运营竞争力、成本竞争力和竞争力结果四个方面，构建了 4 个一级指标和 15 个二级指标来评价我国保险公司的竞争力，具体指标见表 12-1。

表 12-1 我国保险公司竞争力评价指标体系

潜变量	观测变量	变量名	指标说明
市场竞争力	资产总额	$x1$	是指企业拥有或控制的全部资产，是保险公司从事保险业务活动的物质基础
	净资产总额	$x2$	即所有者权益，可以用来反映公司的生存状况和持续发展的能力
	市场份额	$x3$	某公司保费收入/全国保费收入
	自留保费规模率	$x4$	本年自留保费/（实收资本+资本公积）；自留保费=保费收入+分保费收入−分保费支出
运营竞争力	应收保费周转率	$x5$	保费收入/应收保费平均余额
	应收账款周转率	$x6$	保费收入/应收账款平均余额
	总资产周转率	$x7$	营业收入/平均资产总额
	资金运用率	$x8$	投资总额/资产总额
成本竞争力	综合费用率	$x9$	综合费用/已赚保费；综合费用=业务及管理费用+手续费和佣金支出+营业税金及附加+分保费用−摊回分保费用
	综合赔付率	$x10$	综合赔付款/已赚保费；综合赔付款=赔付支出−摊回赔付支出+未决赔款准备金提转差
	赔付率	$x11$	赔付支出/保险业务收入
竞争力结果	资产收益率	$x12$	净利润/平均资产总额×100%
	净资产收益率	$x13$	净利润/平均所有者权益总额×100%
	收入净利率	$x14$	净利润/营业收入×100%
	营业利润增长率	$x15$	（本年营业利润−上年营业利润）/上年营业利润×100%

三、保险公司竞争力评价样本选取与数据来源

本章研究样本为我国全部保险公司，数据来源于《中国保险年鉴》，均为手工

整理。随着中国保险行业的发展，相应的会计制度及信息披露准则也在不断地发生变化，这导致不同年份保险公司所披露的财务报表在格式上和包含的信息上存在较大差异。2007年1月1日《企业会计准则》施行之后，年鉴上所公布的各保险公司的财务报表形式比较统一。因此，本章选取2007～2012年的所有保险公司作为样本。在剔除了缺失值和异常值之后，最终得到415个有效样本。

第四节　保险公司竞争力评价过程与评价结果

一、保险公司竞争力评价过程

（一）模型建立与初步检验

本章以市场竞争力、运营竞争力、成本竞争力和竞争力结果四个维度建立模型。从经济含义上看，这四个因子并非完全相互独立，而是存在一定的逻辑关系。对此，我们做出如下假设：竞争力结果是市场竞争力、运营竞争力、成本竞争力共同作用的结果，因此可以将后三个潜变量共同指向竞争力结果。本章做了探索性因子分析，发现市场竞争力、运营竞争力、成本竞争力和竞争力结果4个潜变量的观测变量能够较好地反映保险公司相应方面的状况。接下来，本章对415个样本进行了验证性因子分析。首先根据评价体系构建初始验证性因子分析模型，如图12-1所示。运用AMOS17.0对模型进行数据拟合，拟合指标结果为χ^2=780.331，χ^2/df=8.969，RMSEA=0.139，IFI=0.742，NFI=0.719，CFI=0.740。可以看出，初始模型拟合结果并不理想，需要对模型进行修正。

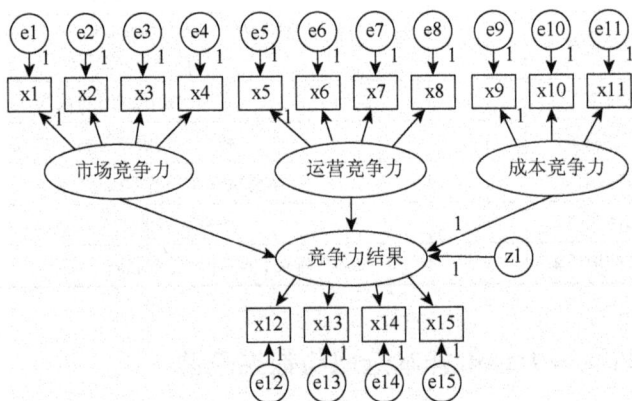

图12-1　保险公司竞争力初始结构方程模型

（二）模型修正与模型确认

模型修正的方法包括对原有路径做重新限制、改变变量之间或误差之间的路径，以及增加或减少变量。首先，关注变量之间的路径修正。根据得出的潜变量与观测变量之间的系数矩阵及修正指数结果，将潜变量与潜变量、观测变量与潜变量之间不显著的路径删除，增加调整指数（modification index，MI）值比较大的路径。其次，在调整潜变量和潜变量之间路径的过程中，根据拟合结果删去市场竞争力和运营竞争力指向竞争力结果的路径，增加市场竞争力与成本竞争力、运营竞争力与成本竞争力之间的双向路径；在调整观测变量与潜变量时，将变量x6删去，原因是保险公司中应收账款较少，主要为应收保费；将变量x11删去，原因是赔付率与综合赔付率之间有较高的线性相关性，故删去一个；将变量 x15删去，原因是营业利润增长率是成长性指标不是普通的收益性指标；将 x4 和 x8删去，原因是计量上不显著。最后，进行误差项的修正，根据拟合结果中提供的修正指数及模型的现实理论意义，采用 MI 值由大到小的方式进行逐一修正。

在进行了 16 次的调整之后，得到了修正后的模型，调整后各项指数为 χ^2=49.88，χ^2/df=1.918，RMSEA=0.047，IFI=0.988，NFI=0.975，CFI=0.988，所有参数都达到了显著性水平。修正后的参数估计值及模型路线图如图 12-2 所示，具体来说，本章按照竞争力维度间关系、市场竞争力、运营竞争力、成本竞争力和竞争力结果进行分析。

第一，竞争力维度间关系。从最终模型的结果来看，首先，市场竞争力和成本竞争力之间的路径系数为–0.23，因为市场竞争力选取的指标为正向指标，成本竞争力计算选取的指标是指标越大成本竞争力越低，所以市场竞争力与成本竞争力呈现负相关关系；其次，运营竞争力和成本竞争力之间的路径系数为–0.51，同样由于运营竞争力选取正向指标，成本竞争力选取反向指标，二者呈现出负相关关系；最后，成本竞争力到竞争力结果的路径系数为–0.60，说明成本竞争力指数对竞争力结果有负向的影响。

第二，市场竞争力维度。从最终模型结果看，资产总额、净资产总额和市场份额三个观测变量的路径系数较为接近，分别为 0.88、0.99 和 0.89，说明这三个指标对市场竞争力均有较大程度的正向影响。

第三，运营竞争力维度。从最终模型结果看，应收保费周转率和总资产周转率的路径系数分别为 0.31 和 0.52，说明应收保费周转率和总资产周转速度均对保险公司的运营竞争力具有影响。

第四，成本竞争力维度。从最终模型结果看，综合费用率和综合赔付率的路径系数分别为 0.81 和 0.23，说明综合费用率指标对于保险公司的成本竞争力影响

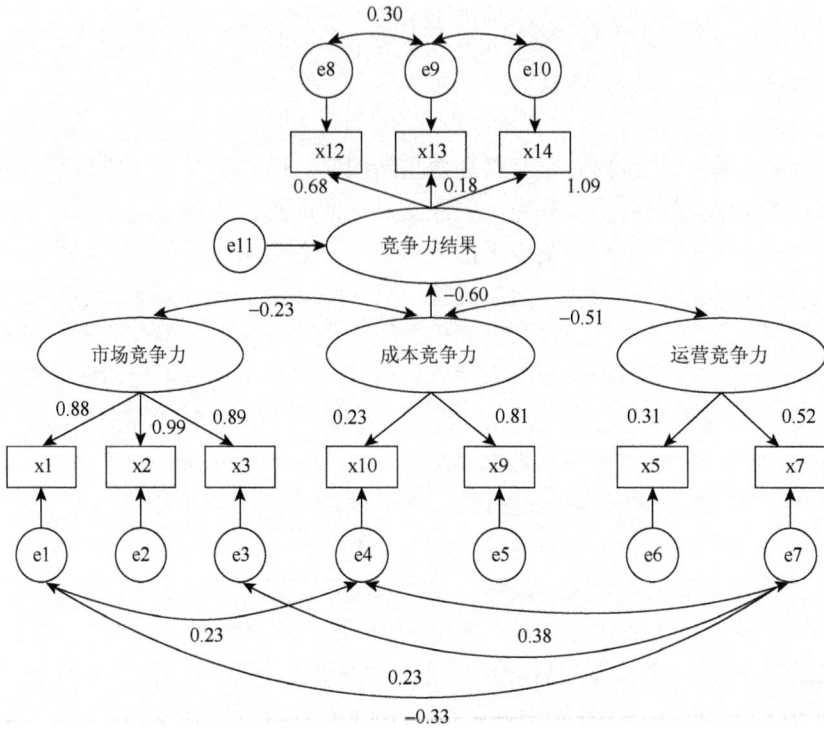

图 12-2　保险公司竞争力最终结构方程模型

较大，综合费用支出是保险公司经营成本的主要组成部分，能够体现保险公司对经营成本的控制能力。

第五，竞争力结果维度。从最终模型结果看，资产收益率、净资产收益率和收入净利率三个观测变量的路径系数分别为 0.68、0.18 和 1.09。保险公司大多为高负债经营，所以用总资产收益率来衡量其获利效率更为合理。

二、保险公司竞争力评价结果

（一）我国保险公司竞争力评价指数模型

利用验证性因子分析中得到的最终模型对 415 个样本进行评价。在这之前，要把模型每个因子下的路径参数绝对值加总求和并计算出每条路径的权重，将指标值乘以权重后求和才是每个因子的指数。验证性因子分析模型得出测量方程组如下，其中 f_1 为市场竞争力，f_2 为运营竞争力，f_3 为成本竞争力，f_4 为竞争力结果。

$$f_1 = 0.319 \times 1 + 0.359 \times 2 + 0.322 \times 3 \qquad (12\text{-}1)$$

$$f_2 = 0.373 \times 5 + 0.627 \times 7 \tag{12-2}$$
$$f_3 = 0.779 \times 9 + 0.221 \times 10 \tag{12-3}$$
$$f_4 = 0.349 \times 12 + 0.092 \times 13 + 0.559 \times 14 \tag{12-4}$$

（二）我国保险公司竞争力总体评价结果

根据评价模型对我国保险公司竞争力2007～2012年的总体情况进行评价，分为市场竞争力、运营竞争力、成本竞争力和竞争力结果四个维度，具体见图12-3。可以看出，四个竞争力维度中除了市场竞争力维度之外，都具有一定的波动性，说明我国保险公司竞争力发展并不稳定；运营竞争力略有下降，成本竞争力为反向指标，所以市场竞争力、成本竞争力和竞争力结果总体上都有较大幅度的上升，说明整体来看我国保险公司竞争力日益增强。

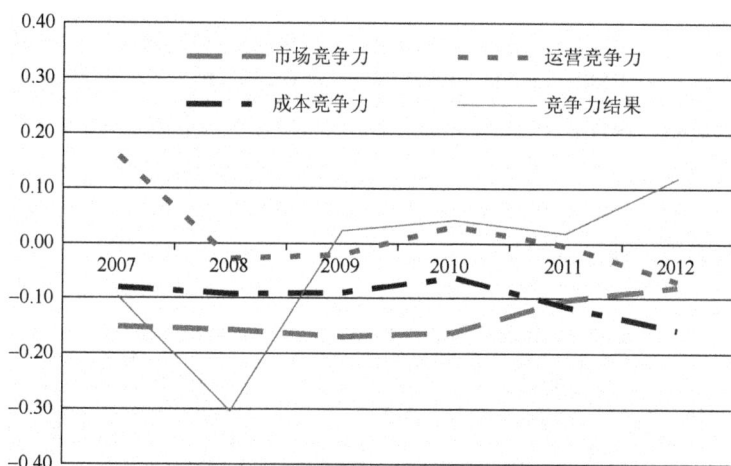

图12-3 我国保险公司竞争力2007～2012年总体评价

（三）不同资本性质保险公司竞争力指标分析

从表12-2可以看出，在市场竞争力和运营竞争力方面，中资保险公司的均值都显著高于外资保险公司，说明中资保险公司的市场竞争力强于外资保险公司，拥有更大的市场占有率，并且中资保险公司的运营能力更强；成本竞争力方面，中资保险公司呈现总体上升趋势，后危机时期表现得更好；竞争力结果方面，除2007年外，中资保险公司的均值均高于外资保险公司，说明中资保险公司的竞争力结果在总体上占优。

表 12-2　我国不同资本性质保险公司竞争力比较分析

竞争力维度		2007 年	2008 年	2009 年	2010 年	2011 年	2012 年
市场竞争力	中资	−0.039 9	−0.063 5	−0.100 8	−0.087 2	−0.001 5	0.015 8
	外资	−0.242 4	−0.247 1	−0.250 0	−0.250 1	−0.242 9	−0.240 8
运营竞争力	中资	0.257 6	0.253 8	0.278 7	0.326 8	0.199 3	0.023 0
	外资	0.076 3	−0.296 7	−0.371 9	−0.318 0	−0.282 3	−0.224 8
成本竞争力	中资	−0.043 3	−0.060 1	−0.142 7	−0.146 8	−0.137 0	−0.178 4
	外资	−0.111 0	−0.123 7	−0.027 8	0.039 0	−0.085 4	−0.123 1
竞争力结果	中资	−0.118 8	−0.299 3	0.066 4	0.162 8	0.076 0	0.145 5
	外资	−0.079 8	−0.307 4	−0.027 7	−0.100 3	−0.060 7	0.072 9

（四）不同险种类型保险公司竞争力指标分析

从表 12-3 可以看出，市场竞争力方面，人身险和财产险在 2007～2012 年指数相似；运营竞争力方面，财产险 2007～2012 年指数均高于 0，人身险除了 2007 年外指数均低于 0，说明财产保险公司在这方面具有更大优势；成本竞争力作为反向指标，人身险表现明显优于财产险，说明我国人身保险公司较财产保险公司有更好的成本控制能力；竞争力结果只有在 2007 年和 2008 年财产险要差于人身险，其他年份的表现均优于人身险。

表 12-3　我国不同险种类型保险公司竞争力比较分析

竞争力维度		2007 年	2008 年	2009 年	2010 年	2011 年	2012 年
市场竞争力	人身险	−0.186 6	−0.166 6	−0.180 8	−0.160 8	−0.086 3	−0.069 0
	财产险	−0.119 3	−0.148 8	−0.159 1	−0.162 5	−0.119 1	−0.090 3
运营竞争力	人身险	0.234 1	−0.200 2	−0.399 7	−0.329 0	−0.414 2	−0.458 3
	财产险	0.088 9	0.126 1	0.320 3	0.321 6	0.378 0	0.319 9
成本竞争力	人身险	−0.263 2	−0.236 1	−0.165 9	−0.143 1	−0.173 5	−0.251 7
	财产险	0.084 8	0.034 4	−0.021 7	0.003 7	−0.061 0	−0.064 0
竞争力结果	人身险	−0.252 5	−0.206 5	−0.030 7	−0.013 1	−0.064 6	0.016 9
	财产险	0.043 0	−0.389 1	0.071 5	0.087 0	0.095 6	0.220 1

（五）不同组织形式保险公司竞争力指标分析

从表 12-4 可以看出，市场竞争力和运营竞争力方面，股份公司指数均值显著高于有限责任公司，说明股份公司在市场和运营方面强于有限责任公司；成本竞争力作为反向指标，同样是股份公司表现更佳，说明其成本控制能力更强；竞争力结果方面，股份公司竞争力结果的均值高于有限责任公司，说明股份有限公司整体竞争力结果占优。

表 12-4　我国不同组织形式保险公司竞争力比较分析

竞争力维度		2007 年	2008 年	2009 年	2010 年	2011 年	2012 年
市场竞争力	股份	−0.019 5	−0.043 1	−0.106 7	−0.097 4	0.005 0	0.024 0
	有限	−0.248 6	−0.250 1	−0.225 6	−0.218 9	−0.214 2	−0.188 4
运营竞争力	股份	0.273 5	0.202 8	0.257 7	0.319 3	0.182 4	0.053 6
	有限	0.072 4	−0.214 4	−0.269 6	−0.223 4	−0.194 5	−0.197 8
成本竞争力	股份	−0.116 8	−0.147 7	−0.211 5	−0.163 8	−0.176 7	−0.211 4
	有限	−0.053 7	−0.047 7	0.019 2	0.028 7	−0.052 2	−0.101 7
竞争力结果	股份	−0.007 5	−0.199 6	0.118 2	0.179 5	0.089 2	0.157 5
	有限	−0.159 7	−0.383 2	−0.058 2	−0.076 1	−0.051 0	0.079 1

第五节　公司治理对保险公司竞争力影响研究设计

一、公司治理对竞争力影响的分析

实业界和政府对企业竞争力的关注和研究，极大地推动了学术界对这一领域的深入探讨。但目前国内外学术界对企业竞争力理论还没有形成一个系统和严密的体系。弗雷德里克·泰勒（Frederick Taylor）在 1911 年最早提出竞争力这一概念。而企业竞争力这一概念最早是由美国学者菲利普·塞尔兹尼克（Philip Selznik）于 1957 年提出的，他认为，企业竞争力是能使一个企业比其他企业做得更好的特殊物质（能力）。伊戈尔·安索夫（Ingor Ansof）和肯尼思·安德鲁斯（Kennerth Andrews）相继在 20 世纪 60 年代和 20 世纪 70 年代的研究中推广了这一概念。对企业竞争力进行最为系统的研究体现在美国哈佛商学院的迈克尔·波特（Michael Porter）教授的"竞争三部曲"之中。20 世纪 90 年代迅速兴起的企业能力理论是一种新式的企业理论和企业战略管理理论，不仅打破了传统的"企业黑箱理论"，并对数十年居于主导地位的现代企业理论提出了挑战。以罗纳德·科斯（Ronald Coase）理论为基础的现代企业理论，将最小分析单元扩展到所有的企业，打开了企业这个"黑匣子"，提出了产权理论、交易成本理论、委托代理理论等。然而，现代企业理论并不能很好地解释现实中的诸多现象。而企业能力理论尤其是企业核心能力理论从管理学和经济学两方面去思考竞争力的问题，既认识和分析了企业的本质，又根植于企业经营管理的内部活动，力求追寻企业生存和成长最为本质的东西。但这一理论尚未形成统一的体系，还不能完全正确解释或给出提高企业竞争力的综合要素，没能给出可行的用以识别核心能力的方法和评价体系，也没能把公司治理和企业竞争力两方面很好地结合起来。如何把企业的内部治理机制和增强企业竞争力很好地结合起来还有待于我们进一步探讨。

对于公司治理与企业竞争力的关系研究，依据现有的文献研究成果表明它们之间基本呈正向关系，具有代表性的研究成果如下所示：Ho（2005）对公司治理与企业竞争力的关系进行了实证研究，他通过六个方面来展示公司的治理情况，分别为代理过程、资本积聚、董事会结构、资本市场关系、战略领导和社会责任；同时通过三个方面来对企业竞争力的强弱进行展示，分别为竞争潜力、竞争业绩和竞争过程。他实证研究选择的对象是当时《商业周刊》和《财富》上全球排名前 1000 和 500 强的国际大型企业，其中所选择的样本量大约为 1000 家企业。这些企业基本上都是世界上各个行业的龙头企业，具有很强的竞争力，大量企业受到了 OECD 的大力支持，而且这些企业基本上都是 OECD 成员国的企业。其研究表明，与基本假设符合，即公司治理得分越高的企业，其竞争力就表现得越强，也就是说，公司治理与企业的竞争力呈正向的线性关系。但是在 Ho 的研究中并没有说明为什么会导致这种线性正相关关系的原因，也没有对公司治理对于企业竞争力的影响到底是外生还是内生变量进行具体的说明。

马连福（2001）指出，增强国有企业竞争力的基石是国有企业治理机制的创新，实施国有股适度减持，优化国有企业股权结构。傅贤治和李梅泉（2005）通过对我国家族企业治理结构特点及竞争力的分析，指出现阶段我国家族企业不适合实行公司治理结构，揭示了规范的公司治理结构对企业发展的有限作用，特别探讨了家族企业治理机构的特殊性，为家族企业追求合理的公司治理结构与提高竞争力的协同开辟了新的视野。曹万林（2006）从公司治理这一角度考察公司治理对企业竞争力的影响，通过对企业竞争力影响因素的分析，发现公司治理是构成企业竞争力的重要因素之一。在进一步的理论和实证分析中得出，公司治理的优越性能促进公司竞争力的提高这一结论，但同时也发现，我国的公司治理虽然经过了 10 多年的发展，仍不尽如人意，治理结构方面如董事、独立董事、监事等可能达到规定的要求，但并不能充分发挥作用，治理机制方面如股权制衡还不能有效地发挥应有的作用，从而在市场上就表现为企业竞争力低下。杨蓉（2007）以美国和日本的企业做了对比研究，分析了美国和日本企业竞争力和公司治理的结果，研究表明，企业竞争力与公司治理的结构是正向关系，并证明了公司治理的结构是提升企业竞争力的重要源泉。所以可以说，对企业竞争力起决定性作用的内生变量要从原来的环境、资源和能力的基础上加上一个制度，该制度本质上就是指公司治理制度。杨蓉最后还提出，中国的企业要在国际市场提高自身的企业竞争力，就必须加强公司治理结构方面的完善。张彦波和聂清凯（2007）研究发现，对公司治理文化和企业竞争力的研究都是关注企业如何更好地持续生存和发展的问题，但迄今为止，二者之间的研究是相对独立的。因此，迫切需要解释公司治理文化与企业竞争力之间的内在联系，分析公司治理文化构成企业竞争力的路径模式。这对于我国企业，尤其是上市公司在公司治理文化建设方面具有一定的启示。王维祝（2008）采用2003～2006年面板数据对我国上市公司竞争力的实证研究发现，由于公司治理相对较弱，使得我国上市公司总体竞争力水平不高。苏春宇（2009）在研究竞争力时，不仅研究了代表企业短期盈利能力的指标，而且考虑了企业的发展能力和可持续增长能力；并选择以竞争激励的电子信息行业为研究对象，更具代表性，最后得出结论，公司治理对企业竞争力有显著影响，通过完善公司治理机制，提高公司治理效率，可以提升企业竞争力。卞琳琳（2009）对2002～2006年中国的农业上市公司的治理与竞争力的关系进行了实证研究。檀丽阳（2010）以上海证券交易所上市公司为研究样本，对公司治理结构、社会责任与企业竞争力的相互关系进行了实证研究，研究结果表明，公司治理结构对社会责任具有显著的影响，同时社会责任对企业竞争力也具有显著的影响，因此，可以合理地推断公司治理结构对企业竞争力具有显著的影响，并且在二者之间社会责任具有显著的作用。史克波（2010）在研究中选取公司治理结构中具有代表性的四个维度（股权结构、董事会、监事会和管理层），研究公司治理对企业竞争力的影响，并在理论分析的基础上，展开实证研究。赵俊华（2011）通过选取深沪两市2009年12月31日收市时市值最大的150家企业作为研究样本，该150家是指剔除银行、特殊处理公司等不满足本章数据要求的公司，选取2007～2009年三年的相关数据，对公司治理结构、企业社会责任与企业竞争力的关系进行研究，研究结果显示，公司治理结构与企业社会责任存在显著相关，企业社会责任与企业竞争力存在显著相关。杨雪玲等（2011）提出，公司治理包括内部治理机制（董事会、管理层激励和股权结构等）和外部治理机制（企业控制权市场、产品市场的竞争程度、法制基础和对中小股东权益的保护措施等）与企业竞争力的关系假设，然后确定公司治理和企业竞争力的变量指标，根据变量指标收集上市公司的数据，并构建公司治理对企业竞争力影响的回归模型，实证分析了公司治理与企业竞争力之间的相关关系。谢永珍和付增清（2011）通过对2003～2006年3590个样本的实证分析发现，控股股东的性质对于治理行为具有重要影响，并最终决定着上市公司的竞争优势。金霜（2012）以公司治理与竞争力的相关的理论为基础，检验了江苏民营上市公司治理机制与企业竞争力之间的关系。研究发现，江苏民营上市公司治理机制与企业竞争力之间确实存在密切关系，股权结构、董事会运行机制、高管持股和监事会规模都与企业竞争力正相关。臧玉美（2013）

选择 2012 年公布的最新沪深 300 公司名单为研究样本，以 2007~2011 年度公司治理数据和报表数据作为数据来源，通过描述性分析、相关性分析和回归分析的实证研究方法，深入研究了公司治理与企业竞争力之间的关系。张宇（2013）研究发现，公司治理对企业的竞争力具有显著的影响，企业可以通过加强公司治理的力度，提高其治理效率，从而达到提升企业竞争力的效果。类似的大样本实证研究还有闫丽娜（2013）和陈珊（2013）等。

从现有的关于公司治理和企业竞争力的理论成果与实践经验中，我们可以得出一个结论：公司治理改善对企业竞争力的提升有明显的正相关作用。这种关系是一个企业发展的内在逻辑决定的。从理论的角度看，公司治理的内生变量，该变量通过与企业系统的其他变量相互产生作用，从而形成能够改变和发展且有竞争力的能力；从实践来看，一个企业要形成强大的企业竞争力，就必须对企业进行治理，形成完善的治理制度，一个公司治理非常凌乱的企业能产生强大的竞争力是无法想象的，这是与实践相违背的。总之，公司治理对企业核心竞争力的促进作用已经得到了广大相关学术研究者和企业实践操作者的认可。在金融行业中，已有学者开始关注公司治理对竞争力的影响。徐霞（2002）在研究中发现，国有商业银行制度创新远远滞后于市场经济和外部环境的变化，由此产生的信贷约束软化、资产质量低下和激励机制弱化问题，严重影响了国有商业银行的竞争能力。因此，必须要建立现代商业银行治理结构，提高银行竞争力。刘元元（2004）通过研究公司治理与中国金融业竞争力得出结论，为了能够在开放环境下保障经济发展和金融安全，有必要从公司治理的角度，建立有效的激励——监督机制以提升金融机构绩效，进而改善金融业的总体竞争力。正是基于上述分析，本章以保险公司作为研究对象，探究治理与竞争力的关系。

二、公司治理对保险公司竞争力影响研究样本选择与数据来源

本章研究样本为我国全部保险公司。研究数据中各保险公司基本信息根据对应年份《中国保险年鉴》手工整理计算所得；各保险公司公司治理相关数据来自调查问卷整理计算所得，同第八章和第十章。

三、公司治理对保险公司竞争力影响研究变量与实证模型设计

（一）变量定义

根据本章的研究内容，本章选取了相应的被解释变量、解释变量和控制变量。本章选取市场竞争力、运营竞争力、成本竞争力和竞争力结果四个指标作为反映

保险公司效率绩效的被解释变量。本章选取的反映保险公司公司治理状况的解释变量包括三方面 11 个指标，即反映保险公司治理总体状况的保险公司治理指数；反映保险公司治理合规性不同层次的强制合规指数和自主合规指数；反映保险公司治理合规性不同内容的股东治理基础分指数、董事（会）治理基础分指数、监事会治理基础分指数、高管治理基础分指数、董监高分指数、新三会分指数、内外部审计分指数和外部监管分指数。本章选取的控制变量包括资本性质、险种类型、组织形式和成立年限四个，其中前三个均用哑变量表示。具体变量简称及说明见表 12-5。

表 12-5 变量定义

变量类型	变量名称	变量简称	变量说明
被解释变量	市场竞争力	MC	根据结构方程模型计算得到
	运营竞争力	OC	根据结构方程模型计算得到
	成本竞争力	CC	根据结构方程模型计算得到
	竞争力结果	CP	根据结构方程模型计算得到
	市场竞争滞后一期	MC_{t-1}	滞后一期处理得到
	运营竞争力滞后一期	OC_{t-1}	滞后一期处理得到
	成本竞争力滞后一期	CC_{t-1}	滞后一期处理得到
	竞争力结果滞后一期	CP_{t-1}	滞后一期处理得到
解释变量	保险公司治理指数	IGI	计算过程详见第七章
	强制合规指数	CCI	计算过程详见第九章
	自主合规指数	ACI	计算过程详见第九章
	股东治理基础分指数	IGI1	计算过程详见第七章
	董事（会）治理基础分指数	IGI2	计算过程详见第七章
	监事会治理基础分指数	IGI3	计算过程详见第七章
	高管治理基础分指数	IGI4	计算过程详见第七章
	董监高分指数	IGI5	计算过程详见第七章
	新三会分指数	IGI6	计算过程详见第七章
	内外部审计分指数	IGI7	计算过程详见第七章
	外部监管分指数	IGI8	计算过程详见第七章
控制变量	资本性质	ZBXZ	虚拟变量，1 为中资，0 为外资
	险种类型	XZLX	虚拟变量，1 为财产险，0 为人身险
	组织形式	ZZXS	虚拟变量，1 为股份制，0 为有限制
	成立年限	Age	成立年限=统计年份−设立年份+1

（二）模型设计

为了实证检验我国保险公司治理对保险公司竞争力绩效的影响，本部分设计了以下模型分别从保险公司治理指数、保险公司治理合规性不同层次和保险公司治理合规性不同内容三个方面检验其影响。

$$\text{DVariable}_i = \alpha_i + \beta_{i1}\text{IGI} + \beta_{i2}\text{ZBXZ} + \beta_{i3}\text{XZLX} + \beta_{i4}\text{ZZXS} + \beta_{i5}\text{Age} + \varepsilon_i \quad （12\text{-}5）$$

$$\begin{aligned}\text{DVariable}_i = &\ \alpha_i + \beta_{i1}\text{CCI} + \beta_{i2}\text{ACI} + \beta_{i3}\text{ZBXZ} + \beta_{i4}\text{XZLX} \\ &+ \beta_{i5}\text{ZZXS} + \beta_{i6}\text{Age} + \varepsilon_i\end{aligned} \quad （12\text{-}6）$$

$$\text{DVariable}_i = \alpha_i + \beta_{i1}\text{CCI} + \beta_{i2}\text{ZBXZ} + \beta_{i3}\text{XZLX} + \beta_{i4}\text{ZZXS} + \beta_{i5}\text{Age} + \varepsilon_i \quad （12\text{-}7）$$

$$\text{DVariable}_i = \alpha_i + \beta_{i1}\text{ACI} + \beta_{i2}\text{ZBXZ} + \beta_{i3}\text{XZLX} + \beta_{i4}\text{ZZXS} + \beta_{i5}\text{Age} + \varepsilon_i \quad （12\text{-}8）$$

$$\begin{aligned}\text{DVariable}_i = &\ \alpha_i + \beta_{i1}\text{IGI1} + \beta_{i2}\text{IGI2} + \beta_{i3}\text{IGI3} + \beta_{i4}\text{IGI4} + \beta_{i5}\text{IGI5} \\ &+ \beta_{i6}\text{IGI6} + \beta_{i7}\text{IGI7} + \beta_{i8}\text{IGI8} + \beta_{i9}\text{ZBXZ} \\ &+ \beta_{i10}\text{XZLX} + \beta_{i11}\text{ZZXS} + \beta_{i12}\text{Age} + \varepsilon_i\end{aligned} \quad （12\text{-}9）$$

$$\begin{aligned}\text{DVariable}_i = &\ \alpha_i + \beta_{i1}\text{IGI1} + \beta_{i2}\text{IGI2} + \beta_{i3}\text{IGI4} + \beta_{i4}\text{IGI5} \\ &+ \beta_{i5}\text{IGI7} + \beta_{i6}\text{IGI8} + \beta_{i7}\text{ZBXZ} + \beta_{i8}\text{XZLX} \\ &+ \beta_{i9}\text{ZZXS} + \beta_{i10}\text{Age} + \varepsilon_i\end{aligned} \quad （12\text{-}10）$$

上式中 i=1、2、3 和 4 分别表示被解释变量为 MC、OC、CC 和 CP 时的模型形式。其中，式（12-5）是用来检验总体上保险公司治理指数对其竞争力绩效的影响；式（12-6）～式（12-8）是用来检验保险公司治理合规性不同层次对其竞争力绩效的影响；式（12-9）和式（12-10）是用来检验保险公司治理合规性不同内容对其竞争力绩效的影响。

第六节　公司治理对保险公司竞争力影响计量检验

一、公司治理对保险公司竞争力影响实证结果

按照前文的模型设计，本部分实证结果包括三部分内容，分别对保险公司治理指数、保险公司治理合规性不同层次和保险公司治理合规性不同内容对保险公司竞争力的影响进行检验。

（一）保险公司治理指数与竞争力

根据式（12-5），本部分使用最小二乘回归分析的计量方法检验保险公司治理

指数对保险公司竞争力绩效的影响，实证结果如表 12-6 所示。

表 12-6　保险公司治理指数对竞争力绩效的影响实证结果

模型变量	MC	OC	CC	CP
（Constant）	−0.73 (0.00) **	−0.57 (0.02) *	−0.05 (0.76)	−0.47 (0.01) **
IGI	0.01 (0.02) *	−0.01 (0.63)	0.01 (0.86)	0.01 (0.58)
ZBXZ	0.08 (0.43)	0.32 (0.02) *	−0.05 (0.57)	−0.02 (0.85)
XZLX	−0.02 (0.74)	0.68 (0.00) **	0.14 (0.00) **	0.10 (0.07)
ZZXS	0.11 (0.21)	0.15 (0.23)	−0.06 (0.47)	0.20 (0.05) *
Age	0.02 (0.02) *	0.01 (0.22)	−0.02 (0.01) **	0.04 (0.00) **
F	5.47 (0.00) **	33.11 (0.00) **	4.187 (0.00) **	8.51 (0.00) **
Adj-R^2	0.108	0.465	0.079	0.169

注：括号内数字表示 p 值。
**和*分别表示在 1%和 5%的显著性水平下显著。

　　根据实证结果我们可以发现，保险公司治理指数与市场竞争力呈正相关关系且显著，保险公司治理指数与其他三个反映保险公司竞争力绩效的指标均没有显著的关系；控制变量中资本性质与 OC 正相关且显著，险种类型与 OC 和 CC 正相关且显著，组织形式与 CP 正相关且显著，成立年限与 MC 和 CP 正相关且显著，与 CC 负相关且显著。这说明整体上保险公司治理水平对其竞争力结果没有显著的影响，仅与市场竞争力呈正相关关系；从具体指标来看，中资公司运营竞争力比外资公司高，财产险公司运营竞争力比人身险公司高，财产险公司成本竞争力比人身险公司低，股份制保险公司竞争力结果比有限制保险公司高，成立年限越久的保险公司市场竞争力和竞争力结果越高，成本竞争力越高。

（二）保险公司治理合规性不同层次与竞争力

　　从保险公司治理合规性的不同层次来看，可以分为强制合规和自主合规两大类。本部分根据式（12-6）～式（12-8）使用最小二乘回归分析的计量方法检验保险公司治理合规性不同层次对其竞争力的影响，结果如表 12-7～表 12-10 所示。

表 12-7　保险公司治理合规性不同层次对 MC 的影响实证结果

模型变量	合规性	强制合规	自主合规
（Constant）	−0.61 (0.00) **	−0.57 (0.00) **	−0.70 (0.00) **
CCI	0.01 (0.36)	0.01 (0.20)	—
ACI	0.01 (0.01) **	—	0.01 (0.01) **
ZBXZ	0.08 (0.41)	0.07 (0.44)	0.08 (0.42)
XZLX	−0.03 (0.61)	−0.02 (0.70)	−0.02 (0.69)
ZZXS	0.10 (0.27)	0.12 (0.18)	0.11 (0.24)
Age	0.02 (0.02) *	0.02 (0.02) *	0.02 (0.02) *
F	4.95 (0.00) **	4.58 (0.00) **	5.77 (0.00) **
Adj-R^2	0.114	0.088	0.114

注：括号内数字表示 p 值。

**和*分别表示在 1% 和 5% 的显著性水平下显著。

表 12-8　保险公司治理合规性不同层次对 OC 的影响实证结果

模型变量	合规性	强制合规	自主合规
（Constant）	−0.62 (0.01) **	−0.65 (0.01) **	−0.52 (0.01) **
CCI	0.01 (0.45)	0.01 (0.92)	—
ACI	0.01 (0.26)	—	0.01 (0.40)
ZBXZ	0.31 (0.02) *	0.32 (0.02) *	0.32 (0.02) *
XZLX	0.69 (0.00) **	0.69 (0.00) **	0.68 (0.00) **
ZZXS	0.16 (0.19)	0.15 (0.23)	0.15 (0.21)
Age	0.01 (0.23)	0.01 (0.23)	0.01 (0.21)
F	27.78 (0.00) **	33.03 (0.00) **	33.30 (0.00) **
Adj-R^2	0.465	0.464	0.466

注：括号内数字表示 p 值。

**和*分别表示在 1% 和 5% 的显著性水平下显著。

表 12-9　保险公司治理合规性不同层次对 CC 的影响实证结果

模型变量	合规性	强制合规	自主合规
（Constant）	−0.05 （0.75）	−0.05 （0.74）	−0.03 （0.83）
CCI	0.01 （0.81）	0.01 （0.84）	—
ACI	0.01 （0.89）	—	0.01 （0.95）
ZBXZ	−0.05 （0.57）	−0.05 （0.57）	−0.05 （0.57）
XZLX	0.15 （0.00）**	0.14 （0.00）**	0.14 （0.00）**
ZZXS	−0.06 （0.49）	−0.06 （0.48）	−0.06 （0.47）
Age	−0.02 （0.01）**	−0.02 （0.01）**	−0.02 （0.01）**
F	3.48 （0.00）**	4.19 （0.00）**	4.18 （0.00）**
Adj-R^2	0.074	0.079	0.079

注：括号内数字表示 p 值。

**表示在 1% 的显著性水平下显著。

表 12-10　保险公司治理合规性不同层次对 CP 的影响实证结果

模型变量	合规性	强制合规	自主合规
（Constant）	−0.41 （0.03）*	−0.38 （0.04）*	−0.48 （0.00）**
CCI	0.01 （0.44）	0.01 （0.95）	—
ACI	0.01 （0.27）	—	0.01 （0.43）
ZBXZ	−0.02 （0.87）	−0.02 （0.86）	−0.02 （0.85）
XZLX	0.10 （0.08）	0.10 （0.08）	0.10 （0.07）
ZZXS	0.19 （0.06）	0.20 （0.04）*	0.19 （0.05）*
Age	0.04 （0.00）**	0.04 （0.00）**	0.04 （0.00）**
F	7.24 （0.00）**	8.43 （0.00）**	8.59 （0.00）**
Adj-R^2	0.168	0.167	0.170

注：括号内数字表示 p 值。

**和*分别表示在 1% 和 5% 的显著性水平下显著。

　　根据实证结果，我们可以发现，保险公司治理合规性和自主合规水平与市场竞争力呈正相关关系且显著，保险公司治理合规性不同层次与其他三个反映保险公司竞争力绩效的指标均没有显著的关系；控制变量中资本性质与 OC 正相关且显著，险种类型与 OC 和 CC 正相关且显著，组织形式与 CP 正相关且显著，成立年限与 MC 和 CP 正相关且显著，与 CC 负相关且显著。这说明整体上保险公司治理水平对其竞争力结果没有显著的影响，仅与市场竞争力呈正相关关系。从具体指标来看，中资公司运营竞争力比外资公司高，财产险公司运营竞争力比人身险公司高，财产险公司成本竞争力比人身险公司低，股份制保险公司竞争力结果比有限制保险公司高，成立年限越久的保险公司市场竞争力和竞争力结果越高，成本竞争力越高。

（三）保险公司治理合规性不同内容与竞争力

　　从保险公司治理合规性的不同内容来看，可以分为股东治理基础分指数、董事（会）治理基础分指数、监事会治理基础分指数、高管治理基础分指数、董监高分指数、新三会分指数、内外部审计分指数和外部监管分指数八大类。其中，监事会治理基础分指数和新三会分指数不适用于有限制保险公司。本部分按照组织形式将样本分为股份制保险公司和有限制保险公司，根据式（12-9）和式（12-10）使用最小二乘回归分析的计量方法对保险公司治理合规性不同内容对其竞争力绩效的影响进行了实证研究，结果如表 12-11～表 12-14 所示。

表 12-11　保险公司治理合规性不同内容对 MC 的影响实证结果

模型变量	股份制保险公司	有限制保险公司
（Constant）	−0.29 (0.00) **	−1.29 (0.01) **
IGI1	0.01 (0.33)	0.01 (0.35)
IGI2	0.01 (0.58)	−0.01 (0.01) **
IGI3	0.01 (0.79)	—
IGI4	0.01 (0.20)	0.01 (0.12)
IGI5	0.01 (0.49)	0.01 (0.14)
IGI6	0.01 (0.72)	—

续表

模型变量	股份制保险公司	有限制保险公司
IGI7	0.01 (0.31)	0.01 (0.35)
IGI8	0.01 (0.37)	0.01 (0.20)
ZBXZ	0.12 (0.00) **	0.17 (0.59)
XZLX	−0.06 (0.02) *	0.02 (0.87)
Age	0.00 (0.94)	0.02 (0.05) *
F	3.92 (0.00) **	2.22 (0.03) *
Adj-R^2	0.290	0.095

注：括号内数字表示 p 值。

**和*分别表示在 1% 和 5% 的显著性水平下显著。

表 12-12 保险公司治理合规性不同内容对 OC 的影响实证结果

模型变量	股份制保险公司	有限制保险公司
（Constant）	−0.54 (0.13)	0.04 (0.95)
IGI1	0.01 (0.98)	−0.01 (0.12)
IGI2	0.01 (0.32)	0.01 (0.35)
IGI3	0.01 (0.95)	—
IGI4	0.01 (0.44)	0.01 (0.97)
IGI5	0.01 (0.48)	−0.01 (0.06)
IGI6	0.01 (0.61)	—
IGI7	0.01 (0.69)	0.01 (0.95)
IGI8	0.01 (0.92)	0.01 (0.02) *
ZBXZ	0.49 (0.00) **	−0.15 (0.70)
XZLX	0.34 (0.01) **	0.83 (0.00) **

续表

模型变量	股份制保险公司	有限制保险公司
Age	−0.02 （0.33）	0.01 （0.83）
F	5.48 （0.00）**	9.59 （0.00）**
Adj-R^2	0.380	0.424

注：括号内数字表示 p 值。

**和*分别表示在 1%和 5%的显著性水平下显著。

表 12-13　保险公司治理合规性不同内容对 CC 的影响实证结果

模型变量	股份制保险公司	有限制保险公司
（Constant）	0.25 （0.39）	−0.27 （0.48）
IGI1	0.01 （0.99）	0.01 （0.41）
IGI2	0.01 （0.28）	0.01 （0.71）
IGI3	0.01 （0.90）	—
IGI4	−0.01 （0.16）	0.01 （0.53）
IGI5	0.01 （0.94）	0.01 （0.56）
IGI6	−0.01 （0.01）**	—
IGI7	0.01 （0.58）	0.01 （0.49）
IGI8	0.01 （0.10）	0.01 （0.66）
ZBXZ	−0.04 （0.69）	0.14 （0.58）
XZLX	0.06 （0.55）	0.14 （0.05）*
Age	−0.03 （0.04）*	−0.01 （0.20）
F	2.24 （0.02）*	0.93 （0.50）
Adj-R^2	0.147	−0.006

注：括号内数字表示 p 值。

**和*分别表示在 1%和 5%的显著性水平下显著。

表 12-14　保险公司治理合规性不同内容对 CP 的影响实证结果

模型变量	股份制保险公司	有限制保险公司
（Constant）	−0.65 (0.14)	−0.11 (0.71)
IGI1	0.01 (0.80)	0.01 (0.10)
IGI2	−0.01 (0.07)	0.01 (0.33)
IGI3	0.01 (0.40)	—
IGI4	0.01 (0.23)	0.01 (0.44)
IGI5	0.01 (0.24)	0.01 (0.15)
IGI6	0.01 (0.07)	—
IGI7	−0.01 (0.23)	0.01 (0.73)
IGI8	0.00 (0.74)	0.01 (0.21)
ZBXZ	−0.15 (0.34)	−0.11 (0.57)
XZLX	0.02 (0.89)	0.20 (0.00) **
Age	0.06 (0.00) **	0.02 (0.00) **
F	2.07 (0.04) *	4.00 (0.00) **
Adj-R^2	0.129	0.204

注：括号内数字表示 p 值。
**和*分别表示在 1%和 5%的显著性水平下显著。

　　根据实证结果，我们可以发现，整体上来看，保险公司治理合规性不同内容对竞争力绩效没有显著的影响。控制变量中股份制保险公司的资本性质与 MC 和 OC 正相关且显著，险种类型与 MC 负相关且显著，与 OC 正相关且显著，成立年限与 CC 负相关且显著，与 CP 正相关且显著；有限制保险公司的险种类型与 OC、CC 和 CP 正相关且显著，成立年限与 MC 和 CP 正相关且显著，而其余控制变量并不显著。这说明保险公司治理合规性的不同内容对其竞争力结果没有显著的影响。在股份制保险公司中，中资公司的市场竞争力和运营竞争力比外资公司高，财产险公司的市场竞争力比人身险公司低，财产险公司的运营竞争力比人身险公司高，成立年限越长的保险公司成本竞争力越高，竞争力结果越高。

二、公司治理对保险公司竞争力影响稳健性检验

为了保证前文实证结果的稳健性，本部分进行了稳健性检验，使用滞后一期的被解释变量作为新的被解释变量重新进行了实证分析与检验，结果如表 12-15～表 12-18 所示。稳健性检验的结果与之前的实证结论基本一致，验证了本章实证结果的稳健性。

表 12-15　基于 MC 稳健性检验

模型变量	治理指数	治理合规层次			治理合规内容	
		合规性	强制合规	自主合规	股份制	有限制
（Constant）	−0.82 (0.00) **	−0.69 (0.00) **	−0.63 (0.00) **	−0.76 (0.00) **	−0.33 (0.00) **	−1.46 (0.01) **
IGI	0.01 (0.01) **	—	—	—	—	—
CCI	—	0.01 (0.55)	0.01 (0.15)	—	—	—
ACI	—	0.01 (0.02) *	—	0.01 (0.01) **	—	—
IGI1	—	—	—	—	0.01 (0.17)	0.01 (0.30)
IGI2	—	—	—	—	0.01 (0.92)	−0.01 (0.02) *
IGI3	—	—	—	—	0.01 (0.89)	—
IGI4	—	—	—	—	0.01 (0.54)	0.01 (0.11)
IGI5	—	—	—	—	0.01 (0.66)	0.01 (0.19)
IGI6	—	—	—	—	0.01 (0.62)	—
IGI7	—	—	—	—	0.01 (0.48)	0.01 (0.53)
IGI8	—	—	—	—	0.01 (0.19)	0.01 (0.14)
ZBXZ	0.07 (0.53)	0.07 (0.52)	0.07 (0.55)	0.07 (0.52)	0.09 (0.00) **	0.20 (0.58)
XZLX	0.01 (0.99)	−0.01 (0.88)	0.00 (0.99)	0.01 (0.52)	−0.05 (0.01) **	0.07 (0.53)
ZZXS	0.14 (0.16)	0.13 (0.19)	0.16 (0.13)	0.14 (0.17)	—	—

续表

模型变量	治理指数	治理合规层次			治理合规内容	
		合规性	强制合规	自主合规	股份制	有限制
Age	0.01 (0.06)	0.02 (0.05) *	0.02 (0.06)	0.01 (0.06)	0.01 (0.35)	0.02 (0.17)
F	5.06 (0.00) **	4.44 (0.00) **	4.15 (0.00) **	5.28 (0.00) **	3.67 (0.00) **	1.86 (0.07)
Adj-R^2	0.105	0.107	0.084	0.111	0.287	0.073

注：括号内数字表示 p 值。

**和*分别表示在 1% 和 5% 的显著性水平下显著。

表 12-16　基于 OC 稳健性检验

模型变量	治理指数	治理合规层次			治理合规内容	
		合规性	强制合规	自主合规	股份制	有限制
（Constant）	−0.41 (0.07)	−0.39 (0.10)	−0.39 (0.09)	−0.46 (0.02) *	−0.06 (0.87)	−0.21 (0.69)
IGI	0.00 (0.35)	—	—	—	—	—
CCI	—	0.01 (0.59)	0.01 (0.34)	—	—	—
ACI	—	0.01 (0.84)	—	0.01 (0.41)	—	—
IGI1	—	—	—	—	0.01 (0.60)	−0.01 (0.12)
IGI2	—	—	—	—	−0.01 (0.05) *	0.01 (0.32)
IGI3	—	—	—	—	0.01 (0.47)	—
IGI4	—	—	—	—	0.01 (0.28)	0.01 (0.45)
IGI5	—	—	—	—	0.01 (0.11)	−0.01 (0.20)
IGI6	—	—	—	—	0.01 (0.54)	—
IGI7	—	—	—	—	0.01 (0.37)	0.01 (0.80)
IGI8	—	—	—	—	0.01 (0.76)	0.01 (0.26)
ZBXZ	0.24 (0.05) *	0.24 (0.05) *	0.24 (0.05) *	0.24 (0.05) *	0.32 (0.01) **	−0.03 (0.93)
XZLX	0.78 (0.00) **	0.78 (0.00) **	0.77 (0.00) **	0.78 (0.00) **	0.42 (0.00) **	0.91 (0.00) **

续表

模型变量	治理指数	治理合规层次			治理合规内容	
		合规性	强制合规	自主合规	股份制	有限制
ZZXS	0.09 (0.44)	0.08 (0.46)	0.08 (0.47)	0.09 (0.43)	—	—
Age	0.01 (0.41)	0.01 (0.40)	0.01 (0.40)	0.01 (0.42)	−0.02 (0.23)	0.01 (0.86)
F	41.61 (0.00) **	34.51 (0.00) **	41.64 (0.00) **	41.53 (0.00) **	8.80 (0.00) **	11.93 (0.00) **
Adj-R^2	0.541	0.539	0.542	0.541	0.540	0.501

注：括号内数字表示 p 值。

**和*分别表示在1%和5%的显著性水平下显著。

表 12-17 基于 CC 稳健性检验

模型变量	治理指数	治理合规层次			治理合规内容	
		合规性	强制合规	自主合规	股份制	有限制
（Constant）	−0.05 (0.70)	−0.02 (0.87)	−0.02 (0.89)	−0.07 (0.53)	0.18 (0.51)	−0.15 (0.63)
IGI	0.00 (0.76)	—	—	—	—	—
CCI	—	0.01 (0.56)	0.01 (0.58)	—	—	—
ACI	—	0.01 (0.78)	—	0.01 (0.85)	—	—
IGI1	—	—	—	—	0.01 (0.23)	−0.01 (0.05) *
IGI2	—	—	—	—	0.01 (0.22)	0.01 (0.64)
IGI3	—	—	—	—	0.01 (0.37)	—
IGI4	—	—	—	—	0.01 (0.18)	−0.01 (0.06)
IGI5	—	—	—	—	0.01 (0.12)	0.01 (0.29)
IGI6	—	—	—	—	0.01 (0.68)	—
IGI7	—	—	—	—	0.01 (0.69)	0.01 (0.22)
IGI8	—	—	—	—	0.01 (0.39)	0.01 (0.62)
ZBXZ	−0.02 (0.82)	−0.02 (0.83)	−0.02 (0.82)	−0.02 (0.83)	0.01 (0.99)	0.07 (0.70)

续表

模型变量	治理指数	治理合规层次			治理合规内容	
		合规性	强制合规	自主合规	股份制	有限制
XZLX	0.14 (0.00) **	0.14 (0.00) **	0.14 (0.00) **	0.14 (0.00) **	0.21 (0.01) **	0.11 (0.05) *
ZZXS	−0.06 (0.36)	−0.07 (0.34)	−0.07 (0.35)	−0.06 (0.36)	—	—
Age	−0.01 (0.02) *	−0.01 (0.02) *	−0.01 (0.02) *	−0.01 (0.02) *	−0.02 (0.10)	−0.01 (0.48)
F	4.29 (0.00) **	3.61 (0.00) **	4.34 (0.00) **	4.28 (0.00) **	2.47 (0.01) **	1.62 (0.12)
Adj-R^2	0.087	0.083	0.088	0.087	0.182	0.054

注：括号内数字表示 p 值。

**和*分别表示在 1% 和 5% 的显著性水平下显著。

表 12-18 CP 稳健性检验

模型变量	治理指数	治理合规层次			治理合规内容	
		合规性	强制合规	自主合规	股份制	有限制
（Constant）	−0.31 (0.09)	−0.30 (0.11)	−0.31 (0.10)	−0.27 (0.07)	−0.96 (0.04) *	−0.03 (0.91)
IGI	0.01 (0.90)	—	—	—	—	—
CCI	—	0.01 (0.79)	0.01 (0.91)	—	—	—
ACI	—	0.01 (0.79)	—	0.01 (0.91)	—	—
IGI1	—	—	—	—	0.01 (0.28)	0.01 (0.08)
IGI2	—	—	—	—	−0.01 (0.18)	0.01 (0.74)
IGI3	—	—	—	—	0.01 (0.67)	—
IGI4	—	—	—	—	0.01 (0.42)	0.01 (0.13)
IGI5	—	—	—	—	0.01 (0.76)	0.01 (0.35)
IGI6	—	—	—	—	0.01 (0.03) *	—
IGI7	—	—	—	—	−0.01 (0.25)	0.01 (0.73)
IGI8	—	—	—	—	0.01 (0.37)	0.01 (0.05) *

续表

模型变量	治理指数	治理合规层次			治理合规内容	
		合规性	强制合规	自主合规	股份制	有限制
ZBXZ	0.04 (0.72)	0.03 (0.72)	0.04 (0.72)	0.03 (0.72)	−0.10 (0.52)	−0.06 (0.73)
XZLX	0.14 (0.01) **	0.14 (0.01) **	0.14 (0.01) **	0.14 (0.01) **	0.19 (0.19)	0.23 (0.00) **
ZZXS	0.12 (0.20)	0.12 (0.19)	0.12 (0.19)	0.12 (0.19)	—	—
Age	0.03 (0.00) **	0.03 (0.00) **	0.03 (0.00) **	0.03 (0.00) **	0.06 (0.00) **	0.01 (0.04) *
F	8.10 (0.00) **	6.73 (0.00) **	8.10 (0.00) **	8.10 (0.00) **	2.24 (0.02) *	4.52 (0.00) **
Adj-R^2	0.171	0.166	0.171	0.171	0.158	0.244

注：括号内数字表示 p 值。
**和*分别表示在 1%和 5%的显著性水平下显著。

第七节　研究结论与启示

一、研究结论

本章主要研究了我国保险公司治理对其竞争力绩效的影响。本章首先基于2007～2012 年全部保险公司数据，采用结构方程模型的方法针对保险公司竞争力进行评价，评价分为市场竞争力、运营竞争力、成本竞争力和竞争力结果四个维度，经过多次修正后得到我国保险公司竞争力评价模型，应用评价模型对我国保险公司竞争力总体情况进行评价，最后分别从组织形式、资本性质和险种类型三个角度应用模型对我国保险公司竞争力进行比较分析。在对保险公司竞争力评价的基础上，本章实证研究了保险公司治理对其竞争力绩效的影响，选用竞争力评价所得市场竞争力、运营竞争力、成本竞争力和竞争力结果四个指标来衡量我国保险公司竞争力绩效，从保险公司治理指数、保险公司治理合规性不同层次（强制合规和自主合规）和保险公司治理合规性不同内容（股东治理基础分指数、董事（会）治理基础分指数、监事会治理基础分指数、高管治理基础分指数、董监高分指数、新三会分指数、内外部审计分指数和外部监管分指数）三个角度选取11 个指标来衡量保险公司公司治理状况，并选用了相应的控制变量，实证研究了保险公司治理对保险公司竞争力绩效的影响。

本章对保险公司竞争力绩效进行评价，结果发现，我国保险公司竞争力呈现出良好发展的态势，但是发展并不稳定；市场竞争力、成本竞争力和竞争力结果都有较大幅度的上升，说明整体来看我国保险公司竞争力日益增强，运营竞争力有待提升，建议保险公司提高收入水平、资产利用效率及应收保费的管理水平。本章随后使用竞争力绩效数据研究公司治理对其影响，研究发现，保险公司治理指数及自主合规指数与市场竞争力呈显著正相关关系，而保险公司治理指数、自主合规指数和强制合规指数与其他竞争力绩效之间均没有显著关系；股份制和有限制保险公司治理的各维度分指数与竞争力绩效之间也不存在显著的相关关系。从实证结果来看，虽然公司治理与市场竞争力正相关，但考虑到市场竞争力主要反映了保险公司市场占有份额的多少，市场竞争力强的保险公司更可能是由于公司成立年限久、规模大而导致市场占有率高，这样的保险公司往往公司治理水平也较高，并非是因为公司治理水平高导致的市场竞争力强，所以整体上我国保险公司治理对竞争力绩效没有显著的影响，我国保险公司治理的有效性不足，未能有效地提高公司竞争力。此外，本章还发现组织形式、资本性质、险种类型和成立年限是影响保险公司竞争力绩效的重要因素，整体上看，中资公司运营竞争力比外资公司高，财产险公司运营竞争力比人身险公司高，财产险公司成本竞争力比人身险公司低，股份制保险公司竞争力结果比有限制公司高，成立年限越久的保险公司市场竞争力和竞争力结果越高，成本竞争力越高；在股份制公司中，财产险公司的市场竞争力比人身险公司低。最后，本章还使用滞后一期的竞争力数据对实证结论进行了稳健性检验，验证了本章实证结论的稳健性。

二、研究启示

本章的创新有以下两点，第一是行业选取的创新，虽然研究企业竞争力的文献很多，但是基于保险行业研究竞争力的不多，本章选取保险行业作为样本对企业竞争力进行研究；第二是方法上的创新，目前针对保险公司竞争力的研究，很多只是停留在定性研究方面，或者只针对一小部分代表性保险公司进行分析，本章采用全行业、多时期的样本，并且手工采集相关数据进行具体分析，运用结构方程模型方法得出一个系统全面的保险公司竞争力评价体系及评价指数。未来可以考虑研究某一具体公司治理要素对保险公司竞争力的影响。

第十三章　保险公司治理对盈利能力影响的实证研究

本章选取资产收益率、净资产收益率、收入净利率、综合费用率和综合赔付率反映我国保险公司盈利能力，采用最小二乘回归等方法，从治理层次和治理内容两个方面实证检验了我国保险公司治理对盈利能力财务绩效的影响。结果发现，保险公司治理总指数与盈利能力之间没有显著关系，无论是治理自主合规指数还是强制合规指数，均没有呈现出与盈利能力的显著相关关系，同时股份制和有限制保险公司治理的各维度分指数与盈利能力之间也不存在显著的相关关系。实证结果表明，我国保险公司治理有效性有待进一步提高。此外，发现组织形式、资本性质和险种类型是影响保险公司盈利能力的重要因素。

第一节　问　题　提　出

一、我国保险公司治理的两次顶层设计

金融的本质在于为实体经济服务，必要的金融创新对于促进经济发展的重要推动作用是不言而喻的。但在 2008 年金融危机中，华尔街金融机构为一己之利，置广大投资者和社会公众利益于不顾，为创新而创新，在明知存在巨大风险的情况下，将问题资产层层打包，并通过隐瞒欺诈的手段将这些衍生产品推向全球投资市场，显然这违背了金融服务实体经济的本质要求。金融机构治理在其逻辑起点上就出现了根本的偏离，其相应的治理安排必然是畸形无效的。因此，危机以来，金融机构治理与治理风险防范等问题越来越受到各方的重视。

保险业是我国金融业的重要组成部分，我国保险公司治理实践总体上来说要先于银行等其他金融机构。我国保险业自 1980 年恢复以来，之所以能够得到快速发展，主要得益于国务院两次以"顶层设计"的形式对我国保险业的改革发展进行的全面部署。2006 年，国务院颁布《国务院关于保险业改革发展的若干意见》（保险业的"国十条"），该意见明确我国保险业改革发展的总体目标是：建设一个市场体系完善、服务领域广泛、经营诚信规范、偿付能力充足、综合竞争力较强，发展速度、质量和效益相统一的现代保险业。围绕这一目标，我国保险业的主要任务之一是继续深化体制机制改革，完善保险公司治理结构。2014 年 8 月 28 日，国务院颁布《国务院关于加快发展现代保险服务业的若干意见》（保险业的新

"国十条"),这是八年之后再次对我国保险业改革发展做出的顶层设计,明确了我国保险业未来一段时间发展的目标,"到 2020 年,基本建成保障全面、功能完善、安全稳健、诚信规范,具有较强服务能力、创新能力和国际竞争力,与我国经济社会发展需求相适应的现代保险服务业,努力由保险大国向保险强国转变。保险成为政府、企业、居民风险管理和财富管理的基本手段,成为提高保障水平和保障质量的重要渠道,成为政府改进公共服务、加强社会管理的有效工具。保险深度(保费收入/国内生产总值)达到 5%,保险密度(保费收入/总人口)达到 3500 元/人。保险的社会'稳定器'和经济'助推器'作用得到有效发挥"。而继续深化保险公司改革,加快建立现代保险企业制度,完善保险公司治理结构,事关这一目标能否实现和保险行业发展水平能否得到真正提升。

两次保险业顶层设计均将保险公司现代企业制度建设和完善作为改革发展的重要内容,而其中的核心是完善保险公司治理。保险公司治理一方面既不同于一般公司治理,另一方面也与银行、证券公司等金融机构治理存在一定的差异。在经营上,保险公司的经营目标、资本结构和经营产品等与一般公司不同,其具有诸多的自身特殊性,这些特殊性导致了其治理与一般公司存在差异。保险公司应更多地关注利益相关者的利益,而不能仅局限于股东,保险公司的治理目标不仅是公司价值的最大化,还要考虑金融体系的安全与稳健。同时在外部治理机制中,相对于一般公司来说,产品市场竞争、控制权市场等机制相对弱化,使用成本相对较高,但外部监管却是保险公司外部治理中非常重要的内容。

二、提高治理有效性是我国保险公司治理改革的方向

学术界对公司治理的研究至少可以追溯到 20 世纪 30 年代 Berle 和 Means 的研究。Berle 和 Means 在 1932 年出版的《现代公司与私有产权》(*The Modern Corporation and Private Property*)一书中,在对大量的实证材料进行分析的基础上得出了结论,即现代公司的所有权与控制权实现了分离,控制权由所有者转移到了管理者手中,而管理者的利益经常偏离股东的利益。20 世纪 60 年代前后,Baumol(1959)、Marris(1963;1964)、Williamson(1963;1964)等分别提出了各自的模型,从不同角度揭示了掌握控制权的管理者与拥有所有权的股东之间的利益差异,从而提出了现代公司制企业应该构建激励约束机制,以使管理者更好地为股东利益服务。Chandler 在 1977 年出版的《看得见的手——美国企业的管理革命》(*The Visible Hand: The Managerial Revolution in American Business*)一书中,通过分部门、行业的具体案例分析,进一步描述了现代公司两权分离的历史演进过程。可以说,古典经济学家一直在关注着所有权与控制权的分离,及其产生的"委托人"(投资者、外部人)与"代理人"(管理者、企业家、内部人)之

间的代理关系。所有权与控制权的分离，以及由此产生的委托代理关系，是公司治理问题产生的根源。进入 21 世纪后，人们对公司治理问题给予的热情非但没有减弱，反而比以前更加强烈，无论是发达国家还是发展中国家都非常重视公司治理，其成为资本市场关注的焦点。一场席卷全球经济领域的公司治理革命正在各地兴起，许多国家纷纷提出了一系列改进公司治理的措施，以此保障投资者的合法权益。这些措施包括要求更严的公司上市和信息披露规则、明确独立董事占董事会的比例、推行董事的强制性培训、颁布公司治理的强制性法令、出台公司治理原则等。

随着我国公司治理实践的深入，治理的合规性得到显著提高，而治理的有效性成为关注的焦点。从已有关于公司治理与财务绩效关系的研究可以看出，对于公司治理与财务绩效的关系存在着两种观点。一种观点是二者之间存在一定的关系，这其中的关系又分为线性关系和非线性关系两种观点。线性关系中又分为正相关和负相关两种；非线性关系中分为 U 形关系和倒 U 形关系两种。另一种观点是公司治理与财务绩效之间不存在任何关系。当然造成这种研究结论不一致的原因多种多样，既有样本选择、变量定义不同等方面的原因，也有研究设计方面的原因。总体来说，较多的文献支持第一种观点，公司治理结构与机制发挥了有效作用，治理合规后，治理有效性也日益提高。正是在各国监管部门和投资者越来越重视公司治理质量的状况、大量公司治理评价系统的推出和公司治理披露增强的背景下，在公司治理与财务绩效关系相对越来越明确的基础上，本章重点关注我国保险公司治理与财务绩效的关系。

第二节 公司治理与财务绩效关系研究文献综述

一、公司治理具体指标与财务绩效关系研究

公司治理与财务绩效关系按照研究方法大体可以分为基于具体公司治理指标和公司治理整体视角来进行的。基于具体公司治理指标的研究相对较多，早期研究多利用这种方法；而随着治理研究的深入，近年来从整体视角来研究的文献越来越多。从公司治理整体来研究公司治理与财务绩效关系的文献主要是通过构建公司治理指数来研究公司治理与财务绩效的关系。这其中有关于公司治理"大整体"与公司绩效的关系的研究，也有"小整体"与公司绩效关系的研究。需要说明的是，这里的财务绩效多指盈利能力绩效或收益能力绩效，即属于本书第五章所界定的公司治理绩效框架中的财务绩效的一个重要方面，不同于第十四章的偿付能力财务绩效。

公司治理具体指标与绩效关系研究包括多个方面。例如，关于股权结构与绩

效关系的研究文献，Jensen 和 Meckling（1976）、Grossman 和 Hart（1980）、Demsetz 和 Lehn（1983）、Morck 等（1988）、Holderness 和 Sheehan（1988）、McConnell 和 Servaes（1990）、李维安（1995）、Chirinko 和 Elston（1996）、Perderson 和 Thomsen（1999）、Weig 和 Lehmann（1999）、许小年和王燕（1999）、孙永祥和黄祖辉（1999）、Holderness 等（1999）、周业安（1999）、刘国亮和王加胜（2000）、许小年和王燕（2000）、陈晓和江东（2000）、施东晖（2000）、张红军（2000）、Lehmann 和 Weigand（2000）、陈小悦和徐晓东（2001）、Demsetz 和 Villalonga（2001）、朱武祥和宋勇（2001）、于东智（2001）、董麓和肖红叶（2001）、费鹏和屠梅曾（2002）、李涛（2002）、杜莹和刘立国（2002）、吴淑琨（2002a）、曹红辉（2003）、宾国强和舒元（2003）、施东晖（2003）、张宗益和宋增基（2003）、徐晓东和陈小悦（2003）、刘芍佳等（2003）、肖作平（2003）、宋敏等（2004）、王克敏和陈井勇（2004）、胡一帆等（2005）、曾德明等（2006）、Goergen（2007）、Greenaway 等（2014）等。

关于董事会特征与绩效关系的研究文献，Fama（1980）、Hambrick 和 Mason（1984）、Donaldson 和 Davis（1991）、Rechener 和 Dalton（1991）、Lipton 和 Lorsch（1992）、Byrd 和 Hickman（1992）、Jensen（1993）、Tricker（1994）、Beasley（1996）、Borokhovich 等（1996）、Agrawal 和 Knoeber（1996）、Lin（1996）、Yermack（1996）、Elron（1997）、Rosenstein 和 Wyatt（1997）、Bhagat 和 Black（1997）、Barnhart 和 Rosenstein（1998）、李东明和邓世强（1999）、Vafeas（1999）、孙永祥和章融（2000）、吴淑琨等（2001）、谷祺和于东智（2001）、孙铮等（2001）、胡铭（2002）、Litz 和 Folker（2002）、朱杏珍（2002）、胡铭（2002）、高明华和马守莉（2002）、胡勤勤和沈艺峰（2002）、靳云汇和李克成（2002）、魏立群和王智慧（2002）、王小娥和赵守国（2002）、吴淑琨（2002）、Hillman 和 Dalziel（2003）、于东智（2003）、于东智和池国华（2004）、赖建清等（2004）、胡晓阳（2005）、袁萍等（2006）、陈艺灵（2015）、陈鹏和张安祥（2015）等。

关于高管特征与绩效关系的研究文献，Jensen 和 Meckling（1976）、Stulz（1988）、Morck 等（1988）、McConnell 和 Servaes（1990）、Oswald 和 Jahera（1991）、Mehran（1995）、Hall 和 Liebman（1998）、袁国良和王怀芳（1999）、魏刚（2000；2003）、李增泉（2000）、高明华（2001）、施东晖（2001）、于东智和谷立日（2001）、陈朝龙（2002）、吴淑琨（2002b）、宋增基和张宗益（2002）、胡铭（2003）、周建波和孙菊生（2003）、宋德舜（2004）、施东晖和司徒大年（2004）、白重恩等（2005）、李维安和李汉军（2006）、赵相忠和张莹（2015）、李争光（2015）、高琪（2015）、陈林佳和郑佳峰（2015）、陈文强和贾生华（2015）等。

关于监事会特征与公司绩效关系的研究文献，这方面研究主要集中于国内，具体包括胡铭（2001）、赵学彬和王立杰（2003）、孙敬水和孙金秀（2005）、袁萍、刘士余和高峰（2006）等。

关于利益相关者治理与绩效关系，如 Shahzad 等（2015）用 24 个国家内的 342 家公司四年间的样本数据来测试利益相关者中心治理和企业社会绩效之间的关系，并发现某些公司治理机制确实可以被视为"利益相关者中心主义（stakeholder-centric）"，因为他们积极地影响企业社会绩效。

还有部分文献，同时关注多个公司治理指标与公司绩效之间的关系，如徐二明和王智慧（2000）、赵海峰等（2002）、向朝进和谢明（2003）、张俊喜和张华（2004）、张德明等（2004）、曾凌和蒋国云（2005）、刘玉敏（2006）、袁春燕（2014）、郭春林（2015）等。

二、公司治理"大整体"与财务绩效关系研究

（一）国外代表性研究

Gompers 等（2003）用 24 项公司治理条款构建了"公司治理指数"，研究了1990～1999 年美国 1500 家上市公司的公司治理状况与公司绩效的关系，他们发现，公司治理指数与公司股票回报呈现高度相关，其表现为：如果使用以下投资策略，即买进具有最低公司治理指数（对应最强的投资者权利）的公司股票，同时卖出具有最高公司治理指数（对应最弱的投资者权利）将获得年度 8.596% 的异常回报。并且，公司治理指数和公司价值显著相关。1990 年，治理指数增加一个百分点，托宾 Q 值将降低 2.4 个百分点；到 1999 年，公司治理指数增加一个百分点，托宾 Q 值将降低 8.9 个百分点。文章还发现高的公司治理指数（对应最弱的投资者权利）与低的利润、低的资产增长率、高的资本成本及频繁的公司接管相联系。

Rachinsky（2003）收集了 1999～2002 年俄罗斯最大的超过 40 家公司的数据。他们发现，公司治理或财务结果、市场增长会提高公司市值。公司治理等级系数增加 15%，则相应的公司市值增加 37%。

Leal 和 Carvalhal-da-Silva（2005）设计的公司治理指数包含了 24 个可以从公开信息中获得客观回答的问题，以此来测量尽可能多的公司治理实践的总体质量，并且避免了定性调查的主观偏见和低回收率的缺陷。随着时间的推移，巴西的公司治理指数有显著的提高，并且信息披露方面比其他治理方面做得好。由于间接控股和无投票权股份的广泛运用，投票权高度集中，特别是在 1998～2002 年。作者并没有发现隧道效应或者激励效应，但是现金流权与控制权相分离导致了价值毁损。公司治理指数与公司价值之间存在显著正相关关系，并且经过了稳健性检验。

Zheka（2005）研究了转轨国家，乌克兰合资公司的公司治理总体及单个因素

对公司绩效的影响。数据来源为 2000～2002 年三年的超过 5000 家公司的公司治理选择。他使用公司治理指数及分指数来表述股东权利、信息披露/透明度、董事会独立性、董事长独立性和所有权结构。新颖之处在于运用社会信任指标作为公司治理选择的工具。Zheka 使用了一整套有关"信任"的工具变量,特别是政策差异、地区和民族差异、私有化,来追踪可能的内生性,并运用最小二乘回归分析、两阶段最小二乘法、两阶段广义矩估计、随机效应模型、固定效应模型、辅助变量随机效应模型及辅助变量固定效应模型等方法来分析治理影响。他发现有证据支持转轨时期,公司治理预测公司业绩,但是没有发现逆向因果关系或者其他内生性问题。最小二乘回归分析的结果预示了公司治理指数增加一个百分点,则业绩增加 0.5 个百分点,公司治理指数的最差到最好的变化,绩效增加 40%。股东权利、透明度和董事会独立性和绩效之间在统计上存在显著性。董事会主席独立性对绩效有负面影响。

Black 等(2006)根据 2001 年韩国证交所对上市公司问卷调查的 540 份回馈结果提出了公司治理指数(0～100)。结果发现,公司治理的适度提高,如公司治理指数增加 10,则托宾 Q 值的公司资产账面价值会增加 15%,或者公司普通股权益的账面价值增加 40%。并用托宾 Q 值、市/账值、市值/销售额分别代表绩效变量,对结果进行了稳健性检验。每一个次级指标(股东权利、董事会、外部董事、审计、披露和所有权不对等)都是高托宾 Q 值的重要指示器。

Beiner 等(2006)主要研究了瑞士证券交易所上市的 275 家公司,并通过数据分析考察公司治理同公司价值的相关关系。为了研究分析的目的,他们认为尽可能把所有的公司治理机制考虑在内是非常有必要的,因此与很多同类型研究不同的是,他们构建了一个公司治理指数。另外,为了更好地分析公司之间治理水平的差异,Beiner 等还引入了五个附加的控制变量:公司董事的持股份额、外部大股东持股份额、董事会规模、杠杆作用和外部董事数量。在指标构建时,他们在通过发放调查问卷获得的数据的基础上,对问卷的问题进行了筛选,最终确定了 38 个衡量公司治理的指标。然后将这些指标归入参与公司治理类、股东权利类、透明度类、管理和监管类及审计类五大类。在此基础上,Beiner 等给每一个衡量指标赋值(最小值为 1,最大值为 5),然后将赋值以后得到的 38 个数字加总,再对所得到的和进行标准化,使之变成介于 0 和 100 之间的数字,其中公司治理水平较高的公司其所得到的数值就较大,这样就得出了公司治理综合指标。第一,公司治理指数对公司价值确实有显著的正面影响,这表明那些治理水平较好的公司能够获得较高的市场估价。第二,公司治理指数上升一个百分点,用托宾 Q 值衡量的公司价值就会增加 8.56%。第三,通过使用行业调整因素的托宾 Q 值及市价/账面价值比率作为衡量公司价值的指标来进行回归,Beiner 等再次得出了公司治理水平和公司价值正相关的结论,并证明了公司治理衡量指标构建的科学性,即使在构建公司治理指数时对这五种分类赋予不同的权重,也不会影响回归结果。Beiner 等（2006）使用了一个包含更广的公司治理指数,添加了五个变量,包括所有权结构、董事会特征、杠杆来详细描述样本中瑞士公司具体层面的治理特征。为了控制这六个治理机制的潜在的内生性,运用了联立方程和三阶段最小二乘法,结果支持公司治理与托宾 Q 值之间的正相关关系。

Black, Love 和 Rachinsky（2006）采集了俄罗斯 16 家上市公司作为样本,研究在原始市场化条件下公司治理等级与公司价值的关系。通过简单线性回归,结果显示,在市场化程度不高的国家,公司治理行为是影响公司价值的显著决定性因素。进一步证明了公司层面公司治理的董事会测量预示着更高的股价。因为存在内生性或者是缺失值的可能性,Black 等又采用了时间序列法,运用了一系列可获得的治理指数对俄罗斯 1999 年至今的数据进行了检验,发现良好的治理和市值在最小二乘回归分析中存在着经济重要性和统计上相关性。实际上 Black（2001）很早就开始关注俄罗斯的公司治理状况。

Black, Jang 和 Kim（2006）主要考察韩国公司治理水平和公司价值之间是否存在正相关关系。他们同样构建了反映公司治理状况的综合指标。在构建指标的基础上,Black 等主要采用了三种指标,即托宾 Q 值、市价/账面价之比和市价/销售额来衡量企业价值,在加入适当控制变量以后,他们发现,公司治理指数表现出与公司价值很强的相关关系,具体来说,公司治理指数上升 10 个百分点,就能使公司价值上升 5.5%。然后他们将托宾 Q 值同公司治理指数的六个次指标进行回归,发现每个次指标同公司价值之间都有很显著的相关关系,进一步将托宾 Q 值同单个的公司治理指标进行回归的结果表明,绝大多数公司价值衡量指标同公司价值显著正相关,说明将所有的指标整合为一个综合指标以后具有了更强的解释能力。除此之外,Black 等还考察了在有关公司治理水平的研究中一般需要注意的两个问题:发信号问题和内生性问题。一方面公司实行较高的治理水平会向市场发出“我是业绩优良公司”的信号,从而是“信号”而不是治理水平影响了公司价值;另一方面,那些市值比较高的公司通常会采用较高的治理水平,因此很容易得出被解释变量（公司价值）为因,而解释变量（公司治理水平）反而为果的结论。Black 等使用两步法检验来研究了这个问题,认为市场价值较高的公司会选择比较低的公司治理水平,部分原因可能是因为他们面临的提高公司治理水平的压力较小。

Brown 和 Caylor（2006）根据股东服务机构提供的新数据,提出了测量公司治理水平的主要方法——公司治理指数,该指数分为八部分,共 51 个指标:审计、董事会章程、董事会制度、董事培训、激励、所有权、累积实践、公司形式。他们检验了公司治理指数同经营绩效、公司价值评价、股东支付之间的关系,样本容量为 2327 家公司,结果发现,公司治理越好,相对应利润越高、公司越有价值、

向股东支付的现金股利越多。公司治理指数下八个部分每一部分都与公司绩效高
度相关。用经理和董事会的薪酬作为测量公司治理的指标，发现良好的治理与优
秀的业绩高度相关。相反的，用章程或制度来测量，则二者之间呈负相关关系。
他们还继续检验了51个指标与公司绩效的关系，发现二者高度相关。一些呈正相
关关系的指标以前并没有被检验过（如每年的治理委员会会议、提名委员会的独
立性），相反的，呈负相关关系的指标以前经常被检验（如支付给审计的顾问费比
审计费要低、缺少董事会轮选制、毒丸计划的缺失）。

　　Silveira 和 Barros（2006）调查了2002年公司治理质量对154家巴西上市公
司市值的影响。为了更好的代表公司治理质量，他们采用了一个包含范围更广
的治理指数，通过采用不同的计量经济学方法增加了复杂性，包括最小二乘回
归分析的多元回归、工具变量方法和联立方程组。所有经济方法结果显示，公
司治理质量对公司市场价值有积极的显著影响。用托宾Q值和市净率倍数表示市
场价值，其最小二乘回归分析的结果显示，假定其他变量不变的情况下，公司治
理的最差到最好改变将会导致市值，即托宾Q值和市净率倍数各自增加大约85%
和100%。他们还发现，公司治理变量的内生性问题，利用工具变量方法，提出不
同工具来预测。另外，联立方程组指出，公司治理治理和公司价值之间存在逆向
因果关系。

　　Gruszczynski（2006）旨在检验波兰公司治理水平同上市公司绩效之间的关系。
公司治理程度采用2003年波兰公司治理论坛的评价结果；模型采用有序多项式类
型；内生变量代表评价结构（A−，B+，B，B−，C+），外生变量包括2002年财
务报表上的各财务指标。次序罗吉士估计模型显示，波兰公司治理水平与其处理
财务困境的能力相关，表现为流动性、利润率和财务杠杆变量。

　　Cheung 等（2007）针对168家上市公司构建了公司治理指数，并指出公司的
市场价值与公司治理指数显著正相关。并对结果包括控制变量，进行了稳健性检
验，即公司治理好的公司，其在我国香港的市值较高。更进一步，Cheung 指出，
透明度指标和市场价值之间存在显著正相关关系。投资者更关注我国内地公司的
公司治理实践，而不是香港公司。

（二）国内代表性研究

　　国内代表性研究有，白重恩等（2003）从内部治理机制和外部治理机制两个
方面八项控制变量构建了中国的上市公司治理指数，并考察了上市公司治理与公
司价值的关系。他们发现，所有权结构、董事会结构、经理人员薪酬、公司控制
权市场和财务透明度是影响公司治理的最重要的因素；公司治理水平越高的公司，
在股票市场上的价值也越高，并且中国的投资者愿意为公司治理水平支付溢价。

　　潘福祥和杨之曙（2004）从外部机构的审核评价、股权结构、董事会治理机制和经理人员激励情况四个方面 11 个细项构建了中国上市公司的治理指数。并利用托宾 Q 值和市净率作为衡量公司价值的指标分析了中国上市公司治理指数与公司价值之间的关系，发现公司治理指数对公司价值具有显著的正面影响，公司治理水平提高 1 个百分点，公司价值将上升 0.01 个百分点。

　　施东晖和司徒大年（2004）从控股股东的行为、关键人选聘和激励与约束、董事会的结构与运作和信息披露透明度四个方面 12 个考察细项构建了中国 2001 年上市公司治理水平的指数。并利用他们构建的治理指数分析了中国上市公司治理水平与公司绩效之间的关系，发现中国上市公司总体治理水平不高；股权结构对公司治理水平有显著影响，政府控股型公司的治理水平最高，国有资产管理机构控股型公司的治理水平要高于国有法人控股型公司，而一般法人股控股型及股权分散型公司的治理水平介于前两者之间，不存在显著差异；公司治理水平对资产收益率具有正向影响，但对市净率却具有负向影响。

　　南开大学中国公司治理研究院评价课题组利用其所推出的中国上市公司治理评价指标体系——中国上市公司治理指数（CCGI^{NK}）进行了公司治理与财务绩效关系的研究。南开大学中国公司治理研究院评价课题组（2004）在对公司治理指数模型的稳定性与可靠性检验的基础上，对中国上市公司治理状况进行了实证分析。针对 2002 年样本的研究发现，股权结构是决定公司治理质量的关键因素，国有股一股独大不利于公司治理机制的完善；良好的公司治理将使公司在未来具有较高的财务安全性、有利于公司盈利能力的提高，投资者愿意为治理状况好的公司支付溢价；控股股东的行为具有很强的负外部性；董事会治理状况尚有待改善，董事会参与战略决策的功能并没有发挥应有的作用；监事会治理水平对公司治理绩效并没有显著影响；我国经理层治理的总体水平较低，激励约束方面需要进一步完善制度建设；公司治理水平对信息披露质量产生了影响。

　　南开大学中国公司治理研究院评价课题组（2006）以中国上市公司公开信息为依据，基于 2003 年的样本，从中国上市公司治理指数（CCGI^{NK}）及其所涉及的六个维度——股东治理指数、董事会治理指数、监事会治理指数、经理层治理指数、信息披露指数、利益相关者治理指数进行比较研究，总结了中国上市公司的治理特征和年度差异。2003 年公司治理状况较之 2002 年有较大改善，公司治理对公司绩效产生了积极作用，良好的公司治理有利于提高信息披露质量，并有利于保护利益相关者权益。该文献对公司治理评价与指数未来研究提出了规划。这是目前国内对公司治理整体与公司绩效关系最为系统和深入的研究。

　　李维安和唐跃军（2006）基于 2003 年的评价样本，从中国上市公司治理指数（CCGI^{NK}）及其所涉及的六个维度进行实证研究发现，上市公司治理指数对总资产收益率、每股净资产、加权每股收益、每股经营性现金流量、总资产周转率、总资产年度增长率、财务预警值均有显著的正面影响，这表明拥有良好的公司治理机制有助于提升企业的盈利能力、股本扩张能力、运营效率、成长能力，有助于增强财务弹性和财务安全性。公司治理中所涉及的控股股东治理、董事会治理、经理层治理、信息披露、利益相关者治理、监事会治理机制，在很大程度上决定了上市公司是否能够拥有一套科学的决策制定机制与决策执行机制，而这将对公司业绩和公司价值产生直接而深远的影响。

三、公司治理"小整体"与财务绩效关系研究

关于公司治理小整体与公司绩效关系的研究，主要是集中在国内，且是基于中国上市公司治理指数（CCGI^{NK}）平台来进行的研究。例如，关于股东行为的研究，武立东（2006）指出，控股股东与中小股东之间的代理问题已经成为上市公司治理改革的焦点。从分析影响控股股东收益结构的因素出发，分上市公司独立性、股东大会有效性、中小股东权益保护、关联交易状况四个方面，采用12个指标构建控股股东行为效应评价指标体系，并以中国上市公司为样本展开评价。结果显示，中国上市公司控股股东行为效应指数偏低，其行为具有引发较强负外部效应的倾向，根源在于中国现有的公司治理制度安排强化了控股股东的控制收益，激励其实施隧道行为。只有通过一系列旨在增加控股股东攫取私人收益成本的制度建设，才能抑制其行为的负外部效应，激发正外部效应。

关于董事会治理状况评价的研究，李维安和张耀伟（2004）认为，董事会治理是公司治理的核心，董事会治理状况的改善对公司绩效的提高至关重要。从不同的角度对我国上市公司董事会治理状况与公司绩效之间的关系进行实证分析表明，公司治理绩效与董事会治理水平之间呈现一种倒U形曲线关系。该结论的政策含义是，在当前董事会治理缺乏外部治理机制、大股东治理弱化、内部董事间的相互监督和经理人持股的激励效应都不强的情况下，董事会治理改革的关键是引入战略投资者，完善董事会专业委员会的制度建设，强化内部治理机制。

关于经理层治理评价的研究，李维安和牛建波（2004）从人事任免制度、执行保障和激励与约束机制三个方面17个细项编制了中国上市公司经理层治理指数，并以2002年的上市公司数据，比较了不同行业及不同第一大股东性质的公司经理层治理水平。李维安和牛建波使用每股收益、每股经营现金流和每股净资产作为衡量公司绩效的指标，分析了公司经理层治理水平对公司绩效的影响，发现经理层治理指数对公司绩效有显著的正面影响，并且经理层的行政度、薪酬水平、持股比例、薪酬动态激励等因素较其他因素具有更加显著的影响。因此，他们认为，我国企业在加强经理层治理方面应弱化经理层的行政治理，适度提高经理层

的薪酬水平，实现或加大动态激励、长期激励与显性激励。李维安和张国萍（2006）在对国内外经理层治理评价进行评述的基础上，从公司治理客体——经理层视角构建中国上市公司经理层治理评价指数，并借此从任免制度、执行保障、激励约束机制三个基本维度，以及第一大股东不同性质等多视角对 931 家中国上市公司样本进行治理状况实证研究。同时，构造上市公司综合绩效评价体系，从最优化和安全性两个视角考察公司效能，并对两个评价指数进行综合相关性和回归研究。评价结果显示，经理层治理状况总体偏低，各主因素得分有较大的差异，经理层治理水平的改善，有利于治理绩效的提高。

关于利益相关者治理评价的研究，李维安和唐跃军（2005）认为，利益相关者的相关问题已成为现行公司治理框架中不可或缺的一部分，设置代理投票制度、累积投票制度、职工监事制度三个利益相关者治理评价指标，考察中国上市公司利益相关者参与公司治理和利益相关者权益的保护状况。评价结果显示，我国上市公司利益相关者治理水平很低，处在建立健全的初始阶段，还不足以对企业业绩和公司价值产生显著影响。我国上市公司亟待建立和完善利益相关者治理机制，以便充分重视和解决利益相关者问题，提升整体公司治理绩效，最终达到提高公司业绩和价值的目的。

关于监事会治理评价的研究，李维安和王世权（2005）在对现有监事会评价理论与实践回顾基础上，结合中国自身环境条件及改革进程，设计了中国上市公司监事会治理绩效评价指标体系，并且利用调研数据，对上市公司监事会治理水平进行了评价与实证研究。结果显示，监事会治理总体水平较低，不同行业、不同企业性质之间的治理水平存在着很大差别，大股东的持股比例也对监事会治理的有效性具有显著影响。李维安和郝臣（2006）从监事会运行状况、监事会结构与规模和监事胜任能力三个方面对我国上市公司监事会治理的状况进行了评价。评价结果显示，我国上市公司监事会治理水平总体偏低，监事会虚置现象仍然存在。监事会治理水平不高并不是制度本身存在着问题，而是由于运行过程中存在着诸多不足，监事会结构与规模方面有待进一步优化，监事胜任能力低下。对监事会治理水平与公司绩效的实证关系分析显示，在我国经济转轨背景下，监事会仍应作为法定的公司监督机构发挥其不可替代的监督作用。

关于信息披露评价的研究，唐跃军（2005）借鉴中外有关上市公司信息披露的研究成果和法律法规，以信息透明度为核心选择信息披露完整性、真实性、及时性三项评价指标，依据实证调研的数据对上市公司信息披露的真实性、及时性和完整性进行统计分析并做出初步评价。中国上市公司在信息披露真实性、及时性、完整性及信息披露指数上的表现均不尽如人意，并且具有明显的不平衡性。不同行业、不同第一大股东性质、不同省区的上市公司信息披露状况总体偏差，信息披露指数比较低。

四、公司治理与财务绩效关系研究小结

当然也有部分学者的研究指出公司治理与财务绩效之间存在负相关的关系或者是不存在公司治理到公司绩效的这种因果关系。Bauer 等（2004）分析了欧洲地区良好的公司治理是否会导致更好的普通股回报，推动市值的增加。他们使用了戴米诺公司治理评价指数对泛欧绩优股指数 300 指数中的公司进行了评价。沿用 Gompers 等（2003）的方法，将公司分为两个组合：治理好的和治理不好的，并比较其绩效。Bauer 等还检验了公司治理对公司价值的影响，发现这些变量与公司治理之间存在正相关关系。国家差异调整后，关系明显减弱。在用净边际利润率和权益回报来近似代表绩效检验与公司治理之间的关系，Bauer等发现，治理标准和绩效盈余之间存在负相关关系，这与 GIM（2003）的结果不同。

Lehn 等（2005）对 Gompers 等（2003）和 Bebchuk 等（2005）的研究提出质疑，认为公司治理不能够解释公司价值。20 世纪 90 年代的价值倍数与声称能够测量公司治理结构的治理指数显著相关。结果满足两个假设：治理影响价值倍数；价值倍数影响治理。该研究支持后一种解释。他们发现，20 世纪 80 年代早期（在采用治理指数之前的时期）的价值倍数与 20 世纪 90 年代的价值倍数、治理指数高度相关，在控制价值倍数后，1980～1985 年的价值倍数与 20 世纪 90 年代的治理指数没有关系，结果支持了价值倍数是治理的原因的假设。

Gupta 和 Kennedy（2005）指出最近美国、加拿大和欧洲爆发的财务丑闻，包括大量的虚假报表、过多的 CEO 薪酬、最基本的公司治理机制的崩溃，前所未有地将公司治理推到了全球资本市场的最前沿。许多市场参与人会询问基本问题来评价公司整体的治理状况，以此作为投资和信用决策的依据。因此，公司治理信息中介行业在全球迅速发展。在加拿大，Globe & Mail 的投资者服务每年利用TSX/S&P 指标，至少发布 270 家公司的治理水平，一共有四个次级指标：董事会组成、董事及 CEO 薪酬、股东权利和董事治理披露。他们想要探求在加拿大资本市场中，Globe & Mail 发布的公司治理分数及各次级指标分数与财务绩效之间是否存在关系。他们检验了 2002 年、2003 年、2004 年公开可获得的评价分数与相应的财务和市场之间的关系，并没有发现二者之间存在着关系。

综上所述，从公司治理具体指标和整体视角来研究公司治理与财务绩效关系已经受到广大研究者的重视，但这方面研究所得到的结论并不完全统一，这可能与选择的治理指标和构建公司治理指数的方法，以及具体样本的选择有关。Renders 和 Gaeremynck（2006）研究了内生性和样本的选择偏见是如何影响公司治理系数的。使用了 FTSE Eurotop300 公司的面板数据，发现了最小二乘回归分

析中公司治理系数不显著，甚至为负。在控制了样本选择的主观性和内生性后，
公司治理系数为正，且显著。因而，两个原因对系数产生相同的影响，控制样本
选择主观性和内生性都很重要。近年来，国内外学者开始关注保险公司治理与绩
效关系。例如，李秋孟（2014）研究了我国保险公司股权结构与公司治理绩效研
究。江津和王凯（2015）基于2007~2013年保险行业上市公司的季报和年报数据，
对保险公司治理机制与公司绩效之间的关系进行了分析，研究了保险公司治理机
制有效性。通过对检验结果的分析发现，我国保险公司治理机制经过近10多年的
建设取得了较大成就，一些治理机制的有效性得到充分发挥。在国外，Yemane
等（2015）指出，发展中经济体公司治理的问题长期被忽视，如埃塞俄比亚。他
们利用2009~2013年的面板数据，考察了公司治理机制对埃塞俄比亚保险公司绩
效的影响。从研究的结果表明，董事会会议次数及董事薪酬与保险公司净资产收
益率具有正相关关系，但是董事会规模、审计委员会和性别多样化对公司业绩没
有任何显著影响。此外，公司的规模对净资产收益率有显著的积极影响，但公司
的成立期限对净资产收益率没有显著影响。因此，该研究建议，埃塞俄比亚保险
公司公司治理制度建设的重点是董事会会议次数、董事薪酬水平及公司规模，所
有的利益相关者应该积极参与公司治理。本章主要是从公司治理整体视角来研究
保险公司治理对财务绩效的影响。

第三节　公司治理对保险公司盈利能力影响研究设计

一、样本选择与数据来源

　　本章研究样本为我国全部保险公司。研究数据中各保险公司基本信息和财务
数据是根据对应年份《中国保险年鉴》手工整理计算所得；各保险公司公司治理
相关数据来自调查问卷整理计算所得，同第八章和第十章。

二、研究变量与模型设计

（一）变量定义

　　根据本章的研究内容，本章选取了相应的被解释变量、解释变量和控制变量。
王艳等（2015）关注保险公司价值问题，从保险公司权益价值入手，发现盈利能
力、会计信息质量、增长前景、宏观经济及保险行业发展等五方面的保险公司价
值驱动因素。本章选取资产收益率、净资产收益率、收入净利率、综合费用率和

综合赔付率五个保险公司盈利能力方面的财务绩效指标作为被解释变量。本章选取的反映保险公司公司治理状况的解释变量包括三方面 11 个指标,即反映保险公司治理总体状况的保险公司治理指数;反映保险公司治理合规性不同层次的强制合规指数和自主合规指数及反映保险公司治理合规性不同内容的股东治理基础分指数、董事(会)治理基础分指数、监事会治理基础分指数、高管治理基础分指数、董监高分指数、新三会分指数、内外部审计分指数和外部监管分指数。本章选取的控制变量包括资本性质、险种类型、组织形式和成立年限四个,其中前三个均用哑变量表示。具体变量简称及说明见表 13-1。

表 13-1　变量定义

变量类型	变量名称	变量简称	变量说明
被解释变量	资产收益率	ROA	资产收益率=净利润/资产总额
	净资产收益率	ROE	净资产收益率=净利润/权益总额
	收入净利率	NRI	收入净利率=净利润/营业收入
	综合费用率	CCR	综合费用率=综合费用/已赚保费
	综合赔付率	CPR	综合赔付率=综合赔付款/已赚保费
	资产收益率滞后一期	ROA_{t-1}	滞后一期处理得到
	净资产收益路滞后一期	ROE_{t-1}	滞后一期处理得到
	收入净利率滞后一期	NRI_{t-1}	滞后一期处理得到
	综合费用率滞后一期	CCR_{t-1}	滞后一期处理得到
	综合赔付率滞后一期	CPR_{t-1}	滞后一期处理得到
解释变量	保险公司治理指数	IGI	计算过程详见第七章
	强制合规指数	CCI	计算过程详见第九章
	自主合规指数	ACI	计算过程详见第九章
	股东治理基础分指数	IGI1	计算过程详见第七章
	董事(会)治理基础分指数	IGI2	计算过程详见第七章
	监事会治理基础分指数	IGI3	计算过程详见第七章
	高管治理基础分指数	IGI4	计算过程详见第七章
	董监高分指数	IGI5	计算过程详见第七章
	新三会分指数	IGI6	计算过程详见第七章
	内外部审计分指数	IGI7	计算过程详见第七章
	外部监管分指数	IGI8	计算过程详见第七章
控制变量	资本性质	ZBXZ	虚拟变量,1 为中资,0 为外资
	险种类型	XZLX	虚拟变量,1 为财产险,0 为人身险
	组织形式	ZZXS	虚拟变量,1 为股份制,0 为有限制
	成立年限	Age	成立年限=统计年份−设立年份+1

（二）模型设计

为了实证检验我国保险公司治理对保险公司财务绩效的影响，本部分设计了以下模型分别从保险公司治理指数、保险公司治理合规性不同层次和保险公司治理合规性不同内容三个方面检验其影响。

$$\text{DVariable}_i = \alpha_i + \beta_{i1}\text{IGI} + \beta_{i2}\text{ZBXZ} + \beta_{i3}\text{XZLX} + \beta_{i4}\text{ZZXS} + \beta_{i5}\text{Age} + \varepsilon_i \quad （13\text{-}1）$$

$$\begin{aligned}\text{DVariable}_i = \alpha_i &+ \beta_{i1}\text{CCI} + \beta_{i2}\text{ACI} + \beta_{i3}\text{ZBXZ} + \beta_{i4}\text{XZLX} \\ &+ \beta_{i5}\text{ZZXS} + \beta_{i6}\text{Age} + \varepsilon_i\end{aligned} \quad （13\text{-}2）$$

$$\text{DVariable}_i = \alpha_i + \beta_{i1}\text{CCI} + \beta_{i2}\text{ZBXZ} + \beta_{i3}\text{XZLX} + \beta_{i4}\text{ZZXS} + \beta_{i5}\text{Age} + \varepsilon_i \quad （13\text{-}3）$$

$$\begin{aligned}\text{DVariable}_i = \alpha_i &+ \beta_{i1}\text{ACI} + \beta_{i2}\text{ZBXZ} + \beta_{i3}\text{XZLX} \\ &+ \beta_{i4}\text{ZZXS} + \beta_{i5}\text{Age} + \varepsilon_i\end{aligned} \quad （13\text{-}4）$$

$$\begin{aligned}\text{DVariable}_i = \alpha_i &+ \beta_{i1}\text{IGI1} + \beta_{i2}\text{IGI2} + \beta_{i3}\text{IGI3} + \beta_{i4}\text{IGI4} + \beta_{i5}\text{IGI5} \\ &+ \beta_{i6}\text{IGI6} + \beta_{i7}\text{IGI7} + \beta_{i8}\text{IGI8} + \beta_{i9}\text{ZBXZ} \\ &+ \beta_{i10}\text{XZLX} + \beta_{i11}\text{ZZXS} + \beta_{i12}\text{Age} + \varepsilon_i\end{aligned} \quad （13\text{-}5）$$

$$\begin{aligned}\text{DVariable}_i = \alpha_i &+ \beta_{i1}\text{IGI1} + \beta_{i2}\text{IGI2} + \beta_{i3}\text{IGI4} + \beta_{i4}\text{IGI5} \\ &+ \beta_{i5}\text{IGI7} + \beta_{i6}\text{IGI8} + \beta_{i7}\text{ZBXZ} \\ &+ \beta_{i8}\text{XZLX} + \beta_{i9}\text{ZZXS} + \beta_{i10}\text{Age} + \varepsilon_i\end{aligned} \quad （13\text{-}6）$$

上式中 i=1、2、3、4 和 5 分别表示被解释变量为 ROA、ROE、NRI、CCR 和 CPR 时的模型形式。其中，式（13-1）是用来检验总体上保险公司治理指数对其财务绩效的影响；式（13-2）～式（13-4）是用来检验保险公司治理合规性不同层次对其财务绩效的影响；式（13-5）～式（13-6）是用来检验保险公司治理合规性不同内容对其财务绩效的影响。

第四节　公司治理对保险公司盈利能力影响计量检验

一、保险公司盈利能力描述性统计

本部分首先分别进行了五个被解释变量 ROA、ROE、NRI、CCR 和 CPR 的描述性统计，具体见表 13-2。

表 13-2　被解释变量描述性统计

变量名	年份	样本数量	平均值	中位数	标准差	最小值	最大值
ROA	2009	74	−0.020 1	−0.004 6	0.051 2	−0.238 0	0.071 4
	2010	83	−0.015 2	−0.003 6	0.053 4	−0.197 5	0.086 4

续表

变量名	年份	样本数量	平均值	中位数	标准差	最小值	最大值
ROA	2011	83	−0.019 6	−0.003 6	0.053 3	−0.178 3	0.082 9
	2012	86	−0.007 0	0.001 9	0.036 7	−0.145 9	0.052 5
	合计	326	−0.015 3	−0.002 4	0.049 1	−0.238 0	0.086 4
ROE	2009	74	−0.126 7	−0.023 1	0.866 6	−5.549 0	2.377 0
	2010	83	0.011 7	−0.034 2	0.543 3	−0.792 4	3.464 3
	2011	83	−0.169 0	−0.028 0	0.441 5	−2.949 4	0.238 6
	2012	86	−0.071 7	0.008 8	0.323 8	−1.754 6	1.012 1
	合计	326	−0.087 7	0.000 9	0.569 6	−5.549 0	3.464 3
NRI	2009	74	−0.077 8	−0.023 2	0.223 1	−0.694 2	0.587 2
	2010	83	−0.112 5	−0.021 3	0.293 3	−1.679 6	0.514 5
	2011	83	−0.095 6	−0.015 3	0.206 0	−0.914 3	0.425 2
	2012	86	−0.038 2	0.008 1	0.158 6	−0.915 8	0.281 5
	合计	326	−0.080 7	−0.003 8	0.225 8	−1.679 6	0.587 2
CCR	2009	74	0.509 6	0.463 3	0.451 9	−1.080 0	1.984 7
	2010	83	0.538 1	0.408 0	0.390 7	0.051 8	2.026 8
	2011	83	0.476 9	0.396 2	0.367 4	−0.925 1	2.176 9
	2012	86	0.433 2	0.415 7	0.238 6	−0.355 6	1.233 6
	合计	326	0.488 4	0.423 3	0.367 3	−1.080 1	2.176 9
CPR	2009	74	0.382 2	0.467 0	0.646 1	−3.366 8	2.534 3
	2010	83	0.397 2	0.490 2	0.405 5	−0.885 4	1.715 4
	2011	83	0.404 7	0.479 6	0.401 0	−0.624 0	1.973 2
	2012	86	0.385 2	0.467 9	0.383 2	−0.668 6	2.136 2
	合计	326	0.392 5	0.477 4	0.463 0	−3.367 0	2.534 3

资料来源：中国保险年鉴编委会. 2009-2012. 中国保险年鉴[M]. 北京：中国保险年鉴编辑部.

二、公司治理对保险公司盈利能力影响实证结果

按照前文的模型设计，本部分实证结果包括三部分内容，分别对保险公司治理指数、保险公司治理合规性不同层次和保险公司治理合规性不同内容对保险公司财务绩效的影响进行检验。

（一）保险公司公司治理指数与盈利能力

根据式（13-1），本部分使用最小二乘回归分析的计量方法检验保险公司治理

指数对保险公司财务绩效的影响，实证结果如表 13-3 所示。

表 13-3　保险公司治理指数对财务绩效的影响实证结果

模型变量	ROA	ROE	NRI	CCR	CPR
（Constant）	−0.08 (0.00) **	−0.62 (0.08)	−0.33 (0.00) **	0.57 (0.00) **	0.31 (0.12)
IGI	0.01 (0.61)	0.01 (0.54)	0.01 (0.58)	0.01 (0.68)	−0.01 (0.33)
ZBXZ	−0.01 (0.70)	−0.16 (0.43)	0.05 (0.42)	−0.04 (0.64)	−0.07 (0.55)
XZLX	0.01 (0.06)	−0.02 (0.85)	0.04 (0.17)	0.04 (0.43)	0.61 (0.00) **
ZZXS	0.03 (0.03) *	0.11 (0.57)	0.05 (0.31)	−0.07 (0.45)	−0.01 (0.99)
Age	0.01 (0.00) **	0.05 (0.00) **	0.02 (0.00) **	−0.02 (0.01) **	−0.01 (0.51)
F	8.19 (0.00) **	3.06 (0.01) **	6.54 (0.00) **	2.45 (0.04) *	22.24 (0.00) **
Adj-R^2	0.163	0.053	0.131	0.038	0.366

注：括号内数字表示 p 值。
**和*分别表示在 1% 和 5% 的显著性水平下显著。

　　根据实证结果我们可以发现，保险公司治理指数与五个反映保险公司财务绩效的指标均没有显著的关系；控制变量中险种类型与综合赔付率正相关且显著，组织形式与资产收益率正相关且显著，成立年限与 ROA、ROE 和 NRI 正相关且显著，与 CCR 负相关且显著。这说明整体上保险公司治理水平对其财务绩效没有显著的影响；从具体指标来看，财产险公司综合赔付率比人身险公司高，财务绩效差，股份制保险公司资产收益率比有限制保险公司高，财务绩效好，成立年限越长的保险公司资产收益率、净资产收益率和收入净利率均越高，综合费用率越低，财务绩效越好。

（二）保险公司治理合规性不同层次与盈利能力

　　从保险公司治理合规性的不同层次来看，可以分为强制合规和自主合规两大类。本部分根据式（13-2）～式（13-4）使用最小二乘法估计对保险公司治理合规性不同层次对其财务绩效的影响进行了实证研究，结果如表 13-4～表 13-8所示。

表 13-4　保险公司治理合规性不同层次对 ROA 的影响实证结果

模型变量	合规性	强制合规	自主合规
（Constant）	−0.08 （0.00）**	−0.07 （0.01）**	−0.09 （0.00）**
CCI	0.01 （0.41）	−0.01 （0.99）	—
ACI	0.01 （0.27）	—	0.01 （0.46）
ZBXZ	−0.01 （0.72）	−0.01 （0.70）	−0.01 （0.70）
XZLX	0.01 （0.08）	0.01 （0.07）	0.01 （0.06）
ZZXS	0.03 （0.04）*	0.03 （0.03）*	0.03 （0.04）*
Age	0.01 （0.00）**	0.01 （0.00）**	0.03 （0.00）**
F	6.99 （0.00）**	8.13 （0.00）**	8.27 （0.00）**
Adj-R^2	0.163	0.162	0.165

注：括号内数字表示 p 值。

**和*分别表示在 1%和 5%的显著性水平下显著。

表 13-5　保险公司治理合规性不同层次对 ROE 的影响实证结果

模型变量	合规性	强制合规	自主合规
（Constant）	−0.65 （0.07）	−0.66 （0.07）	−0.54 （0.08）
CCI	0.01 （0.57）	0.01 （0.47）	—
ACI	−0.01 （0.90）	—	0.01 （0.66）
ZBXZ	−0.16 （0.42）	−0.16 （0.42）	−0.15 （0.43）
XZLX	−0.02 （0.88）	−0.02 （0.87）	−0.02 （0.82）
ZZXS	0.12 （0.54）	0.11 （0.55）	0.10 （0.58）
Age	0.05 （0.00）**	0.05 （0.00）*	0.05 （0.00）*
F	2.57 （0.02）*	3.09 （0.01）**	3.02 （0.00）**
Adj-R^2	0.049	0.054	0.052

注：括号内数字表示 p 值。

**和*分别表示在 1%和 5%的显著性水平下显著。

表 13-6　保险公司治理合规性不同层次对 **NRI** 的影响实证结果

模型变量	合规性	强制合规	自主合规
（Constant）	−0.29 （0.01）**	−0.28 （0.01）**	−0.35 （0.00）**
CCI	−0.01 （0.34）	0.01 （0.97）	—
ACI	0.01 （0.18）	—	0.01 （0.35）
ZBXZ	0.05 （0.41）	0.05 （0.42）	0.05 （0.42）
XZLX	0.04 （0.22）*	0.04 （0.19）	0.04 （0.17）
ZZXS	0.05 （0.38）	0.06 （0.30）	0.05 （0.33）
Age	0.02 （0.00）**	0.02 （0.00）**	0.02 （0.00）**
F	5.71 （0.00）**	6.47 （0.00）**	6.68 （0.00）**
Adj-R^2	0.133	0.129	0.134

注：括号内数字表示 p 值。

**和*分别表示在 1% 和 5% 的显著性水平下显著。

表 13-7　保险公司治理合规性不同层次对 **CCR** 的影响实证结果

模型变量	合规性	强制合规	自主合规
（Constant）	0.58 （0.00）**	0.58 （0.00）**	0.59 （0.00）**
CCI	0.01 （0.86）	0.01 （0.72）	—
ACI	0.01 （0.93）	—	0.01 （0.74）
ZBXZ	−0.04 （0.64）	−0.04 （0.64）	−0.04 （0.64）
XZLX	0.04 （0.43）	0.04 （0.42）	0.04 （0.44）
ZZXS	−0.07 （0.46）	−0.07 （0.46）	−0.07 （0.45）
Age	−0.02 （0.01）**	−0.02 （0.01）**	−0.02 （0.01）**
F	2.02 （0.07）	2.44 （0.04）*	2.43 （0.04）*
Adj-R^2	0.032	0.038	0.037

注：括号内数字表示 p 值。

**和*分别表示在 1% 和 5% 的显著性水平下显著。

表 13-8　保险公司治理合规性不同层次对 CPR 的影响实证结果

模型变量	合规性	强制合规	自主合规
（Constant）	0.26 （0.20）	0.24 （0.23）	0.31 （0.07）
CCI	0.01 （0.70）	0.01 （0.56）	—
ACI	0.01 （0.29）	—	0.01 （0.25）
ZBXZ	−0.07 （0.54）	−0.07 （0.55）	−0.07 （0.55）
XZLX	0.61 （0.00）**	0.61 （0.00）**	0.61 （0.00）**
ZZXS	0.01 （0.95）	−0.01 （0.95）	0.01 （0.98）
Age	−0.01 （0.49）	−0.01 （0.49）	−0.01 （0.50）
F	18.56 （0.00）**	22.04 （0.00）**	22.35 （0.00）**
Adj-R^2	0.364	0.364	0.367

注：括号内数字表示 p 值。
**表示在 1% 的显著性水平下显著。

根据实证结果，我们可以发现，整体上来看，保险公司治理合规性不同层次对其财务绩效没有显著的影响。控制变量中组织形式与资产收益率正相关且显著，险种类型与综合赔付率正相关且显著，成立年限与 ROA、ROE 和 NRI 正相关且显著，与 CCR 负相关且显著。这说明整体上保险公司治理合规性水平对其财务绩效没有显著的影响；从具体指标来看，财产险公司综合赔付率比人身险公司高，财务绩效差，股份制保险公司资产收益率比有限制保险公司高，财务绩效好，成立年限越长的保险公司资产收益率、净资产收益率和收入净利率均越高，综合费用率越低，财务绩效越好。

（三）保险公司治理合规性不同内容与盈利能力

从保险公司治理合规性的不同内容来看，可以分为股东治理基础分指数、董事（会）治理基础分指数、监事会治理基础分指数、高管治理基础分指数、董监高分指数、新三会分指数、内外部审计分指数和外部监管分指数八大类，其中监事会治理基础分指数和新三会分指数不适用于有限制保险公司。本部分按照组织形式将样本分为股份制保险公司和有限制保险公司，根据式（13-5）和式（13-6）使用最小二乘回归分析的计量方法对保险公司治理合规性不同内容对其财务绩效的影响进行了实证研究，结果如表 13-9～表 13-13 所示。

表 13-9　保险公司治理合规性不同内容对 ROA 的影响实证结果

模型变量	股份制保险公司	有限制保险公司
（Constant）	−0.10 (0.09)	−0.04 (0.34)
IGI1	0.01 (0.73)	0.01 (0.09)
IGI2	0.01 (0.10)	0.01 (0.25)
IGI3	0.01 (0.51)	—
IGI4	0.01 (0.27)	0.01 (0.49)
IGI5	0.01 (0.34)	0.01 (0.11)
IGI6	0.01 (0.09)	—
IGI7	0.01 (0.30)	0.01 (0.61)
IGI8	0.01 (0.74)	0.01 (0.19)
ZBXZ	−0.02 (0.30)	−0.01 (0.61)
XZLX	0.01 (0.74)	0.03 (0.00) **
Age	0.01 (0.01) **	0.01 (0.00) **
F	1.78 (0.08)	3.90 (0.00) **
Adj-R^2	0.097	0.201

注：括号内数字表示 p 值。
**表示在 1%的显著性水平下显著。

表 13-10　保险公司治理合规性不同内容对 ROE 的影响实证结果

模型变量	股份制保险公司	有限制保险公司
（Constant）	−1.64 (0.05) *	−0.07 (0.91)
IGI1	0.01 (0.23)	−0.02 (0.00)
IGI2	0.01 (0.59)	0.01 (0.04)

续表

模型变量	股份制保险公司	有限制保险公司
IGI3	0.01 （0.29）	—
IGI4	0.01 （0.82）	0.01 （0.33）
IGI5	0.01 （0.59）	0.01 （0.72）
IGI6	0.01 （0.95）	—
IGI7	−0.01 （0.25）	0.01 （0.54）
IGI8	0.01 （0.43）	0.01 （0.89）
ZBXZ	−0.37 （0.02）*	−0.24 （0.52）
XZLX	−0.30 （0.31）	0.22 （0.05）*
Age	0.08 （0.04）*	0.02 （0.15）
F	1.70 （0.09）	2.29 （0.02）*
Adj-R^2	0.088	0.101

注：括号内数字表示 p 值。

*表示在5%的显著性水平下显著。

表 13-11　保险公司治理合规性不同内容对 NRI 的影响实证结果

模型变量	股份制保险公司	有限制保险公司
（Constant）	−0.48 （0.04）*	−0.10 （0.52）
IGI1	0.01 （0.89）	0.01 （0.58）
IGI2	−0.01 （0.02）*	0.01 （0.56）
IGI3	0.01 （0.19）	—
IGI4	0.01 （0.15）	0.01 （0.37）
IGI5	0.01 （0.07）	0.01 （0.56）
IGI6	0.01 （0.03）*	—

续表

模型变量	股份制保险公司	有限制保险公司
IGI7	0.01 (0.12)	0.01 (0.80)
IGI8	0.01 (0.64)	0.01 (0.66)
ZBXZ	−0.02 (0.81)	−0.06 (0.55)
XZLX	−0.03 (0.69)	0.08 (0.01) **
Age	0.02 (0.02) *	0.01 (0.02) *
F	2.62 (0.01) **	2.26 (0.03) *
Adj-R^2	0.184	0.098

注：括号内数字表示 p 值。

**和*分别表示在1%和5%的显著性水平下显著。

表 13-12　保险公司治理合规性不同内容对 CCR 的影响实证结果

模型变量	股份制保险公司	有限制保险公司
（Constant）	0.89 (0.01) **	0.31 (0.42)
IGI1	0.01 (0.85)	0.01 (0.43)
IGI2	0.01 (0.24)	0.01 (0.68)
IGI3	0.01 (0.92)	—
IGI4	−0.01 (0.16)	0.01 (0.73)
IGI5	0.01 (0.76)	0.01 (0.68)
IGI6	−0.01 (0.01) **	—
IGI7	0.01 (0.55)	0.01 (0.58)
IGI8	0.01 (0.15)	0.01 (0.76)
ZBXZ	−0.02 (0.84)	0.17 (0.51)
XZLX	−0.05 (0.69)	0.02 (0.75)

续表

模型变量	股份制保险公司	有限制保险公司
Age	−0.03 (0.03) *	−0.01 (0.25)
F	1.53 (0.14)	0.43 (0.92)
Adj-R^2	0.069	−0.052

注：括号内数字表示 p 值。

**和*分别表示在1%和5%的显著性水平下显著。

表 13-13　保险公司治理合规性不同内容对 CPR 的影响实证结果

模型变量	股份制保险公司	有限制保险公司
（Constant）	0.38 (0.30)	0.39 (0.40)
IGI1	0.01 (0.39)	0.01 (0.67)
IGI2	0.01 (0.71)	0.01 (0.97)
IGI3	0.01 (0.90)	—
IGI4	0.01 (0.96)	−0.01 (0.17)
IGI5	0.01 (0.31)	0.01 (0.37)
IGI6	0.01 (0.12)	—
IGI7	0.01 (0.87)	0.01 (0.45)
IGI8	0.01 (0.33)	0.01 (0.50)
ZBXZ	−0.11 (0.38)	−0.07 (0.80)
XZLX	0.57 (0.00) **	0.66 (0.00) **
Age	0.01 (0.77)	−0.01 (0.29)
F	4.81 (0.00) **	7.84 (0.00) **
Adj-R^2	0.35	0.372

注：表格中括号内数字表示 p 值。

**表示在1%的显著性水平下显著。

根据实证结果，我们可以发现，从整体来看，保险公司治理合规性不同内容对财务绩效没有显著的影响。控制变量中股份制保险公司的资本性质与 ROE 负相关且显著，险种类型与 CPR 正相关且显著，成立年限与 ROA、ROE 和 NRI 正相关且显著，与 CCR 负相关且显著；有限制保险公司的险种类型与 ROA、ROE、NRI 和 CCR 正相关且显著，成立年限与 ROA 和 NRI 正相关且显著，而其余控制变量并不显著。这说明保险公司治理合规性的不同内容对其财务绩效没有显著的影响；股份制保险公司中，中资公司的 ROE 比外资公司低，财务绩效差，财产险公司的 CPR 比人身险公司高，财务绩效差，成立年限越长的保险公司 ROA、ROE 和 NRI 越高，CCR 越低，财务绩效越好；有限制保险公司中，财产险公司的 ROA、ROE、NRI 和 CCR 比人身险公司高，收益率提高的同时费用率也有所提高，故财务绩效结果不确定，成立年限越长的保险公司 ROA 和 NRI 越高，财务绩效越好。

三、公司治理对保险公司盈利能力影响稳健性检验

为了保证前文实证结果的稳健性，本部分进行了稳健性检验，使用滞后一期的被解释变量作为新的被解释变量重新进行了实证分析与检验，结果如表 13-14~表 13-18 所示。稳健性检验的结果与之前的实证结论基本一致，验证了本章实证结果的稳健性。

表 13-14 基于 ROA 稳健性检验

模型变量	治理指数	治理合规层次			治理合规内容	
		合规性	强制合规	自主合规	股份制	有限制
（Constant）	−0.07 (0.01) **	−0.06 (0.01) **	−0.06 (0.01) **	−0.06 (0.00) **	−0.15 (0.02) *	−0.02 (0.53)
IGI	0.01 (0.90)	—	—	—	—	—
CCI	—	0.01 (0.78)	0.01 (0.93)	—	—	—
ACI	—	0.01 (0.77)	—	0.01 (0.88)	—	—
IGI1	—	—	—	—	0.01 (0.32)	0.01 (0.04) *
IGI2	—	—	—	—	0.01 (0.23)	0.01 (0.75)
IGI3	—	—	—	—	0.01 (0.76)	—
IGI4	—	—	—	—	0.01 (0.48)	0.01 (0.21)

续表

模型变量	治理指数	治理合规层次			治理合规内容	
		合规性	强制合规	自主合规	股份制	有限制
IGI5	—	—	—	—	0.01 (0.83)	0.01 (0.42)
IGI6	—	—	—	—	0.01 (0.03)*	—
IGI7	—	—	—	—	0.01 (0.28)	0.01 (0.61)
IGI8	—	—	—	—	0.01 (0.45)	0.01 (0.03)*
ZBXZ	0.01 (0.71)	0.01 (0.71)	0.01 (0.71)	0.01 (0.71)	−0.01 (0.53)	−0.01 (0.73)
XZLX	0.02 (0.01)**	0.02 (0.01)**	0.02 (0.01)**	0.02 (0.01)**	0.03 (0.18)	0.03 (0.00)**
ZZXS	0.02 (0.16)	0.02 (0.15)	0.02 (0.15)	0.02 (0.15)	—	—
Age	0.01 (0.00)**	0.01 (0.00)**	0.01 (0.00)**	0.01 (0.00)**	0.01 (0.00)**	0.01 (0.04)*
F	8.41 (0.00)**	6.98 (0.00)**	8.40 (0.00)**	8.41 (0.00)**	2.16 (0.03)*	4.54 (0.00)**
Adj-R^2	0.177	0.173	0.177	0.177	0.149	0.246

注：括号内数字表示 p 值。

**和*分别表示在1%和5%的显著性水平下显著。

表13-15　基于 ROE 稳健性检验

模型变量	治理指数	治理合规层次			治理合规内容	
		合规性	强制合规	自主合规	股份制	有限制
（Constant）	−0.12 (0.63)	0.01 (0.98)	0.03 (0.89)	−0.25 (0.23)	−0.77 (0.16)	−0.19 (0.69)
IGI	0.01 (0.43)	—	—	—	—	—
CCI	—	−0.01 (0.09)	0.01 (0.16)	—	—	—
ACI	—	0.01 (0.31)	—	0.01 (0.79)	—	—
IGI1	—	—	—	—	0.01 (0.14)	−0.01 (0.21)
IGI2	—	—	—	—	0.01 (0.59)	0.01 (0.63)
IGI3	—	—	—	—	0.01 (0.61)	—

续表

模型变量	治理指数	治理合规层次			治理合规内容	
		合规性	强制合规	自主合规	股份制	有限制
IGI4	—	—	—	—	0.01 (0.53)	0.01 (0.09)
IGI5	—	—	—	—	0.01 (0.66)	0.01 (0.77)
IGI6	—	—	—	—	0.01 (0.70)	—
IGI7	—	—	—	—	0.01 (0.77)	0.01 (0.75)
IGI8	—	—	—	—	−0.01 (0.03)	0.01 (0.22)
ZBXZ	−0.15 (0.26)	−0.15 (0.26)	−0.15 (0.26)	−0.15 (0.27)	−0.24 (0.20)	−0.12 (0.70)
XZLX	0.13 (0.07)	0.12 (0.10)	0.12 (0.09)	0.13 (0.07)	0.18 (0.27)	0.33 (0.00) **
ZZXS	0.07 (0.60)	0.05 (0.71)	0.06 (0.63)	0.06 (0.61)	—	—
Age	0.04 (0.00) **	0.04 (0.00) **	0.04 (0.00) **	0.04 (0.00) **	0.07 (0.00) **	0.01 (0.64)
F	3.38 (0.01) **	3.23 (0.01) **	3.67 (0.00) **	3.25 (0.01) **	2.20 (0.03) *	2.51 (0.01) **
Adj-R^2	0.065	0.072	0.072	0.061	0.153	0.122

注：括号内数字表示 p 值。

**和*分别表示在1%和5%的显著性水平下显著。

表 13-16 基于 NRI 稳健性检验

模型变量	治理指数	治理合规层次			治理合规内容	
		合规性	强制合规	自主合规	股份制	有限制
（Constant）	−0.24 (0.01) **	−0.25 (0.01) **	−0.25 (0.01) **	−0.22 (0.01) **	−0.53 (0.03) *	−0.16 (0.26)
IGI	0.01 (0.78)	—	—	—	—	—
CCI	—	0.01 (0.65)	0.01 (0.70)	—	—	—
ACI	—	0.01 (0.80)	—	0.01 (0.93)	—	—
IGI1	—	—	—	—	0.01 (0.20)	0.01 (0.89)
IGI2	—	—	—	—	0.01 (0.05) *	0.01 (0.81)

续表

模型变量	治理指数	治理合规层次			治理合规内容	
		合规性	强制合规	自主合规	股份制	有限制
IGI3	—	—	—	—	0.01 (0.43)	—
IGI4	—	—	—	—	0.01 (0.21)	0.01 (0.03) *
IGI5	—	—	—	—	0.01 (0.55)	0.01 (0.21)
IGI6	—	—	—	—	0.01 (0.03) *	—
IGI7	—	—	—	—	0.01 (0.18)	0.01 (0.74)
IGI8	—	—	—	—	0.01 (0.26)	0.01 (0.69)
ZBXZ	0.02 (0.63)	0.02 (0.63)	0.02 (0.63)	0.02 (0.63)	−0.04 (0.61)	−0.02 (0.83)
XZLX	0.07 (0.01) **	0.07 (0.01) **	0.07 (0.01) **	0.07 (0.01) **	0.07 (0.33)	0.10 (0.00) **
ZZXS	0.03 (0.54)	0.03 (0.51)	0.03 (0.53)	0.03 (0.53)	—	—
Age	0.01 (0.00) **	0.01 (0.00) **	0.01 (0.00) **	0.01 (0.00) **	0.02 (0.02) *	0.01 (0.09)
F	5.32 (0.00) **	4.43 (0.00) **	5.34 (0.00) **	5.30 (0.00) **	2.17 (0.03) *	3.01 (0.00) **
Adj-R^2	0.112	0.107	0.112	0.111	0.150	0.156

注：括号内数字表示 p 值。

**和*分别表示在 1%和 5%的显著性水平下显著。

表 13-17　基于 CCR 稳健性检验

模型变量	治理指数	治理合规层次			治理合规内容	
		合规性	强制合规	自主合规	股份制	有限制
（Constant）	0.60 (0.00) **	0.63 (0.00) **	0.63 (0.00) **	0.58 (0.00) **	0.82 (0.00) **	0.50 (0.12)
IGI	0.01 (0.78)	—	—	—	—	—
CCI	—	0.01 (0.57)	0.01 (0.61)	—	—	—
ACI	—	0.01 (0.77)	—	0.01 (0.89)	—	—
IGI1	—	—	—	—	0.01 (0.19)	−0.01 (0.04) *

续表

模型变量	治理指数	治理合规层次			治理合规内容	
		合规性	强制合规	自主合规	股份制	有限制
IGI2	—	—	—	—	0.01 (0.32)	0.01 (0.54)
IGI3	—	—	—	—	0.01 (0.43)	—
IGI4	—	—	—	—	0.01 (0.22)	−0.01 (0.07)
IGI5	—	—	—	—	−0.01 (0.12)	0.01 (0.32)
IGI6	—	—	—	—	0.01 (0.97)	—
IGI7	—	—	—	—	0.01 (0.62)	0.01 (0.33)
IGI8	—	—	—	—	0.01 (0.19)	0.01 (0.57)
ZBXZ	−0.01 (0.89)	−0.01 (0.89)	−0.01 (0.88)	−0.01 (0.89)	0.02 (0.85)	0.08 (0.70)
XZLX	0.05 (0.28)	0.04 (0.30)	0.04 (0.29)	0.05 (0.27)	0.13 (0.13)	0.01 (0.81)
ZZXS	−0.08 (0.30)	−0.08 (0.28)	−0.08 (0.29)	−0.08 (0.30)	—	—
Age	−0.01 (0.02) *	−0.01 (0.02) *	−0.01 (0.02) *	−0.01 (0.02) *	−0.02 (0.07)	−0.01 (0.49)
F	2.31 (0.05) *	1.96 (0.07)	2.35 (0.04) *	2.30 (0.05) *	1.85 (0.06)	1.04 (0.42)
Adj-R^2	0.037	0.032	0.038	0.036	0.114	0.004

注：括号内数字表示 p 值。

**和*分别表示在 1%和 5%的显著性水平下显著。

表 13-18　基于 CPR 稳健性检验

模型变量	治理指数	治理合规层次			治理合规内容	
		合规性	强制合规	自主合规	股份制	有限制
（Constant）	0.14 (0.27)	0.16 (0.23)	0.16 (0.23)	0.14 (0.20)	0.32 (0.34)	0.11 (0.63)
IGI	0.01 (0.76)	—	—	—	—	—
CCI	—	0.01 (0.77)	0.01 (0.66)	—	—	—
ACI	—	0.01 (0.97)	—	0.01 (0.73)	—	—

续表

模型变量	治理指数	治理合规层次			治理合规内容	
		合规性	强制合规	自主合规	股份制	有限制
IGI1	—	—	—	—	0.01 (0.91)	0.01 (0.79)
IGI2	—	—	—	—	0.01 (0.17)	0.01 (0.36)
IGI3	—	—	—	—	0.01 (0.48)	—
IGI4	—	—	—	—	0.01 (0.39)	0.01 (0.17)
IGI5	—	—	—	—	0.01 (0.75)	0.01 (0.42)
IGI6	—	—	—	—	0.01 (0.05) *	—
IGI7	—	—	—	—	0.01 (0.78)	0.01 (0.03) *
IGI8	—	—	—	—	0.01 (0.10)	0.01 (0.73)
ZBXZ	−0.04 (0.61)	−0.04 (0.61)	−0.04 (0.61)	−0.04 (0.61)	−0.08 (0.46)	0.02 (0.89)
XZLX	0.54 (0.00) **	0.54 (0.00) **	0.54 (0.00) **	0.54 (0.00) **	0.54 (0.00) **	0.56 (0.00) **
ZZXS	0.02 (0.73)	0.02 (0.74)	0.02 (0.74)	0.02 (0.72)	—	—
Age	0.01 (0.62)	0.01 (0.63)	0.01 (0.63)	0.01 (0.61)	0.01 (0.93)	0.01 (0.69)
F	43.45 (0.00) **	36.03 (0.00) **	43.50 (0.00) **	43.46 (0.00) **	5.96 (0.00) **	24.34 (0.00) **
Adj-R^2	0.552	0.550	0.553	0.552	0.428	0.682

注：括号内数字表示 p 值。

**和*分别表示在 1%和 5%的显著性水平下显著。

第五节　研究结论与启示

一、研究结论

本章从股东角度关注保险公司治理对财务绩效的影响，主要研究了保险公司治理对盈利能力的影响。本章首先回顾了我国保险公司治理两层顶层设计的内容，明确了提高治理的有效性是我国保险公司治理改革的方向，然后回顾了国内外学者对公司治理和财务绩效关系的已有研究，主要包括公司治理"大整体"和"小整体"对财务绩效的影响,本章主要从公司治理整体角度分析保险公司治理对财务绩效的影响。本章最终选取资产收益率、净资产收益率、收入净利率、综合费用率和综合赔付率这五个指标来衡量我国保险公司的盈利能力,选取了保险公司治理指数、保险公司治理合规性不同层次(强制合规和自主合规)和保险公司治理合规性不同内容(股东治理基础分指数、董事(会)治理基础分指数、监事会治理基础分指数、高管治理基础分指数、董监高分指数、新三会分指数、内外部审计分指数和外部监管分指数)三个角度共计 11 个公司治理指标来衡量我国保险公司的公司治理状况,并选取了相应的控制变量,采用手工整理的我国保险公司相关财务和公司治理数据,使用最小二乘回归分析的方法实证研究了保险公司治理对保险公司盈利能力的影响。

　　本章研究发现,保险公司治理总指数与其盈利能力之间没有显著关系,无论是治理自主合规指数还是强制合规指数,均没有呈现出与盈利能力的显著相关关系,同时股份制和有限制保险公司治理的各维度分指数与盈利能力之间也不存在显著的相关关系。实证结果表明,我国保险公司治理有效性有待进一步提高。此外,本章还发现组织形式、资本性质、险种类型和成立年限是影响保险公司财务绩效的重要因素,整体上股份制保险公司盈利能力比有限制保险公司高,人身险公司盈利能力比财产险公司高,成立年限越长的保险公司盈利能力越强。本章还使用滞后一期的财务数据作为新的被解释变量对实证结果进行了稳健性检验,验证了实证结果的稳健性。

二、研究启示

　　本章的研究结论反映了我国保险公司治理有效性不足的现状,公司治理的改善并没有带来公司盈利能力财务绩效的提升。这也提醒和启示保险公司和监管部门不仅应当关注于公司治理的合规性,更应当关注于保险公司治理的有效性,让公司治理有效发挥其应有的作用,提高保险公司治理的有效性是我国保险公司治理改革的风向标。

第十四章　保险公司治理对偿付能力影响的实证研究

本章选取偿付能力溢额测度我国保险公司偿付能力,利用保险公司治理指数、保险公司治理自主合规指数、保险公司治理强制合规指数,以及考虑保险公司组织形式的保险公司治理分指数反映我国保险公司治理状况,基于最小二乘回归分析等计量方法,实证检验我国保险公司治理对偿付能力溢额的影响。实证结果发现,保险公司治理是保险公司偿付能力的重要影响因素,实证结果也通过了稳健性检验。结果说明,保险公司治理在保护投保人利益方面起到了有效作用。此外,本章还发现资本性质、险种类型和成立年限是影响保险公司偿付能力的重要因素。

第一节　偿付能力、投保人利益保护与公司治理

一、投保人利益保护

《中国保险业发展"十二五"规划纲要》指出,要深化保险公司治理改革,强化利益相关者保护。金融机构经营的特殊性决定了金融机构治理与一般公司治理存在很多甚至可能是本质上的差异(李维安和曹廷求,2005)。一般来看,保险业自身具有明显特征,包括资本结构高负债性、债权人分散性、保险合约长期性和保险产品专业性等。这些特征决定了保险公司在治理目标方面不仅要考虑股东利益最大化,更要特别关注投保人等公司利益相关者的利益。保险公司股东在经营中承担的风险有限,投保人整体对公司资产的投入和贡献远远大于股东。

方国春(2014)指出,根据保险合同的不同,法律对投保人的权利有着不同的规定;将投保人视为消费者,混淆了投保人与普通消费者的本质区别,弱化了投保人的价值,忽视了投保人应有的权利;投保人是保险公司运营资本的提供者,分担了保险公司的经营风险、分享了保险公司的经营利润,具有参与保险公司治理的资格。基于此,从保护投保人利益的研究视角探讨保险公司治理合规性和治理机制有效性,对完善中国保险公司利益相关者的保护机制、推动保险公司治理改革具有重要的现实意义。

二、保险公司偿付能力

偿付能力是指企业履行到期债务的能力,具体表现为企业是否有足够的资产

来抵偿其负债。对于一般企业来说，只要其资产能够完全偿还债务，就具备了偿付能力。但由于保险公司业务的特殊性，其偿付能力的概念具有自身的特殊性。保险企业偿付能力的概念最早出现于1946年的英国。当时规定非寿险公司保险人的总资产与总负债之间的差额应高于承保保费的20%。目前，对偿付能力最具权威的解释有两个：一个是指"保险组织资金力量与自身所承担的危险赔偿责任的比较"；另一个是指"保险公司财务状况良好的最低标准，即保险公司的资产规模要超过其负债规模"。其实，这两个定义只是所站的角度不同。前者以公司持续经营为前提，注重经营周期内的偿付风险；后者则从公司经营终止角度考虑，保证保险公司随时具备足够的偿付能力（王伟，2001）。

保险公司偿付能力是指保险公司对所承担保险责任的经济补偿能力，即偿付到期债务的能力。对于保险公司来说，到期业务不仅包括因保险事故发生而必须承担的赔款或给付，还包括投保人使用保单嵌入选择权时所产生的现金流出。偿付能力包括两层含义：一是在一般情况下，发生保险事故的保险公司所具有的完全承担赔偿或者给付保险金责任的能力，即最低偿付能力。理论上，如果正常年份无重大索赔事件发生，只要费率厘定合理，准备金提取充裕，并且投资收益能按预定的收益率保值增值，保险企业就有足够的资金用于给付，保持其偿付能力。二是在特殊情况下发生超常年景的损失时，保险公司所具有的偿付能力。也就是说，与一般企业的偿付能力相比较，保险企业的偿付能力有其特殊的规定性，即指保险企业对所承担的风险在发生超过正常年景的赔偿和给付数额时的经济补偿能力。保持一定的偿付能力是企业生存和发展的前提条件。

三、保险公司偿付能力与投保人利益保护的关系

保险公司从实质性来讲是经营风险的企业，它通过集中起来的保险费建立保险基金，用于对因自然灾害、意外事故或约定保险事件发生后被保险人的损失进行补偿或给付，其有着许多与一般公司不同的特点。但是，因为其保险人与被保险人在双方权利义务上存在着时间上的不对称问题，所以，倘若保险公司发生偿付能力不足或者极端恶劣情况下发生破产时，投保人未到期的收益将会严重缩水，在经济上遭受严重的损失。而大部分的保险合同却尚未到期，如此的话投保人将失去收益保障，蒙受经济上带来的损失。

保险公司偿付能力不单是各国政府需要加强监管的核心内容，同时也体现着各保险公司对投保人利益的保护程度。因此，在一定程度上，我们可以说，保险公司的偿付能力越好，其投保人利益保护程度就越好；保险公司的偿付能力不足，对其投保人利益保护程度也就越差。

当然，对保险公司偿付能力衡量最具权威的指标应属中国保监会研究发行的

指标体系。自 1998 年 11 月 18 日中国保监会成立以来，先后在各监管规定中对偿付能力监管指标进行了解释与规定，2001 年 3 月 1 日保监会颁布了《保险公司最低偿付能力及监管指标管理规定（试行）》，规定中对保险公司综合性监管指标"最低偿付能力""实际偿付能力"做出了详尽的定义与规定。随后，2003 年 3 月 24日，保监会再次发布了《保险公司偿付能力额度及监管指标管理规定》，替换了2001 年所发布的试行规定，此次规定的偿付能力监管指标一直沿用至今。此外，为促进保险业健康持续发展，保监会于 2008 年 6 月 30 日重新发布了的《保险公司偿付能力管理规定》，成为至今一直使用的偿付能力监管体系，规定中将保险公司偿付能力定义为：保险公司赔偿或给付债务的能力。如果保险公司的偿付能力充足，投保人的利益就能够得到切实可靠的保证，将有助于保险公司持续稳健地发展；如果偿付能力不足，将导致较为严重的不良后果，整个国民经济难以正常运转，影响社会的稳定。因此，保证保险公司具有充足的偿付能力，是保险监管的核心目标。规定中同时也强调保险公司应当及时参照中国保监会制定的保险公司偿付能力报告编报规则，定期地进行偿付能力评估，以确保达到监管水平，最终使保险公司的投保人利益得到较好的保护。由此可见，保险公司偿付能力的大小直接决定了投保人利益保护程度的高低。

四、保险公司治理与偿付能力关系

OECD 在 1999 年推出的《公司治理原则》中，对利益相关者在公司治理中的作用是单独作为一项原则来介绍的，明确提出在公司治理框架中应当明确利益相关者的合法权利，在这方面，文件列出了四项内容：第一项，公司治理框架应当确保利益相关者受法律所保护的权利得到尊重；第二项，利益相关者受法律保护的权利在受到侵害时，利益相关者应当能够获得有效补偿；第三项，公司治理框架应当提供利益相关者参与增进公司绩效的机制；要特别强调的是，公司治理框架应使不同的利益相关者发挥不同作用，但利益相关者在多大程度上参与公司的管理，应该根据国家法律和惯例，不同公司之间也会有不同的利益相关者的参与机制，如在董事会中设有雇员代表、员工持股计划，或者在某些重要决策上要考虑利益相关者的意见，还特别提出在破产清算过程中确保债权人参与管理；第四项，利益相关者参与公司治理过程时应能够得到相关的信息。2004 年，OECD 对公司治理指引又做了一次修订。在这个修订版中，更加强调对利益相关者和投诉者的保护，更加强调员工和债权人作为利益相关者的权利，体现在以下六项：通过法律和互相协议赋予利益相关者的权利要受到尊重；利益相关者的利益受到法律的保护，在他们的权利受到损害时应当获得有效补偿的机会；提高员工参与程度的机制应当被允许发展；在公司治理过程中利益相关者参与的地方，在及时和有规则的基础上，他们应该有渠道获得恰当的、充分的、可靠的信息；利益相关者，包括个别员工和他们的代表，应能够自由地交换他们关于对董事会违法和不道德行为的看法，在做这些时他们的权利不应受到损害；公司治理结构应当被一个有效的破产机制和债权实施机制所补充。2004 年，IAIS 发布了《保险公司治理核心原则》；2005 年，OECD 发布了《保险公司治理指引》；2007 年，IAIS 发布了《保险公司治理要旨》等文件。中国保险业积极借鉴国际经验，不断加强保险公司治理合规性建设。2006 年中国保监会出台了《关于规范保险公司治理结构的指导意见（试行）》，此后保监会又相继出台了《保险公司董事会运作指引》《关于规范保险公司章程的意见》《保险公司董事及高级管理人员审计管理办法》等文件。上述合规性建设的系列文件为加强保险公司利益相关者保护提供了政策保障。

国外保险公司治理研究始于 1972 年 Spiller 对 19 家股份制保险公司和 27 家互助制保险公司开展的比较研究，他将两类公司存在业绩差异的原因归为公司所有权的差别。相比较一般公司治理，国外保险公司治理的研究普遍针对保险业的特征，采用基于大样本的实证研究方法，聚焦于不同所有制结构保险公司的治理绩效、政府与行业监管部门对保险公司治理的监管及治理评价等方面，其中在治理监管和评价中特别关注利益相关者保护（Browne 等，1999）。而国内关于保险公司治理的研究起步较晚，2001 年才题名检索到第 1 篇期刊论文，从 2006 年以后，国内保险公司治理的相关研究开始逐渐增多。由于我国上市保险公司数量较少，公开数据获得较为困难，国内保险公司治理相关研究在方法上多以规范研究为主，部分学者采用案例研究方法及基于我国三家上市保险公司的实证研究方法（陆渊，2009；谢晓霞和李进，2009）。与国外相比，国内保险公司治理研究在内容和方法等方面上都存在较大的差距，我国保险公司治理研究亟待开展。

第二节　理论基础与文献综述

一、保险公司利益相关者识别

Penrose 在 1959 年出版的《企业成长理论》（*The Theory of the Growth of the Firm*）著作中提出了"企业是人力资产和人际关系的集合"的观念，从而为利益相关者理论的提出奠定了基石。1984 年，Freeman 出版了《战略管理——利益相关者视角》（*Strategic Management: A Stakeholder Approach*）一书，明确提出了利益相关者管理理论。所谓利益相关者管理理论，是指与传统的股东至上主义相比较的一种治理模式或者理念，即该理论认为，任何一个公司的发展都离不开各利益相关者的投入或参与，企业追求的是利益相关者的整体利益，而不仅仅是某些主体的利益，因此企业发展中要注意平衡各个利益相关者的利益要求，而不是简单地把股东利益放在至高无上的地位。

利益相关者理论的产生和发展得益于：斯坦福国际咨询研究所（Stanford Research Institute International，SRI），1963；Rhenman，1964；Ansoff，1965；Freeman，1984；Clarkson，1994；Blair，1995；Mitchell，1997 等学者。SRI 是闻名全球的综合性咨询研究机构，其研究范畴非常广泛，从自然科学和工程技术到经济学及其他社会科学，并长期从事咨询工作，在各个领域做出了杰出的成就。SRI 在 1963 年提及利益相关者，认为利益相关者是这样一个团体：没有其支持，组织就不能生存。Rhenman（1964）首次使用"利益相关者"这一词语，他认为，利益相关者是指那些为了实现自身目的而依存于企业，且企业为了自身的持续发展也依托其存在的个人或者群体，如投资者、员工等。他将 SRI 定义中的单边利益相关者，扩展为双边关系，他强调企业和利益相关者二者之间的互相影响。Ansoff（1965）最早将该词引入管理学界和经济学界。1965 年，Ansoff 正式出版他的代表作《公司战略：成长和扩张的企业政策的分析技巧》（*Corporate Strategy*：*An Analytic Approach to Business Policy for Growth and Expansion*），该书也是他的成名之作；1972 年，Ansoff 在论文《战略管理思想》（*The Concept of Strategic Management*）中，正式提出战略管理的概念；1976 年又出版了《从战略规划到战略管理》（*From Strategic Planning to Strategic Management*）。但真正标志现代战略管理理论体系形成的是他在 1979 年出版的《战略管理》（*Strategic Management*）。他认为，要制定理想的企业战略目标，就必须综合平衡考虑企业的诸多利益相关者之间相互冲突的索取权，他们可能包括管理人员、工人、股东、供应商及顾客。企业战略目标的实现，应该是不同利益主体相协调的一个结果。

当时，利益相关者问题并没有引起人们的足够重视，致使对利益相关者理论的研究沉寂了近 20 年之久。Freeman（1984）对广义利益相关者的经典定义是："企业利益相关者是指那些能影响企业目标的实现或被企业目标的实现所影响的个人或群体。"股东、债权人、雇员、供应商、消费者、政府部门、相关的社会组织和社会团体、周边的社会成员等，全部归入此范畴。广义的概念强调利益相关者与企业的关系，能为企业管理者提供一个全面的利益相关者分析框架。Freeman 从所有权、经济依赖性和社会利益三个不同的角度对利益相关者进行了分类：对企业拥有所有权的利益相关者有持有公司股票的经理人员、持有公司股票的董事和其他持有公司股票者等，与企业在经济上有依赖关系的利益相关者主要有在公司取得薪酬的所有经理人员、债权人、内部服务机构、雇员、消费者、供应商、竞争者、地方社区、管理机构等，与企业在社会利益上有关系的利益相关者主要有特殊群体、政府领导人和媒体等。他还探讨了利益相关者概念引发了有关战略管理，即公司如何制定正确的发展方向的新思维。管理者不再仅关注企业自身利润最大化的单一目标,通过致力于战略管理,管理者开始关注企业自身的存在和发展,以及与其他利益团体和谐共存的问题,更关注在与利益相关者打交道的过程中如何趋利避害,实现共赢的目标。Clarkson（1994）认为,利益相关者在企业中投入了一些实物资本、人力资本、财务资本或一些有价值的东西,并由此而承担风险,或者说,他们因企业活动而承受一定的风险。狭义的概念强调了专用性投资,指出哪些利益相关者对企业具有直接影响,从而必须加以考虑。该定义排除了政府部门、社会组织和社会团体、社会成员等。

利益相关者理论的提出对"股东至上"理论的不足进行了补充,使得公司治理的主体从单一的"股东"上升到了多维度的考量范围。首先,原先的"股东至上"观念强调公司应该尽最大的努力保障股东的利益,约束管理层,按照股东的意志行事,只有这样公司治理才能有效率。随着在现代公司经营环境的变化,越来越需要各方的相互合作,此时,股东是唯一的剩余风险承担者这一理论假设越来越受到质疑。直至利益相关者理论的提出,人们才越来越关注企业股东以外的其他主体,利益相关者理论的提出获得了越来越多的支持,对全球范围的公司治理建设和立法改革起着非同一般的作用。利益相关者理论补充了"股东至上"理论,进一步强调应关注除公司的股东以外为企业发展贡献力量的其他相关者的利益。

利益相关者理论的提出,丰富了银行、保险等金融类企业公司治理的研究视角。金融行业的利益相关者众多的特征,使得利益相关者理论在金融行业研究领域中得到了极大的肯定,加之金融体系的脆弱性,一旦出现问题将会造成严重的后果,这使得金融类企业需要承担对利益相关者和社会更多的责任。同时,在高负债、低股本的资本结构下,各利益相关者所承担的剩余风险其实比股东更大,但其规避风险的能力却比股东弱得多,主要的原因是股东享有剩余价值的优先索取权,其为了自身利益最大化敢于冒风险,这有可能造成对其他利益相关者的侵害。因此,在金融类企业的公司治理改革中,应该更加关注利益相关者的利益保护问题,将他们纳入公司治理假设考虑的范畴中,以确保整体利益的实现。可以说,利益相关者理论的提出打破了传统的单层委托代理关系,构建了多个层次的委托代理架构,促进了公司治理观念的全面发展,加强了人们对公司治理理念的进一步认识。

国内相关研究中,为了增加利益相关者保护的可操作性,李维安和王世权（2007）提出了"关键利益相关者治理观"的概念。受传统观念及股权高度集中的现实的影响,股东价值最大化仍然是公司治理的主要价值导向,然而保险公司的特殊性决定了投保人在保险公司众多利益相关者中居于重要地位,保险公司治理和经营应当注重保护投保人的利益。相比较一般公司的债权人,投保人更重视保险公司的偿付能力。作为保险公司债权主体的投保人往往是分散的（蔡莉莉和黄斌，2006），每一个客户都没有对保险公司实施监督的激励而是希望"搭便车"。这种情况下应由保险监管机构充当保险公司最大的债权人或是成千上万个债权人的代表来对保险公司实施监管（Dewatripont et al.，2010），这也是保险公司治理特殊性的体现。

二、保险偿付能力影响因素相关研究文献综述

保险公司的偿付能力与一般企业的偿付能力相比，有其自身的特殊性。一般企业只要资产能完全偿还其负债，即具有了偿付能力，而保险公司的偿付能力不单单要求资产能够完全偿还负债，而且要求资产必须要超过负债达到一定额度，即要维持最低偿付能力额度（沈毅群，1996）。粟芳和俞自由（2001）是较早对偿付能力进行研究的学者，他们利用灰色关联分析对各种影响因素进行了定量分析。类似的，闫春等（2003）引入灰色关联分析方法，以中国人民保险公司为例对影响我国非寿险保险公司偿付能力的各种内部和外部因素进行了实证分析。张伟和邱长溶（2004）指出，保险公司控股股东性质是影响保险公司偿付能力的重要因素。闫春和赵明清（2006）运用主成分分析法对非寿险保险公司偿付能力诸多影响因素进行分析。闫春和刘伟（2007）利用2003年七家财险公司的营业数据运用因子分析法对财产保险公司偿付能力影响因素进行分析，将诸多影响因素简化成几个因子指标，对公共因子进行了解释并根据因子得分的情况对七家公司的偿付能力进行了排序。谢林和申曙光（2008）以风险理论破产模型为基础，采用局部均衡分析方法探讨了市场利率、保险资金投资收益波动、风险发生频率及风险损失分布等因素对保险公司红利分配政策的影响，并指出保险公司红利分配政策是影响公司偿付能力的关键因素。朱波等（2008）选取了我国10家财产保险公司10年的历史数据，计算各产险公司历年的新偿付能力指标数据，通过定性分析影响我国产险公司实际偿付能力的因素，利用灰色关联度分析方法遴选出若干个主要影响因素，采用主成分分析法将这些主要影响因素简化为少数几个具有最大影响的指标，通过综合评分反映各公司实际偿付能力的相对变动，计算各影响因素与综合评分的相关系数，从而证实了影响偿付能力的10个内外重要影响因素。蔡颖（2010）认为，资本结构是影响偿付能力的重要因素。崔晓东和郑玉华（2011）关注保险公司效率对偿付能力的影响。郑莉莉（2014）使用2007～2012年975家保险公司的数据，对我国保险公司的偿付能力及影响因素进行了理论分析和实证分析，研究发现，保费增长率、赔付比率与企业偿付能力负相关，保费收入比例、资产净利率和准备金提取率与偿付能力正相关。该文献还拓展了对偿付能力的研究，并在改变保险公司发展模式和提高保险公司的产品结构，提高保险公司偿付能力等方面提出了相应的政策建议。袁成和杨波（2014）

基于我国 16 家代表性保险公司 2005～2012 年的财务数据，根据中国保监会颁布的计算方法对其偿付能力充足率进行了测算和比较，进而运用面板数据分析法，对影响我国保险公司偿付能力充足率的因素进行了分析。结果发现，近年来，我国保险公司偿付能力总体呈现逐年改善的态势。对保险公司偿付能力充足率影响因素的检验则表明，寿险公司和大型公司受资本金和投资收益的影响比较明显；财险公司和中资公司主要会受到资本金、再保险程度、赔付程度及成本率的影响；中小型公司还会受到经营效率的影响；外资保险公司则主要受到资本金和再保险程度的影响。

从上述研究文献可以看出，保险公司偿付能力已经受到学术界的关注，保险公司偿付能力是保险监管的三大支柱之一，研究保险公司偿付能力的影响因素不但具有一定的理论价值，同时也具有很好的应用价值。目前，已有研究较少从公司治理视角来进行研究，本章在考虑已有影响因素的基础上，重点关注公司治理对保险公司偿付能力的影响。

第三节　公司治理对保险公司偿付能力影响研究设计

一、样本选取和数据来源

本章研究样本为我国全部保险公司。研究数据中偿付能力溢额根据中国保险行业协会网站（http://www.iachina.cn/）披露的各保险公司的年度信息披露报告手工整理所得；各保险公司基本信息根据历年《中国保险年鉴》手工整理所得；各保险公司公司治理相关数据来自调查问卷整理计算所得，同第八章和第十章。

二、变量定义

根据本章的研究内容，本章选取了相应的被解释变量、解释变量和控制变量。本章选取偿付能力溢额作为反映保险公司偿付能力的被解释变量。本章选取的反映保险公司公司治理状况的解释变量包括三方面 11 个指标，即反映保险公司治理总体状况的保险公司治理指数；反映保险公司治理合规性不同层次的强制合规指数；自主合规指数；反映保险公司治理合规性不同内容的股东治理基础分指数；董事（会）治理基础分指数；监事会治理基础分指数；高管治理基础分指数；董监高分指数；新三会分指数；内外部审计分指数和外部监管分指数。本章选取的控制变量包括资本性质、险种类型、组织形式和成立年限四个，其中前三个均用哑变量表示。具体变量简称及说明见表 14-1。

表 14-1　变量定义

变量类型	变量名称	变量简称	变量说明
被解释变量	偿付能力溢额	Solvency	偿付能力溢额=实际资本－最低资本
	偿付能力溢额滞后一期	Solvency$_{t-1}$	滞后一期处理得到
解释变量	保险公司治理指数	IGI	计算过程详见第七章
	强制合规指数	CCI	计算过程详见第九章
	自主合规指数	ACI	计算过程详见第九章
	股东治理基础分指数	IGI1	计算过程详见第七章
	董事（会）治理基础分指数	IGI2	计算过程详见第七章
	监事会治理基础分指数	IGI3	计算过程详见第七章
	高管治理基础分指数	IGI4	计算过程详见第七章
	董监高分指数	IGI5	计算过程详见第七章
	新三会分指数	IGI6	计算过程详见第七章
	内外部审计分指数	IGI7	计算过程详见第七章
	外部监管分指数	IGI8	计算过程详见第七章
控制变量	资本性质	ZBXZ	哑变量，1 为中资，0 为外资
	险种类型	XZLX	哑变量，1 为财产险，0 为人身险
	组织形式	ZZXS	哑变量，1 为股份制，0 为有限制
	成立年限	Age	成立年限=统计年份－设立年份+1

三、模型设计

为了实证检验我国保险公司治理对保险公司偿付能力的影响，本部分设计了以下模型分别从保险公司治理指数、保险公司治理合规性不同层次和保险公司治理合规性不同内容三个方面检验其影响。

$$\text{Solvency} = \alpha_1 + \beta_{11}\text{IGI} + \beta_{12}\text{ZBXZ} + \beta_{13}\text{XZLX} + \beta_{14}\text{ZZXS} + \beta_{15}\text{Age} + \varepsilon_1 \quad (14\text{-}1)$$

$$\begin{aligned}\text{Solvency} = &\ \alpha_2 + \beta_{21}\text{CCI} + \beta_{22}\text{ACI} + \beta_{23}\text{ZBXZ} + \beta_{24}\text{XZLX} \\ &+ \beta_{25}\text{ZZXS} + \beta_{26}\text{Age} + \varepsilon_2\end{aligned} \quad (14\text{-}2)$$

$$\text{Solvency} = \alpha_3 + \beta_{31}\text{CCI} + \beta_{32}\text{ZBXZ} + \beta_{33}\text{XZLX} + \beta_{34}\text{ZZXS} + \beta_{35}\text{Age} + \varepsilon_3 \quad (14\text{-}3)$$

$$\text{Solvency} = \alpha_4 + \beta_{41}\text{ACI} + \beta_{42}\text{ZBXZ} + \beta_{43}\text{XZLX} + \beta_{44}\text{ZZXS} + \beta_{45}\text{Age} + \varepsilon_4 \quad (14\text{-}4)$$

$$\begin{aligned}\text{Solvency} = &\ \alpha_5 + \beta_{51}\text{IGI1} + \beta_{52}\text{IGI2} + \beta_{53}\text{IGI3} + \beta_{54}\text{IGI4} + \beta_{55}\text{IGI5} \\ &+ \beta_{56}\text{IGI6} + \beta_{57}\text{IGI7} + \beta_{58}\text{IGI8} + \beta_{59}\text{ZBXZ} \\ &+ \beta_{510}\text{XZLX} + \beta_{511}\text{ZZXS} + \beta_{512}\text{Age} + \varepsilon_5\end{aligned} \quad (14\text{-}5)$$

$$Solvency = \alpha_6 + \beta_{61}IGI1 + \beta_{62}IGI2 + \beta_{63}IGI4 + \beta_{64}IGI5$$
$$+ \beta_{65}IGI7 + \beta_{66}IGI8 + \beta_{67}ZBXZ + \beta_{68}XZLX \qquad (14\text{-}6)$$
$$+ \beta_{69}ZZXS + \beta_{610}Age + \varepsilon_6$$

其中，式（14-1）是用来检验总体上保险公司治理指数对其偿付能力的影响；式（14-2）～式（14-4）是用来检验保险公司治理合规性不同层次对其偿付能力的影响；式（14-5）和式（14-6）是用来检验保险公司治理合规性不同内容对其偿付能力的影响。

第四节　公司治理对保险公司偿付能力影响计量检验

一、保险公司偿付能力描述性统计

本部分首先进行了被解释变量偿付能力溢额的描述性统计，具体见表 14-2。从样本均值来看，整体上我国保险公司偿付能力是逐年递增；但从标准差、最小值和最大值来看，我国保险行业内部各公司间差异较大。

表 14-2　被解释变量描述性统计

年份	样本数量	均值	中位数	标准差	最小值	最大值
2009	65	116 259.8	35 806.6	388 870.6	−204 926	2 844 428
2010	100	116 472.9	36 933.8	328 018.1	−85 588	2 268 618
2011	110	118 388.9	36 028.2	339 245.0	−1 284 150	1 886 658
2012	122	170 729.0	57 946.4	412 236.1	−46 811	3 217 547
合计	397	133 642.1	39 065.0	368 177.6	−1 284 150	3 217 547

资料来源：各保险公司年度信息披露报告。

二、公司治理对保险公司偿付能力影响实证结果

按照前文的模型设计，本部分实证结果包括三部分内容，分别对保险公司治理指数、保险公司治理合规性不同层次和保险公司治理合规性不同内容对保险公司偿付能力的影响进行检验。

（一）保险公司治理指数与偿付能力

根据式（14-1），本部分使用最小二乘回归分析的计量方法检验保险公司治理指数对保险公司偿付能力的影响，实证结果如表 14-3 所示。

表 14-3　保险公司治理指数对偿付能力的影响实证结果

模型变量	偿付能力溢额
（Constant）	−311 431.52 （0.04）*
IGI	3 606.57 （0.04）*
ZBXZ	74 727.53 （0.44）
XZLX	−96 624.68 （0.05）*
ZZXS	101 916.47 （0.28）
Age	14 833.95 （0.03）*
F	5.89 （0.00）**
Adj-R^2	0.104

注：括号内数字表示 p 值。

**和*分别表示在 1% 和 5% 的显著性水平下显著。

　　根据实证结果我们可以发现，保险公司治理指数与偿付能力溢额呈正相关，且在统计上显著；控制变量中险种类型与偿付能力溢额负相关且显著，成立年限与偿付能力溢额正相关且显著。这说明整体上保险公司治理水平越高，其偿付能力越强；人身险公司比财产险公司偿付能力强，成立年限越长的保险公司偿付能力越强。

（二）保险公司治理合规性不同层次与偿付能力

　　从保险公司治理合规性的不同层次来看，可以分为强制合规和自主合规两大类。本部分根据式（14-2）到式（14-4）使用最小二乘回归分析的计量方法检验保险公司治理合规性不同层次对其偿付能力的影响，结果如表 14-4 所示。

表 14-4　保险公司治理合规性不同层次对偿付能力的影响实证结果

模型变量	合规性	强制合规	自主合规
（Constant）	−212 319.64 （0.18）	−223 002.35 （0.16）	−282 675.57 （0.02）*
CCI	−1 889.72 （0.47）	2 235.78 （0.19）	—
ACI	4 616.01 （0.04）*	—	3 398.50 （0.02）*

续表

模型变量	合规性	强制合规	自主合规
ZBXZ	69 472.08 (0.48)	78 558.67 (0.42)	71 308.89 (0.46)
XZLX	−106 525.69 (0.04) *	−95 542.59 (0.06)	−101 308.84 (0.04) *
ZZXS	96 259.73 (0.31)	110 072.82 (0.24)	99 544.64 (0.29)
Age	14 905.11 (0.03) *	15 838.05 (0.02) *	14 649.37 (0.04) *
F	5.19 (0.00) **	5.28 (0.00) **	6.14 (0.00) **
Adj-R^2	0.107	0.092	0.109

注：括号内数字表示 p 值。
**和*分别表示在 1%和 5%的显著性水平下显著。

根据实证结果，我们可以发现，整体上来看，强制合规对偿付能力没有显著的影响，而自主合规与偿付能力有显著的正相关关系，控制变量中险种类型与偿付能力溢额负相关且显著，成立年限与偿付能力溢额正相关且显著。这说明整体上保险公司治理自主合规水平越高，其偿付能力越强；人身险公司比财产险公司偿付能力强，成立年限越长的保险公司偿付能力越强。

（三）保险公司治理合规性不同内容与偿付能力

从保险公司治理合规性的不同内容来看，可以分为股东治理基础分指数、董事（会）治理基础分指数、监事会治理基础分指数、高管治理基础分指数、董监高分指数、新三会分指数、内外部审计分指数和外部监管分指数八大类，其中监事会治理基础分指数和新三会分指数不适用于有限制保险公司。本部分按照组织形式将样本分为股份制保险公司和有限制保险公司，根据式（14-5）和式（14-6）使用最小二乘回归分析的计量方法对保险公司治理合规性不同内容对其偿付能力的影响进行了实证研究，结果如表 14-5 所示。

表 14-5 保险公司治理合规性不同内容对偿付能力的影响实证结果

模型变量	股份制保险公司	有限制保险公司
（Constant）	46 097.65 (0.41)	−583 377.46 (0.33)
IGI1	−1 258.30 (0.26)	−332.56 (0.95)

续表

模型变量	股份制保险公司	有限制保险公司
IGI2	−234.45 （0.73）	−7 593.62 （0.14）
IGI3	367.23 （0.23）	—
IGI4	746.87 （0.39）	7 047.37 （0.11）
IGI5	−193.56 （0.83）	3 538.04 （0.45）
IGI6	−122.41 （0.85）	—
IGI7	760.15 （0.35）	5 733.03 （0.13）
IGI8	890.79 （0.18）	−828.36 （0.84）
ZBXZ	133 537.42 （0.00）**	219 543.68 （0.64）
XZLX	−81 871.59 （0.00）**	−149 927.60 （0.10）
Age	−6 456.62 （0.08）	28 403.50 （0.01）**
F	3.66 （0.00）**	2.43 （0.02）*
Adj-R^2	0.241	0.098

注：括号内数字表示 p 值。

**和*分别表示在 1% 和 5% 的显著性水平下显著。

　　根据实证结果，我们可以发现，整体上来看，保险公司治理合规性不同内容对偿付能力没有显著的影响，控制变量中股份制保险公司的资本性质与偿付能力正相关且显著，险种类型与偿付能力溢额负相关且显著，有限制保险公司的成立年限与偿付能力溢额正相关且显著，而其余控制变量并不显著。这说明保险公司治理合规性的不同内容对其偿付能力没有显著的影响；股份制保险公司中，中资公司比外资公司偿付能力强，人身险公司比财产险公司偿付能力强；有限制保险公司中，成立年限越长的保险公司偿付能力越强。

三、公司治理对保险公司偿付能力影响稳健性检验

　　为了保证前文实证结果的稳健性，本部分进行了稳健性检验，使用滞后一期的被解释变量作为新的被解释变量重新进行了实证分析与检验，结果如表 14-6

所示。稳健性检验的结果与之前的实证结论基本一致，验证了本章实证结果的稳健性。

表 14-6 偿付能力稳健性检验

模型变量	治理指数	治理合规层次			治理合规内容	
		合规性	强制合规	自主合规	股份制	有限制
（Constant）	−371 159.73 (0.02) *	−267 111.86 (0.11)	266 025.62 (0.11)	−335 664.45 (0.01) **	58 504.12 (0.28)	−882 580.13 (0.10)
IGI	3 978.03 (0.03) *	—	—	—	—	—
CCI	—	−1 863.78 (0.50)	2 417.52 (0.18)	—	—	—
ACI	—	4 868.77 (0.04) *	—	3 669.68 (0.02) *	—	—
IGI1	—	—	—	—	−1 358.36 (0.18)	1 567.77 (0.76)
IGI2	—	—	—	—	226.49 (0.74)	−10 631.29 (0.04) *
IGI3	—	—	—	—	198.65 (0.48)	—
IGI4	—	—	—	—	627.36 (0.45)	10 689.00 (0.01) **
IGI5	—	—	—	—	287.40 (0.73)	491.73 (0.92)
IGI6	—	—	—	—	118.81 (0.84)	—
IGI7	—	—	—	—	664.53 (0.40)	6 929.60 (0.08)
IGI8	—	—	—	—	−456.98 (0.45)	2 037.17 (0.60)
ZBXZ	106 456.23 (0.30)	105 520.92 (0.30)	108 569.83 (0.29)	105 337.28 (0.30)	157 065.19 (0.00) **	264 438.56 (0.47)
XZLX	−82 332.76 (0.11)	−93 257.39 (0.07)	−81 763.78 (0.12)	−87 837.13 (0.09)	−56 512.81 (0.02) *	−109 695.08 (0.23)
ZZXS	86 564.71 (0.38)	78 322.94 (0.43)	97 262.96 (0.33)	82 638.41 (0.41)	—	—
Age	18 527.39 (0.01) **	18 688.73 (0.01) **	19 387.12 (0.01) **	18 444.79 (0.01) **	−1 536.73 (0.63)	29 070.07 (0.01) **
F	6.74 (0.00) **	5.86 (0.00) **	6.08 (0.00) **	6.96 (0.00) **	5.62 (0.00) **	3.05 (0.00) **
Adj-R^2	0.106	0.108	0.095	0.110	0.330	0.118

注：括号内数字表示 p 值。

**和*分别表示在 1% 和 5% 的显著性水平下显著。

第五节　研究结论与启示

一、研究结论

本章从债权人角度关注保险公司治理对财务绩效的影响，主要研究了保险公司治理对保险公司偿付能力的影响。本章首先从理论上分析了偿付能力、投保人利益保护和保险公司治理的关系，通过回顾国内外学者对保险公司利益相关者和保险公司偿付能力影响因素的已有研究，明确了保险公司偿付能力影响因素研究的重要意义，并重点关注公司治理对保险公司偿付能力的影响。本章最终选取偿付能力溢额这一指标来衡量我国保险公司偿付能力，该指标反映了保险公司对债权人利益的保护力度；公司治理指标选取了保险公司治理指数、保险公司治理合规性不同层次（强制合规和自主合规）和保险公司治理合规性不同内容（股东治理基础分指数、董事（会）治理基础分指数、监事会治理基础分指数、高管治理基础分指数、董监高分指数、新三会分指数、内外部审计分指数和外部监管分指数）三个角度共计11个指标，并根据理论和实际情况选取了相应的控制变量，使用手工整理的相关数据按照模型设计分别进行回归分析，实证研究了保险公司治理对保险公司偿付能力的影响。

本章研究发现，保险公司治理是保险公司偿付能力的重要影响因素，整体上保险公司治理水平越高，其偿付能力就越强。从合规性不同层次来说，保险公司自主合规水平越高，其偿付能力就越强，这表明保险公司治理，尤其是保险公司自主合规，在保护投保人利益方面发挥了积极作用；从合规性不同内容来看，本章按组织形式分别对股份制和有限制保险公司进行了实证研究，发现保险公司治理合规性不同内容对其偿付能力没有显著的影响。此外，本章还发现资本性质、险种类型和成立年限是影响保险公司偿付能力的重要因素，整体上人身险公司偿付能力强于财产险公司，成立年限越长的公司偿付能力越强，股份制公司中，中资公司比外资公司偿付能力强。最后本章使用滞后一期的偿付能力溢额作为被解释变量对实证结果进行了稳健性检验，验证了本章实证结果的稳健性。

二、研究启示

本章的研究还有一些不足之处可以在未来的研究中加以完善。例如，本章的研究没有发现保险公司治理合规性不同内容对偿付能力有何显著影响，这可能是由于反映保险公司治理合规性不同内容的指标没有进一步细化，可以在未来的研究中进一步细化优化，如关注保险公司独立董事制度对保险公司偿付能力的影响。

第五篇　结 论 对 策

公司治理结构是公司制的核心，是提高公司素质和核心竞争力的关键。十六大以来，保险业按照建立和完善社会主义市场经济体制的要求，把保险公司改革作为保险改革的中心环节，坚持从实际出发，积极探索保险公司改革的新方法和新途径，取得了重大阶段性成果。下一步，保险公司改革将以公司治理结构建设为中心，力争在转换经营机制方面取得新突破。

吴定富

《中国保险》2006年第6期

第十五章　关于我国保险公司治理的研究结论

保险行业对国民经济的重大意义不言而喻，怎样才能使得保险业真正在建设和谐社会的实践中充分发挥作用，答案就是建立健全保险公司治理结构和机制；行业能否持续发展，取决于构成行业的微观基础的各个保险公司的治理状况；保险公司治理好了，治理风险降低，行业便稳定发展，进而发挥其在国民经济中的作用（罗胜，2012）。本章基于前面十四章的理论与实证研究内容，对我国保险公司治理的重要性（"四条"）、公司治理的进程（"七条"）和公司治理的现状（"五条"）等进行了总结，提炼出"十六条"结论。

第一节　我国保险公司治理重要性

一、保险公司治理是国家治理体系重要组成部分

党的十八届三中全会明确提出，全面深化改革的总目标是完善和发展中国特色社会主义制度，推进国家治理体系和治理能力现代化。这是我们党首次提出"治理体系"和"治理能力"的概念，保险公司治理是国家治理体系的重要组成部分，这其中有两个层面的含义，一个层面是国家治理涵盖了一般公司、包括保险公司在内的金融机构、非盈利组织和网络组织等的治理问题，这其中的侧重点是保险公司自身的治理问题，以便使保险公司更好地服务公司投保人和股东两个非常重要的利益相关者。另一个层面是保险公司参与到经济治理、社会治理和政府治理过程中，保险业要成为经济转型升级的重要动力，为提升国家经济治理水平服务；要成为改善民生保障的有力支撑，为提升国家社会治理水平服务；要成为转变政府职能的有效抓手，为提升政府治理水平服务（项俊波，2014a）。这两个层面侧重点各不相同，但相互联系，保险公司自身治理好了才能更有效地参与治理，服务经济、社会和政府；保险公司参与治理的需求又反过来促进保险公司治理能力的提高。因此，无论是自身治理层面，还是参与治理层面，保险公司治理都是国家治理体系的有机组成部分，为实现国家治理能力现代化目标提供基础。

二、保险公司治理是我国保险业快速发展的微观制度基础

1979 年我国保险业恢复发展；1980 年保费收入 193.5 百万美元；1990 年保费

收入 3146.5 百万美元；2000 年保费收入 19 277.3 百万美元；2010 年保费收入达到 214 585.4 百万美元，分别是 1980 年、1990 年、2000 年的 1109 倍、68 倍和 11 倍。过去 30 多年间，我国保险业基本保持了一个比世界明显更快的增长速度，所以，我国保费收入占世界份额逐渐提高，由原来的几乎为零上升为 2013 年的 5.99%。我国保险业自 1980 年恢复以来，之所以能够得到快速发展，主要得益于国务院两次以"顶层设计"的形式对我国保险业的改革发展进行的全面部署。2006 年国务院颁布《国务院关于保险业改革发展的若干意见》（保险业的"国十条"），该意见明确我国保险业改革发展的总体目标是：建设一个市场体系完善、服务领域广泛、经营诚信规范、偿付能力充足、综合竞争力较强，发展速度、质量和效益相统一的现代保险业。围绕这一目标，主要任务之一是继续深化体制机制改革，完善保险公司治理结构。2014 年 8 月 28 日，国务院颁布《国务院关于加快发展现代保险服务业的若干意见》（保险业的新"国十条"），这是八年之后再次对我国保险业改革发展做出的顶层设计。明确了我国保险业未来一段时间发展的目标，"到 2020 年，基本建成保障全面、功能完善、安全稳健、诚信规范，具有较强服务能力、创新能力和国际竞争力，与我国经济社会发展需求相适应的现代保险服务业，努力由保险大国向保险强国转变。保险成为政府、企业、居民风险管理和财富管理的基本手段，成为提高保障水平和保障质量的重要渠道，成为政府改进公共服务、加强社会管理的有效工具。保险深度（保费收入/国内生产总值）达到 5%，保险密度（保费收入/总人口）达到 3500 元/人。保险的社会'稳定器'和经济'助推器'作用得到有效发挥"。而要实现这一目标，继续深化保险公司改革，加快建立现代保险企业制度，完善保险公司治理结构，事关这一目标能否实现和保险行业发展水平能否得到真正提升。两次保险业顶层设计均将保险公司现代企业制度建设和完善作为改革发展的重要内容，而其中的核心是完善保险公司治理。

三、保险公司治理是我国保险公司体制改革发展的核心

我国保险业发展先后经历了分业还是混业的经营体制、专业经营还是设立控股公司综合化经营的经营方式、保险公司营销体制、资金运用、准入和退出等一系列改革，其根本目的是提高我国保险公司竞争力。在这一系列的改革中，建立保险公司现代企业制度是整个改革的重点。企业制度的形成与发展是非常复杂的过程，不仅涉及企业内部的所有者与所有者之间、所有者与管理者之间、管理者与普通员工之间等方面复杂的关系，还与国家相关机构、债权人、客户及法律有着重要的关系。一般而言，企业的制度安排包括企业的法律形态、企业的产权关系和企业的治理三个层次基本内容。而所谓现代企业制度，也就是指现代公司制度（林毅夫等，1997），二者含义相同。也就是说，建立现代企业制度就是要把现

有的企业形式改造成股份有限公司和有限责任公司（吴敬琏，1993）。在我国，2004
年之前，保险公司包括股份有限和有限责任两种基本形式。2004 年 11 月 16 日，中
国保监会批准黑龙江省农垦总局筹建阳光农业相互保险公司；2005 年 1 月 11 日，
该公司正式挂牌，这是我国成立的第一家相互制形式的保险公司，也是目前唯一
一家。公司制组织形式是现代企业制度的基础，产权关系则是内核，涉及股权性
质、股权结构等一系列问题，而公司治理则是现代企业制度内核的内核，只有公
司治理做好了，保险公司现代企业制度才能有血有肉。从这个意义上来说，公司
治理是我国保险公司体制改革的核心，也是未来我国保险公司体制改革的方向。

四、保险公司治理是我国保险监管的重要内容

保险监管制度的完善与否、保险监管职能是否充分发挥及保险监管效果是否
有效在很大程度上取决于保险监管组织的完善程度，即保险监管主体或机构的建
立和完善程度（刘宝璋，2005）。中国保险监管始于计划经济体制下的政府管制，
在中国保监会成立之前主要是中国人民银行承担了相关职能，为落实银行、证券、
保险分业经营、分业管理的方针，更好地对保险业进行监督管理。国务院于 1998
年 11 月 18 日批准中国保监会成立，作为国务院直属事业单位，实质拥有独立和
完整的行政管理权，依据《保险法》专司全国商业保险市场的监管职能。2003 年，
保监会从副部级单位升格为正部级单位，同时银监会成立，开始形成了"一行三
会"的中国金融监管格局。监管机构监管的内容有这样三个阶段，2003 年之前，主
要是市场行为监管，2003～2006 年是市场行为和偿付能力监管并重，2006 年《关
于规范保险公司治理结构的指导意见（试行）》颁布起，公司治理与市场行为和偿
付能力成为我国保险监管的三支柱。自 2006 年起，中国保监会出台了若干规范我
国保险公司治理的法律法规。中国保监会要求各保险公司每年按照规定的内容报
送保险公司治理报告，报告中有关于保险公司治理状况评价的指标，保险公司治
理评价也是保险公司治理监管重要内容之一。

第二节　我国保险公司治理进程

一、我国保险公司治理合规水平较高

保险公司治理评价其本质是评价保险公司治理的合规性，而合规性如何主要
是通过保险公司治理评价指数的大小来反映的。公司治理评价指数，简称公司治
理指数，是运用统计学和运筹学等原理，根据一定的指标体系，对照一定的标准，
按照科学的程序，通过定量分析与定性分析，以指数形式对公司治理状况做出的

系统、客观和准确的评价。基于本书构建的分内容的保险公司治理评价指标体系的评价结果显示，我国保险公司治理指数为 80.95，保险公司治理指数最大值为 95.27，处于治理等级 I（治理指数为 90.00～100.00）的样本比例为 25.81%；处于治理等级 V（治理指数为 60.00 以下）的样本比例为 12.90%。分层次治理评价结果显示，我国保险公司治理强制合规指数为 85.16，自主合规指数为 80.30，无论是强制合规指数还是自主合规指数，总体水平较高，特别是保险公司治理强制合规水平显著高于自主合规水平。

二、我国保险公司治理有效性总体上偏低

保险公司治理合规性是保险公司治理有效发挥作用的前提条件，主要是通过评价来进行检验的，而保险公司治理的有效性则需要通过实证研究来探究保险公司治理作用的状况。通过基于分内容和分层次的保险公司治理评价结果，设计了相关变量和模型的基础上，从公司治理整体视角，采用最小二乘回归分析的方法实证检验了保险公司治理对效率绩效、竞争力绩效和账务绩效的影响。实证研究结果显示，公司治理指数与保险公司投入产出效率和管理效率之间不存在显著关系；公司治理指数与保险公司的市场竞争力、成本竞争力、运营竞争力和竞争力结果也不存在显著关系；在公司治理与财务绩效关系中，公司治理指数与反映投保人利益保护程度的偿付能力溢额之间存在显著的正相关关系，而与反映公司盈利的总资产收益率、净资产收益率、综合费用率、综合赔付率和赔付率等之间不存在显著关系。实证研究与基于一般上市公司和上市保险公司的结论有所不同，说明我国保险公司有效性总体上偏低。

三、我国保险公司治理经历了由无到有的过程

公司治理实践伴随着公司组织的出现便存在了，因此我国保险公司治理实践实际上已经进行很多年了。一般公司治理领域多将 1978 年的十一届三中全会作为我国公司治理开始的起点。在保险公司治理领域，如果以 1980 年中国保险业的恢复作为一个标志，我国的保险公司治理可以说走过了 36 年，在这期间，我国保险公司治理经历了从无到理念导入及实践的过程。首先，保险公司治理主体的发展可以说越来越丰富。保险公司治理主体数量由最开始的 1 家，逐渐发展为多家；从中外资来讲，外资保险公司从 1980 年开始到现在也越来越多；从控股股东性质来说，从国有独资到国有控股，发展到现在出现了外资控股、民营控股以及多元控股；从保险机构类型来说，除了财产险和人身险公司外，还有集团控股公司、资产管理公司、再保险公司等多层次的治理主体。其次，从保险公司治理结构与

机制来说，由最开始的"老三会"逐渐发展到现在的"新三会"，引入了独立董事、总精算师、内外部审计、财务负责人、合规管理、风险管理等制度，形成了相对完善的保险公司治理体系，治理能力得到显著提高。最后，从监管角度来说，作为保险公司外部治理机制核心的外部监管，随着中国保监会的成立，这项职能的行使有了专门的机构，而且公司治理监管成为三大监管支柱之一，保监会自成立以来也出台了大量治理有关的规章。从没有新三会，到基于新三会各种机制的建立，可以说我国保险公司治理这36年的发展历程是从无到有的快速发展过程。

四、我国保险公司治理是从强制合规、自主合规到有效的过程

公司治理包括制度、合规和问责三要素，这也是我国保险公司治理的三要素。建设公司治理首先要建制度，公司治理从本质上来说就是一种为了实现特定功能的制度安排，这一点来说，我国保险公司治理可以说在发展的前25年，即从1980年开始到2005年这段期间，关于公司治理的制度少之又少，而且比较零散，缺乏专门的或相关的规定和要求，这时参考的往往是一般公司治理有关的法律法规；自从2006年开始，我国《关于规范保险公司治理结构的指导意见（试行）》出台以来，相继推出了若干制度安排，使得我国保险公司治理实践有了方向和具体依据。制度有了之后，紧接着就是合规问题，在保险公司治理实践之初，因为建设公司治理需要成本、公司治理会弱化个人的权利及对公司治理认识问题，保险公司往往是被动合规或者强制合规，迎合相关法律、法规和规章要求，表现为按照相关制度设立了董事会、监事会等，但实际上发挥作用有限，更有甚至者，还存在着"违规"现象，这里的"违规"不是真正意义上的违规，因为有很多治理实践超越了当时法律、法规和规章所规定的范畴。经过这一阶段后，在几大国有保险公司改制上市的公司治理示范效应下，以及保险公司业务发展的需要，越来越多保险公司意识到公司治理的重要性，开始进入自主合规阶段，保险公司主动进行治理投入，聘请独立董事并开展相关活动等。最后进入到有效阶段，有了制度及合规后，主要是要看治理机制发挥作用如何，当然，如果没有很好地发挥作用，面临的一个问题就是问责，即公司治理的第三个要素，如有保险公司高管因为业绩没有达标而不领取任何薪酬，这就是公司治理机制发挥作用的一个重要表现。在经历强制合规、自主合规后，保险公司治理的有效性是我国保险公司治理未来实践关注的核心。

五、我国保险公司治理改进是由外在推动到内在需求决定的过程

任何事务的发展或者变化都有其推动的因素，这些因素可能来自事务本身或

者外部。我国保险公司治理与一般公司治理实践的步伐大体相当，国有企业开始建设股份制和现代企业制度时，保险公司紧随其后进行了大量的探索和实践，与其他的非保险金融机构相比来说，如银行、证券公司和信托公司等，保险公司治理实践起步相对来说还是比较早的，可以说是我国金融机构治理实践的排头兵。在我国保险公司治理实践初期，推动保险公司治理改进的动因主要来自外部环境，在我国公司治理整体实践起步不是很早及外部的法律法规环境相对来说不是非常完善的情况下，改善保险公司治理最初采用了"倒逼"的方法，即通过境外上市方式，利用境外成熟资本市场环境来提高公司治理水平。通过上市、特别是境外上市能够完善公司治理，这一点在公司治理领域已经得到经验验证。在金融机构国际化过程中，最早走到海外资本市场的是我国保险公司，2003 年可以说是我国保险公司"编队出海"的一年，通过海外上市，不但实现了融资、提高偿付能力的目的，而且优化了股权结构、改进了董事会的结构与运作等。随着《关于规范保险公司治理结构的指导意见（试行）》出台，我国保险公司治理改进推动因素开始由外部环境转为内在动因，2006 年以后监管部门相关配套制度的出台及伴随保险公司业务发展，保险公司自身对于公司治理的需求已经成为其公司治理完善的首要原因，当然，外部监管、行业协会引导和行业标杆公司效应等也是建设公司治理的重要影响因素。

六、我国保险公司治理是强调内部治理到内外部治理并重过程

公司治理主要是解决委托代理问题，包括所有者和经营者之间的及所有者之间的，另外保险公司还有一个非常重要的问题就是投保人利益保护问题。要解决这些问题，按照监督力量来源不同，可以分为内部治理，如独立董事制度、监事会、内部审计、董监高的激励约束等，以及外部治理，如产品市场竞争、控制权市场、接管机制、经理人市场、资本市场等。公司内部治理以所有权为主线，公司外部治理以竞争为主线。公司内部治理和外部治理不仅互补，而且在一定程度上是可以相互替代的。一方面，通过"用手投票"机制替换在位经理的决策常常建立在"用脚投票"机制所反映出来的信息上，"用脚投票"机制所反映出来的股东意愿最终要通过"用手投票"机制来实现；另一方面，一个有效的股票市场使对经理的直接控制变得较不重要，这就如同增加巡逻警察的力量可以减少监狱里的拥挤程度一样（张维迎，1996）。在我国一般公司治理实践领域，往往是以内部治理为主，外部治理相对较弱。在保险公司治理实践初期，缺乏专门的或相关的保险公司治理法律、法规和规章，同样也是以内部治理为主，关注公司股权结构优化、关注新三会建立、关注独立董事作用的发挥、关注内部审计作用的发挥等。而自从保险公司监管部门成立以来，作为保险公司外部治理机制最重要内容

的外部监管发挥了积极作用，从偿付能力、市场行为监管，发展到与国际接轨的偿付能力、市场行为和公司治理并重的三大监管支柱。这一点与一般公司治理存在较大差异，在一般公司治理实践中，外部监管虽然也是外部治理机制之一，但监管内容层次上往往局限于合规性，内容体系上也没有专门监管公司治理这一块。

七、我国保险公司治理是从行政型到经济型治理转型的过程

我国金融体系和公司治理系统在近 30 年中经历了与其他国家不一样的发展历程，金融机构治理以政府行政干预为特色，逐步从"行政型治理"向"经济型治理"转型，呈现出了与其他国家完全不同的整体特征。这种行政型治理与经济型治理的二元并存是"中国式"金融机构治理的最重要特征。在我国保险业发展初期，在治理特性上来说，呈现出与经济型治理或者说市场型治理完全相反的方向，即行政型治理。行政型治理又称政治型治理，是指以等级制为基础，以政治联系为导向，以高管任免、考核行政化为要素，注重自上而下权力运行的治理方式。企业治理行为的行政化概括地说就是"内部治理外部化，外部治理内部化"（李维安，2005；李维安，2008）。其直接后果就是企业治理边界模糊和责任主体的空位，使得企业失去应有的活力，并产生高昂的治理成本，企业经营目标行政化。当然，这种治理模式是内生的，受到当时外部治理环境的影响。随着我国保险公司改制、股改和海内外上市工作的推进，保险公司治理逐渐从行政型治理向经济型治理转型。这种治理模式以现代公司制度为前提，以股东主导型产权制度为基础，以资本市场为导向，注重自下而上运行的治理方式。这种模式下，公司决策流程规范化，公司没有"一把手"的概念，各机构和个人各负其责；董事会有了相应的决策和监督职能，集体决策个人负责，而不是集体决策集体负责；监事会受股东委托监督董事会和经理层；经理层执行董事会决策，对于高管的任免考核由董事会来行使相关职能，而不是组织部门的行政任命；治理流程上实现了"自上而下"到"自下而上"的转变。总之，从行政型治理向经济型治理转型是我国保险公司治理发展的大方向或者主线。

第三节　我国保险公司治理现状

一、组织形式和控股股东性质等是影响公司治理状况的重要因素

影响公司治理的因素既有外部环境因素，如法律环境，也有微观层面公司自身的影响因素。我国保险公司治理指数平均值为 84.12，通过对样本组的比较分析，我们不难发现，公司资本性质、公司险种类型、公司组织形式等是保险公司治理

水平的重要影响因素。首先，股份制保险公司治理水平显著高于有限制保险公司治理水平，在评价过程中，尽管进行了分类设置评价指标，避免有限责任公司在有些公司治理方面存在"拉分"的情况，但结果依然存在一定的差异；其次，中资保险公司治理水平显著高于外资保险公司治理水平，在中资保险公司中，民营控股保险公司治理水平微高于国有控股保险公司；最后，从保险公司机构类别或者业务角度来说，财产险公司治理水平微高于人身险保险公司，差别不是非常显著。此外，我们利用南开大学中国公司治理研究院研发的中国上市公司治理指数（CCGI^{NK}）重点对我国四家上市保险公司治理状况进行了评价，结果发现，上市金融机构治理水平高于其他所有行业的上市公司，而上市保险公司治理水平又好于非保险上市金融机构的治理水平，也就是说，保险公司上市与否也是影响保险公司治理水平的重要因素。

二、董事会治理在保险公司治理各维度中表现较为突出

董事会是指按照《公司法》等要求设立的，由公司的全体董事组成的常设的经营决策和业务执行机构。从形式意义上讲，是指依照公司章程的规定召开的、由董事参加的会议。董事会的权力源于股东大会或股东会的授权并受其限制，对股东大会或股东会负责。所谓董事会治理是指为了有效发挥董事会的治理作用而进行的所有的有关制度安排，如关于董事会规模的设计、董事会中执行董事与非执行董事比例安排、董事会中专业委员会的设立、董事会成员的激励约束、董事会及其成员的评价等问题。实际上，董事会治理内容还包括经理层或高管治理内容，即董事会对经理层或高管的治理问题，但习惯上会把经理层或高管的治理问题单独作为公司治理内容的一块。董事会治理是保险公司治理的核心，行使决策和监督两大职能。通过评价我们发现，不论是股份制保险公司，还是有限制保险公司，董事会或董事治理基础分指数，以及董监管和新三会等分指数平均值在几个评价维度中表现较好。可能有两个方面的原因：一方面保险公司比较重视董事会治理实践，注重董事会治理上的投入；另外一方面，监管部门出台了董事会治理有关的监管政策，政策的规制和引导作用也非常重要。

三、股东治理在保险公司治理各维度中表现居中

1932 年 Berle 和 Means 发现，在股权分散背景下，公司的经理层控制了公司，出现了经理层损害股东利益的现象或者潜在的可能，为了更好地保护股东利益而进行的相关制度安排设计便是经典的股东治理。例如，关于公司股东大会或者股东会法律地位的规定，关于股东大会或者股东会职权的规定，关于股东大会或者

股东会召集程序和议事规则的有关规定。更广义的股东治理还涉及对小股东权益保护有关问题。股东治理是保险公司治理的基础。评价结果显示，不管是股份制保险公司还是有限制保险公司，股东治理基础分指数平均值均处于各个维度的中间水平，说明作为我国保险公司治理基础的股东治理还有待改进。通过对评价指标的分析，不难发现，导致我国保险公司股东治理维度均值偏低的主要原因有，一是我国大部分保险公司没有引入战略投资者，特别是有限责任保险公司，引入战略投资者的比例更低；二是保险公司股权结构相对比较集中带来的中小股东权益保护问题，非上市的保险公司股权集中度很高，有限责任保险公司股权集中度更高，在关联交易制度不是很健全的情况下，容易产生大股东和小股东之间的二代委托代理问题，不同于股权分散的所有者和经营者之间的一代委托代理问题。

四、高管治理是我国保险公司治理各维度中的短板

董事会作为经营决策机构，不直接行使公司的日常经营管理权，而是选择具有专门知识、专门技能的职业经理作为经营代理人。在我国《公司法》中，经理是公司的经营决策执行机构，负责公司的日常经营管理的工作。董事会与经理人，即此处我们所说的狭义高管之间是一种委托代理关系。高管作为董事会聘任的高级职员，在董事会授权范围内，具体处理公司的日常经营管理事务，并对董事会负责。所谓高管治理是指，为了有效发挥经理及其所带领的团队在公司治理中的作用，具体来说是有效执行董事会的决策，而进行的各种制度安排。例如，关于总经理的任职资格设计、总经理的职权规定、董事长与总经理的两职设计、经理层的激励约束机制、总经理的业绩考核等。评价指数分析结果显示，高管治理基础分指数在保险公司治理指数各个维度中最低，是制约我国保险公司治理的短板。形成短板的原因是多方面的，首先，部分保险公司没有按照要求设立合规负责人、总精算师、财务负责人、审计负责人等关键岗位；其次，对于高管的考核方面，一些公司的考核指标没有纳入偿付能力、企业价值、业务质量和风险等因素，进而考核结果不能科学地反映高管人员对公司的贡献；再次，对于高管的激励方面，缺乏股权等长期激励机制；最后，部分保险公司高管职务消费制度没有建立，即使建立了也没有得到有效执行。

五、保险公司治理理论研究滞后于保险公司治理实践

如果从 1980 年我国保险业恢复开始算起，我国保险公司治理实践已经走过36 年，其发展过程与我国国有企业治理实践几乎同步，但相对于一般公司或者一般行业的国有企业来说，保险公司治理理论研究可谓少之又少；相对于其他金融

机构，如银行来说，相关研究文献数量也无法与之媲美。保险公司治理研究起步
相对较晚，进而使得保险公司治理研究内容、研究方法等方面都不如一般公司或
者一般行业的国有企业深入。过去对于保险公司微观层面的研究多聚焦于保险公
司的经营或者管理问题，如保险公司营销问题等。这使得国内保险公司治理研究多
局限于规范性的对策等方面，而对于保险公司治理特殊性、保险公司治理合规性、
保险公司代理成本、保险公司治理有效性等核心概念、理论即实证研究相对较少。
2006 年中国保监会推出《关于规范保险公司治理结构的指导意见（试行）》之后，
理论界对于保险公司治理的关注度呈现明显上升趋势，但总体来说，还滞后于我
国保险公司治理实践的快速发展，实践过后需要进行理论提升进而更好促进实践
的发展，从这个角度上来说，目前是我国保险公司治理理论研究的大好时机。

第十六章 提升我国保险公司治理水平的对策

《国务院关于加快发展现代保险服务业的若干意见》（国发〔2014〕29号）指出继续深化保险公司改革、加快建立现代保险企业制度和完善保险公司治理结构是深化保险行业改革的重要内容。根据第十五章提出的"十六条"结论，为了进一步提高我国保险公司治理水平，本章从治理理念（"六条"）和治理实践或治理能力（"十条"）角度，提炼出"十六条"对策。

第一节 培育科学治理理念

一、树立正确的保险公司治理思维

思维是人用头脑进行逻辑推导的属性、能力和过程。在保险公司治理实践中要遵循两个最基本的治理思维，即过程思维与和谐治理思维。

公司治理不是一次性行为，保险公司建立治理结构与机制是一个过程，这个过程一方面是公司外部环境发生了变化要求保险公司治理上做出相应调整，如保险公司实现了境外上市，保险公司需要根据上市地点的要求优化董事会结构；另一方面就是保险公司自身发展需要，如在决策层面更需要行业专业人士作用的发挥，于是在董事会中引入相关董事，这个过程是伴随保险公司发展整个过程的，没有一劳永逸的保险公司治理。这就要求保险公司在公司治理方面要做持续性的改进和优化。

公司治理里面有着制衡的内容，但制衡绝非公司治理的核心，公司治理的核心是要进行科学决策，让保险公司更好地发展。因此，在公司治理实践过程中，要避免出现不和谐的景象，这里的不和谐不是说开董事会有人提出了反对意见，而是因为种种原因而使得董事会等治理机制无法运作，甚至对簿公堂。例如，从现实情况来看，目前个别保险公司因为股东之间问题而产生争斗，甚至引发冲突，这不仅不利于调和矛盾，而且还会给广大投保人和中小股东利益带来损失。公司治理的有效运作不能仅依靠《公司法》和公司章程等硬性规则，还需强调软性规则，讲究和谐治理。

二、构建保险公司治理分类监管框架

监管的本质是监管部门对市场的干预，保险公司因其经营的特殊性，监管不

同于一般公司。我国的保险监管从 2006 年起，形成了市场行为、偿付能力和公司治理三支柱监管框架。经过 10 年公司治理监管实践，我国的保险监管部门发挥了有效作用。我国的保险监管部门面对的监管对象数量日益增加，监管对象业务类型（集团公司、资产管理公司、再保险公司、人身险公司、财产险公司）、监管对象资本性质（外资控股、国有控股、民营控股）、监管对象组织形式（股份制、有限制和互助制）等方面都存在显著差异，而这些因素使得相关对象在公司治理上存在显著差异。例如，集团公司治理和一般的保险公司治理会存在明显差异，集团公司更多是投资平台的功能，没有具体的业务类型；国有保险公司与外资和民营控股保险公司相比，也会存在一些特殊之处；股份制保险公司必然会存在三会结构，而有限制保险公司按照《公司法》可以不设立董事会和监事会等。因此，要树立分类监管的思路，建立分类监管的框架，指定相关的治理指引，丰富 2006 年的《关于规范保险公司治理结构的指导意见（试行）》，以更好地引导我国保险公司治理实践。

三、彰显治理标杆公司的示范效应

通过对保险公司治理状况进行考察和评价，我们可以及时了解我国保险公司治理发展状况，根据我们的评价结果，可以制作发布最佳治理保险公司名单，一方面从社会声誉方面给予保险公司完善公司治理的动力；另一方面也可以对全行业形成治理标杆公司的示范效应。具体的治理标杆公司的实践可以带动全行业治理水平的提升，在提高公司声誉的激励推动下，其他保险公司会主动向治理标杆公司学习，从具体操作的层面上更直接地完善公司的治理机制，提高公司治理水平；而治理标杆公司也会进一步提高公司自身的治理水平，维持公司自身的标杆地位以提高公司声誉和效益。

而治理标杆公司示范效应的有效发挥需要监管部门、学术界和行业内保险公司等各方主体进一步加强合作和交流。在对保险公司治理状况进行评价方面，监管部分要与第三方科研机构加强合作，汇集双方信息、资源和人才优势，对我国保险公司治理状况做出全面科学的评价；对于评价的结果，监管部门可以与各大新闻媒体合作进行权威发布，形成较大的社会影响力，以推动治理标杆公司示范效应的发挥；监管部门可以对治理标杆保险公司进行一定程度的奖励和推广，形成对业内其他保险公司的示范作用。

四、遵守保险公司治理强制合规底线

保险公司治理的强制合规指标是来自法律、行政法规和部门规章的明确要求，一旦违反其强制性的规定，公司就要受到明确的惩罚，因而保险公司治理的强制合规应该成为保险公司治理合规性的底线。而根据我们的研究统计，并不是所有保险公司的强制合规指数都达到了满分，这也就说明有一部分保险公司的治理状况甚至没有达到法律强制要求的底线。按照相关法律法规的规定，这些没有满足强制合规性指标的公司应当受到法律法规规定明确的惩罚，而实际的执行情况可能并不能让人满意，一部分保险公司没有严格地遵守这些公司治理强制合规指标。

要切实确保我国各家保险公司遵守保险公司治理强制合规底线，需要立法部门和监管部门进一步加强立法和执法工作。首先，立法部门要进一步明确对保险公司治理的强制性要求，并且落实到具体检查和执行部门，保障法律法规的规定能够落到实处；其次，监管部门要加强对保险公司治理强制合规状况的检查力度，并可以通过一定强度的处罚提高各保险公司对强制合规的重视，督促各保险公司遵守公司治理强制合规底线，以更好地保护各方利益相关者利益。

五、提高保险公司治理自主合规水平

公司治理改革已经成为全球性的焦点问题。近 20 年来，全球公司治理研究的关注主体由以美国为主逐步到英美日德等主要发达国家，至今探索的主体已扩展到转轨和新兴市场国家。研究内容也随之从治理结构与机制的理论研究，到治理模式与原则的实务研究，今天治理质量与治理环境备受关注，研究重心转移到公司治理评价。治理评价的目的之一是指出评价对象治理合规性如何，保险公司治理合规是有效的前提，而合规中，前提是强制合规，关键是自主合规。保险公司治理强制合规主要是在外在因素作用下，如利用相关的法律法规等，来推动保险公司治理实践；而保险公司治理自主合规更多的是在内在动因作用下，如公司发展的自身需求，公司规模增加而带来决策复杂性的提高，因此而设立投资委员会，公司经营国际化水平提高后，增加了董事会成员中国际化经历董事的比例等，来牵引保险公司治理实践。因此，在我国保险公司治理强制合规已经达到较高的水平下，提高保险公司治理自主合规将是大方向。

六、深化保险公司治理理论研究

导致保险公司治理理论研究相对于一般公司滞后的原因是多样的，一是保险公司治理问题本身就是一个新问题，因此对其的研究必然会经历一个初步认识到逐步认识和深入的过程；二是与保险行业在我国金融行业中的地位有关，金融行业中，银行金融机构的资产占比和利润占比远远高于保险公司，这使得金融机构治理领域的相关研究多以银行作为研究对象；三是相关的研究数据不好获取，目前一般上市公司或者银行业，都有专门的数据库，方便研究人员获取到公司层面和行业层面的数据，因此相关的实证研究更好进行。我国保险公司治理理论研究总体上滞后于保险公司治理实践，我国保险公司治理经过 30 多年的实践，已经进入到提高有效性的新阶段，这样的现实背景更加需要保险公司治理理论的支持。因此，第一，尽快细化保险公司治理研究框架中的各方向研究内容，充实保险公司治理理论体系；第二，各类国家级、省部级等科研项目加大对保险公司治理方面课题的资助力度，增加研究的深入度；第三，保险行业协会多发挥这方面的引导作用，可以设立这方面的研究课题、组织研究成果的交流与评选、《保险研究》杂志中设立专栏等。

第二节　全面提升治理能力

一、发挥保险公司治理机制的有效作用

2003 年，国有保险公司改制并上市，但上市本身并不是目的，重点在于引入外部资本的约束，迫使国有保险公司接受国际资本市场规则的改造，从而克服国有体制的问题，成为真正能够做到自主经营、自负盈亏的市场化的公司。实证证明，这种"倒逼"的办法确实发挥了有效作用，使我国保险公司治理水平有了较大改进。

伴随我国保险公司治理实践，近年来我国保险公司治理合规性明显改善，如新三会等评价指标表现较好，为公司治理有效性建设搭建了基本框架。但有效性依然偏低，为此，在公司治理结构日趋完善的基础上，切实发挥整个公司治理系统的作用，使各个部门各司其职，促进公司治理机制的流畅运转，是目前提升保险公司治理水平的有效途径和根本方向。例如，落实独立董事的监督职能。我国保险监管部门比较早地开始关注保险公司独立董事问题，2006 年，保监会发布了《关于规范保险公司治理结构的指导意见（试行）》；2007 年 4 月 6 日，保监会正式发布实施了《保险公司独立董事制度管理暂行办法》。保险公司独立董事在履行监督职能时，可能与一般公司独立董事略有不同，除了代表中小股东利益之外，还要能够保护广大投保人的利益，因此对于保险公司独立董事的要求更加高一些，受到与一般公司独立董事独立性、履职能力、履职环境等同样的因素限制，独立董事激励约束方面需要更加详细的指引，而不能仅局限于暂行办法的任职资格等基础性内容。而且，在发挥独立董事监督作用时，还要考虑与其他治理机制的有效配合。

二、加强作为重要外部治理机制的治理监管

我国的法律体系、资本市场、职业经理人市场与公司控制权市场处于刚刚起

步或待完善阶段，因而未能发挥其应有的作用，易造成治理系统失灵下的外部治理困境。要突破外部治理困境，需要进一步强化保险公司治理监管，而这其中，制度建设是关键。通过长效的制度化、规范化的制度建设不断强化保险公司治理意识，从而不断优化治理环境，提高整体的保险公司治理质量。后金融危机背景下，政府监管不是治理的倒退，恰恰是强化外部治理机制上取得的进步。

西方国家一系列公司丑闻发生后，国际组织和政府机构对公司治理监管有了深入认识，相继发布了一系列指引文件或监管规则，如 OECD 发布的《保险公司治理指引》、IAIS 发布的《保险公司治理核心原则》等，把公司治理纳入监管范畴，推动监管的深入。特别是 2006 年 IAIS 维也纳年会明确提出市场行为、偿付能力和公司治理三支柱的现代保险监管框架，使公司治理监管成为各国保险监管的一致行动。2006 年，中国保监会发布《关于规范保险公司治理结构的指导意见（试行）》，标志着公司治理监管的确立，也标志着三支柱监管框架的确立。

在当前和今后较长一段时期，最可能威胁中国保险业健康发展的风险主要有四种：公司治理风险、市场投资风险、公众信心风险、资本补给风险（孙祁祥和郑伟，2005）。公司治理风险是一项基础性风险，包括公司治理监管在内的外部监管是保险公司外部治理机制非常重要的一环，推动了保险公司治理水平的提升。但还需要进一步转变观念，强化投保人利益保护，公司治理监管重点由形式转向内容，注重对董监事会运作、董监事履职等行为的监管，逐步形成第三方治理、公司自主治理、行业自律和政府监管"四位一体"的治理模式。

三、规避保险公司"走出去"面临的制度环境落差风险

只有"引进来"，没有"走出去"的开放，不是真正的对外开放。"走出去"战略一直是中国对外开放战略的一个重要组成部分。到目前为止，中国的保险业尚未培养出国际知名品牌，虽有几家保险公司进入财富 500 强，但其海外业务却乏善可陈，缺乏国际影响力。国际化是未来中国保险业健康发展、成长壮大的必由之路。

我国保险公司走向国际是历史的必然，2003 年我们在资本市场国际化方面已经成功迈出一步。近年来，越来越多的保险公司在产品市场上也在尝试走出一步。但必须指出的是，走出去的风险也是不容忽视的，特别是在国际政治经济环境不断发生剧烈变化的背景下，风险应是我国保险公司走向国际市场首要的考虑因素。与"引进来"相比，"走出去"有着更大的风险。保险行业内有平安投资富通的经验教训，在走出去的过程中可能涉及的公司治理问题有：第一，公司是否国际化的决策问题；第二，如果国际化，国际化的地点或者范围的选择，如上市地点的选择，以及对应市场板块的选择，即主板上市还是创业板上市的问题；第三，

如果国际化，国际化的方式选择，新设、并购等。这些方面如果决策出现了问题，会对保险公司的发展带来严重的影响，需要公司治理机制发挥有效作用。

除了重视风险，谨慎行事外，中国保险公司"走出去"参与国际竞争还有以下四个需要突破的障碍：第一是国际并购经验的缺乏；第二是人才的匮乏；第三是急于求成的心态；第四是中国企业走出去之后的本土化问题（孙祁祥和郑伟，2011）。

四、健全保险公司退出机制

目前，我国保险行业尚未形成退出机制，实践中也没有出现保险公司因破产而倒闭的现象，而保监会近年来一直在进行完善保险行业退出机制的尝试。保监会2011年9月发布的《保险公司保险业务转让管理暂行办法》首次提出允许正常经营的保险公司间进行整体兼并收购、部分保险业务的剥离和转让，这一办法的出台使得经营不善的保险公司可以通过业务转让自愿退出市场，相当于一种"软着陆"。保监会2014年3月发布的《保险公司收购合并管理办法》进一步放宽了资金来源，放宽了股东资质，不再禁止同业收购，并强化了对保险公司收购行为的监管力度，有利于我国保险公司通过并购提升竞争实力，在产业整合方面取得更大进展，也为保险公司通过兼并退出市场指明了道路。这两个文件的出台为保险公司退出市场提供了两个"软出口"，而真正的退出出口仍然尚未形成。

行业的健康发展需要形成从准入到退出完整的治理链条，而我国保险行业只进不出，缺乏健全的退出机制，一方面会导致保险行业内部恶性竞争，另一方面也不利于真正保障投保人等利益相关者的权益。保险公司退出机制是保险公司外部治理机制的重要内容，保险公司治理的特殊性在于其退出机制涉及投保人等更广泛的利益相关者，这使得健全保险公司退出机制显得尤为重要。目前，我国正在进一步深化保险业改革，保监会要进一步推进保险市场退出机制改革，健全保险公司退出机制，使得保险公司真正形成完整的治理链条，促使我国保险业健康发展。

五、谨防行政型治理带来的潜在治理风险

行政型治理与经济型治理并存的二元治理是我国公司治理目前典型的特点，也可以称之为中国式公司治理（李维安，2013）。保险公司也同样存在着这样的治理状态，保险公司行政型治理的形成有其特定的历史背景和原因，在金融危机等情境下，行政型治理反而能体现其优势，但总体来说，从行政型治理向经济型治理的演进是我国保险公司治理改革的目标或者方向，降低行政干预程度，提高市

场化、制度化、规范化水平，这也是我国保险公司治理从改制、股份制、上市等探索实践环节开始所期待的改革目标。

但由于保险业本身的特殊性，其在经营管理模式、风险控制、外部监管等方面都具有不同于一般公司的特点。因此，保险公司治理转型具有一定的特征。相对于一般国有企业，我国保险公司治理改革起步较晚，但进展较快。后危机时期保险公司"资源配置行政化、企业目标行政化、人事任免行政化、风险承担行政化"为特点的行政型治理有强化的趋势，因此，需要防止行政型治理给保险公司带来的负面影响，加快保险公司治理从行政型向经济型的转型，提高保险公司治理能力。

这其中的核心是要落实董事会职能，赋予他们选聘高管的权利及经营决策权，不能只是走一个程序，实现"自上而下"治理流程向"自下而上"治理流程的转变；建立起能够反映保险公司风险、偿付能力、业务质量和公司价值等因素的市场化高管考核机制，以及长短期激励结构安排合理的高管激励机制，探索高管股权等长期激励办法。

六、优化保险公司高管的激励与约束机制

金融危机爆发以来，金融机构高管薪酬制度改革呼声高涨，各国政府纷纷采取措施加强规范和监管。为切实加强对保险公司高管薪酬的监管，中国保监会于2012年12月发布的《保险公司薪酬管理规范指引（试行）》。该指引从薪酬结构、薪酬支付、绩效考核、薪酬管理和薪酬监管等多方面规范了保险行业的薪酬情况。

在积极贯彻指引的同时，首先，优化保险公司高管薪酬构成。保险公司应当改善自身的薪酬结构，减少基本薪酬的比例，增加绩效薪酬的比例，列明绩效薪酬的构成。需要注意的是绩效薪酬的多少要和对企业的贡献相联系，从而可以更加有效地调动高管的工作积极性。在完善薪酬与业绩挂钩的过程中，必须将经营风险引进薪酬机制中。可以考虑让高管人员投入资金承担企业的风险，如购买企业的股份。另外，要明晰产权关系，出台相应的法律政策，从法律上明确实施长期激励计划的企业、高管人员等。其次，改进高管薪酬信息披露制度。随着投资人和投保人对保险业高管薪酬信息披露的要求日益增高，有必要进一步完善高管薪酬信息披露模式，将薪酬置于阳光之下，保证市场的充分监督，促进薪酬设置的合理化。在公司内部，每名高管的具体薪酬数额应当为董事会成员知晓，独立董事应就薪酬政策、考核机制及每名高管的具体薪酬数额发表独立意见。在外部监管方面，公司应向监管机构报告公司的薪酬政策、考核激励的具体内容，并说明理由。再次，强化保险公司薪酬委员会，薪酬委员会的设立是董事会职能的深化，使薪酬制度得以在各个公司得到具体化的一种组织安排，保险公司要建立能

够切实代表股东利益的薪酬委员会，保证薪酬委员会的独立性，能够真正有效地对高管薪酬进行约束和监督。最后，考虑我国国有保险公司的实际情况。结合党管干部的做法，加强对国有及国有控股公司负责人的薪酬管理，充分发挥我国的特点和优势。

七、建立保险公司治理评价及评价结果应用机制

通过公司治理评价能够及时、准确地掌握保险公司的治理状况，发现保险公司治理存在的突出问题并进而加强相关方面的监管，从而第一时间规避保险公司治理风险。公司治理评价是一项系统工程，涉及评价主体、评价方法、评价结果使用等方面内容。

评价主体安排上可以考虑第三方。对于监管部门而言，尽管其在治理评价方面有较强的专业性，但由于人力有限，难以进行大规模、大样本的评价。在这方面，可以建立独立的第三方评价机制，如聘请学术研究机构等作为合作伙伴，要求其提供独立、客观、科学的评价结果，从而为有效监管提供支撑。建立评价机制本身并不是目的所在，很重要的一点就是要将其作为一种重要的监管手段，强化治理监管的有效性。

评价方法上需要做进一步优化调整。评价方法中核心的内容是评价指标体系的设计，我国保险监管部门在保险公司每年上报的公司治理报告中，要求保险公司参照给定的评价指标体系进行公司治理状况的自评，然后监管部门进行调整。这其中需要做出两个方面的优化调整，首先，评价指标要分类设置，对于股份制保险公司、有限制保险公司、保险资产管理公司、集团控股公司等不同类型机构需要设置专门的评价指标体系；其次，在评价指标体系构成上，要体现有不同的维度，而且不同维度赋予不同的权重。

要加强对公司治理评价结果的使用。只做治理评价工作，公司治理评价的监管作用基本上没有得到有效发挥。可以考虑定期发布最佳治理保险公司名录，甚至发布最差治理保险公司名录，从声誉机制角度给保险公司形成一个完善公司治理的压力；监管部门要将评价工作做成双向互动形式，即每年评价完后需要将评价结果反馈给保险公司，让保险公司知道其做得好的方面及存在的不足。

八、整合能够有效防范风险的内部监控机制

保险公司是经营风险的企业，风险管理格外重要。保险公司面临的常见风险有市场风险、信用风险、保险风险、操作风险、战略风险、声誉风险和流动性风险等。保险公司风险管理是对风险的识别、衡量和控制的技术方法，也可以指经

济主体用以降低风险负面影响的动态连续过程，其目的是直接有效地推动组织目标的实现；保险公司风险管理的总体目标是实现公司价值最大化，公司价值最大化将通过风险成本最小化实现（张君，2003）。

在保险公司建立有效的风险管理机制方面，监管机构历年来进行了大量的制度建设。例如，《保险公司内部控制制度建设指导原则》（1999 年）、《保险资金运用风险控制指引》（2004 年）、《寿险公司内部控制评价办法》（2006 年）、《保险公司风险管理指引》（2007 年）、《保险公司内部审计指引》（2007 年）、《保险公司关联交易管理办法》（2007 年）、《保险公司合规管理指引》（2008 年）、《财产保险公司风险评价办法》（2008 年）、《保险公司内部控制基本准则》（2010 年）、《寿险公司全面风险管理指引》（2010 年）。这些制度从不同的角度，对推动保险公司建立完善的风险管理机制起到了积极作用。

风险识别、衡量和控制的技术层面不是我国保险公司风险管理面临的主要问题，最突出的问题在于实施和操作，一方面，是要对保险公司已有各种公司内外部监督和控制机制进行整合，发挥出大监控体系的协同效应；另一方面，是要对相关监控机构的职能边界以及相互关系进行明确，至少在公司内部层面，避免功能的交叉和资源的浪费。

九、完善保险公司信息披露途径、形式与内容

一般公司治理中，我们说顾客和投资者是公司的两个"上帝"，要处理好公司与二者的关系，而在与客户和投资者形成的客户关系及投资者关系的管理中，最核心工作就是信息沟通。经济型治理的一个典型特点就是中小股东和其他利益相关者的有效参与，而投保人和中小股东参与保险公司治理的一个前提就是要了解公司基本情况。而为了实现这一目的，公司就必须及时、有效地进行相关信息的披露，从而帮助投保人、中小股东和其他利益相关者获得公司经营状况的信息。为此，应当出台专门针对保险公司的信息披露规定和指引，对公司披露重大事项的范围、时限等进行具体规定。2010 年 5 月，中国保监会颁布《保险公司信息披露管理办法》，同年 6 月 12 日起施行。按照《保险公司信息披露管理办法》，保险业建立了行业性的强制信息披露制度，监管机构主要从披露内容、披露方式、披露载体、披露周期等方面对保险公司进行监管。

但从目前执行情况来看，信息披露规范性和有效性还不够理想。第一，强制性信息披露方面要提高合规性。强制性信息披露指由相关法律、法规和规章所明确规定的保险公司必须披露信息的一种基本信息披露制度。这方面可以参考上市公司一些相关标准，保险公司至少实现信息披露的合规。第二，引导保险公司自愿性披露。信息披露的方式有强制性披露和自愿性披露。自愿性披露是指除强制

性披露的信息之外，基于投保人关系、投资者关系、降低资本成本、提高对投资者的吸引力、提升股票价格、回避诉讼风险等动机公司主动披露信息的行为，这是保险公司信息披露未来的主要方向。

十、提升保险公司广大利益相关者的认同度

中国保监会主席项俊波在全国保险监管工作会议上提出保险业声誉不佳、形象不好的问题比较突出，主要表现为"三个不认同"。一是消费者不认同。理赔难、销售误导、推销扰民等损害保险消费者利益的问题反映强烈，且长期以来未能得到较好解决，导致消费者对行业不信任。二是从业人员不认同。保险业基层员工压力大，收入低，社会地位低，感觉被人瞧不起，对自身发展没有信心。三是社会不认同。行业总体上仍停留在争抢业务规模和市场份额的低层次竞争水平，为了揽到业务不惜弄虚作假、违法违规，在社会上造成了非常不好的影响。这些问题正在不断地侵蚀保险业发展的诚信基础，严重损害保险行业形象，如果不及时采取有效措施加以解决，很可能会引发信任危机，制约行业的可持续发展，这个可能还不是一般的公司治理问题。

针对上述现象，首先，提高专业型人才和经验型人才的素质与待遇。从行业从业人员上来看，保险业进入门槛低，人员学历低，精通保险、擅长管理的中高端人才，特别是核保、核赔、风险管理等专业型人才，以及管理、营销、培训等经验型人才严重不足。营销员队伍中很大一部分只有高中学历，很多是下岗再就业人员，能力和素质不能适应现代保险业发展的要求，与银行、证券等其他金融行业相比更是有较大差距。其次，保险公司在经营过程中要遵守合法合规的底线。保险公司不能为片面追求眼前利益而违法违规，即使是短暂地赢得市场份额，也不利于保险公司的长远发展；另外，特别需要注意的是，对投保人利益保护，不能出现保险合同欺诈、欺瞒等不利于投保人的信息，在合同履行过程中，不要以各种理由无理推脱赔付。最后，继续深化保险公司营销体制改革。当前的保险营销员身份定位，在很多情况下既不是员工制，也不是代理制。有人说是"会员制"，虽不完全准确，但却犀利地点出了问题的本质。媒体曝光的电话营销和电话约访乱象，其实根源便在保险营销员制度本身的诸多问题。2010 年 10 月，监管机构下发了《关于改革完善保险营销员管理体制的意见》，启动保险营销体制改革，但改革思路尚不清晰。只有保险营销体制问题得到解决，保险公信力问题才有望解决，广大利益相关者的认同度才能逐渐提高，进而许多外部环境和政策支持才有望获得突破。

参 考 文 献

白重恩，刘俏，陆洲，等.2005.中国上市公司治理结构的实证研究[J].经济研究，（2）：81-91.

贲奔，臧明仪.2014.保险公司治理监管的硬约束[J].中国金融，（6）：56-58.

卞琳琳.2009.公司治理与竞争力的关系[D].南京农业大学.

宾国强，舒元.2003.股权分割、公司业绩与投资者保护[J].管理世界，（5）：101-108.

波士顿咨询公司.2004.跨国保险公司：中国观点[J].国际金融，（6）：56-58.

蔡莉莉，黄斌.2006.论保险公司的"共同治理"与政府角色的发挥[J].武汉大学学报（哲学社会科学版），（2）：175-179.

蔡颖.2010.保险公司偿付能力与资本结构优化问题研究[J].保险研究，（11）：8-19.

曹春霞，展凯.2007.全面开放下对外资保险公司的监管策略[J].保险研究，（2）：62-64.

曹红辉.2003-01-23.上市公司治理的出路：股权结构化繁为简[N].21世纪经济报道.

曹乾.2006.我国保险业运营效率问题研究[J].产业经济研究，（5）：48-56.

曹顺明.2006.保险公司治理结构监管是根本[J].银行家，（6）：78-79.

曹廷求，于建霞.2007.公司治理研究的深化与拓展：对近期文献的回顾[J].产业经济评论，（1）：71-90.

曹廷求，郑录军，于建霞.2006.政府股东、银行治理与中小商业银行风险控制——以山东、河南两省为例的实证分析[J].金融研究，（6）：99-108.

曹万林.2006.公司治理对企业竞争力影响的实证分析[D].东北财经大学.

曹晓润.2008.鼎盛保险公司治理结构研究[D].吉林大学.

陈彬.2011.保险公司治理对企业绩效影响的实证研究[D].复旦大学.

陈朝龙.2002.中国上市公司管理层激励的实证研究[J].重庆大学学报，（5）：24-26.

陈富道.2008.中国保险业对外开放的现状、问题及政策建议[J].武汉金融，（9）：7-10.

陈海秋.2004.企业竞争力的评价方法与指标体系研究述评[J].学海，（1）：166-172.

陈汉文，刘启亮，余劲松.2005.国家、股权结构、诚信与公司治理——以宏智科技为例[J].管理世界，（8）：134-142.

陈宏辉.2003.企业社会责任观的演进与发展：基于综合性社会契约的理解[J].中国工业经济，（12）：8-10.

陈虹，马永健.2013.我国保险业国际竞争力研究[J].保险研究，（3）：3-15.

陈林佳，郑佳峰.2015.高管权力、股权激励强度与企业绩效研究[J].特区经济，（4）：153-154.

陈鹏，张安祥.2015.农业类上市公司独立董事特征与绩效关系研究[J].安徽农业科学，（9）：345-347.

陈珊.2013.我国上市公司治理结构对核心竞争力影响的实证研究[D].贵州财经大学.

陈仕华，郑文全.2010.公司治理理论的最新进展：一个新的分析框架[J].管理世界，（2）：156-166.

陈文辉.2012.我国寿险产品竞争力的现状及对策[J].保险研究，（7）：3-6.

陈文强，贾生华.2015.股权激励、代理成本与企业绩效——基于双重委托代理问题的分析框架[J].当代经济科学，（2）：106-113.

陈晓，江东.2000.股权多元化、公司业绩与行业竞争性[J].经济研究，（8）：28-35.

陈小悦，徐晓东.2001.股权结构、企业绩效与投资者利益保护[J].经济研究，（11）：3-11.

陈晓红，李玉环，曾江洪.2007.管理层激励与中小上市公司成长性实证研究[J].科学学与科学技术管理，（7）：

134-140.

陈晓蓉.2003. 台湾银行业公司治理机制与风险承担行为之关系[J]. 风险管理学报，（3）：363-391.

陈信元，陈冬华，时旭.2003. 公司治理与现金股利：基于佛山照明的案例研究[J]. 管理世界，（8）：118-126.

陈艺灵.2015. 上市公司董事会与公司绩效关系研究[J]. 合作经济与科技，（7）：120-121.

成思危.1999. 东亚金融危机的分析与启示[M]. 北京：民主与建设出版社.

成思危.2006. 成思危论金融改革[M]. 北京：中国人民大学出版社.

成思危.2007-02-06. 居安思危促进股市稳步健康发展[N]. 金融时报.

成思危.2009. 公司治理要解决董事会的体制和机制问题[J]. 董事会，（5）：47-48.

成思危.2012. 美国金融危机的分析与启示[M]. 北京：科学出版社.

崔晓东，郑玉华.2011. 基于 RAM 的我国财险公司效率与偿付能力关系研究[J]. 统计研究，（3）：72-78.

邓文剑.2008. 中国保险公司治理评价体系研究[D]. 湖南大学.

邓小平.1991. 邓小平文选（第三卷）[M]. 北京：人民出版社.

董红.2004. 跨国经营的进入方式选择及其控制研究[J]. 现代财经，（7）：55-60.

董晶晶，王朝晖.2011. 跨国公司人才本土化和经营本土化的关系研究[J]. 市场周刊，（8）：123-124.

董麓，肖红叶.2001. 上市公司股权结构与公司业绩关系的实证分析[J]. 统计研究，（11）：28-30.

董小芳.2007. 保险公司治理模式的国际比较研究[D]. 吉林大学.

杜莹，刘立国.2002. 股权结构与公司治理效率——中国上市公司的实证分析[J]. 管理世界，（11）：124-133.

范丽娟，温素彬.2011.《会计研究》1980-2009 年文献计量分析——基于中国知识资源总库（CNKI）[J]. 情报
　　科学，（12）：1906-1911.

范晓屏.1999. 关于企业竞争力内涵与构成的探讨[J]. 浙江大学学报，（6）：62-68.

方国春.2014. 保单持有人与公司治理研究——基于人身保险公司分析[J]. 保险研究，（4）：51-62.

费鹏，屠梅曾.2002. 沪市电子电器行业上市公司股权结构与经营业绩实证分析[J]. 财经科学，（2）：289-292.

冯芬芬.2014. 我国保险公司治理监管的研究[D]. 西南财经大学.

冯根福.2004. 双重委托代理理论：上市公司治理的另一种分析框架——兼论进一步完善中国上市公司治理的新思
　　路[J]. 经济研究，（12）：16-25.

冯根福.2006. 中国公司治理基本理论研究的回顾与反思[J]. 经济学家，（3）：13-20.

冯根福，赵健.2002. 现代公司治理结构新分析——兼评国内外现代公司治理结构研究的新进展[J]. 中国工业经
　　济，（11）：75-83.

冯嗣全，欧阳令南.2003. 银行国际化：组织机构形式的选择[J]. 财经科学，（5）：11-15.

付从荣，谢获宝.2014. 保险公司参股与盈余质量关系研究——基于我国上市公司的实证研究[J]. 保险研究，（3）：
　　44-53.

傅贤治，李梅泉.2005. 公司治理结构与企业竞争力的悖论——兼论家族企业治理结构的特殊性[J]. 市场周刊（研
　　究版），（7）：4-7.

高闯.2009. 公司治理：原理与前沿问题[M]. 北京：经济管理出版社.

高侯平.2008. 保险公司偿付能力影响因素研究[J]. 山西财经大学学报，（1）：120.

高雷，李芬香，张杰.2007. 公司治理与代理成本——来自上市公司的经验证据[J]. 财会通讯（学术版），（4）：29-34.

高明华，马守莉. 2002. 独立董事制度与公司绩效关系的实证分析——兼论中国独立董事有效行权的制度环境[J].
　　南开经济研究，（2）：64-68.

高明华.2001. 中国企业经营者行为内部制衡与经营绩效的相关性分析[J]. 南开管理评论，（5）：6-13.

高琪.2015. 股权结构、公司业绩与高管薪酬[J]. 会计之友，（7）：41-45.

高志强.2008. 基于风险的保险公司偿付能力框架研究[J]. 保险研究，（9）：52-55.

龚福和，高娟. 2013. 基于因子分析法的中小制造企业成长性研究[J]. 西安工业大学学报，（1）：46-51.

谷祺，于东智. 2001. 公司治理、董事会行为与经营绩效[J]. 财经问题研究，（1）：58-65.

谷书堂，李维安，高明华. 1999. 中国上市公司内部治理的实证分析——中国上市公司内部治理问卷调查报告[J]. 管理世界，（6）：144-151.

顾孟亚. 2014. 我国保险公司治理风险的产生机理及防范研究[D]. 西南财经大学.

郭春林. 2015. 公司治理结构与企业绩效相关性实证研究[J]. 中国管理信息化，（9）：100-102.

郭晓辉，杨明亮，陈敏. 2006. 我国保险公司治理模式的选择[J]. 当代经济科学，（1）：122-123.

韩松，王德令. 2009. 中国保险业效率分析：基于2003年-2007年数据[J]. 保险研究，（6）：20-28.

郝臣. 2008. 公司治理与绩效关系研究最新进展[J]. 财务与金融，（5）：79-83.

郝臣. 2009a. 公司治理的价值相关性研究——来自沪深两市2002-2005的面板数据[J]. 证券市场导报，（3）：40-46.

郝臣. 2009b. 国外公司治理与公司绩效关系研究综述——1976年-2006年经典文献梳理[J]. 审计与经济研究，（2）：107-112.

郝臣. 2009c. 国外国有企业董事会建设比较研究[J]. 经济与管理研究，（9）：123-128.

郝臣. 2009d. 中国上市公司治理案例[M]. 北京：中国发展出版社.

郝臣，宫永建，孙凌霞. 2009. 公司治理要素对代理成本影响的实证研究——来自我国上市公司的证据（2000-2007）[J]. 软科学，（10）：123-127.

郝臣，李飞，王旭. 2013. 我国保险公司跨境经营问题研究[J]. 保险研究，（11）：70-77.

郝臣，李慧聪，罗胜. 2011. 保险公司治理研究：进展、框架与展望[J]. 保险研究，（11）：119-127.

郝臣，李礼. 2006. 公司治理模式的多维度比较研究：构建公司治理权变模式[J]. 南开管理评论，（2）：84-89.

郝臣，李维安，王旭. 2015. 中国上市金融机构是否有效治理——风险承担视角[J]. 现代财经，（11）：12-21.

郝臣，王旭，王励翔. 2015. 我国保险公司社会责任状况研究——基于保险公司社会责任报告的分析[J]. 保险研究，（5）：92-100.

郝臣. 2015. 中国保险公司治理研究[M]. 北京：清华大学出版社.

郝演苏，张文峰，杨雪君. 2013. 影响外资保险公司境外发展的国家主权个性因素研究[J]. 保险研究，（5）：3-13.

郝演苏. 2007. 服务和谐社会建设保险业需要解决的几个问题[J]. 中国金融，（5）：45-47.

侯利强. 2007. 保险公司上市收益与风险分析[J]. 山西财经大学学报，（2）：123-123.

胡大立. 2003. 应用灰色系统理论评价企业竞争力[J]. 科技进步与决策，（1）：159-161.

胡林昌. 2011. 关于国内产险公司效率与效益的比较分析[J]. 现代管理科学，（2）：44-46.

胡铭. 2001. 我国上市公司监事会与经营绩效的实证分析[J]. 吉林省经济管理干部学院学报，（12）：6-9.

胡铭. 2002. 我国上市公司董事会与经营绩效的实证分析[J]. 吉林财税高等专科学校学报，（4）：46-49.

胡铭. 2003. 上市公司高层经理与经营绩效的实证分析[J]. 财贸经济，（4）：59-62.

胡勤勤，沈艺峰. 2002. 独立外部董事能否提高上市公司的经营业绩[J]. 世界经济，（7）：55-63.

胡晓阳，李少斌，冯科. 2005. 我国上市公司董事会行为与公司绩效变化的实证分析[J]. 中国软科学，（6）：121-126.

胡一帆，宋敏，张俊喜. 2005. 竞争、产权、公司治理三大理论的相对重要性及交互关系[J]. 经济研究，（9）：44-57.

胡奕明，谢诗蕾. 2005. 银行监督效应与贷款定价——来自上市公司的一项经验研究[J]. 管理世界，（5）：27-36.

华锦阳. 2003. 论公司治理的功能体系及对我国上市公司的实证分析[J]. 管理世界，（1）：127-132.

黄珺，蒋颖歌，田彬. 2010. 金融业上市公司高管薪酬影响因素的实证研究[J]. 经济问题探索，（5）：124-129.

黄丽青. 2012. 保险品牌竞争力的评价体系研究——基于再保险公司的实证[J]. 当代经济，（11）：114-117.

黄薇. 2006. 基于SFA方法对中国保险机构效率的实证研究[J]. 南开经济研究，（5）：104-115.

黄旭男，吴国华. 2001. 台湾地区寿险业经营绩效之衡量[J]. 管理与系统，（8）：401-420

纪志明. 2005. 上市公司成长性的行业特征分析[J]. 华南师范大学学报（社会科学版），（5）：62-66.

冀志斌，陆婷婷. 2004. 保险公司上市的风险分析[J]. 上海保险，（3）：24-26.

贾生华，陈宏辉. 2002. 利益相关者的界定方法述评[J]. 外国经济与管理，（5）：13-18.

江津，王凯. 2015. 我国保险公司治理机制有效性研究——基于上市保险公司的实证检验[J]. 保险研究，（1）：62-71.

江生忠. 1999. 论我国保险监管的几个问题[J]. 保险研究，（3）：7-10.

江生忠. 2008. 保险企业组织形式研究[M]. 北京：中国财政经济出版社.

江生忠，李静. 2002. 国际保险业的发展趋势研究[J]. 南开经济研究，（4）：25-30.

江生忠，刘玉焕. 2012. 产品结构失衡对寿险公司资本结构、盈利能力和偿付能力的影响——以上市保险公司为例[J]. 保险研究，（3）：45-53.

江生忠，邵全权. 2007. 保险竞争力研究方法综述——层次分析法、数据包络法及因子分析法的应用[J]. 江西财经大学学报，（3）：34-38.

江生忠，祝向军. 2001a. 保险公司上市问题的理论分析[J]. 保险研究，（3）：6-9.

江生忠，祝向军. 2001b. 保险公司上市问题的理论分析和现实思考. 南开经济研究，（1）：41-44.

姜付秀，支晓强，张敏. 2008. 投资者利益保护与股权融资成本——以中国上市公司为例的研究[J]. 管理世界，（2）：117-125.

姜国华，徐信忠，赵龙凯. 2006. 公司治理和投资者保护研究综述[J]. 管理世界，（6）：161-170.

姜少敏，侯书森. 2000. 收购兼并：进入世界500强的绝招[J]. 国际市场，（1）：40-41.

蒋才芳，陈收. 2014. 我国人寿保险公司经营绩效的 DEA 有效性分析[J]. 财经理论与实践，（4）：27-32.

蒋有凌，周红梅. 2007. 第三方物流企业的核心竞争力评价[J]. 经济管理，（13）：62-71.

解强，陈月，江生忠. 2009. 综合经营对保险业经营效率影响的比较分析——来自欧、美、日、中国台湾的经验[J]. 财经论丛，（1）：62-67.

解强，李秀芳. 2009a. 保险集团经营效率的比较及其影响因素分析——来自欧、美、日和中国台湾的经验[J]. 江西财经大学学报，（5）：41-47.

解强，李秀芳. 2009b. 基于多目标规划的寿险公司资产负债管理[J]. 当代经济科学，（3）：78-83.

金碚. 2001. 论企业竞争力的性质[J]. 中国工业经济，（10）：5-10.

金晶. 2007. 中国保险业效率的实证研究[D]. 浙江工商大学.

金霜. 2012. 公司治理机制与企业竞争力关系研究[D]. 南京财经大学.

靳云汇，李克成. 2002. 董事会结构与公司业绩关系的实证研究[J]. 数量经济技术经济研究，（8）：79-82.

景珮，李秀芳. 2013. 我国财产保险公司资本结构的影响因素分析——基于权衡理论视角的实证检验[J]. 现代财经（天津财经大学学报），（1）：80-86.

寇业富，许文璐. 2013. 我国财产保险公司竞争力评价结论稳健性检验[J]. 保险研究，（10）：11-18.

寇业富，周月琴. 2012. 中资外资人身险公司竞争力评价比较——基于"中国保险公司竞争力评价研究报告（2011）"[J]. 保险研究，（1）：53-59.

赖建清，李常青，谢志锋. 2004. 公司董事会特征与绩效研究综述[J]. 当代财经，（8）：74-77.

兰冬娟，宋金刚. 2009. 我国保险资金境外投资风险防范探析[J]. 保险研究，（1）：91-95.

冷煜. 2009. 保险监管国际比较及发展趋势研究[J]. 保险研究，（3）：88-94.

李冰清，焦永刚，赵娜. 2012. 分红保险、代理理论与保险公司股权代理成本[J]. 金融研究，（12）：193-206.

李冰清，谭艺. 2013. 保险公司最优资本结构研究[J]. 保险研究，（12）：3-13.

李冰清，张艳，王晶晶. 2013. 非寿险最低偿付能力资本研究[J]. 保险研究，（3）：47-54.

李陈华，张伟. 2005. 企业规模 VS 效率：对中国保险企业的 DEA 经验研究[J]. 系统工程，（9）：37-41.

李东明，邓世强. 1999. 上市公司董事会结构、职能的实证研究[J]. 证券市场导报，（10）：25-30.

李慧聪，李维安，郝臣. 2015. 公司治理监管环境下合规对治理有效性的影响——基于中国保险业数据的实证研究[J].

中国工业经济，（8）：98-113.

李康乐.2008. 试论保险职业经理人市场的机制[J]. 保险职业学院学报，（22）：37-38.

李克成.2005. 国内寿险公司经营效率实证分析[J]. 保险研究，（2）：37-41.

李玲，周晖，陈国胜.2008. 保险公司激励机制创新研究[J]. 保险职业学院学报，（6）：37-38.

李琼，苏恒轩.2003. 论国有独资保险公司的治理结构[J]. 保险研究，（4）：10-12.

李秋孟.2014. 我国保险公司股权结构与公司治理绩效研究[D]. 华南理工大学.

李双杰，杨熠.2008. 中国保险企业经营绩效研究及影响因素分析[J]. 全国商情·经济理论研究，（9）：47-50.

李涛.2002. 混合所有制公司中的国有股权——论国有股减持的理论基础[J]. 经济研究，（8）：19-27.

李维安.1995. 股份制的安定性研究[M]. 西安：陕西人民出版社.

李维安.1999. 公司治理学[M]. 北京：高等教育出版社.

李维安.2005. 公司治理学（第二版）[M]. 北京：高等教育出版社.

李维安.2006. 回望中国公司治理十五年[J]. 中外管理，（11）：117.

李维安.2008. 现代企业制度建设新阶段：深化公司治理改革[J]. 南开管理评论，（1）：1.

李维安.2009. 金融危机凸显金融机构治理风险[J]. 资本市场，（3）：110-113.

李维安.2012a. 中国公司治理与发展报告 2012[M]. 北京：北京大学出版社.

李维安.2012b. 中国上市公司治理评价[J]. 中国金融，（12）：41-43.

李维安.2014. 中国公司治理与发展报告 2013[M]. 北京：北京大学出版社.

李维安，曹廷求.2004. 股权结构、治理机制与城市银行绩效——来自山东、河南两省的调查证据[J]. 经济研究，（12）：4-15.

李维安，曹廷求.2005a. 保险公司治理：理论模式与我国的改革[J]. 保险研究，（4）：4-8.

李维安，曹廷求.2005b. 商业银行公司治理——基于商业银行特殊性的研究[J]. 南开学报，（1）：83-89.

李维安，程新生.2005. 公司治理评价及其数据库建设[J]. 中国会计评论，（2）：387-400.

李维安，郝臣.2006. 中国上市公司监事会治理评价实证研究[J]. 上海财经大学学报，（3）：78-84.

李维安，郝臣.2009. 金融机构治理及一般框架研究[J]. 农村金融研究，（4）：4-13.

李维安，郝臣.2015. 公司治理手册[M]. 北京：清华大学出版社.

李维安，李汉军.2006. 股权结构、高管持股与公司绩效——来自民营上市公司的证据[J]. 南开管理评论，（5）：4-10.

李维安，李慧聪，郝臣.2012. 保险公司治理、偿付能力与利益相关者保护[J]. 中国软科学，（8）：35-44.

李维安，李慧聪，郝臣.2013. 高管减持与公司治理创业板公司成长的影响机制研究[J]. 管理科学，（4）：1-12.

李维安，牛建波.2004. 中国上市公司经理层治理评价与实证研究[J]. 中国工业经济，（9）：57-64.

李维安，邱艾超，古志辉.2010. 双重公司治理环境、政治联系偏好与公司绩效——基于中国民营上市公司治理转型的研究[J]. 中国工业经济，（6）：85-95.

李维安，邱艾超，牛建波，等.2010. 公司治理研究的新进展：国际趋势与中国模式[J]. 南开管理评论，（6）：13-24.

李维安，邱艾超.2010. 国有企业公司治理的转型路径及量化体系研究[J]. 科学学与科学技术管理，（9）：168-171.

李维安，寿峥嵘.2009. 多地上市助力提升公司治理水平[J]. 资本市场，（7）：112-116.

李维安，孙文.2007. 董事会治理对公司绩效累积效应的实证研究——基于中国上市公司的数据[J]. 中国工业经济，（12）：77-84.

李维安，唐跃军.2005. 上市公司利益相关者治理机制、治理指数与企业业绩[J]. 管理世界，（9）：127-136.

李维安，唐跃军.2006. 公司治理评价、治理指数与公司业绩——来自 2003 年中国上市公司的证据[J]. 中国工业经济，（4）：98-107.

李维安，王世权.2005. 中国上市公司监事会治理绩效评价与实证研究[J]. 南开管理评论，（1）：4-9.

李维安，王世权.2007. 利益相关者治理理论研究脉络及其进展探析[J]. 外国经济与管理，（4）：10-17.

李维安, 张国萍. 2005. 经理层治理评价指数与相关绩效的实证研究——基于中国上市公司治理评价的研究[J]. 经济研究, (11)：87-98.

李维安, 张耀伟. 2005. 中国上市公司董事会治理评价实证研究[J]. 当代经济科学, (1)：17-23.

李卫东. 2009. 高速公路经营企业核心竞争力构成要素及提升策略研究[D]. 华中科技大学.

李秀芳. 2002. 从中国寿险业的资产负债管理谈监管环境的改善[J]. 南开经济研究, (4)：35-37.

李秀芳, 卞小娇, 安超. 2013. 寿险企业成长模型：基于 Gibrat 法则的实证检验[J]. 保险研究, (3)：88-99.

李艳虹, 吴聪. 2009. 中国保险业效率的实证研究[J]. 海南大学学报, (3)：310-316.

李燕萍, 张海雯, 贺欢. 2010. 金融上市企业高管人力资本对其薪酬的影响[J]. 经济管理, (6)：86-91.

李增泉. 2000. 激励机制与企业绩效——一项基于上市公司的实证研究[J]. 会计研究, (1)：24-30.

李兆斌, 李靖, 李蕾. 2007. 我国国有保险公司治理结构制度建设[J]. 合作经济与科技, (18)：48-49.

李争光. 2015. 高管薪酬与企业绩效——来自中国上市公司的经验证据[J]. 现代管理科学, (3)：106-108.

李志杰. 2008. 境外上市公司的治理改进与价值提升[M]. 北京：中国经济出版社.

梁博. 2013. 股权结构与公司成长性相关性研究——基于中小板 2007-2009 年数据的实证分析[J]. 经营与管理, (4)：76-79.

梁涛. 2010. 2009 中国人身保险监管与发展报告[M]. 北京：中国财政经济出版社.

梁涛. 2011. 2010 中国人身保险监管与发展报告[M]. 北京：中国财政经济出版社.

梁涛. 2012. 2011 中国人身保险监管与发展报告[M]. 北京：人民日报出版社.

梁婷, 夏常源. 2014. 上市公司独立董事治理与薪酬契约的比较研究——基于社会网络分析视角[J]. 保险研究, (2)：85-92.

廖梦语. 2014. 我国保险公司治理对公司绩效影响的实证研究[D]. 西南财经大学.

林汉川, 管鸿禧. 2004. 我国东中西部中小企业竞争力实证比较研究[J]. 经济研究, (12)：45-54.

林蔺密, 孙绍荣. 2011. 2001-2010 年基于 CSSCI 的行为经济学文献计量分析[J]. 现代情报, (5)：92-97.

林小华, 裴斐. 2007. 我国保险公司治理结构监管相关问题研究[J]. 保险研究, (6)：64-66.

林毅夫, 蔡昉, 李周. 1997. 充分信息与国有企业改革[M]. 上海：上海三联书店、上海人民出版社.

林征. 2006. 我国国有保险公司治理结构对策探讨[J]. 福建金融, (8)：38-39.

凌士显. 2014. 我国保险公司治理研究现状分析[J]. 金融经济, (10)：90-92.

刘宝璋. 2005. 我国保险监管制度研究[D]. 山东大学.

刘国亮, 王加胜. 2000. 上市公司股权结构激励制度及绩效的实证研究[J]. 经济理论与经济管理, (5)：40-45.

刘汉民. 2002. 所有制、制度环境与公司治理效率[J]. 经济研究, (6)：63-68.

刘建国. 2006. 我国保险公司治理模式研究[D]. 华中科技大学.

刘江格. 2004. 浅析我国保险公司上市的收益与风险[J]. 河北法学, (7)：97-102.

刘金霞, 齐青婵. 2008. 我国国有控股保险集团公司治理结构研究[J]. 浙江金融, (6)：47.

刘金章, 王晓炜. 2004. 现代保险辞典[M]. 北京：中国金融出版社.

刘军. 2005. 保险公司集团治理初探[J]. 大众科技, (12)：142-143.

刘钧. 2003. 论保险公司治理结构的制度建设[J]. 保险研究, (3)：2-4.

刘美玉. 2008. 基于利益相关者共同治理的保险公司治理研究[J]. 保险研究, (9)：7-12.

刘平. 2011. 对我国保险公司综合竞争力的比较研究[J]. 上海金融学院学报, (2)：5-13.

刘芍佳, 孙霈, 刘乃全. 2003. 终极产权论、股权结构及公司绩效[J]. 经济研究, (4)：51-93.

刘素春. 2010. 保险公司治理的特殊性研究——基于利益相关者理论[J]. 保险研究, (5)：84-89.

刘素春, 张艳. 2008. 我国金融保险业高管薪酬与企业业绩相关性实证研究[J]. 金融理论与实践, (10)：50-52.

刘素春, 张艳. 2010. 后危机时期我国保险公司高管薪酬激励与约束问题研究[J]. 保险市场, (6)：32-38.

刘玮. 1998. 试论保险市场的法律监管体系[J]. 保险研究, (5): 42-45.

刘霄仑, 郝臣, 褚玉萍. 2012. 公司治理对上市公司审计意见类型影响的研究——基于2007-2011年中国民营上市公司的面板数据[J]. 审计研究, (5): 51-57.

刘友芝. 2001. 经济全球化下中国保险监管模式的两难选择[J]. 武汉金融, (12): 21-24.

刘玉敏. 2006. 治理因素与公司绩效关联关系的量化分析[J]. 郑州大学学报, (3): 108-114.

刘元元. 2004. 公司治理与中国金融业竞争力提升[J]. 管理现代化, (2): 45-47.

刘志迎, 孙文平, 李静. 2007. 中国财产保险业成本效率及影响因素的实证研究[J]. 金融研究, (4): 87-99.

卢昌崇. 1994. 公司治理机构及新、老三会关系论[J]. 经济研究, (11): 10-17.

陆爱勤. 2006. 跨国保险企业与本土保险企业竞争发展的战略选择[J]. 上海保险, (3): 5-8.

陆渊. 2009. 基于数据包络分析法的中国保险公司治理研究[J]. 保险研究, (4): 24-29.

陆志翔, 石金涛. 2004. 国有保险公司长期激励方法对比研究[J]. 技术经济与管理研究, (4): 84-85.

吕长江, 肖成民. 2006. 民营上市公司所有权安排与掏空行为——基于阳光集团的案例研究[J]. 管理世界, (10): 128-138.

吕宙. 2003. 论中国保险业国际竞争力[J]. 金融研究, (4): 125-129.

罗党论, 刘晓龙. 2009. 政治关系、进入壁垒与企业绩效——来自中国民营上市公司的经验证据[J]. 管理世界, (5): 97-106.

罗岚. 2011. 中国商业银行跨国经营的动因研究[J]. 江南大学学报 (人文社会科学版), (1): 80-86.

罗胜. 2012. 保险公司治理评价与治理监管研究[D]. 南开大学.

罗胜. 2013. 保险公司的薪酬监管[J]. 中国金融, (6): 68-69.

罗胜, 曹顺明. 2011. 保险公司控股股东和实际控制人监管的合理性基础与制度设计[J]. 保险研究, (2): 26-32.

罗胜, 邱艾超. 2008. 基于公司治理系统论的金融机构治理风险研究[J]. 保险研究, (12): 57-62.

罗胜, 张雁云. 2011. 保险公司董事会评价机制研究[J]. 保险研究, (9): 109-113.

马俊. 2001. 保险公司上市的意义及障碍分析[J]. 经济管理与研究, (2): 47-52.

马连福. 2001. 增强国有企业竞争力的突破口: 公司治理竞争力[J]. 天津经济, (11): 36-41.

孟凡收, 姜宝德, 卢兆丰. 2007. 我国财产保险公司偿付能力影响因素分析[J]. 经济导刊, (S2): 135-136.

孟彦君. 2007. 保险公司治理的国际经验及启示[D]. 对外经济贸易大学.

孟昭亿. 2006. 外资保险的进入和中国保险业的发展[J]. 中国金融, (23): 37-38.

南开大学公司治理评价课题组. 2007. 中国上市公司治理评价与指数分析——基于2006年1249家公司[J]. 管理世界, (5): 104-114.

南开大学公司治理评价课题组. 2008. 中国公司治理评价与指数报告——基于2007年1162家上市公司[J]. 管理世界, (1): 145-151.

南开大学公司治理评价课题组. 2010. 中国上市公司治理状况评价研究——来自2008年1127家上市公司的数据[J]. 管理世界, (1): 142-151.

南开大学公司治理评价课题组. 2006. 中国上市公司治理指数与公司绩效的实证分析——基于中国1149家上市公司的研究[J]. 管理世界, (3): 104-113.

南开大学公司治理研究中心课题组. 2003. 中国上市公司治理评价系统研究[J]. 南开管理评论, (3): 4-12.

聂辰席. 2003. 企业竞争力评价方法及其应用研究[D]. 天津大学.

聂清凯, 张彦波. 2006. 公司治理文化与企业竞争力: 作用机理和形成路径[J]. 天津行政学院学报, (4): 49-53.

宁向东. 2003. 公司治理研究的均衡观及其意义[J]. 南开管理评论, (5): 42-45.

宁向东. 2005. 公司治理理论[M]. 北京: 中国发展出版社.

欧阳峣. 2006. 民营企业对外直接投资的公司治理[J]. 求索, (5): 22-25.

潘福祥，杨之曙. 2004. 公司治理和企业价值研究最新进展[J]. 证券市场导报，（6）：48-52.

潘敏. 2006. 商业银行公司治理：一个基于银行业特征的理论分析[J]. 金融研究，（3）：37-47.

潘越，戴亦一. 2008. 双重上市与融资约束[J]. 中国工业经济，（5）：139-149.

潘镇，鲁明泓. 2003. 基于价值链之上的企业竞争力———一项对 457 家中小企业的实证研究[J]. 管理世界，（3）：119-125.

彭虹，汤丽. 2010. 保险公司治理监管法律问题初探[J]. 云南大学学报，（5）：27-32.

彭雪梅. 2003. 保险公司上市的风险分析[J]. 保险研究，（5）：22-24.

钱琨. 2008. 国有保险公司治理法律问题研究[D]. 大连海事大学.

钱璐，郑少智. 2005. 对中资保险公司海外上市的思考[J]. 特区经济，（5）：86-87.

钱颖一. 1995. 企业的治理结构改革和融资结构改革[J]. 经济研究，（1）：20-29.

青木昌彦. 2001. 比较制度分析[M]. 上海：上海远东出版社.

邱艾超. 2012. 行政型治理的制度环境及绩效表现研究[D]. 南开大学.

邱艾超，罗胜. 2010. 保险公司治理转型：从行政型治理到经济型治理[J]. 保险研究，（1）：43-46.

邱均平，邹菲. 2003. 国内内容分析法的研究进展[J]. 图书馆杂志，（4）：5-8.

裘红霞，万俊文. 2003. 保险公司上市问题探析[J]. 兰州商学院学报，（1）：108-111.

任雅珊，戴绍文. 2011. 关于我国保险公司履行社会责任的综合评价[J]. 保险职业学业报刊，（1）：38-41.

申院荣. 2007. 从管理层控制博弈分析看保险公司治理监管[J]. 经济论坛，（1）：95-97.

沈红波，戚艳霞. 2007. 企业海外上市对公司治理的影响[J]. 山西财经大学学报，（5）：56-60.

沈洪涛. 2007. 国外公司社会责任报告主要模式述评[J]. 证券市场导报，（8）：7-13.

沈蕾. 2009. 论保险公司治理的特殊性———个数理模型的分析[J]. 财经论丛，（3）：54-61.

沈毅群. 1996. 保险公司的偿付能力及其监管[J]. 保险研究，（5）：33-36.

施东晖. 2000. 股权结构、公司治理与绩效表现[J]. 世界经济，（12）：37-44.

施东晖. 2001. 证券市场层次化：国际经验和我国的选择[J]. 改革，（5）：87-91.

施东晖. 2003. 转轨经济中的所有权与竞争：来自中国上市公司的经验证据[J]. 经济研究，（8）：46-54.

施东晖，司徒大年. 2004. 中国上市公司治理水平及对绩效影响的经验研究[J]. 世界经济，（5）：69-79.

施岚，李秀芳. 2007. 基于 DEA 方法的我国财产保险公司技术效率分析[J]. 保险研究，（4）：50-52.

时时. 1988. 秦道夫在人民保险公司海外保险公司总经理会上的谈话[J]. 中国金融，（1）：48-49.

史克波. 2010. 我国上市公司治理结构对企业竞争力影响的实证研究[D]. 重庆理工大学.

宋德舜. 2004. 国有控股、最高决策者激励与公司绩效[J]. 中国工业经济，（3）：91-98.

宋敏，张俊喜，李春涛. 2004. 股权结构的陷阱[J]. 南开管理评论，（7）：9-23.

宋增基，张宗益. 2002. 上市公司经营者报酬与公司绩效实证研究[J]. 重庆大学学报，（11）：90-93.

苏春宇. 2009. 上市公司公司治理对企业竞争力影响的实证研究[D]. 吉林大学.

粟芳，俞自由. 2001. 非寿险偿付能力影响因素的实证分析[J]. 财经研究，（7）：23-27.

隋波，薛惠锋. 2005. 企业成长评价模型[J]. 系统工程，（6）：67-72.

孙兵. 2000. 论保险公司的上市[J]. 保险研究，（11）：1-2.

孙敬水，孙金秀. 2005. 我国上市公司监事会与公司绩效的实证检验[J]. 统计观察，（2）：64-65.

孙丽娟. 2009. 保险公司破产的国际经验与借鉴[J]. 保险研究，（6）：67-74.

孙利英，陈捷，严学锋，等. 1999. 高端聚焦：中国上市公司治理改革新动向[J]. 董事会，（5）：47-49.

孙娜，晏勇健. 2005. 国外公司治理结构比较及对我国保险公司治理的启示[J]. 北方经济，（7）：78-79.

孙祁祥. 2014. 保险业需要在反思中成长[J]. 中国金融，（17）：25-28.

孙祁祥，贾奔. 1997. 中国保险产业发展的供需规模分析[J]. 经济研究，（3）：55-61.

孙祁祥，王国军，郑伟. 2012. 中国保险市场对外开放的重大议题与政策选择：2012-2020[J]. 保险研究，（2）：3-12.

孙祁祥，郑伟. 2005. 中国保险业的双重角色、制度责任与挑战[J]. 保险研究，（7）：26-29.

孙祁祥，郑伟. 2011. 入世十年与中国保险业对外开放：理论、评价与政策选择[M]. 北京：经济科学出版社.

孙祁祥，郑伟. 2012. 中国保险业发展报告[M]. 北京：北京大学出版社.

孙祁祥，郑伟. 2013. 中国保险业发展报告[M]. 北京：北京大学出版社.

孙祁祥，郑伟. 2014a. 金融危机与保险监管[J]. 中国金融，（1）：38-40.

孙祁祥，郑伟. 2014b. 中国保险业发展报告[M]. 北京：北京大学出版社.

孙祁祥，郑伟. 2015. 中国保险业发展报告[M]. 北京：北京大学出版社.

孙蓉，韩文龙，王向楠. 2013. 中国农业保险公司的规模经济和范围经济研究[J]. 保险研究，（12）：29-38.

孙蓉，王超. 2013. 我国保险公司经营绩效综合评价[J]. 保险研究，（1）：49-57.

孙蓉，杨馥. 2008a. 改革开放三十年：中国保险业的变迁与发展[J]. 保险研究，（12）：7-15.

孙蓉，杨馥. 2008b. 我国保险业适度监管问题研究[J]. 保险职业学院学报，（2）：15-18.

孙永祥，黄祖辉. 1999. 上市公司的股权结构与绩效[J]. 经济研究，（12）：56-61.

孙永祥，章融. 2000. 董事会规模、公司治理与绩效[J]. 企业经济，（10）：13-15.

孙铮，姜秀华，任强. 2001. 治理结构与公司业绩的相关性研究[J]. 财贸研究，（4）：3-11.

覃家琦，何青，李嫦娟. 2009. 跨境双重上市与公司投资效率分析[J]. 证券市场导报，（10）：52-60.

谭中明，陈渊. 2009. 保险公司社会责任信度评价体系研究[J]. 保险研究，（5）：24-28.

檀丽阳. 2010. 公司治理结构、社会责任与企业竞争力的相关性研究[D]. 北京交通大学.

唐金成，孙灵刚. 2014. 中国上市保险公司治理问题研究[J]. 广西大学学报（哲学社会科学版），（1）：34-38.

唐跃军，程新生，吕斐适. 2005. 中国上市公司信息披露机制评价及信息披露指数研究[J]. 上海金融，（3）：37-40.

唐跃军，李维安. 2008. 公司和谐、利益相关者治理与公司业绩[J]. 中国工业经济，（6）：86-98.

田志龙，杨辉. 1998. 我国公司治理结构的一些基本特征研究[J]. 管理世界，（2）：135-142.

汪昌云，孙艳梅，郑志刚，等. 2010. 股权分置改革是否改善了上市公司治理机制的有效性[J]. 金融研究，（12）：131-145.

汪民. 2008. 上市公司竞争力评价研究[D]. 山东大学.

王超. 2005. 保险公司的财务治理研究[D]. 西南财经大学.

王成辉，江生忠. 2006. 我国保险业竞争力诊断指标体系及其应用[J]. 南开经济研究，（5）：116-131.

王丹. 2010. 论我国保险公司治理的特殊性及模式设计[J]. 中国集体经济，（21）：104-105.

王国跃，王伟，杜征征. 2009. 我国企业境外上市研究：基于 SWOT 分析[J]. 中央财经大学学报，（4）：39-42.

王浩. 2014. 中国保险公司治理机制研究[D]. 西南财经大学.

王洪栋. 2003. 保险监管与保险公司治理理念[J]. 中国保险管理干部学院学报，（2）：17-21.

王家庭，赵亮. 2010. 我国财产保险业的经营效率测度及提升的实证研究[J]. 数量经济技术经济研究，（3）：107-118.

王克敏，陈井勇. 2004. 股权结构、投资者保护与公司绩效[J]. 管理世界，（7）：127-134.

王茂琪，陈秉正. 2009. AIG 陷入财务困境的原因及启示[J]. 保险研究，（2）：65-71.

王青燕，何有世. 2005. 影响中国上市公司成长性的主要因素分析[J]. 统计与决策，（2）：61-63.

王世波，王成. 2010. 基于 SEM 的企业信息化提升企业竞争力评价模型研究[J]. 科技管理研究，（7）：137-139.

王挺革. 2009. 外贸企业公司内部治理与竞争力提升分析研究[D]. 厦门大学.

王维祝. 2008. 我国上市公司竞争力决定因素及其变动研究——基于 2003-2006 年的面板数据[J]. 南开学报（哲学社会科学版），（6）：45-50.

王伟. 2001. 监管国际化：瞄准偿付能力[J]. 中国保险，（4）：34-35.

王小娥，赵守国. 2002. 上市公司董事会结构的实证分析[J]. 西北大学学报，（2）：45-48.

王艳, 李洋, 叶璐莹. 2015. 基于价值驱动因素构建保险公司价值评估体系[J]. 保险职业学院学报, (1): 52-56.

王玉玫. 2011. 论我国保险公司治理中监督机制的建立与完善[J]. 中央财经大学学报, (2): 78-81.

王兆峰. 2009. 基于产业集群的旅游产业结构升级优化研究[M]. 北京: 中国社会科学出版社.

王正文, 田玲, 李慧. 2015. 基于动态财务分析的财产保险公司财务风险度量研究[J]. 江西财经大学学报, (1): 66-74.

王志芳, 油晓峰. 2009. 我国上市公司债务代理成本的实证分析[J]. 财政研究, (7): 74-77.

魏刚. 2000. 高级管理层激励与上市公司经营绩效[J]. 经济研究, (3): 32-39.

魏刚. 2003. 高级管理层激励与上市公司经营绩效[J]. 经济研究, (3): 32-39.

魏华林. 2008. 中国保险业发展历程的回顾与展望——基于科学发展观的思考[J]. 保险研究, (11): 10-17.

魏华林, 刘娜. 2006. 保险市场与资本市场融合发展的经济学分析[J]. 经济评论, (6): 99-104.

魏华林, 张胜. 2011. 2006-2009: 我国中资与外（合）资保险公司经营效率的比较研究[J]. 保险研究, (5): 68-76.

魏立群, 王智慧. 2002. 我国上市公司高管特征与企业绩效的实证研究[J]. 南开管理评论, (4): 16-21.

魏思博. 2010. 我国国有股份制保险公司治理模式研究[J]. 中国农业银行武汉培训学院学报, (5): 55-57.

吴成浩. 2012. 保险类上市公司竞争力评价分析[J]. 市场研究, (10): 25-30.

吴定富. 2004. 大力推进保险创新做大做强保险业[J]. 管理世界, (6): 1-3.

吴定富. 2005. 中国保险业要"请进来"也要"走出去"[J]. 中国经济周刊, (34): 13-13.

吴定富. 2006. 我国保险公司治理结构建设的理论与实践[J]. 中国保险, (6): 8-11.

吴定富. 2008a. 改革开放三十年: 保险与经济发展的回顾与展望[J]. 中国金融, (4): 9-13.

吴定富. 2008b. 改革开放三十周年保险业改革发展的回顾与展望[J]. 保险研究, (12): 3-6.

吴定富. 2009. 金融危机下的中国保险业: 监管与发展[J]. 中国金融, (9): 8-10.

吴定富. 2010. 中国保险业转变发展方式的几个问题[J]. 保险研究, (7): 3-7.

吴定富. 2011a. 以科学有效监管加快转变发展方式[J]. 中国金融, (1): 16-18.

吴定富. 2011b. 中国保险业的发展道路[J]. 中国金融, (13): 23-27.

吴定富. 2011c. 着力提高保险业综合风险管理能力[J]. 中国金融, (9): 10-12.

吴洪. 2008. 保险公司治理模式及其选择[J]. 上海保险, (10): 41-44.

吴敬琏. 1993. 自主企业制度: 我国市场经济体制的基础[J]. 中国工业经济研究, (1): 4-10.

吴敬琏. 1994. 现代公司与企业改革[M]. 天津: 天津人民出版社.

吴敬琏等. 1993. 大中型企业改革: 建立现代企业制度[M]. 天津: 天津人民出版社.

吴世农, 李常青, 余玮. 1999. 我国上市公司成长性的判定分析和实证研究[J]. 南开管理评论, (4): 49-57.

吴淑琨. 2002a. 董事长和总经理两职状态的实证检验[J]. 证券市场导报, (3): 26-30.

吴淑琨. 200a. 股权结构与公司绩效的U型关系研究——1997-2000年上市公司的实证研究[J]. 中国工业经济, (1): 80-87.

吴淑琨, 刘忠明, 范建强. 2001. 非执行董事与公司绩效的实证研究[J]. 中国工业经济, (9): 69-76.

武立东. 2006. 上市公司控股股东行为效应评价与指数分析[J]. 管理科学, (5): 83-91.

夏洪. 2001. 论保险公司治理机制的完善[J]. 保险研究, (7): 3-5.

夏立军, 陈信元. 2007. 市场化进程、国企改革策略与公司治理结构的内生决定[J]. 经济研究, (7): 82-95.

向朝进, 谢明. 2003. 我国上市公司绩效与公司治理结构关系的实证分析[J]. 管理世界, (5): 117-124.

向燕子. 2007. 保险公司高层人才流失的原因及对策分析[J]. 保险职业学院学报, (6): 43-44.

项俊波. 2012a. 从保险大国向保险强国转变[J]. 中国金融, (18): 16-18.

项俊波. 2012b. 增强保险监管的有效性[J]. 中国金融, (2): 9-11.

项俊波. 2013a. 2013年的中国保险监管工作[J]. 保险研究, (2): 3-10.

项俊波. 2013b. 对当前我国保险改革与发展问题的思考[J]. 保险研究，（8）：3-12.

项俊波. 2013c. 着力解决保险发展中的突出问题[J]. 中国金融，（3）：9-12.

项俊波. 2014a. 全面深化保险业改革创新[J]. 中国金融，（3）：9-12.

项俊波. 2014b. 稳中求进改革创新不断开创保险监管工作新局面[J]. 保险研究，（1）：3-11.

项俊波. 2015a. 经济新常态下我国现代保险业的发展[J]. 保险研究，（2）：3-13.

项俊波. 2015b. 中国保险业公司治理与监管报告[M]. 北京：中国金融出版社.

肖珉，沈艺峰. 2008. 跨地上市公司具有较低的权益资本成本吗? [J]. 金融研究，（10）：93-103.

肖作平. 2003. 股权结构、资本结构与公司价值的实证研究[J]. 证券市场导报，（1）：71-76.

肖作平，陈德胜. 2006. 公司治理结构对代理成本的影响——来自中国上市公司的经验证据[J]. 财贸经济，（12）：
    29-35.

谢光亚，崔君. 2013. 北京企业竞争力分析——基于结构方程模型和国际竞争力指标的研究[J]. 科技管理研
    究，（16）：38-43.

谢获宝，陈春艳，付从荣. 2013. 企业特征、高管薪酬结构与企业绩效[J]. 技术经济，（4）：33-40.

谢金玉. 2007. 我国保险公司治理模式研究[J]. 保险研究，（7）：61-64.

谢军，曾晓涛. 2005. 股权结构和公司成长性：上市公司股权激励结构的实证分析[J]. 华南师范大学学报（社会科
    学版），（5）：55-61.

谢林，申曙光. 2008. 保险公司最优红利分配政策与偿付能力研究[J]. 南方经济，（1）：17-26.

谢晓霞，李进. 2009. 股权结构、董事会特征与业绩研究——中国保险公司的治理结构分析[J]. 保险研究，（8）：
    90-95.

谢永珍，付增清. 2011. 国有控股与民营控股上市公司竞争力孰强孰弱——基于公司治理与管理相匹配的视角[J].
    山东大学学报（哲学社会科学版），（2）：114-120.

谢臻，魏刚，李钢. 2010. 中资银行海外经营组织形式的选择问题[J]. 对外经贸实务，（1）：28-31.

谢志刚. 2012. 我国第二代偿付能力监管制度体系建设中的几个关键问题[J]. 保险研究，（8）：3-13.

谢志刚，崔亚. 2014. 论保险监管制度体系的建设目标[J]. 保险研究，（1）：12-20.

谢志刚，周晶. 2013. 重新认识风险这个概念[J]. 保险研究，（2）：101-108.

徐二明，王智慧. 2000. 我国上市公司治理结构与战略绩效的相关性研究[J]. 南开管理评论，（4）：4-14.

徐华. 2005. 我国寿险公司资本结构的影响因素[J]. 财经科学，（6）：113-118.

徐华. 2007. 基于金融中介的我国产险公司效率的实证分析[J]. 保险研究，（12）：32-35.

徐华. 2010. 保险公司资本结构影响因素研究[D]. 西南财经大学.

徐华，李思荟. 2013. 内部治理、外部监管与保险公司风险承担[J]. 保险研究，（12）：116-123.

徐华，谢宁，刘平. 2010. 我国产险公司特许权价值自律效应的实证分析[J]. 保险研究，（6）：16-23.

徐华，周游. 2008. 我国非寿业资本结构使用效率的实证研究[J]. 财经科学，（1）：49-56.

徐敏，姜勇. 2014. 基于网络 SBM 模型的中国保险公司经营效率评价研究[J]. 南方金融，（7）：73-77.

徐宁，徐向艺. 2012. 监事股权激励、合谋倾向与公司治理约束——基于中国上市公司面板数据的实证研究[J]. 经
    济管理，（1）：41-49.

徐尚昆. 2007. 企业社会责任概念范畴的归纳性分析[J]. 中国工业经济，（5）：23-30.

徐霞. 2002. 提高国有银行竞争力：从公司治理结构角度的分析[J]. 财经科学，（5）：32-35.

徐晓东，陈小悦. 2003. 第一大股东对公司治理、企业业绩的影响分析[J]. 经济研究，（2）：64-74.

徐徐. 2010. 新《保险法》对我国保险公司治理监管的影响[J]. 商业时代，（2）：100-101.

许谨良. 1997. 谈外资保险公司的准入与监管[J]. 保险研究，（1）：14-15.

许闲. 2008. 保险公司上市及机构间的融合探讨[J]. 保险职业学院学报，（4）：46-51.

许闲. 2011. 保险公司偿付能力风险信息对称性与市场供求[J]. 保险研究，（5）：61-67.

许小年，王燕. 1999. 中国上市公司的所有制结构与公司治理. 梁能. 公司治理结构中国的实践与美国的经验[C]. 北京：中国人民大学出版社.

许小年，王燕. 2000. 中国上市公司的所有制与公司治理[M]. 北京：中国人民大学出版社.

闫春，刘伟. 2007. 我国财产保险公司偿付能力影响因素的因子分析[J]. 科技和产业，（7）：89-93.

闫春，赵明清. 2006. 主成分分析法在非寿险保险公司偿付能力影响因素中的应用[J]. 数理统计与管理，（3）：306-311.

闫春，赵明清，张彦梅. 2003. 非寿险保险公司偿付能力影响因素的灰色关联分析[J]. 山东科技大学学报（自然科学版），（4）：102-105.

闫丽娜. 2013. 我国战略性新兴产业公司治理与企业竞争力关系研究[D]. 天津师范大学.

严若森. 2010. 保险公司治理评价：指标体系构建与评分计算方法[J]. 保险研究，（10）：44-53.

阎建军. 2006. 中国保险公司治理研究：基于知识和创新的视角[J]. 财贸经济，（9）：63-69.

阎庆民. 2005. 银行业公司治理与外部监管[J]. 金融研究，（9）：84-95.

杨馥. 2009. 中国保险公司治理监管制度研究[D]. 西南财经大学.

杨蕙馨，王胡峰. 2006. 国有企业高层管理人员激励与企业绩效实证研究[J]. 南开经济研究，（4）：82-97.

杨蓉. 2007. 公司治理与企业竞争力的关系研究[J]. 华东师范大学学报（哲学社会科学版），（1）：88-94.

杨瑞龙，周业安. 1998. 论利益相关者合作逻辑下的企业共同治理机制[J]. 中国工业经济，（1）：38-45.

杨文生，张艳. 2010. 保险业高管薪酬激励长效机制建构研究[J]. 保险研究，（7）：28-34.

杨雪玲，黄晓鹏，张白. 2011. 公司治理与企业竞争力的相关性实证分析[A]. 中国会计学会财务成本分会. 中国会计学会财务成本分会 2011 年年会暨第二十四次理论研讨会论文集[C]. 中国会计学会财务成本分会.

杨玉成. 2004. 国内企业的海外上市问题研究[J]. 上海综合经济，（8）：72-75.

姚树洁，冯根福，韩钟伟. 2005. 中国保险业效率的实证分析[J]. 经济研究，（7）：56-65.

姚伟，黄卓，郭磊. 2003. 公司治理理论前沿综述[J]. 经济研究，（5）：83-90.

易宪容，卢婷. 2006. 国内企业海外上市对中国资本市场的影响[J]. 管理世界，（7）：4-14.

于东智. 2001. 股权结构、治理效率与公司绩效[J]. 中国工业经济，（5）：54-62.

于东智. 2003. 董事会、公司治理与绩效[J]. 中国社会科学，（3）：29-41.

于东智，池国华. 2004. 董事会规模、稳定性与公司绩效：理论与经验分析[J]. 经济研究，（4）：70-79.

于东智，谷立日. 2001. 上市公司管理层持股的激励效用及影响因素[J]. 经济理论与经济管理，（9）：24-30.

余兰. 2009. 我国保险公司治理模式的研究[J]. 湖北工业大学学报，（3）：61-63.

俞勇国. 2006. 我国保险公司治理研究[D]. 合肥工业大学.

袁成，杨波. 2014. 保险公司偿付能力充足率解读——来自我国 16 家保险公司的经验证据[J]. 中央财经大学学报，（9）：36-41.

袁春燕. 2014. 公司治理与公司绩效研究的相关变量设定——基于因子分析法[J]. 企业改革与管理，（9）：120-121.

袁国良，王怀芳. 1999. 股权激励的实证分析[J]. 资本市场，（10）：37-42.

袁力. 2006. 借鉴国际保险监管经验，加强中国保险公司治理立法[R]. 北京：2006 中国金融论坛.

袁力. 2010. 保险公司治理：风险与监管[J]. 中国金融，（2）：13-15.

袁萍，刘士余，高峰. 2006. 关于中国上市公司董事会、监事会与公司业绩的研究[J]. 金融研究，（6）：23-32.

岳雪玲，张艳. 2012. 保险业高管酬薪激励制度：欧美经验及其启示[J]. 金融观察，（14）：57-59.

恽敏，李心丹. 2013. 基于 DEA 方法的保险公司效率分析[J]. 现代管理科学，（3）：7-8.

臧玉美. 2013. 公司治理与企业竞争力关系的实证研究[D]. 南京财经大学.

曾德明，龙淼，龚红. 2006. 机构投资者持股对公司绩效的影响研究[J]. 软科学，（1）：37-39.

曾凌, 蒋国云. 2005. 公司治理对上市公司估值的影响分析[J]. 证券市场导报, (9): 38-43.

张德明, 曹秀英, 张国春. 2004. 中国上市公司组合治理机制实证研究[J]. 中国管理科学, (4): 137-143.

张红军. 2000. 中国上市公司股权结构与公司绩效的理论及实证分析[J]. 经济科学, (4): 34-44.

张怀莲, 王峰虎. 2002. 我国保险公司上市的障碍与对策[J]. 保险研究, (12): 35-36.

张惠. 2007. 保险公司治理: 理论与模式、实证分析与我国的实践[D]. 山东大学.

张锦鹏, 余乐. 2010. 论我国保险公司社会责任[J]. 三峡大学学报人文社会科学版, (32): 3-4.

张进财, 左小德. 2013. 企业竞争力评价指标体系的构建[J]. 管理世界, (10): 172-173.

张君. 2003. 论我国保险公司的风险管理[J]. 保险研究, (3): 10-12.

张俊岭. 2007. 中国财产保险公司的规模效率 DEA 实证研究[J]. 统计与信息论坛, (6): 45-48.

张俊瑞, 赵进文, 张建. 2003. 高级管理层激励与上市公司经营绩效相关性的实证分析[J]. 会计研究, (9): 29-34.

张俊喜, 张华. 2004. 民营上市公司的经营绩效、市场价值和治理结构[J]. 世界经济, (11): 3-15.

张连增, 戴成峰. 2013. 新会计准则下我国财产保险公司资产负债管理研究[J]. 保险研究, (3): 63-72.

张霓. 2000. 加入 WTO 后的中国金融业[M]. 沈阳: 辽宁大学出版社.

张宁. 2005. 保险机构投资者战略参与上市公司治理研究[D]. 湖南大学.

张仁德, 王昭凤. 2003. 企业理论[M]. 北京: 高等教育出版社.

张仕英. 2008. 保险公司的风险、外部监管与资本结构的决定[D]. 复旦大学.

张维迎. 1996. 所有制、治理结构及委托-代理关系——兼评崔之元和周其仁的一些观点[J]. 经济研究, (9): 3-15.

张维迎. 2005. 产权、激励与公司治理[M]. 北京: 经济科学出版社.

张伟, 邱长溶. 2004. 财产保险公司偿付能力实证分析[J]. 江西财经大学学报, (4): 16-18.

张玮倩. 2009. 国内企业海外上市研究[D]. 西南财经大学.

张彦波, 聂清凯. 2007. 公司治理文化, 企业竞争力和形成路径[J]. 当代经济管理, (1): 41-45.

张扬, 郝臣, 李慧聪, 等. 2012. 保险公司治理特殊性分析——三家上市保险公司的案例研究[J]. 管理案例研究与评论, (4): 265-276.

张扬, 郝臣, 李慧聪. 2012. 国外保险公司治理研究: 主题、逻辑与展望[J]. 保险研究, (10): 86-94.

张勇, 李秀芳. 2009. 寿险公司偿付能力监管的有效性研究[J]. 保险研究, (3): 82-87.

张宇. 2013. 公司治理对企业竞争力影响的实证研究[D]. 云南大学.

张悦. 2004. 国有保险公司治理研究[D]. 西南财经大学.

张宗益, 宋增基. 2002. 上市公司经理持股与公司绩效实证研究[J]. 重庆大学学报, (6): 1-3.

张宗益, 宋增基. 2003. 上市公司股权结构与公司绩效实证研究[J]. 数量经济技术经济研究, (1): 128-132.

赵桂芹, 吴洪. 2010. 非寿险公司赔款准备金与盈余管理——中国市场的经验分析[J]. 财经理论与实践, (3): 30-36.

赵国英. 2009. 国有企业公司治理改革的马克思主义理论解读[J]. 产业与科技论坛, (12): 226-229.

赵海峰, 万迪昉, 王朝波. 2002. 公司治理因素与企业绩效的实证研究[J]. 系统工程理论方法应用, (9): 207-211.

赵俊华. 2011. 公司治理结构、企业社会责任与企业竞争力的关系研究[D]. 广东商学院.

赵丽芳. 2012. 中国保险业经营效率研究[D]. 山东大学.

赵丽莎, 尹灵芝, 张晓玲, 等. 2002. 保险公司上市的意义及问题分析[J]. 商业研究, (19): 83-84.

赵相忠, 张莹. 2015. 我国上市公司高管薪酬激励与公司绩效关系的实证研究[J]. 企业改革与管理, (8): 71.

赵新顺. 1999. 中国保险公司跨境经营的对策分析[J]. 中州学刊, (5): 37-38.

赵学彬, 王立杰. 2003. 我国上市公司监事会若干问题分析[J]. 经济与管理, (10): 34-35.

郑红亮. 1998. 公司治理理论与中国国有企业改革[J]. 经济研究, (10): 20-27.

郑红亮, 王凤彬. 2000. 中国公司治理结构改革研究: 一个理论综述[J]. 管理世界, (3): 119-125.

郑莉莉. 2014. 我国保险公司偿付能力影响因素研究[J]. 科学决策, (5): 72-82.

郑培明，顾宇萍. 2007. 寿险分公司竞争力评价模型研究[J]. 保险研究，（9）：26-28.

郑伟，刘永东，邓一婷. 2010. 保险业增长水平、结构与影响要素：一个国际比较的视角[J]. 经济研究，（8）：141-153.

郑伟，孙祁祥. 2001. 论保险投资的风险与管理[J]. 保险研究，（3）：1-2.

郑向杰，淡华珍. 2008. 我国金融保险业高管薪酬与企业业绩相关性实证研究[J]. 金融理论与实践，（10）：50-52.

郑志刚. 2004. 公司治理机制理论研究文献综述[J]. 南开经济研究，（5）：26-33.

郑志刚. 2007. 法律外制度的公司治理角色———个文献综述[J]. 管理世界，（9）：136-147.

郑志刚. 2010. 对公司治理内涵的重新认识[J]. 金融研究，（8）：184-198.

郑志刚，范建军. 2007. 国有商业银行公司治理机制的有效性评估. 金融研究，（6）：53-62.

郑志刚，孙娟娟. 2009. 我国上市公司治理发展历史与现状评估[J]. 金融研究，（10）：118-132.

郑志刚，孙艳梅，谭松涛，等. 2007. 股权分置改革对价确定与我国上市公司治理机制有效性的检验[J]. 经济研究，（7）：96-109.

中国保险年鉴编委会. 1998. 1998 中国保险年鉴[M]. 北京：中国保险年鉴编辑部.

中国保险年鉴编委会. 1999. 1999 中国保险年鉴[M]. 北京：中国保险年鉴编辑部.

中国保险年鉴编委会. 2000. 2000 中国保险年鉴[M]. 北京：中国保险年鉴编辑部.

中国保险年鉴编委会. 2001a. 1981-1997 中国保险年鉴[M]. 北京：中国保险年鉴编辑部.

中国保险年鉴编委会. 2001b. 2001 中国保险年鉴[M]. 北京：中国保险年鉴编辑部.

中国保险年鉴编委会. 2002. 2002 中国保险年鉴[M]. 北京：中国保险年鉴编辑部.

中国保险年鉴编委会. 2003. 2003 中国保险年鉴[M]. 北京：中国保险年鉴编辑部.

中国保险年鉴编委会. 2004. 2004 中国保险年鉴[M]. 北京：中国保险年鉴编辑部.

中国保险年鉴编委会. 2005. 2005 中国保险年鉴[M]. 北京：中国保险年鉴编辑部.

中国保险年鉴编委会. 2007. 2007 中国保险年鉴[M]. 北京：中国保险年鉴编辑部.

中国保险年鉴编委会. 2008. 2008 中国保险年鉴[M]. 北京：中国保险年鉴编辑部.

中国保险年鉴编委会. 2009. 2009 中国保险年鉴[M]. 北京：中国保险年鉴编辑部.

中国保险年鉴编委会. 2010. 2010 中国保险年鉴[M]. 北京：中国保险年鉴社.

中国保险年鉴编委会. 2011. 2011 中国保险年鉴[M]. 北京：中国保险年鉴社.

中国保险年鉴编委会. 2012. 2012 中国保险年鉴[M]. 北京：中国保险年鉴社.

中国保险年鉴编委会. 2013. 2013 中国保险年鉴[M]. 北京：中国保险年鉴社.

中国保险年鉴编委会. 2014. 2014 中国保险年鉴[M]. 北京：中国保险年鉴社.

中国保险行业协会. 2010. 保险行业企业社会责任年度报告（2010 辑）[M]. 北京：法律出版社.

周建，方刚，刘小元，等. 2009. 制度落差、内部治理与中国企业的跨国经营交易成本视角[J]. 中央财经大学学报，（3）：4574-4586.

周建波，孙菊生. 2003. 经营者股权激励的治理效应研究[J]. 经济研究，（5）：74-93.

周业安. 1999. 金融抑制对中国企业融资能力影响的实证研究[J]. 经济研究，（2）：15-22.

朱波，吴晓辉，张爱武. 2008. 我国财产保险公司偿付能力影响因素的实证分析[J]. 保险研究，（5）：33-37.

朱进元. 2012-09-11. 准确把握保险监管文化核心价值理念[N]. 中国保险报.

朱铭来，奎潮. 2010. 我国企业财产保险经营与发展战略分析[J]. 中国金融，（5）：52-53.

朱日峰. 2005. 完善国有保险公司治理的政策建议[J]. 山西财税，（1）：20-21.

朱武祥，蒋殿春，张新. 2005. 中国公司金融学[M]. 上海：上海三联书店.

朱武祥，宋勇. 2001. 股权结构与企业价值——对家电行业上市公司实证分析[J]. 经济研究，（12）：66-72.

朱杏珍. 2002. 董事会的规模与效能分析[J]. 当代财经，（6）：68-70.

卓志. 2006. 我国保险公司市场退出的保障机制研究[J]. 保险职业学院学报，（3）：2-4.

卓志. 2008. 我国保险理论研究及其发展创新的方法论前提[J]. 保险研究, (2): 14-17.

卓志, 王寒. 2009. 保险企业社会责任探析[J]. 保险研究, (2): 3-8.

卓志, 周宇梅. 2008. 改革开放三十年中国保险制度的变迁与创新基于制度经济学的视角和分析[J]. 保险研究, (7): 3-8.

邹茵. 2014. 保险中介市场风险防范对策研究[J]. 东南学术, (2): 136-142.

Agrawal A, Knoeber R C. 1996. Firm performance and mechanisms to control agency problems between managers and shareholders [J]. Journal of Financial and Quantitative Analysis, 31 (3): 377-397.

Anand A I, Milne F, Purda L D. 2006. Voluntary adoption of corporate governance mechanisms [R]. Working Paper.

Anderson R C, Mansi S A, Reeb D M. 2003. Founding family ownership and the agency cost of debt [J]. Journal of Financial Economics, 68 (2): 263-285.

Ang J S, Cole R A, Lin J W. 2000. Agency costs and ownership structure [J]. The Journal of Finance, 55 (1): 81-106.

Ansoff H I. 1965. Corporate Strategy: An Analytic Approach to Business Policy for Growth and Expansion [M]. London: Penguin Books.

Ashbaugh-Skaife H, Collins D W, LaFond R. 2006. The effects of corporate governance on firms' credit ratings [J]. Journal of Accounting and Economics, 42 (1-2): 203-243.

Banyte J, Salickaite R. 2008. Successful diffusion and adoption of innovation as a means to increase competitiveness of enterprises [J]. Engineering Economics, 56 (1): 48-56.

Barnhart S W, Rosenstein S. 1998. Board compensation, managerial ownership and firm performance: an empirical analysis [J]. Financial Review, 33 (4): 1-16.

Barrese J, Lai G, Scordis N. 2007. Ownership concentration and governance in the US insurance industry [J]. Journal of Insurance Issues, 30 (1): 1-30.

Bauer R, Gaunster N, Otten R. 2004. Empirical evidence on corporate governance in Europe: the effect on stock returns, firm value and performance [J]. Journal of Asset Management, 5 (2): 91-104.

Baumol W J. 1959. Business behavior, value and growth [J]. Economic Journal, 72 (287): 1-34.

Beasley M S. 1996. An empirical analysis of the relation between the board of director composition and financial statement fraud [J]. The Accounting Review, 71 (4): 443-465.

Bebchuk L A, Cohen A, Ferrell A. 2009. What matters in corporate governance? [J]. Review of Financial Studies, 22 (2): 783-827.

Bebchuk L A, Cohen A, Wang C C Y. 2013. Learning and the disappearing association between governance and returns [J]. Journal of Financial Economics, 108 (2): 323-348.

Bebchuk L A, Weisbach M S. 2010. The state of corporate governance research [J]. The Review of Financial Studies, 23 (3): 939-961.

Beiner S, Drobetz W, Schmid M M, et al. 2006. An integrated framework of corporate governance and firm valuation [J]. European Financial Management, 12 (2): 249-283.

Berle A A, Means G C. 1932. The Modern Corporation and Private Property [M]. New York: The Macmillan Company.

Bhagat S, Black B. 1997. Do independent directors matter? [R]. Working Paper.

Bhagat S, Black B. 2002. The non-correlation between board independence and long-term firm performance [J]. Journal of Corporation Law, 27 (2): 231-274.

Black B S, Jang H, Kim W. 2006. Does corporate governance predict firms' market values? evidence from Korea [J]. Journal of Law, Economics, and Organization, 22 (2): 366-413.

Black B S. 2001. Does corporate governance matter? a crude test using Russian data [J]. University of Pennsylvania

Law Review，149（6）：2131 - 2150.

Black B S，Love I，Rachinsky A. 2006. Corporate governance and firms＇ market values time series evidence from Russia [J]. Emerging Markets Review，7（4）：361-379.

Blackwell D W，Winters D B. 1997. Banking relationships and the effect of monitoring on loan pricing [J]. Journal of Financial Research，20（2）：275-289.

Blair M M. 1995. Ownership and Control：Rethinking Corporate Governance for the Twenty-first Century [M]. Washington D. C. ：Brookings Institution Press.

Borokhovich K A，Parrino R，Trapani T. 1996. Outside directors and CEO selection [J]. Journal of Financial and Quantitative Analysis，31（3）：337-355.

Boubakri N. 2011. Corporate governance and issues from the insurance industry [J]. Journal of Risk and Insurance，78（3）：501-518.

Boubakri N，Dionne G，Triki T. 2008. Consolidation and value creation in the insurance industry：the role of governance [J]. Journal of Banking & Finance，32（1）：56-68.

Braun A，Schmeiser H，Rymaszewski P. 2015. Stock vs. mutual insurers：who should and who does charge more? [J]. European Journal of Operational Research，242（3）：875-889.

Brick I，Chidambaran N. 2008. Board monitoring，firm risk，and external regulation [J]. Journal of Regulatory Economics，33（1）：87-116.

Brown L D，Caylor M L. 2006. Corporate governance and firm valuation [J]. Journal of Accounting and Public Policy，25（4）：409-434.

Browne M J，Carson J M，Hoyt R E. 1999. Economic and market predictors of insolvencies in the life-health insurance industry [J]. Journal of Risk and Insurance，66（4）：643-659.

Browne M J，Hoyt R E. 1995. Economic and market predictors of insolvencies in the property liability insurance industry [J]. Journal of Risk and Insurance，62（2）：309-327.

Browne M J，Ma Y-L，Wang P. 2009. Stock-based executive compensation and reserve errors in the property and casualty insurance industry [J]. Journal of Insurance Regulations，27（4）：35-55.

Bruno V，Claessens S. 2007. Corporate governance and regulation：can there be too much of a good thing? [R]. Working Paper.

Byrd J W，Hickman K A. 1992. Do outside directors monitor managers [J]. Journal of Financial Economics，32（2）：195-221.

Carson J M，Forster M D，McNamara M J. 1998. Changes in ownership structure：theory and evidence from life insurer demutualizations [J]. Journal of Insurance Issues，21（1）：1-22.

Chaudhary P. 2014. Corporate governance in Insurance Sector [J]. International Journal of Research in Economics and Social Sciences，4（1）：33-39.

Chen B，Tennyson S，Wang M，et al. 2014. The development and regulation of China's insurance market：history and perspectives [J]. Risk Management and Insurance Review，17（2）：241-263.

Cheng J，Cummins J D，Lin T. 2015. Organizational form，ownership structure，and CEO turnover：evidence from the property-casualty insurance industry [J]. Journal of Risk and Insurance，forthcoming.

Cheng J，Elyasiani E，Jia J. 2011. Institutional ownership stability and risk taking：evidence from the life-health insurance industry [J]. Journal of Risk and Insurance，78（3）：609-641.

Cheng J，Elyasiani E，Lin T-T. 2010. Market reaction to regulatory action in the insurance industry：the case of contingent commission [J]. Journal of Risk and Insurance，77（2）：347-368.

Cheung Y-L，Connelly J T，Limpaphayom P，et al. 2007. Do investors really value corporate governance? evidence from the Hong Kong market [J]. Journal of International Financial Management and Accounting, 18（2）: 86-122.

Chhaochharia V, Laeven L. 2009. Corporate governance norms and practices [J]. Journal of Financial Intermediation, 18（3）: 405-431.

Chirinko R S, Elston J A. 1996. Finance, control, and profitability: an evaluation of german bank influence [R]. Working Paper.

Claessens S, Djankov S, Fan J P H, et al. 2002. Disentangling the incentive and entrenchment effect of large shareholdings [J]. Journal of Finance, 57（6）: 2741-2771.

Clarkson M. 1994. A risk based model of stakeholder theory [R]. Working Paper.

Coase R H. 1937. The nature of the firm [J]. Economica, 4（16）: 386-405.

Cole C R, He E, McCullough K A, et al. 2011. Separation of ownership and management: implications for risk-taking behavior [J]. Risk Management and Insurance Review, 14（1）: 49-71.

Cole C R, McCullough K A. 2006. A reexamination of the corporate demand for reinsurance [J]. Journal of Risk and Insurance, 73（1）: 169-192.

Cummins J D, Dionne G, Gagne R, et al. 2009. Efficiency of insurance firms with endogenous risk management and financial intermediation activities [J] Journal of Productivity Analysis, 32（2）: 145-159.

Cummins J D, Tennyson S, Weiss M A. 1999. Consolidation and efficiency in the US life insurance industry [J]. Journal of Banking and Finance, 23（2-4）: 325-357.

Cummins J D, Turchetti G, Weiss M A. 1996. Productivity and technical efficiency: Italian insurance industry [R]. Working Paper.

Cummins J D, Weiss M A, Xie X Y, et al. 2010. Economies of scope in financial services: a DEA efficiency analysis of the US insurance industry [J]. Journal of Banking and Finance, 34（7）: 1525-1539.

Cummins J D, Weiss M A. 1993. Measuring cost efficiency in the property-liability insurance industry [J]. Journal of Banking and Finance, 17（2-3）: 463－481.

Cummins J D, Xie X. 2008. Mergers & acquisitions in the U. S. property-liability insurance industry: productivity and efficiency effects [J]. Journal of Banking & Finance, 32（1）: 30-55.

Cummins J D, Zi H. 1998. Measuring cost efficiency in the U. S. life insurance industry: econometric and mathematical programming approaches [J]. Journal of Productivity Analysis, 10（2）: 131-152.

Demsetz H, Villalonga B. 2001. Ownership structure and corporate performance [J]. Journal of Corporate Finance, 7（3）: 209-233.

Demsetz H, Lehn K. 1983. The structure of corporate ownership: causes and consequences [J]. Journal of Political Economy, 93（6）: 1155-1177.

Denis D K. 2001. Twenty-five years of corporate governance research and counting [J]. Review of Financial Economics, 10（3）: 191-212.

Denis D K, McConnell J J. 2003. International corporate governance [J]. Journal of Financial and Quantitative Analysis, 38（1）: 1-36.

Dewatripont M, Rochet J C, Tirole J. 2010. Balancing the Banks: Global Lessons from the Financial Crisis [M]. Princeton: Princeton University Press.

Diacon S R, O'Sullivan N. 1995. Does corporate governance influence performance? some evidence from U. K. insurance companies [J]. International Review of Law and Economics, 15（4）: 405-424.

Doherty N, Smetters K. 2005. Moral hazard in reinsurance markets [J]. Journal of Risk and Insurance, 72（3）: 375-391.

Donaldson L, Davis J H. 1991. Stewardship theory or agency theory: CEO governance and shareholders returns [J].

Australian Journal of Management, 16 (1): 49-64.

Eckles D L, Halek M. 2010. Insurer reserve error and executive compensation [J]. Journal of Risk and Insurance, 77 (2): 329-346.

Eckles D L, Halek M, He E, et al. 2011. Earnings smoothing, executive compensation, and corporate governance: evidence from the property-liability insurance industry [J]. Journal of Risk and Insurance, 78 (3): 761-790.

Eisenberga T, Sundgrenb S, Wellsc M T. 1998. Larger board size and decreasing firm value in small firms [J]. Journal of Financial Economics, 48 (1): 35-54.

Eling M, Marek S D. 2014. Corporate governance and risk taking: evidence from the UK and German insurance markets [J]. Journal of Risk and Insurance, 81 (3): 653-682.

Elron E. 1997. Top management teams within multinational corporations: effects of cultural heterogeneity leadership quarterly [J]. Academy of Management, 8 (4): 393-412.

Fama E F. 1980. Agency problems and the theory of the firm [J]. The Journal of Political Eeonomy, 84 (2): 288-307.

Fama E F, Jensen M C. 1983. Separation of ownership and control [J]. The Journal of Law and Economics, (6): 301-325.

Farny D. 1984. Solvabilität und solvabilitätspolitik der versicherungsunternehmen [J]. Zeitschrift für die gesamte Versicherungswissenschaft, 73 (1-2): 35-67.

Franks J R, Schaefer S M, Staunton M D. 1997. The direct and compliance costs of financial regulation [J]. Journal of Banking and Finance, 21 (11-12): 1547-1572.

Freeman R E, Reed D L. 1983. Stockholders and stakeholders: a new perspective on corporate governance [J]. California Management Review, 25 (3): 88-106.

Fukuyama H. 1997. Investigating productive efficiency and productivity changes of Japanese life insurance [J]. Pacific-Basin Finance Journal, 5 (4): 481-509.

Gale D, Hellwig M. 1985. Incentive compatible debt contract: the one-period problem [J]. Review of Economic Studies, 52 (4): 647-663.

Gardner L A, Grace M F. 1993. X-Efficiency in the US life insurance industry [J]. Journal of Banking and Finance, 17 (2-3): 497-510.

Gillan S L. 2006. Recent developments in corporate governance: an overview [J]. Journal of Corporate Finance, 12 (3): 381-402.

Gillan S L, Panasian C A. 2015. On lawsuits, corporate governance, and directors' and officers' liability insurance [J]. Journal of Risk and Insurance, 82 (4): 793-822.

Goergen M. 2007. What do we know about different systems of corporate governance? [J]. Journal of Corporate Law Studies, 7 (1): 1-15.

Gompers P, Ishii J, Metrick A. 2003. Corporate governance and equity prices [J]. The Quarterly Journal of Economics, 118 (1): 107-155.

Grace E. 2004. Contracting incentives and compensation for property-liability insurer executives [J]. Journal of Risk and Insurance, 71 (2): 285-307.

Grace M F, Klein R W. 2008. The past and future of insurance regulation: the McCarran-Ferguson Act and beyond [R]. Working Paper.

Greenaway D, Guariglia A, Yu Z. 2014. The more the better? foreign ownership and corporate performance in China [J]. The European Journal of Finance, 20 (7-9): 681-702.

Grossman S J, Hart O D. 1980. Takeover bids, the free-rider problem, and the theory of the corporation [J]. Bell Journal of Economics, 11 (1): 42-64.

Gruszczynski M. 2006. Corporate governance and financial performance of companies in Poland [J]. International Advances in Economic Research, 12 (2): 1-12.

Gupta P P, Kennedy D B. 2005. Corporate governance scores, Tobin's q and equity prices: evidence from Canadian capital markets [R]. Working Paper.

Hall B J, Liebman J B. 1998. Are CEOs really paid like bureaucrats? [J]. The Quarterly Journal of Economics, 113 (3): 653-691.

Hambrick D C, Mason P A. 1984. Upper echelons: the organization as a reflection of its top managers [J]. Academy of Management Review, 9 (3): 193-207.

Hansmann H. 1985. The organization of insurance companies: mutual versus stock [J]. Journal of Law, Economics and Organization, 1 (1): 125-153.

Hardwick P, Adams M, Zou H. 2011. Board characteristics and profit efficiency in the United Kingdom life insurance industry [J]. Journal of Business Finance & Accounting, 38 (7-8): 987-1015

Hargis K. 2000. International cross-listing and stock market development in emerging economies [J]. International Review of Economics & Finance, 9 (2): 101-122.

Harrington S E. 2009. The financial crisis, systemic risk, and the future of insurance regulation [J]. Journal of Risk and Insurance, 76 (4): 785-819.

He E, Sommer D W. 2010. Separation of ownership and control: implications for board composition [J]. Journal of Risk and Insurance, 77 (2): 265-295.

He E, Sommer D W. 2011. CEO turnover and ownership structure: evidence from the U. S. property–liability insurance industry [J]. Journal of Risk and Insurance, 78 (3): 673-701.

Hillman A J, Dalziel T. 2003. Boards of directors and firm performance: integrating agency and resource dependence perspectives [J]. Academy of Management Review, 28 (3): 383-396.

Ho C K. 2005. Corporate governance and corporate competitiveness: an international analysis [J]. Corporate Governance: An International Review, 13 (2): 211-253.

Ho C-L, Lai G C, Lee J-P. 2013. Organizational structure, board composition, and risk taking in the U. S. property casualty insurance industry [J]. Journal of Risk and Insurance, 80 (1): 169-203.

Holderness C G, Kroszner R S, Sheehan D P. 1999. Were the good old days that good? changes in managerial stock ownership since the great depression [J]. The Journal of Finance, 54 (2): 435-469.

Holderness C, Sheehan D. 1988. The role of majority shareholders in publicly held corporations: an exploratory analysis [J]. Journal of Financial Economics, 20 (1): 317-346.

Hsu W Y, Petchsakulwong P. 2010. The impact of corporate governance on the efficiency performance of the Thai non-life insurance industry [J]. Geneva Papers on Risk and Insurance - Issues and Practice, 35 (4): 28-49.

Hsu W Y, Huang Y (R), Lai G. 2015. Corporate governance and cash holdings: evidence from the U. S. property-liability insurance industry [J]. The Journal of Risk and Insurance, 82 (3): 715-748.

Hsu W Y, Troy C, Huang Y (R) . 2015. The determinants of auditor choice and audit pricing among property-liability insurers [J]. Journal of Accounting and Public Policy, 34 (1): 95-124.

Huang L Y, Hsiao T Y, Lai G C. Does corporate governance and ownership structure influence performance? evidence from Taiwan life insurance companies [J]. Journal of Insurance, 30 (2): 123-151.

Huang L Y, Lai G C, McNamara M, et al. 2011. Corporate governance and efficiency: evidence from U. S. property-liability insurance industry [J]. Journal of Risk and Insurance, 78 (3): 519-550.

Jemison D, Oakley R. 1993. The need to reform corporate governance in the mutual insurance industry [J]. Journal of Business Strategy, 2 (1): 52- 60.

Jensen M C. 1993. The modern industrial revolution, exit, and the failure of internal control systems [J]. Journal of

Finance，48（3）：831-880.

Jensen M C，Meckling W H. 1976. Theory of the firm：managerial behavior，agency costs and ownership structure [J]. Journal of Financial Economics，3（4）：305-360.

Jiang F，Kim K A. 2015. Corporate governance in China：a modern perspective [J]. Journal of Corporate Finance，32：190-216.

John K，Senbet L W. 1998. Corporate governance and board effectiveness [J]. Journal of Banking & Finance，22（4）：371-403.

Kostova T. 1996. Success of the Transnational Transfer of Organizational Practices within Multinational Companies [D]. University of Minnesota，

Kostova T. 1999. Transnational transfer of strategic organizational practices：a contextual perspective [J]. The Academy of Management Review，24（2）：308-324.

La Porta R，Lopez-de-Silanes F，Shleifer A，Vishny R. 2002. Investor protection and corporate valuation [J]. The Journal of Finance，57（3）：1147-1170.

Lai G C，Lee J P. 2011. Organizational structure，corporate governance and risk taking in the U. S. property/casualty insurance industry[R]. Working Paper.

Lai Y H，Lin W C. 2008. Corporate governance and the risk-taking behavior in the property-liability insurance industry[R]. Working Paper.

Larcker D F，Ormazabal G，Taylor D J. 2013. The market reaction to corporate governance regulation[J]. Journal of Financial Economics，101（2）：431-448.

Leal R P C，Carvalhal-da-Silva A L. 2005. Corporate governance and value in Brazil（and in Chile）[R]. Working Paper.

Lehmann E，Weigand J. 2000. Does the governed corporation perform better? governance structures and corporate performance in Germany [J]. European Finance Review，4（2）：157-195.

Lehn K，Patro S，Zhao M. 2005. Governance indices and valuation multiples：which causes which? [R]. Working Paper.

Li. 2011. Efficiency analysis of life insurance companies in Thailand[R]. Working Paper.

Lin L. 1996. The effectiveness of outside directors as a corporate governance mechanism：Theories and evidence [R]. Working Paper.

Lin W C，Lai Y H，Powers M R. 2014. The relationship between regulatory pressure and insurer risk taking [J]. Journal of Risk and Insurance，81（2）：271-301.

Lipton M，Lorsch J. 1992. A modest proposal for improved corporate governance [J]. Business Lawyer，48（1）：59-77.

Litz R A，Folke C A. 2002. When he and she sell seashells：exploring the relationship between management team gender-balance and small firm performance [J]. Journal of Developmental Entrepreneurship，40（2）：109-125.

Malafronte I，Porzio C，Starita M G. 2015. The nature and determinants of disclosure practices in the insurance industry：evidence from European insurers [J]. International Review of Financial Analysis，forthcoming.

Man T W Y，Lau T，Chan K F. 2002. The competitiveness of small and medium enterprises：a conceptualization with focus on entrepreneurial competencies[J]. Journal of Business Venturing，17（2）：123-42.

Marris R. 1963. A model of the "managerial" enterprise [J]. The Quarterly Journal of Economics，77（2）：185-209.

Marris R. 1964. The Economic Theory of "Managerial" Capitalism [M]. London：Macmillan.

Marx L M，Mayers D，Smith C W. 2001. Insurer ownership structure and executive compensation as complements insurer ownership structure and executive compensation as strategic complements [J]. Journal of Risk and Insurance，68（3）：449-463.

Mathur A，Burhan J. 1999. The corporate governance of banks：CAMEL-IN-A-CAGE [R]. Working Paper.

Mayers D，Smith C W，1981. Contractual provisions，organizational structure，and conflict control in insurance markets [J]. Journal of Business，54（3）：407-434.

Mayers D，Smith C W，1988. Ownership structure across lines of property casualty insurance [J]. Journal of Law and Economics，31（2）：351-378.

Mayers D，Smith C W，1992. Executive compensation in the life insurance industry [J]. Journal of Business，65（1）：51-74.

Mayers D，Smith C W，1994. Managerial discretion，regulation，and stock insurer ownership structure [J]. Journal of Risk and Insurance，61（4）：638-655.

Mayers D，Smith C W. 2010. Compensation and board structure：evidence from the insurance industry [J]. Journal of Risk and Insurance，77（2）：297-327.

McConnell J，Servaes H. 1990. Additional evidence on equity ownership and corporate value [J]. Journal of Financial Economics，27（2）：595-612.

McNamara M J，Rhee S G. 1992. Ownership structure and performance：the demutualization of life insurers [J]. Journal of Risk and Insurance，59（2）：221-238.

Mehran H. 1995. Executive compensation structure，ownership，and firm performance [J]. Journal of Financial Economics，38（2）：163-84.

Miller S M. 2011. Managerial discretion and corporate governance in publicly traded firms：evidence from the property-liability insurance industry [J]. Journal of Risk and Insurance，78（3）：731-760.

Morck R，Shleifer A，Vishny R W. 1988. Management ownership and market value：an empirical analysis [J]. Journal of Financial Economics，20（1）：293-315.

Myers S C，Majluf N S. 1984. Corporate financing and investment decisions when firms have information that investors do not have [J]. Journal of Financial Economics，13（1）：187-222.

O'Sullivan N. 1998. Ownership and governance in the insurance industry：a review of the theory and evidence [J]. Service Industries Journal，18（4）：145-161.

O'Sullivan N，Diacon S R. 2003. Board composition and performance in life insurance companies [J]. British Journal of Management，14（2）：115-129.

O'Sullivan N，Diacon S. 1999. Internal and external governance mechanisms：evidence on the UK insurance industry [J]. Corporate Governance：An International Review，7（4）：363-373.

Oswald S L，Jahera J S. 1991. The influence of ownership on performance：an empirical study [J]. Strategic Management Journal，12（4）：321-326.

Pedersen T，Thomsen S. 1999. Economic and systemic explanations of ownership concentration among Europe's largest companies [J]. International Journal of the Economics of Business，6（3）：367-381.

Peni E. 2012. Did good corporate governance improve bank performance during the financial crisis? [J]. Journal of Financial Services Research，41（1）：19-35.

Petroni K R. 1992. Optimistic reporting in the property-casualty insurance industry [J]. Journal of Accounting and Economics，15（4）：485-508.

Prowse S D. 1990. Institutional investment patterns and corporate financial behavior in the United States and Japan [J]. Journal of Financial Economics，27（1）：43-66.

Rachinsky A. 2003. Corporate governance and market value of Russian firms [R]. Working Paper.

Raheja C G. 2005. Determinants of board size and composition：a theory of corporate boards [J]. Journal of Financial and Quantitative Analysis，40（2）：283-306.

Rai A. 1996. Cost efficiency of international insurance firms [J]. Journal of Financial Services Research，10（3）：213-233.

Rechner P L，Dalton D R. 1991. CEO duality and organizational performance：a longitudinal analysis [J]. Strategic Management Journal，12（2）：155-160.

Regan L. 1997. Vertical integration in the property/liability insurance industry：a transaction cost approach [J]. Journal of Risk and Insurance，64（1）：41-62.

Renders A，Gaeremynck A. 2006. Corporate governance and performance：controlling for sample selection bias and endogeneity [R]. Working Paper.

Rhenman E. 1964. Företagsdemokrati och Företagsorganisation（瑞典语，翻译后为企业民主和商业组织）[M]. Barcelona：Thule.

Rosenstein S，Wyatt J G. 1997. Inside directors，board effectiveness，and shareholder wealth [J]. Journal of Financial Economics，44（2）：229-255.

Salmon W J. 1993. Crisis prevention：how to gear up your board [J]. Harvard Business Review，71（1）：68-75.

Shahzad A M，Rutherford M A，Sharfman M P. 2015. Stakeholder-centric governance and corporate social performance：a cross-national study [R]. Working Paper.

Shelanski H A，Klein P G. 1995. Empirical research in transaction cost economics：a review and assessment [J]. Journal of Law，Economics and Organization，11（2）：335-361.

Shleifer A，Vishny R W. 1986. Large shareholders and corporate control [J]. Journal of Political Economy，94（3）：461-488.

Shleifer A，Vishny R W. 1997. A survey of corporate governance [J]. The Journal of Finance，52（2）：737-783.

Silveira A D M D，Barros L A B C. 2006. Corporate governance quality and firm value in Brazil [R]. Working Paper.

Simpson W G，Gleason A E. 1999. Board structure，ownership，and financial distress in banking firms [J]. International Review of Economics & Finance，8（3）：281-292.

Singh M，Davidson III W N. 2003. Agency costs，ownership structure and corporate governance mechanisms [J]. Journal of Banking and Finance，27（5）：793-816.

Skinner D J. 1993. The investment opportunity set and accounting procedure choice：preliminary evidence [J]. Journal of Accounting and Economics，16（4）：407-445.

Skipper H D，Klein R W. 2000. Insurance regulation in the public interest：the path towards solvent，competitive markets [J]. Geneva Papers on Risk and Insurance-Issues and Practice，25（4）：482-504.

Smith B D，Stutzer M J. 1990. Adverse selection，aggregate uncertainty，and the role for mutual insurance contracts [J]. Journal of Business，63（4）：493-511.

Smith C W，Warner J B. 1979. On financial contracting：an analysis of bond covenants [J]. Journal of Financial Economics，7（2）：117-161.

Spiller R. 1972. Ownership and performance：stock and mutual life insurance companies [J]. Journal of Risk and Insurance，39（1）：17-25.

Stiglitz J E，Weiss A. 1981. Credit rationing in markets with imperfect information [J]. The American Economic Review，71（3）：393-410.

Stulz R M. 1988. Managerial control of voting rights：financial policies and the market for corporate control [J]. Journal of Financial Economics，20（1）：25-54.

Tobin J. 1969. A general equilibrium approach to monetary theory [J]. Journal of Money，Credit and Banking，1（1）：15-29.

Tricker R I. 1984. Corporate Governance：Practices，Procedures，and Powers in British Companies and Their Boards of Directors [M]. Gower：Gower Pub Co.

Tricker R I. 1994. International Corporate Governance[J]. Upper Saddle River：Prentice Hall.

Vafeas N. 1999. Board meeting frequency and firm performance [J]. Journal of Financial Economics，53（1）：133-142.

Vaughan T M. 2009. The economic crisis and lessons from（and for） U. S. insurance regulation [J]. Journal of Insurance Regulation，28（1）：3-18.

Wang J L，Jeng V，Peng J L. 2007. The impact of corporate governance structure on the efficiency performance of insurance companies in Taiwan [J]. The Geneva Papers on Risk and Insurance-Issues and Practice，32（2）：264-282.

Weigand J，Lehmann E. 1999. Does ownership structure matter? governance structures and the market for corporate control in Germany [R]. Working Paper.

Williamson O E. 1963. Managerial discretion and business behavior [J]. The American Economic Review，53（5）：1032-1057.

Williamson O E. 1964. The Economics of Discretionary Behavior： Managerial Objectives in A Theory of the Firm [M]. Upper Saddle River：Prentice-Hall.

Yemane A A，Raju M L，Raju R M. 2015. The impact of corporate governance on firm's performance：evidence from ethiopian insurance companies [J]. Research Journal of Finance and Accounting，6（9）：225-233.

Yermack D. 1996. Higher market valuation of companies with a small board of directors [J]. Journal of Financial Economics，40（2）：185-211.

Yuengert A M. 1993. The measurement of efficiency in life insurance: estimates of a mixed normal-gamma error model [J]. Journal of Banking and Finance，17（2－3）：483-496.

Zheka V. 2005. Does corporate governance causally predict firm performance? panel data and instrumental variables evidence [R]. Working Paper.

附录一　我国保险机构名录

附表 1-1 为我国财产保险公司名录，合计 68 家。其中，中资占 45 家，外资为 23 家。表中列示了我国财产保险公司的公司名称、设立时间、中资外资和公司简称具体信息。

附表 1-1　我国财产险保险公司名录

公司名称	设立时间	中资外资	公司简称
天安财产保险股份有限公司	1994/12/28	中资	天安
史带财产保险股份有限公司	1995/01/03	外资	史带财产
永安财产保险股份有限公司	1996/09/13	中资	永安
华安财产保险股份有限公司	1996/12/03	中资	华安
安盛集团丰泰财产保险公司	1997/01/17	外资	丰泰
中国出口信用保险公司	2001/11/01	中资	出口信用
中国太平洋财产保险股份有限公司	2001/11/09	中资	太保财
太平财产保险有限公司	2001/12/20	中资	太平保险
中国平安财产保险股份有限公司	2002/12/24	中资	平安财
安联财产保险（中国）有限公司	2003/01/08	外资	安联
中国人民财产保险股份有限公司	2003/07/10	中资	人保股份
中国大地财产保险股份有限公司	2003/10/15	中资	大地财产
中银保险有限公司	2004/07/27	中资	中银保险
安信农业保险股份有限公司	2004/09/17	中资	安信农业
中航安盟财产保险有限公司	2004/09/22	外资	安盟
永诚财产保险股份有限公司	2004/09/27	中资	永诚
安华农业保险股份有限公司	2004/12/30	中资	安华农业
民安财产保险有限公司	2005/01/10	中资	民安
阳光农业相互保险公司	2005/01/11	中资	阳光农业
三星财产保险（中国）有限公司	2005/03/16	外资	三星
日本财产保险（中国）有限公司	2005/07/01	外资	日本财产
阳光财产保险股份有限公司	2005/07/28	中资	阳光财产
渤海财产保险股份有限公司	2005/09/28	中资	渤海
都邦财产保险股份有限公司	2005/10/19	中资	都邦
华农财产保险股份有限公司	2006/01/24	中资	华农

续表

公司名称	设立时间	中资外资	公司简称
中华联合财产保险股份有限公司	2006/09/06	中资	中华联合
中国人寿财产保险股份有限公司	2006/12/30	中资	国寿财产
安诚财产保险股份有限公司	2006/12/31	中资	安诚
现代财产保险（中国）有限公司	2007/03/02	外资	现代财产
劳合社保险（中国）有限公司	2007/03/15	外资	劳合社
中意财产保险有限公司	2007/04/13	外资	中意财产
太阳联合保险（中国）有限公司	2007/07/23	外资	太阳联合
三井住友海上火灾保险（中国）有限公司	2007/07/23	外资	三井住友
利宝保险有限公司	2007/09/21	外资	利宝互助
美亚财产保险有限公司	2007/09/24	外资	美亚
丘博保险（中国）有限公司	2007/09/28	外资	丘博保险
长安责任保险股份有限公司	2007/09/29	中资	长安责任
国元农业保险股份有限公司	2008/01/18	中资	国元农业
鼎和财产保险股份有限公司	2008/05/22	中资	鼎和财产
东京海上日动火灾保险（中国）有限公司	2008/07/22	外资	京东海上
国泰财产保险有限责任公司	2008/08/28	外资	国泰财产
中煤财产保险股份有限公司	2008/10/13	中资	中煤财产
英大泰和财产保险股份有限公司	2008/11/04	中资	英大财产
爱和谊日生同和财产保险（中国）有限公司	2008/12/18	外资	爱和谊
紫金财产保险股份有限公司	2009/05/18	中资	紫金财产
日本兴亚财产保险（中国）有限责任公司	2009/06/16	外资	日本兴亚
浙商财产保险股份有限公司	2009/06/24	中资	浙商财产
信达财产保险股份有限公司	2009/08/18	中资	信达财产
乐爱金财产保险（中国）有限公司	2009/09/18	外资	乐爱金
富邦财产保险有限公司	2010/09/17	外资	富邦财险
信利保险（中国）有限公司	2010/12/13	外资	信利保险
泰山财产保险股份有限公司	2010/12/29	中资	泰山财险
锦泰财产保险股份有限公司	2011/01/28	中资	锦泰财产
众诚汽车保险股份有限公司	2011/06/02	中资	众诚保险
华泰财产保险有限公司	2011/07/14	中资	华泰
长江财产保险股份有限公司	2011/11/17	中资	长江财产
诚泰财产保险股份有限公司	2011/12/30	中资	诚泰财产
安邦财产保险股份有限公司	2011/12/31	中资	安邦
富德财产保险股份有限公司	2012/04/11	中资	富德财产
鑫安汽车保险股份有限公司	2012/06/06	中资	鑫安汽车

续表

公司名称	设立时间	中资外资	公司简称
北部湾财产保险股份有限公司	2013/01/14	中资	北部湾财产
苏黎世财产保险（中国）有限公司	2013/04/24	外资	苏黎世
众安在线财产保险股份有限公司	2013/09/29	中资	众安保险
安盛天平财产保险股份有限公司	2004/12/31	外资	安盛天平
华海财产保险股份有限公司	2014/12/04	中资	华海财产
燕赵财产保险股份有限公司	2014/12/15	中资	燕赵财产
恒邦财产保险股份有限公司	2014/12/29	中资	恒邦财产
合众财产保险股份有限公司	2015/01/30	中资	合众财险

资料来源：中国保监会网站 www.circ.gov.cn/。

　　附表 1-2 为我国人身险保险公司名录，合计 82 家。其中，中资占 47 家，外资为 35 家。表中列示了我国各人身险保险公司的公司名称、设立时间、中资外资和机构类别的具体信息。

附表 1-2　我国人身险保险公司名录

公司名称	设立时间	中资外资	公司简称
友邦保险有限公司上海分公司	1992/09/29	外资	友邦上海
友邦保险有限公司广东分公司	1995/10/30	外资	友邦广东
泰康人寿保险股份有限公司	1996/08/22	中资	泰康
新华人寿保险股份有限公司	1996/09/28	中资	新华
中宏人寿保险有限公司	1996/11/08	外资	中宏人寿
建信人寿保险有限公司	1998/09/29	中资	建信人寿
中德安联人寿保险有限公司	1998/11/25	外资	中德安联
工银安盛人寿保险有限公司	1999/04/12	外资	工银安盛
友邦保险有限公司深圳分公司	1999/10/19	外资	友邦深圳
交银康联人寿保险有限公司	2000/07/27	外资	交银康联
信诚人寿保险有限公司	2000/09/18	外资	信诚
天安人寿保险股份有限公司	2000/11/15	中资	天安人寿
东方人寿保险股份有限公司	2001/11/01	中资	东方保险
中国太平洋人寿保险股份有限公司	2001/11/09	中资	太保寿
太平人寿保险有限公司	2001/12/05	中资	太平人寿
富德生命人寿保险股份有限公司	2001/12/28	中资	富德生命人寿
中意人寿保险有限公司	2002/01/31	外资	中意
光大永明人寿保险有限公司	2002/04/22	中资	光大永明

续表

公司名称	设立时间	中资外资	公司简称
友邦保险有限公司北京分公司	2002/05/21	外资	友邦北京
友邦保险有限公司江苏分公司	2002/07/01	外资	友邦江苏
友邦保险有限公司江门支公司	2002/07/25	外资	友邦江门
友邦保险有限公司东莞支公司	2002/07/25	外资	友邦东莞
中国平安人寿保险股份有限公司	2002/10/28	中资	平安寿
北大方正人寿保险有限公司	2002/11/15	外资	北大方正人寿
中荷人寿保险有限公司	2002/11/19	外资	中荷人寿
中英人寿保险有限公司	2002/12/11	外资	中英人寿
海康人寿保险有限公司	2003/04/16	外资	海康人寿
中国人寿保险股份有限公司	2003/06/30	中资	国寿股份
民生人寿保险股份有限公司	2003/07/18	中资	民生人寿
招商信诺人寿保险有限公司	2003/07/25	外资	招商信诺
长生人寿保险有限公司	2003/09/23	外资	长生人寿
恒安标准人寿保险有限公司	2003/12/01	外资	恒安标准
瑞泰人寿保险有限公司	2003/12/08	外资	瑞泰人寿
中美联泰大都会人寿保险有限公司	2004/02/16	外资	中美联泰
平安养老保险股份有限公司	2004/12/01	中资	平安养老
太平养老保险股份有限公司	2004/12/20	中资	太平养老
陆家嘴国泰人寿保险有限责任公司	2004/12/29	外资	陆家嘴国泰
合众人寿保险股份有限公司	2005/01/26	中资	合众人寿
华泰人寿保险股份有限公司	2005/03/22	外资	华泰人寿
中国人民健康保险股份有限公司	2005/04/08	中资	人保健康
中航三星人寿保险有限公司	2005/05/18	外资	中航三星
平安健康保险股份有限公司	2005/06/13	外资	平安健康
中美联泰大都会人寿保险有限公司	2005/07/25	外资	中美联泰
长城人寿保险股份有限公司	2005/09/20	中资	长城
中国人民人寿保险股份有限公司	2005/11/10	中资	人保寿险
农银人寿保险股份有限公司	2005/12/19	中资	农银人寿
中法人寿保险有限责任公司	2005/12/23	外资	中法人寿
昆仑健康保险股份有限公司	2006/01/12	中资	昆仑健康
和谐健康保险股份有限公司	2006/01/12	中资	和谐健康
中新大东方人寿保险有限公司	2006/05/11	外资	中新大东方
正德人寿保险股份有限公司	2006/11/06	中资	正德人寿

续表

公司名称	设立时间	中资外资	公司简称
华夏人寿保险股份有限公司	2006/12/30	中资	华夏人寿
中国人寿养老保险股份有限公司	2007/01/15	中资	国寿养老
信泰人寿保险股份有限公司	2007/04/29	中资	信泰
长江养老保险股份有限公司	2007/05/18	中资	长江养老
英大泰和人寿保险股份有限公司	2007/06/22	中资	英大人寿
泰康养老保险股份有限公司	2007/08/10	中资	泰康养老
国华人寿保险股份有限公司	2007/10/31	中资	国华
幸福人寿保险股份有限公司	2007/11/05	中资	幸福人寿
阳光人寿保险股份有限公司	2007/12/17	中资	阳光人寿
新光海航人寿保险有限责任公司	2008/09/03	外资	新光海航
君龙人寿保险有限公司	2008/11/10	外资	君龙人寿
百年人寿保险股份有限公司	2009/05/25	中资	百年人寿
汇丰人寿保险有限公司	2009/06/03	外资	汇丰人寿
中邮人寿保险股份有限公司	2009/08/04	中资	中邮人寿
中融人寿保险股份有限公司	2010/03/18	中资	中融人寿
安邦人寿保险股份有限公司	2010/06/12	中资	安邦人寿
利安人寿保险股份有限公司	2011/07/08	中资	利安人寿
华汇人寿保险股份有限公司	2011/12/19	中资	华汇人寿
前海人寿保险股份有限公司	2012/02/06	中资	前海人寿
东吴人寿保险股份有限公司	2012/05/04	中资	东吴人寿
弘康人寿保险股份有限公司	2012/07/02	中资	弘康人寿
珠江人寿保险股份有限公司	2012/08/16	中资	珠江人寿
吉祥人寿保险股份有限公司	2012/09/04	中资	吉祥人寿
复星保德信人寿保险有限公司	2012/09/13	外资	复星保德信
中韩人寿保险有限公司	2012/10/29	外资	中韩人寿
德华安顾人寿保险有限公司	2013/05/28	外资	德华安顾
安邦养老保险股份有限公司	2013/12/31	中资	安邦养老
太保安联健康保险股份有限公司	2014/12/04	中资	太保安联健康
渤海人寿保险股份有限公司	2014/12/15	中资	渤海人寿
国联人寿保险股份有限公司	2014/12/26	中资	国联人寿
上海人寿保险股份有限公司	2015/02/15	中资	上海人寿

资料来源：中国保监会网站 www.circ.gov.cn/。

附表 1-3 为我国保险集团控股公司名录，合计 10 家，全为中资控股公司。表中列示了我国各保险集团控股公司的公司名称、设立时间、中资外资和机构类别的具体信息。

附表 1-3　我国保险集团控股公司名录

公司名称	设立时间	中资外资	公司简称
中国人民保险集团股份有限公司	1949/10/20	中资	人保集团
中国平安保险（集团）股份有限公司	1988/03/21	中资	平安集团
华泰保险集团股份有限公司	1996/08/29	中资	华泰集团
中国太平洋保险（集团）股份有限公司	2000/04/21	中资	中国太保
中国人寿保险（集团）公司	2003/08/26	中资	人寿集团
安邦保险集团股份有限公司	2004/10/15	中资	安邦集团
中华联合保险控股股份有限公司	2006/06/05	中资	中华联合
阳光保险集团股份有限公司	2007/06/27	中资	阳光保险集团
中国再保险（集团）股份有限公司	2007/10/24	中资	中再集团
中国太平保险集团有限责任公司	2008/11/13	中资	中国太平

资料来源：中国保监会网站 www.circ.gov.cn/。

　　附表 1-4 为我国保险资产管理公司名录，合计 19 家。其中，中资的为 18 家，仅有 1 家为外资公司。表中列示了我国各保险资产管理公司的公司名称、设立时间、中资外资和机构类别的具体信息。

附表 1-4　我国保险资产管理公司名录

公司名称	设立时间	中资外资	公司简称
中国人保资产管理股份有限公司	2003/07/16	中资	人保资产
中国人寿资产管理有限公司	2003/11/23	中资	国寿资产
华泰资产管理有限公司	2005/01/18	中资	华泰资产
中再资产管理股份有限公司	2005/02/18	中资	中再资产
平安资产管理有限责任公司	2005/05/27	中资	平安资产
泰康资产管理有限责任公司	2006/02/21	中资	康泰资产
新华资产管理股份有限公司	2006/06/06	中资	新华资产
太平洋资产管理有限责任公司	2006/06/09	中资	太平洋资产
太平资产管理有限公司	2006/09/01	中资	太平资产
安邦资产管理有限责任公司	2011/05/17	中资	安邦资产
生命保险资产管理有限公司	2011/07/12	中资	生命资产
光大永明资产管理股份有限公司	2012/02/21	中资	光大永明资产

续表

公司名称	设立时间	中资外资	公司简称
合众资产管理股份有限公司	2012/03/08	中资	合众资产
民生通惠资产管理有限公司	2012/10/29	中资	民生通惠资产
阳光资产管理股份有限公司	2012/11/28	中资	阳光资产
中英益利资产管理股份有限公司	2013/04/03	中资	中英资产
中意资产管理有限责任公司	2013/05/03	外资	中意资产
华安财保资产管理有限责任公司	2013/08/29	中资	华安资产
长城财富资产管理股份有限公司	2015/03/10	中资	长城财富资产

资料来源：中国保监会网站 www.circ.gov.cn/。

附表 1-5 为我国再保险公司名录，合计 9 家。其中，中资的有 3 家，外资 6 家。表中列示了我国各再保险公司的公司名称、设立时间、中资外资和机构类别的具体信息。

附表 1-5　我国再保险公司名录

公司名称	设立时间	中资外资	公司简称
慕尼黑再保险公司北京分公司	2003/09/05	外资	慕尼黑再保险
瑞士再保险股份有限公司北京分公司	2003/09/27	外资	瑞士再保险
中国财产再保险股份有限公司	2003/12/15	中资	中再产险
中国人寿再保险股份有限公司	2003/12/16	中资	中再寿险
德国通用再保险股份公司上海分公司	2004/07/30	外资	德国再保险
法国再保险公司北京分公司	2008/02/03	外资	法国再保险
汉诺威再保险股份公司上海分公司	2008/05/15	外资	汉诺威再保险
太平再保险有限公司	2008/11/12	中资	太平再保险
RGA 美国再保险公司上海分公司	2014/09/11	外资	RGA 美国再保险

资料来源：中国保监会网站 www.circ.gov.cn/。

附录二 我国保险公司治理法律、政策和法规原文

笔者在著作《中国保险公司治理研究》一书中收录了2015年之前我国保险公司治理重要的20部法律、政策和法规原文，本附录收录了2015年我国保险公司治理重要的10部法律、政策和法规。其中，公司治理基础方面2部，具体包括《相互保险组织监管试行办法》《中国保监会关于加强保险公司筹建期治理机制有关问题的通知》；董监高方面2部，具体包括《保险机构董事、监事和高级管理人员培训管理办法》《中国保监会关于保险机构开展员工持股计划有关事项的通知》；外部监管方面6部，具体包括《中国保监会关于调整保险资金境外投资有关政策的通知》《中国保监会关于进一步规范保险公司关联交易有关问题的通知》《中国保监会关于进一步规范报送〈保险公司治理报告〉的通知》《互联网保险业务监管暂行办法》《保险公司服务评价管理办法（试行）》《保险公司经营评价指标体系（试行）》。

《相互保险组织监管试行办法》

发布时间：2015/01/23
文件编号：保监发〔2015〕11号

第一章 总 则

第一条 为加强对相互保险组织的监督管理，规范相互保险组织的经营行为，根据《中华人民共和国保险法》、《农业保险条例》等相关法律、法规，制定本办法。

第二条 本办法所称相互保险是指，具有同质风险保障需求的单位或个人，通过订立合同成为会员，并缴纳保费形成互助基金，由该基金对合同约定的事故发生所造成的损失承担赔偿责任，或者当被保险人死亡、伤残、疾病或者达到合同约定的年龄、期限等条件时承担给付保险金责任的保险活动。

本办法所称相互保险组织是指，在平等自愿、民主管理的基础上，由全体会员持有并以互助合作方式为会员提供保险服务的组织，包括一般相互保险组织、专业性、区域性相互保险组织等组织形式。

第三条　中国保险监督管理委员会（以下简称"中国保监会"）根据法律、法规和国务院授权，对相互保险组织和相互保险活动进行统一监管。

中国保监会的派出机构在中国保监会授权范围内行使对相互保险组织的监督管理职能。

第四条　相互保险组织从事保险活动，必须遵守法律、法规，遵守社会公德，不得从事与章程规定无关的经营活动。

第二章　设　立

第五条　相互保险组织应当经中国保监会批准设立，并在工商行政管理部门依法登记注册。

第六条　相互保险组织名称中必须有"相互"或"互助"字样。

第七条　设立一般相互保险组织，应当具备以下条件：

（一）具有符合本办法规定的主要发起会员和一般发起会员。其中，主要发起会员负责筹集初始运营资金，一般发起会员承诺在组织成立后参保成为会员，一般发起会员数不低于 500 个。

（二）有不低于 1 亿元人民币的初始运营资金；

（三）有符合法律、法规及本办法规定的章程；

（四）有具备任职所需专业知识和业务工作经验的董（理）事、监事和高级管理人员；

（五）有健全的组织机构和管理制度；

（六）有符合要求的营业场所和与经营业务有关的其他设施；

（七）中国保监会规定的其他条件。

第八条　设立专业性、区域性相互保险组织，应当具备下列条件：

（一）具有符合本办法规定的主要发起会员和一般发起会员，一般发起会员数不低于 100 个；

（二）有不低于 1000 万元的初始运营资金；

（三）在坚持会员制和封闭性原则基础上，针对特定风险开展专门业务或经营区域限定在地市级以下行政区划；

（四）其他设立条件参照一般相互保险组织。

第九条　以农民或农村专业组织为主要服务对象的涉农相互保险组织，或其他经保险监督管理机构认可的专业性、区域性相互保险组织，可以在前款规定的基础上适当降低设立标准，但初始运营资金不得低于 100 万元。

第十条　初始运营资金由主要发起会员负责筹集，可以来自他人捐赠或借款，必须以实缴货币资金形式注入。

在弥补开办费之前，相互保险组织不得偿还初始运营资金。初始运营资金为债权的，在盈余公积与未分配利润之和达到初始运营资金数额后，经会员（代表）大会表决通过，并报保险监督管理机构批准，可以分期偿还初始运营资金本金和利息。当偿付能力不足时，应停止偿还初始运营资金本息。其他形式的初始运营资金偿付和回报方式由相互保险组织章程另行规定。

第十一条　相互保险组织的主要发起会员应当信誉良好，具有持续出资能力，其资质要求参照《中华人民共和国保险法》、《保险公司股权管理办法》中主要股东条件，主要发起会员为个人的除外。

第十二条　相互保险组织的设立程序，适用中国保监会关于保险公司设立的一般规定。

第十三条　一般相互保险组织董（理）事、监事和高级管理人员任职资格管理按照《中华人民共和国保险法》和中国保监会有关规定执行；专业性、区域性相互保险组织董（理）事、监事和高级管理人员任职资格标准可根据实际情况适度予以降低，但不得违反法律、法规、规章的禁止性要求。

第三章　会　员

第十四条　相互保险组织会员是指承认并遵守相互保险组织章程并向其投保的单位或个人。

第十五条　相互保险组织会员享有下列权利：

（一）参加会员（代表）大会，并享有表决权、选举权、被选举权和参与该组织民主管理的权利；

（二）按照章程规定和会员（代表）大会决议分享盈余的权利；

（三）按照合同约定享受该组织提供的保险及相关服务的权利；

（四）对该组织工作的批评建议权及监督权；

（五）查阅组织章程、会员（代表）大会记录、董（理）事会决议、监事会决议、财务会计报告和会计账簿的权利；

（六）章程规定的其他权利。

第十六条　相互保险组织会员应履行以下义务：

（一）遵守组织章程；

（二）执行会员（代表）大会和董（理）事会的决议；

（三）按照保险合同约定缴纳保费，并以所缴纳保费为限对该组织承担责任，章程另有规定的除外；

（四）不得滥用会员权利损害相互保险组织或者其他会员的利益；

（五）章程规定的其他义务。

第十七条　主要发起会员的权利、义务可由相互保险组织章程规定。

第十八条　有下列情形之一的，会员资格自动终止：

（一）保险合同终止；

（二）章程规定事由发生。

第四章　组　织　机　构

第十九条　相互保险组织应当设立会员（代表）大会，决定该组织重大事项。会员（代表）大会由全体会员（代表）组成，是相互保险组织的最高权力机构，原则上采取一人一票的表决方式。

除章程另有规定外，会员（代表）大会的权力和组织程序参照《中华人民共和国公司法》有关股东大会的规定。

第二十条　会员（代表）大会选举或者作出决议，应当由出席会议的会员或会员代表表决权总数过半数通过；作出修改章程或者合并、分立、解散的决议以及制定支付初始运营资金本息、分配盈余、保额调整等方案应当由出席会议的会员或会员代表表决权总数的四分之三以上通过。

第二十一条　相互保险组织章程应当包括下列事项：

（一）名称和住所；

（二）宗旨、业务范围和经营地域；

（三）发起会员与一般会员资格及其权利、义务；

（四）组织机构及其产生办法、职权、任期和议事规则；

（五）初始运营资金的筹集方式、使用条件以及偿付办法；

（六）财务管理制度和盈余分配办法；

（七）发生重大保险事故导致偿付困难时的风险控制机制；

（八）章程的修改程序；

（九）解散事由和清算办法；

（十）应当由章程规定的其他事项。

第二十二条　相互保险组织应当设立董（理）事会、监事会。一般相互保险组织董（理）事会应建立独立董（理）事制度。

除章程另有规定外，相互保险组织的董（理）事会、监事会适用《中华人民共和国公司法》关于股份有限公司董事会、监事会的规定。

第二十三条　相互保险组织召开会员（代表）大会、董（理）事会，应提前7个工作日通知保险监督管理机构，保险监督管理机构有权列席会议。

会员（代表）大会、董（理）事会决议应在会后7个工作日内报保险监督管理机构备案。

第二十四条 相互保险组织可以申请设立分支机构。根据业务发展需要，相互保险组织也可以通过提供初始运营资金和再保险支持等方式，申请设立经营同类业务的相互保险子组织，并实施统一管理。具体设立条件和方式由中国保监会另行规定。

第五章 业 务 规 则

第二十五条 相互保险组织的业务范围由保险监督管理机构依法核定。

第二十六条 相互保险组织应当按照章程规定，加强内部管理，建立完善的内部控制制度。

第二十七条 相互保险组织应根据保障会员利益原则，按照企业会计准则和中国保监会有关规定评估保险责任准备金。

第二十八条 相互保险组织的保险条款和保险费率，适用中国保监会有关保险条款、保险费率的规定。

第二十九条 相互保险组织的资金应实行全托管制度。相互保险组织应在保证资金安全性的前提下，按照中国保监会有关规定进行资金运用。其中，专业性、区域性相互保险组织实行自行投资的，其资金运用限于下列形式：

（一）银行存款；

（二）国债及其他中国保监会认可的低风险固定收益类产品；

（三）经中国保监会批准的其他形式。

专业性、区域性相互保险组织委托经中国保监会认可的专业投资机构进行投资的不受上述形式限制。

第三十条 相互保险组织应审慎经营，严格进行风险管理，依据实际情况进行再保险分保业务，并建立重大风险事故的应对预案。

第三十一条 相互保险组织参照保险公司缴纳保险保障基金，具体缴纳方式和标准由中国保监会另行规定。

第三十二条 相互保险组织应当按照企业会计准则进行会计核算，并建立符合相互制经营特色的财务管理制度。

第三十三条 相互保险组织应当建立适合相互保险组织经营特点的信息披露制度，保障会员作为保险消费者和相互保险组织所有者的合法权益，使用通俗易懂的语言定期向会员披露产品信息、财务信息、治理信息、风险管理状况信息、偿付能力信息、重大关联交易信息及重大事项信息。

第三十四条 相互保险组织应当建立健全监督审计制度。监督审计情况应当向会员（代表）大会报告。一般相互保险组织应当聘请外部审计机构进行年度审计。高管人员离任的，应当进行离任审计。

第六章　监　督　管　理

第三十五条　保险监督管理机构按照审慎监管要求对相互保险组织进行持续、动态监管。

第三十六条　保险监督管理机构对相互保险组织的监督管理，采取现场监管与非现场监管相结合的方式。

第三十七条　保险监督管理机构对相互保险组织的监管包括但不限于下列事项：

（一）组织设立、变更是否依法经批准或者向保险监督管理机构报告；

（二）董（理）事、监事、高级管理人员任职资格是否依法经核准；

（三）初始运营资金、各项准备金是否真实、充足；

（四）内控制度和内部治理是否符合保险监督管理机构的规定；

（五）偿付能力是否充足；

（六）资金运用是否合法；

（七）信息披露是否充分；

（八）业务经营和财务情况是否合法，报告、报表、文件、资料是否及时、完整、真实；

（九）保险条款和费率是否按规定报经审批或者备案；

（十）需要事后报告的其他事项是否按照规定报告；

（十一）保险监督管理机构依法规定的其他事项。

第三十八条　相互保险组织偿付能力管理参照保险公司偿付能力管理规定执行，中国保监会另有规定的从其规定。当偿付能力不足时，相互保险组织应当向会员及时进行风险警示，并在两个月内召开会员（代表）大会确定改善偿付能力措施。

第三十九条　相互保险组织应当按照有关规定报送统计报表，做好保险统计工作。一般相互保险组织应当按照规定及时向保险监督管理机构报送偿付能力报告、财务会计报告、精算报告、合规报告及其他有关报告、报表、文件和资料；专业性、区域性相互保险组织应当及时向保险监督管理机构报送偿付能力报告、财务会计报告、营业报告及其他有关报告、报表、文件和资料。

第七章　附　　　则

第四十条　相互保险公司、合作保险组织经营保险业务，参照本办法执行。

第四十一条 本办法由中国保监会负责解释。

第四十二条 本办法自发布之日起施行。

《中国保监会关于调整保险资金境外投资有关政策的通知》

发布时间：2015/03/27

文件编号：保监发〔2015〕33 号

为加强保险资金境外投资监管，进一步扩大保险资产的国际配置空间，优化配置结构，防范资金运用风险，同时为适应相关保险业务外汇管理政策的变化，我会决定调整保险资金境外投资相关规定，并就有关事项通知如下：

一、对保险集团（控股）公司、保险公司（以下简称保险机构）开展境外投资的专业人员数量和资质的要求，调整为应当配备至少 2 名境外投资风险责任人，风险责任人包括行政责任人和专业责任人，其责任内容、资质条件、履职和培训要求、信息报告和处罚事项等参照《关于保险机构投资风险责任人有关事项的通知》（保监发〔2013〕28 号）及相关规定执行。

二、保险资产管理公司、保险机构或保险资产管理公司在香港设立的资产管理机构受托管理集团内保险机构的保险资金开展境外投资时，投资市场由香港市场扩展至《保险资金境外投资管理暂行办法实施细则》（保监发〔2012〕93 号，以下简称《细则》）附件 1①所列的国家或者地区金融市场。

三、保险资金投资境外政府债券、政府支持性债券、国际金融组织债券、公司债券和可转换债券等固定收益类产品时，计价货币不限于国际主要流通货币，应具备的信用评级由"发行人和债项均获得国际公认评级机构 BBB 级或者相当于 BBB 级以上的评级"调整为"债项获得国际公认评级机构 BBB-级或者相当于 BBB-级以上的评级"。

四、保险机构投资境外的股票由《细则》附件 1 所列国家或者地区证券交易所主板市场挂牌交易的股票扩展为上述主板市场和香港创业板市场挂牌交易的股票。

五、保险机构申请境外投资委托人资格应当具备的"具有经营外汇业务许可证"条件，调整为"具有经营外汇保险业务的相关资格"；申请境外投资委托人资格需要提交的"经营外汇业务许可证复印件"相关材料，调整为"经营外汇保险业务的相关证明材料"。

六、保险资产管理公司的自有资金开展境外投资参照《保险资金境外投资管理暂行办法》《细则》和本通知的相关规定执行。

七、本通知自发布之日起施行。

---

① 附件 1 为可投资国家或者地区，具体可参见中国保监会网站。

《中国保监会关于进一步规范保险公司关联交易有关问题的通知》

发布时间：2015/04/01

文件编号：保监发〔2015〕36号

为进一步规范保险公司关联交易行为，有效防范经营风险，保护保险消费者合法权益，根据《保险公司关联交易管理暂行办法》等规定，现就有关问题通知如下：

一、在过去12个月内或者根据相关协议安排在未来12月内，存在《保险公司关联交易管理暂行办法》第七条、第八条和第九条规定的情形之一的，视同保险公司关联方。

二、以下情形属于《保险公司关联交易管理暂行办法》第十条第一项所称"保险公司资金的投资运用和委托管理"：

（一）保险公司在关联方办理银行存款（活期存款及在大型国有商业银行的存款除外）业务；

（二）保险公司投资关联方的股权、不动产及其他资产；

（三）保险公司投资关联方发行的金融产品，或投资基础资产包含关联方资产的金融产品；

（四）保监会认定的其他关联交易行为。

三、保险公司资金运用关联交易应符合以下比例要求：

（一）在保险公司投资未上市权益类资产、不动产类资产、其他金融资产的账面余额中，对关联方的投资金额分别不得超过该类资产投资限额的50%。

（二）保险公司对关联方中单一法人主体的投资余额，合计不得超过保险公司上季末总资产的15%与该法人主体上季末总资产的5%二者孰高。

（三）保险公司对关联方的全部投资余额，合计不得超过保险公司上季末总资产的30%，并不得超过保险公司上季末净资产。

在计算人身保险公司和再保险公司总资产时，其高现金价值产品对应的资产按50%折算。

四、保险公司重大关联交易应由董事会批准的，董事会会议所作决议须经非关联董事2/3以上通过。

已设立独立董事的保险公司与主要股东及其关联方的重大关联交易，必须获得独立董事的一致同意，同时主要股东应向保监会提交关于不存在不当利益输送的书面声明。

五、保险公司应当按照《保险公司信息披露管理办法》《保险公司资金运用信息披露准则第1号：关联交易》等有关规定，对重大关联交易和资金运用关联交易，于签订交易协议后 10 个工作日内（无交易协议的，自事项发生之日起 10 个工作日内），在保险公司网站和中国保险行业协会网站进行披露。

保险公司应当自本通知下发之日起一个月内，对 2013 年至 2015 年 1 季度的关联交易情况进行系统梳理和排查，并向保监会上报关联交易总体报告及统计表。对关联交易超过规定比例的，不得新增此类关联交易。自 2015 年 2 季度起，保险公司应于每季度结束后 25 日内向保监会报送关联交易季度报告。

六、对于保险公司未能履行相关信息披露和报告义务的，保监会可以结合相关情况，调整该保险公司分类监管的评价类别。

对于保险公司独立董事在审核关联交易过程中未能履行勤勉义务的，保监会可以对其进行监管谈话，并计入履职记录。监管谈话超过三次的，保监会可以限制其保险公司独立董事资格。

对于保险公司股东利用关联交易严重损害保险公司利益的，保监会可以按照《中华人民共和国保险法》第一百五十二条规定，采取限制股东权利、责令改正、责令转让股权等监管措施。

对会计师事务所、专业评估机构、律师事务所等中介机构未能如实反映保险公司关联交易程序合法性、定价公允性等情形的，保监会可以设立诚信档案，并将有关情况通报其行业主管部门；情节严重的，保监会可以通报保险集团（控股）公司、保险公司、保险资产管理公司，三年内不得与其从事相关业务，并商有关监管部门依法给予行政处罚。

七、保险集团（控股）公司的关联交易适用本通知。保险集团（控股）公司与其保险子公司（包括保险资产管理公司），以及保险子公司之间发生的关联交易，不适用本通知第三条和第四条。

《保险机构董事、监事和高级管理人员培训管理办法》

发布时间：2015/04/10
文件编号：保监发〔2015〕43 号

第一章 总 则

第一条 为推进保险机构董事、监事和高级管理人员培训工作，培养一支具备合规经营理念、风险防范意识、科学发展能力的董事、监事和高级管理人员队伍，依据《中华人民共和国保险法》（以下简称《保险法》）、《保险公司董事、监事和高级管理人员任职资格管理规定》和有关法律、行政法规，制定本办法。

第二条 本办法所称保险机构是指经中国保险监督管理委员会（以下简称中

国保监会）批准设立的保险集团（控股）公司、保险公司及其分支机构、保险资产管理公司等。

第三条　保险机构董事、监事和高级管理人员培训工作应遵循以下原则：

（一）联系实际，学以致用。培训内容紧扣保险业发展的形势和特点，提升解决实际问题的能力。

（二）分类分级，按需施教。在做好综合性培训的基础上，根据培训对象工作性质和职务的不同，分类分级地开展培训，增强培训的针对性。

（三）统筹规划，整体推进。对保险机构董事、监事和高级管理人员培训进行统一规划部署，明确相应的责任主体和工作侧重点，形成整体推进合力。

（四）与时俱进，改革创新。积极适应保险业改革发展的需要，推进培训内容、形式、方法、制度等方面的创新。

第四条　保险机构董事、监事和高级管理人员培训工作由中国保监会统一指导、监督，中国保监会及其派出机构与保险机构分工合作、共同组织完成。

第二章　培 训 对 象

第五条　保险机构董事、监事和高级管理人员在任职期间，须接受中国保监会及其派出机构组织的培训并满足相关要求；根据履职需要，积极参加所在保险机构、保险业社团组织和其他社会机构举办的各类培训。

第六条　本办法所称保险机构高级管理人员包括：

（一）总公司总经理、副总经理、总经理助理；

（二）总公司董事会秘书、合规负责人、总精算师、财务负责人、审计责任人和首席风险管理执行官；

（三）分公司、中心支公司总经理、副总经理和总经理助理；

（四）支公司、营业部经理；

（五）与上述高级管理人员具有相同职权的管理人员。

第七条　保险机构董事、监事和高级管理人员应根据不同情况参加相应培训：

（一）在职期间更新知识、提升能力的各类岗位培训；

（二）首次担任董事、监事和相应层级高级管理人员的任职培训；

（三）应对解决行业发展重点、难点问题的专门业务培训；

（四）其它培训。

第八条　保险机构董事、监事和高级管理人员参加培训每年不少于100学时，其中董事，监事，总公司、分公司、中心支公司高级管理人员参加中国保监会及其派出机构举办培训每年不少于10学时。

第九条　保险机构董事、监事和高级管理人员应遵守培训纪律要求，完成规定的培训任务。中国保监会对未按规定参加培训的个人及所在机构视情况采取通报、监管谈话、发监管函等相应措施。

第三章　培 训 内 容

第十条　保险机构董事、监事和高级管理人员的培训内容主要包括形势政策、法律法规、专业知识与职业规范等方面：

（一）形势政策培训主要包括国家经济金融形势与政策、《国务院关于加快发展现代保险服务业的若干意见》、保险业改革发展形势与政策、保险业发展理论、国际保险业发展趋势与经验等；

（二）法律法规培训主要包括《保险法》等法律法规及中国保监会的有关监管规定；

（三）专业知识培训主要包括保险机构经营管理、内部控制、风险管理、创新发展等；

（四）职业规范培训主要包括保险机构的社会责任、保险消费者权益保护、职业道德与诚信以及董事、监事和高级管理人员的权利义务等。

第十一条　董事的培训内容应突出国家经济金融形势与政策、保险业改革与发展理论、保险业发展形势、依法合规与公司治理、资本运作与战略管理、投资决策分析、董事的基本权利义务和法律责任等。

第十二条　监事的培训内容应突出依法合规与公司治理、保险机构发展战略、内部稽核和内部控制、保险机构财务报表解读、监事的基本权利义务和法律责任等。

第十三条　总经理的培训内容应突出国家经济金融形势与政策、保险业改革与发展理论、保险业发展形势、依法合规与公司治理、保险消费者权益保护、资本运作与战略管理、投资决策分析等。

第十四条　副总经理、总经理助理的培训内容应突出保险业改革与发展理论、保险业发展形势、依法合规经营、国内外保险市场发展的现状与趋势、保险消费者权益保护、资本运作与战略管理、投资决策分析、所分管领域专业知识等。

第十五条　董事会秘书的培训内容应突出依法合规与公司治理、保险机构规范化运作、财务报表分析、保险公司信息披露、董事会秘书的基本权利义务和法律责任等。

第十六条　合规负责人的培训内容应突出保险机构运作的法律法规及有关监管规定、保险机构内部规范运作、合规报告的编制、合规风险的识别和规范、合规负责人的基本权利义务和法律责任等。

第十七条　总精算师的培训内容应突出保险机构风险管理和资产负债匹配管理、精算财务制度、产品开发定价原则、偿付能力管理、总精算师的基本权利义务和法律责任等。

第十八条　财务负责人的培训内容应突出保险机构会计核算与财务管理、财务报告编制、会计准则、企业会计制度执行与会计政策选择、偿付能力管理、财务负责人的基本权利义务和法律责任等。

第十九条　审计责任人的培训内容应突出依法合规与公司治理、保险机构财务管理、保险机构审计原则与要求、审计责任人的基本权利义务和法律责任等。

第二十条　首席风险管理执行官的培训内容应突出保险资产配置与投融资决策、保险资金运用流程、保险资金运用风险管理、首席风险管理执行官的基本权利义务和法律责任等。

第二十一条　保险机构分支机构高级管理人员的培训内容应突出保险监管相关法律法规、保险机构分支机构规范运作的实务操作等。

第四章　培训组织实施

第二十二条　制定培训计划与实施方案，对培训工作的推进步骤与实施进度加强管控。

第二十三条　统筹培训资源，针对不同的培训主题协调配备适当的课程、师资、场地、设施等各方面资源。

第二十四条　丰富培训形式，综合运用讲授式、研究式、案例式、模拟式、体验式等教学方法。

第二十五条　创新培训方式，充分利用现代信息技术，积极发展网络课堂、微学习等新途径、新手段。

第二十六条　加强培训考核，采取结业考试、随堂测验、在线测试、提交论文等多种形式，促进参训人员对培训内容的掌握。

第二十七条　建立培训需求调研制度，构建以培训需求为导向的培训内容更新机制。

第二十八条　完善培训效果评估，加强对课程设置、师资配备、组织管理、教学效果等方面的测评，提升培训工作水平。

第五章　保险监管机构职责

第二十九条　中国保监会对保险机构董事、监事和高级管理人员培训进行整体规划、宏观指导、协调服务、督促检查、制度规范与资源整合，并立足监管机构职责举办行业发展形势、法律法规、监管政策、风险防范等方面的培训。

第三十条 中国保监会培训中心是保险机构董事、监事和高级管理人员培训工作的主要责任单位，具体承担中国保监会对保险机构董事、监事和高级管理人员培训的各项管理职能，并负责相关培训班的组织实施工作，主要职责包括：

（一）制定保险机构董事、监事和高级管理人员培训总体规划、行业标准、实施细则、年度培训要点等；

（二）建立中国保监会保险机构董事、监事和高级管理人员网络培训平台；

（三）举办总公司董事、监事和高级管理人员培训与总公司部门主要负责人、省级分公司总经理示范性培训，承办中国保监会机关各部门举办的董事、监事和高级管理人员培训，并将相关信息记入保险机构董事、监事和高级管理人员网络培训平台；

（四）对中国保监会派出机构开展高级管理人员培训进行业务指导和资源统筹；

（五）对保险法人机构开展董事、监事和高级管理人员培训进行指导、考核、监督和评估；

（六）组织编写保险业董事、监事和高级管理人员培训教材；

（七）统筹建立保险业董事、监事和高级管理人员培训师资库与课程库；

（八）对承办中国保监会及其派出机构培训班的社会机构进行评估备案；

（九）承担董事、监事和高级管理人员培训的其它工作。

第三十一条 中国保监会各派出机构对辖区保险机构分支机构高级管理人员培训进行指导、监督，并立足监管机构职责举办相关培训，主要职责包括：

（一）举办辖区保险机构分支机构高级管理人员培训班或组织其利用中国保监会保险机构董事、监事和高级管理人员网络培训平台参加培训，并记录相关培训信息；

（二）对辖区保险机构分支机构开展高级管理人员培训进行指导、考核、监督和评估；

（三）根据辖区的实际情况，制定具体的培训办法与实施细则；

（四）承担高级管理人员培训的其它工作。

第三十二条 中国保监会各派出机构应明确高级管理人员培训工作负责处室，做好机制建设、人员配备等工作。

第三十三条 中国保监会及其派出机构举办的保险机构董事、监事和高级管理人员培训可单独组织实施或委托已备案的社会机构具体承办。委托社会机构承办培训的，应做好课程设置、教学质量、组织水平、收费标准等方面的监督工作。

第三十四条 中国保监会及其派出机构举办的保险机构董事、监事和高级管理人员培训由参训单位承担师资聘请、场地租用等相关费用，并严格遵循"以支定收，收支平衡"的原则。

第三十五条　中国保监会及其派出机构将保险机构董事、监事和高级管理人员是否按要求参加培训作为其后续任职资格核准的一项内容。

第六章　保险机构职责

第三十六条　保险机构应根据发展需要，围绕公司战略、管理实践、技能发展、领导力提升等内容，积极开展董事、监事和高级管理人员培训。

第三十七条　保险机构应积极利用社会优质培训资源，通过多种方式提升董事、监事和高级管理人员培训工作水平与实效性。

第三十八条　保险机构应建立董事、监事和高级管理人员培训档案，如实记录董事、监事和高级管理人员参加的各项培训。

第三十九条　保险机构应确保董事、监事和高级管理人员培训工作具备充足的工作人员、经费等。

第四十条　保险机构应将培训情况纳入董事、监事和高级管理人员的考核，并作为其薪酬、任职等事项的参考。

第四十一条　保险机构应确定董事、监事和高级管理人员培训工作的负责部门和联络人，加强与中国保监会及其派出机构的工作联系。

第四十二条　各保险机构开展董事、监事和高级管理人员培训应接受中国保监会及其派出机构的指导和监督，按期完成信息反馈、资料报送等工作。

第七章　附　　则

第四十三条　保险业社团组织应立足自身专业优势，开展相关专业技术类培训，并接受中国保监会及其派出机构的指导和监督，按期完成信息反馈、资料报送等工作。

第四十四条　经中国保监会批准设立的全国性保险专业代理机构及其分支机构、保险经纪机构及其分支机构、保险公估机构及其分支机构、其它保险组织参照执行本办法。

第四十五条　本办法由中国保监会负责解释。

第四十六条　本办法自发布之日起施行。中国保监会 2008 年 4 月 15 日发布的《保险公司董事、监事及高级管理人员培训管理暂行办法》（保监发〔2008〕27号）同时废止。

《中国保监会关于进一步规范报送〈保险公司治理报告〉的通知》

发布时间：2015/06/01

文件编号：保监发改〔2015〕95 号

为进一步简化行政程序，提高监管效率，我会将保险公司治理报告、内部审计工作报告、内部控制报告和薪酬管理报告进行了整合，形成了统一的《保险公司治理报告范本》。现将有关报送要求通知如下：

一、报送主体和报送时间

在中国境内依法设立的保险公司和保险资产管理公司应于每年 5 月 15 日前向中国保监会报送上一年度公司治理报告。

二、报送方式

各公司应按照《中国保监会办公厅关于规范保险公司使用电子文件传输系统报送文件有关事宜的通知》（保监厅发〔2014〕70 号）的要求，向中国保监会报送公司治理报告纸质版和电子版。纸质版报告应单独行文，不得与其他报告合并报送。

三、报告编制

1. 各公司应当严格按照本通知所附《保险公司治理报告范本》（电子版可在中国保监会网站下载）的内容和格式编制公司治理报告。不得漏填、错填，不得增加、删减及更改范本格式和内容。

2. 公司应根据监管要求，认真开展公司治理情况自查，并根据自查结果如实对公司治理情况进行自我评价。公司自我评价情况将作为公司治理监管的重要依据。

3. 公司治理报告由董事长牵头负责起草，经董事会审议通过后，报送中国保监会。独立董事对公司治理报告内容有不同意见的，公司应将独立董事意见一并报送。在董事会审议之前，董事会提名薪酬委员会应对《保险公司治理报告范本》中的第二部分激励约束机制内容进行审议，审计委员会应对《保险公司治理报告范本》中的第三部分内部控制评估内容和第四部分内部审计内容进行审议。

4. 截至上一年度末，开业时间不足 3 个月的新设公司，可以不用报送上一年度公司治理报告。

四、相关要求

1. 各公司应当高度重视公司治理报告编制和报送工作，确保报告内容真实性和报送及时性。

2. 公司董事长应当加强督导，董事会秘书和审计责任人应当切实负责，严格按照本通知要求，按时向中国保监会报送公司治理报告。对于公司治理报告内容不完整、形式不符合要求及不能按时报送报告的公司，我会将对其采取监管谈话或下发监管函等措施，并相应扣减公司治理监管评价得分。

3. 本通知施行后，各保险公司无需再按照《保险公司内部审计指引（试行）》（保监发〔2007〕26 号）第三十四条、《保险公司内部控制基本准则》（保监发〔2010〕69 号）第五十五条以及《保险公司薪酬管理规范指引（试行）》（保监发〔2012〕63 号）第二十七条的要求，报送《保险公司内部审计工作报告》《保险公司内部控制评估报告》和《保险公司薪酬管理报告》。中国保监会 2012 年 2 月 10 日发布的《关于进一步做好〈保险公司治理报告〉报送工作的通知》（保监发改〔2012〕124 号）同时废止。

4. 本通知自发布之日起施行。

《中国保监会关于保险机构开展员工持股计划有关事项的通知》

发布时间：2015/06/18
文件编号：保监发〔2015〕56 号
为建立股东、保险机构和员工利益共享机制，完善保险机构公司治理结构，规范保险机构薪酬激励机制，促进保险机构长期稳健发展，提高风险防范能力，现将保险机构开展员工持股计划有关事项通知如下：

一、员工持股计划的定义

保险机构员工持股计划是指保险机构根据员工意愿，经公司自主决定，通过合法方式使员工获得本公司股权并长期持有，股权收益按约定分配给员工的制度安排。

二、开展员工持股计划的基本原则

（一）依法合规，公开透明。保险机构开展员工持股计划，应严格按照法律、行政法规的规定履行程序，真实、准确、完整、及时地实施信息披露。

（二）自愿参与，风险自担。保险机构开展员工持股计划应遵循公司自主决定、员工自愿参加的原则，不得以摊派、强行分配等方式强制员工参加员工持股计划。员工持股计划参与人盈亏自负，风险自担。

（三）严格监督，防范风险。保险机构应接受员工、市场和监管部门等各方的监督，对员工持股计划方案进行充分论证、科学设计，稳妥有序开展员工持股计划。

三、保险机构开展员工持股计划的条件

（一）连续经营 3 年以上，员工持股计划实施最近 1 年公司盈利。

（二）公司治理结构健全。

（三）上年末以来分类监管评价为 B 类或以上。

（四）近 2 年未受到监管部门重大行政处罚，且没有正在调查中的重大案件。

（五）公司薪酬管理体系稳健，与风险合规管理有效衔接。

保险资产管理公司及专业互联网保险公司等创新型机构可以不受本条第一款的限制。

四、员工持股计划的要素

（一）参加对象。员工持股计划的参加对象原则上应为本机构正式在岗且工作满 2 年以上的员工，主要包括公司管理层、业务骨干和专业技术人才。在岗时间少于 2 年，但确需列为参加对象的关键人才，应经公司董事会批准。独立董事、非职工监事不得参与员工持股计划。

保险集团（控股）公司员工持股计划参加对象可以包括本集团成员公司员工，但同一集团内部成员公司员工不得参加另一成员公司员工持股计划。

（二）资金来源。员工持股计划所需资金可来源于员工薪酬及其他合法收入。保险机构不得为员工持股计划提供借款、担保等各类财务支持，不得为开展员工持股计划额外增加员工薪酬。

（三）股权来源。1. 股东转让；2. 股东自愿赠与；3. 公司增发股份或增加注册资本；4. 根据《公司法》回购本公司股份；5. 法律法规允许的其他方式。

（四）认购价格。除股东自愿赠与、转让或保险机构根据《公司法》回购本公司股份奖励员工外，股权来源于其他渠道的，应当以公允价值确定认购价格。

（五）持股比例。员工持股计划所持有的全部有效股份或出资累计不得超过公司股本或注册资本总额的 10%，且不得成为公司最大股权持有者，不得改变公司控制权。董事会应当就员工持股计划对公司控制权的影响进行评估。单个员工所获股份或出资累计不得超过公司股本或注册资本总额的 1%。

保险资产管理公司及专业互联网保险公司等创新型机构员工持股计划所持有的全部有效股份或出资，累计不得超过公司股本或注册资本总额的 25%，单个员工所获股份或出资累计不得超过公司股本或注册资本总额的 5%。

（六）持股方式。持股员工可成立公司制企业、合伙企业或通过资产管理计划等方式持有公司股权。员工持股企业应主要从事员工所持股权的管理，不得从事其他经营性活动。

（七）持股期限。保险机构每期员工持股计划的持股期限不得低于 3 年，自标的股权过户至本期持股计划名下或标的股权登记于股东名册之日起算。在员工持股计划实施期间，保险机构实现上市的，自上市之日起，员工所持股权锁定期不少于 3 年。锁定期满后，每年度减持股权比例原则上不得超过持股总量的 25%。

（八）收益及权益处置。保险机构应合理确定员工所持股权分红率，处埋好股东短期收益与资金积累的关系。保险机构及其股东不得在持股计划中向员工承诺持股的年度分红回报。

员工持股计划应当明确持股期限届满后的权益实现方式。非上市保险公司员工持股期限届满后，员工所持股权应当进行整体处置。非上市保险公司员工持股计划期限届满 6 个月内未按约定方式完成权益处置的，主要股东应当承诺予以收购，收购方式、比例应当事先约定，股东赠与股权的除外。权益处置时原则上应当以公允价值对股权进行定价。参加员工持股计划的员工发生退休、死亡、调任、辞职、辞退以及不再适合参加持股计划等情况时，其所持股权及相应权益依照《公司法》及员工持股计划约定方式处置。非上市保险公司员工所持股权不得向社会不特定第三方转让。

五、员工持股计划的管理

（一）参加员工持股计划的员工应当通过员工持股计划持有人会议选出代表或设立相应机构，监督员工持股计划的日常管理，代表员工持股计划持有人行使股东权利或者授权资产管理方行使股东权利，但不得授权公司其他股东或高管人员行使股东权利。保险机构应避免公司其他股东或高管人员操控员工持股计划，切实防范持股员工利益受到侵害。

（二）保险机构自行管理本公司员工持股计划的，应当明确持股计划的管理方，制定相应的管理规则，避免产生保险机构其他股东与持股员工之间潜在的利益冲突。

保险机构委托资产管理方管理本公司员工持股计划的，应当与资产管理方签订资产管理协议，并在协议中明确持股员工的持股数额和权利义务。

（三）员工持股计划管理方应当为持股员工的合法利益行事，不得泄露持股员工的个人信息。

（四）员工持股计划管理方应当对员工持股计划的股权、资金进行专户管理。员工持股计划持有的股权、资金为委托财产，管理方不得将委托财产归入其固有财产。管理方因依法解散、被依法撤销或者被依法宣告破产等原因进行清算的，委托财产不属于其清算财产。

六、员工持股计划实施程序及信息披露

（一）保险机构实施员工持股计划前，应当征求员工意见。

（二）保险机构董事会负责论证、拟定员工持股计划方案，员工持股计划方案至少应包含如下内容：

1. 员工持股计划的参加对象、资金和股权来源、价格及价格确定方式、持股方式、持股比例及员工权利义务；

2. 员工持股计划的存续期限、管理模式、公司再融资时员工持股计划的参与方式；

3. 员工持股计划的变更、终止，期限届满后员工所持股权的处置办法，参加员工持股计划的员工发生退休、死亡、调任、辞职、辞退以及不再适合参加持股计划等情况时，其所持股权的处置办法；

4. 员工持股计划持有人会议的召集及表决程序、持有人代表或机构的选任程序；

5. 员工持股计划管理方的选任、管理规则或管理协议的主要条款、管理费用的计提及支付方式；

6. 员工持股计划对公司控制权的影响、保险机构对开展员工持股计划潜在风险隐患的评估及风险处置预案；

7. 其他重要事项。

保险机构应当聘请律师事务所对员工持股计划出具法律意见书。

（三）独立董事和监事会应当就员工持股计划是否有利于公司的持续发展，是否损害公司及全体股东利益，公司是否以摊派、强行分配等方式强制员工参加员工持股计划，是否存在不符合持股条件的员工持股发表书面意见。

（四）员工持股计划方案应当提交股东大会或股东会进行表决，并经出席股东大会股东所持表决权三分之二以上通过，或股东会代表公司三分之二以上表决权

的股东通过。

（五）员工持股计划涉及相关董事、股东的，相关董事、股东应当在董事会、股东大会或股东会表决时回避；员工持股计划拟选任的资产管理方为公司股东或股东关联方的，相关主体应当在股东大会或股东会表决时回避。

（六）保险机构应当在员工持股计划实施后 15 日内，通过公司网站披露员工持股计划的主要条款。

（七）保险机构应当在年度信息披露报告中披露下列员工持股计划实施情况并在公司网站发布：

1. 持股员工的范围、人数、资金来源，员工持股计划持有的股份或出资总额及占公司股本或注册资本总额的比例；

2. 高管人员及其他员工股权及相应权益变动情况；

3. 资产管理方的变更情况；

4. 员工持股计划实施以来公司经营及风险情况；

5. 其他应当予以披露的事项。

七、员工持股计划的监管

（一）对涉及公司股本或注册资本总额 5%及以上的员工持股，保险机构应当报监管部门批准后实施。对涉及公司股本或注册资本总额 5%以下的员工持股，保险机构应报监管部门备案。保险机构应当在股东大会或股东会审议通过员工持股计划方案后 15 个工作日内，向监管部门提交以下材料：

1. 员工持股计划方案；

2. 股东大会或股东会对员工持股计划的决议；

3. 独立董事和监事会对员工持股计划的书面意见；

4. 关于员工持股计划对公司控制权影响的评估意见；

5. 员工持股计划风险处置预案；

6. 律师事务所对员工持股计划出具的法律意见书。

（二）开展员工持股计划的保险机构应当在每个会计年度结束后 4 个月内向监管部门报告员工持股计划实施及变动情况。

（三）中国保监会依法对保险机构实施员工持股计划进行监督检查。

八、员工持股计划政策衔接

（一）上市保险机构实施员工持股计划还应符合证监会关于上市公司员工持股计划的相关规定。

（二）国有控股保险机构实施员工持股计划还应符合国家关于国有控股金融企业员工持股计划的相关规定。

九、本通知自下发之日起实施，中国保监会负责解释。

《中国保监会关于加强保险公司筹建期治理机制有关问题的通知》

发布时间：2015/07/01

文件编号：保监发〔2015〕61 号

为规范保险公司筹建行为，在源头上健全保险公司的治理结构，防范有关风险，现就保险公司筹建期治理机制有关问题通知如下：

一、筹备组负责保险公司筹建和开业的各项工作，筹备组负责人和具体职责应由全体股东共同书面确认，拟任董事长、拟任总经理应在筹备组总体框架下参与筹建和开业工作。

二、筹备组应当在收到中国保监会批准筹建通知后 30 日内提交筹建开业时间表，并按月就筹建工作进度及各方工作情况向中国保监会提交书面报告。

三、未经中国保监会同意，筹建期内不得变更股东、拟任董事长或拟任总经理。筹备组变更股权占比 30%以上股东，或同时变更拟任董事长和拟任总经理的，还需提交保险法人机构准入审核委员会审议。

四、筹备组在创立大会召开前应组织全体股东就以下事项充分讨论：董事、监事和高级管理人员的提名规则；公司章程及股东大会（股东会）、董事会、监事会议事规则草案；内部管理制度草案等。

五、创立大会、首次股东会会议需由全体股东以现场会议的方式召开，中国保监会可以派员列席。

创立大会、首次股东会会议对以下事项进行审议：公司筹建情况的报告；公司筹办费用的报告；公司三年发展规划；公司章程及股东大会（股东会）、董事会、监事会议事规则；董事、监事薪酬管理及尽职考核评价制度；选举董事、董事长；组建董事会专业委员会并通过其议事规则；选举监事、监事长；聘任高级管理人员；确定公司内部管理机构的设置；确定公司基本管理制度；对办理公司设立手续的授权。

六、新设保险公司的章程应明确股东委托行使表决权的具体方式、委托期限和比例要求等，不得通过委托行使表决权规避中国保监会对股东资质的实质审核。

七、新设保险公司的章程应设立专章明确以下事项：董事长、总经理无法正常履职时的替代和递补机制；针对治理机制失灵的内部纠正程序和申请监管指导程序；出现重大财务困境或者经营失败后的系统处置方案。

八、新设保险公司的董事会成员中应当有财务、投资、精算和法律方面的专业人士；未设执行董事的，至少应有两名董事具有保险从业经历或专业研究能力。

九、新设保险公司应当按照市场化、专业化原则选聘高级管理人员，主要股东特别是国有企业股东要规范有度行使高级管理人员提名权。未经市场化选聘、无金融保险从业经验的高级管理人员原则上不得超过2名。

十、董事、监事、高级管理人员应确保谨慎勤勉履职的必要时间和精力。拟任董事长、拟任总经理不得兼任，且至少有一人应具有保险从业经历。高级管理人员不得在其他单位担任董事、监事以外的职务，但在保险集团内担任管理职务的除外。

十一、新设保险公司应当建立对董事、监事和高级管理人员候选人的历史评价机制，结合候选人的学历、工作经历与业绩、最近3年任中及专项审计结果、离任审计结果、最近3年曾任职单位鉴定意见，以及其本人的自我评价结果，对其任职资格与履职能力进行综合鉴定。筹备组应将候选人的鉴定材料作为任职资格申请材料的一部分提交中国保监会。

十二、筹备组向中国保监会提交保险公司开业申请时，应当同时提交拟任董事、监事和高级管理人员的任职资格申请。中国保监会在下发开业批复时，对拟任董事、监事和高级管理人员的任职资格一并予以批复。

十三、新设保险公司应开立验资专用账户缴存资本金，加强账户开立、资金划转、单证保管等操作环节管理，确保合规运作。在中国保监会下发开业批复前，不得擅自动用出资款项。

十四、新设保险公司可以使用依托于云计算模式的电子商务系统等应用系统，但应明确与虚拟化资源相对应的具体物理机器设备，以满足中国保监会检查工作的需要。

十五、针对新设保险公司在筹建期间的不规范行为，中国保监会可以采取下发监管函、监管谈话等措施，并将相关情况纳入不良记录。

十六、本通知适用于发布后批准筹建的保险集团（控股）公司、保险公司和保险资产管理公司。

《互联网保险业务监管暂行办法》

发布时间：2015/07/22
文件编号：保监发〔2015〕69号
为规范互联网保险经营行为，保护保险消费者合法权益，促进互联网保险业务健康发展，根据《中华人民共和国保险法》等法律、行政法规，制定本办法。

第一章　总　　则

第一条　本办法所称互联网保险业务，是指保险机构依托互联网和移动通信等技术，通过自营网络平台、第三方网络平台等订立保险合同、提供保险服务的业务。

本办法所称保险机构，是指经保险监督管理机构批准设立，并依法登记注册的保险公司和保险专业中介机构。保险专业中介机构是指经营区域不限于注册地所在省、自治区、直辖市的保险专业代理公司、保险经纪公司和保险公估机构。

本办法所称自营网络平台，是指保险机构依法设立的网络平台。

本办法所称第三方网络平台，是指除自营网络平台外，在互联网保险业务活动中，为保险消费者和保险机构提供网络技术支持辅助服务的网络平台。

第二条　保险机构开展互联网保险业务，应遵守法律、行政法规以及本办法的有关规定，不得损害保险消费者合法权益和社会公共利益。

保险机构应科学评估自身风险管控能力、客户服务能力，合理确定适合互联网经营的保险产品及其销售范围，不能确保客户服务质量和风险管控的，应及时予以调整。

保险机构应保证互联网保险消费者享有不低于其他业务渠道的投保和理赔等保险服务，保障保险交易信息和消费者信息安全。

第三条　互联网保险业务的销售、承保、理赔、退保、投诉处理及客户服务等保险经营行为，应由保险机构管理和负责。

第三方网络平台经营开展上述保险业务的，应取得保险业务经营资格。

第二章　经营条件与经营区域

第四条　互联网保险业务应由保险机构总公司建立统一集中的业务平台和处理流程，实行集中运营、统一管理。

除本办法第一条规定的保险公司和保险专业中介机构外，其他机构或个人不得经营互联网保险业务。保险机构的从业人员不得以个人名义开展互联网保险业务。

第五条　保险机构开展互联网保险业务的自营网络平台，应具备下列条件：

（一）具有支持互联网保险业务运营的信息管理系统，实现与保险机构核心业务系统的无缝实时对接，并确保与保险机构内部其他应用系统的有效隔离，避免信息安全风险在保险机构内外部传递与蔓延。

（二）具有完善的防火墙、入侵检测、数据加密以及灾难恢复等互联网信息安全管理体系；

（三）具有互联网行业主管部门颁发的许可证或者在互联网行业主管部门完成网站备案，且网站接入地在中华人民共和国境内；

（四）具有专门的互联网保险业务管理部门，并配备相应的专业人员；

（五）具有健全的互联网保险业务管理制度和操作规程；

（六）互联网保险业务销售人员应符合保监会有关规定；

（七）中国保监会规定的其他条件。

第六条　保险机构通过第三方网络平台开展互联网保险业务的，第三方网络平台应具备下列条件：

（一）具有互联网行业主管部门颁发的许可证或者在互联网行业主管部门完成网站备案，且网站接入地在中华人民共和国境内；

（二）具有安全可靠的互联网运营系统和信息安全管理体系，实现与保险机构应用系统的有效隔离，避免信息安全风险在保险机构内外部传递与蔓延；

（三）能够完整、准确、及时向保险机构提供开展保险业务所需的投保人、被保险人、受益人的个人身份信息、联系信息、账户信息以及投保操作轨迹等信息；

（四）最近两年未受到互联网行业主管部门、工商行政管理部门等政府部门的重大行政处罚，未被中国保监会列入保险行业禁止合作清单；

（五）中国保监会规定的其他条件。

第三方网络平台不符合上述条件的，保险机构不得与其合作开展互联网保险业务。

第七条　保险公司在具有相应内控管理能力且能满足客户服务需求的情况下，可将下列险种的互联网保险业务经营区域扩展至未设立分公司的省、自治区、直辖市：

（一）人身意外伤害保险、定期寿险和普通型终身寿险；

（二）投保人或被保险人为个人的家庭财产保险、责任保险、信用保险和保证保险；

（三）能够独立、完整地通过互联网实现销售、承保和理赔全流程服务的财产保险业务；

（四）中国保监会规定的其他险种。

中国保监会可以根据实际情况，调整并公布上述可在未设立分公司的省、自治区、直辖市经营的险种范围。

对投保人、被保险人、受益人或保险标的所在的省、自治区、直辖市，保险公司没有设立分公司的，保险机构应在销售时就其可能存在的服务不到位、时效差等问题做出明确提示，要求投保人确认，并留存确认记录。

保险专业中介机构开展互联网保险业务的业务范围和经营区域，应与提供相应承保服务的保险公司保持一致。

第三章　信 息 披 露

第八条　保险机构开展互联网保险业务，不得进行不实陈述、片面或夸大宣传过往业绩、违规承诺收益或者承担损失等误导性描述。

保险机构应在开展互联网保险业务的相关网络平台的显著位置，以清晰易懂的语言列明保险产品及服务等信息，需列明的信息包括下列内容：

（一）保险产品的承保公司、销售主体及承保公司设有分公司的省、自治区、直辖市清单；

（二）保险合同订立的形式，采用电子保险单的，应予以明确说明；

（三）保险费的支付方式，以及保险单证、保险费发票等凭证的配送方式、收费标准；

（四）投保咨询方式、保单查询方式及客户投诉渠道；

（五）投保、承保、理赔、保全、退保的办理流程及保险赔款、退保金、保险金的支付方式；

（六）针对投保人（被保险人或者受益人）的个人信息、投保交易信息和交易安全的保障措施；

（七）中国保监会规定的其他内容。

其中，互联网保险产品的销售页面上应包含下列内容：

（一）保险产品名称（条款名称和宣传名称）及批复文号、备案编号或报备文件编号；

（二）保险条款、费率（或保险条款、费率的链接），其中应突出提示和说明免除保险公司责任的条款，并以适当的方式突出提示理赔要求、保险合同中的犹豫期、费用扣除、退保损失、保险单现金价值等重点内容；

（三）销售人身保险新型产品的，应按照《人身保险新型产品信息披露管理办法》的有关要求进行信息披露和利益演示，严禁片面使用"预期收益率"等描述产品利益的宣传语句；

（四）保险产品为分红险、投连险、万能险等新型产品的，须以不小于产品名称字号的黑体字标注收益不确定性；

（五）投保人的如实告知义务，以及违反义务的后果；

（六）保险产品销售区域范围；

（七）其他直接影响消费者利益和购买决策的事项。

网络平台上公布的保险产品相关信息，应由保险公司统一制作和授权发布，并确保信息内容合法、真实、准确、完整。

第九条　开展互联网保险业务的保险机构，应在其官方网站建立互联网保险信息披露专栏，需披露的信息包括下列内容：

（一）经营互联网保险业务的网站名称、网址，如为第三方网络平台，还要披露业务合作范围；

（二）互联网保险产品信息，包括保险产品名称、条款费率（或链接）及批复文号、备案编号、报备文件编号或条款编码；

（三）已设立分公司名称、办公地址、电话号码等；

（四）客户服务及消费者投诉方式；

（五）中国保监会规定的其他内容。

保险专业中介机构开展互联网保险业务的，应披露的信息还应包括中国保监会颁发的业务许可证、营业执照登载的信息或营业执照的电子链接标识、保险公司的授权范围及内容。

第四章　经营规则

第十条　保险机构应将保险监管规定及有关要求告知合作单位，并留存告知记录。保险机构与第三方网络平台应签署合作协议，明确约定双方权利义务，确保分工清晰、责任明确。因第三方网络平台原因导致保险消费者或者保险机构合法权益受到损害的，第三方网络平台应承担赔偿责任。

第十一条　第三方网络平台应在醒目位置披露合作保险机构信息及第三方网络平台备案信息，并提示保险业务由保险机构提供。

第三方网络平台应于收到投保申请后 24 小时内向保险机构完整、准确地提供承保所需的资料信息，包括投保人（被保险人、受益人）的姓名、证件类型、证件号码、联系方式、账户等资料。除法律法规规定的情形外，保险机构及第三方网络平台不得将相关信息泄露给任何机构和个人。

第三方网络平台为保险机构提供宣传服务的，宣传内容应经保险公司审核，以确保宣传内容符合有关监管规定。保险公司对宣传内容的真实性、准确性和合规性承担相应责任。

第十二条　保险公司应加强对互联网保险产品的管理，选择适合互联网特性的保险产品开展经营，并应用互联网技术、数据分析技术等开发适应互联网经济需求的新产品，不得违反社会公德、保险基本原理及相关监管规定。

第十三条　投保人交付的保险费应直接转账支付至保险机构的保费收入专用账户，第三方网络平台不得代收保险费并进行转支付。保费收入专用账户包括保险机构依法在第三方支付平台开设的专用账户。

第十四条　保险机构及第三方网络平台以赠送保险、或与保险直接相关物品和服务的形式开展促销活动的，应符合中国保监会有关规定。不得以现金或同类方式向投保人返还所交保费。

第十五条　保险机构应完整记录和保存互联网保险业务的交易信息，确保能够完整、准确地还原相关交易流程和细节。交易信息应至少包括：产品宣传和销售文本、销售和服务日志、投保人操作轨迹等。第三方网络平台应协助和支持保险机构依法取得上述信息。

第十六条　保险公司应加强互联网保险业务的服务管理，建立支持咨询、投保、退保、理赔、查询和投诉的在线服务体系，探索以短信、即时通讯工具等多种方式开展客户回访，简化服务流程，创新服务方式，确保客户服务的高效和便捷。

对因需要实地核保、查勘和调查等因素而影响向消费者提供快速和便捷保险服务的险种，保险机构应立即暂停相关保险产品的销售，并采取有效措施进行整改，整改后仍不能解决的，应终止相关保险产品的销售。

第十七条　保险机构应加强业务数据的安全管理，采取防火墙隔离、数据备份、故障恢复等技术手段，确保与互联网保险业务有关交易数据和信息的安全、真实、准确、完整。

保险机构应防范假冒网站、APP应用等针对互联网保险的违法犯罪活动，检查网页上对外链接的可靠性，开辟专门渠道接受公众举报，发现问题后应立即采取防范措施，并及时向保监会报告。

第十八条　保险机构应加强客户信息管理，确保客户资料信息真实有效，保证信息采集、处理及使用的安全性和合法性。

对开展互联网保险业务过程中收集的客户信息，保险机构应严格保密，不得泄露，未经客户同意，不得将客户信息用于所提供服务之外的目的。

第十九条　保险公司应制定应急处置预案，妥善应对因突发事件、不可抗力等原因导致的互联网保险业务经营中断。

保险机构互联网保险业务经营中断的，应在自营网络平台或第三方网络平台的主页显著位置进行及时公布，并说明原因及后续处理方式。

第二十条　保险机构应建立健全客户身份识别制度，加强对大额交易和可疑交易的监控和报告，严格遵守反洗钱有关规定。

保险机构应要求投保人原则上使用本人账户支付保险费，退保时保险费应退还至原交费账户，赔款资金应支付到投保人本人、被保险人账户或受益人账户。

对保险期间超过一年的人身保险业务，保险机构应核对投保人账户信息的真实性，确保付款人、收款人为投保人本人。

保险机构应建立健全互联网保险反欺诈制度，加强对互联网保险欺诈的监控和报告，第三方网络平台应协助保险机构开展反欺诈监控和调查。

第二十一条　保险公司向保险专业中介机构及第三方网络平台支付相关费用时，应当由总公司统一结算、统一授权转账支付。

保险公司应按照合作协议约定的费用种类和标准，向保险专业中介机构支付中介费用或向第三方网络平台支付信息技术费用等，不得直接或间接给予合作协议约定以外的其他利益。

第二十二条　中国保监会及其派出机构依据法律法规及相关监管规定，对保险机构和第三方网络平台的互联网保险经营行为进行日常监管和现场检查，保险机构和第三方网络平台应予配合。

第二十三条　中国保险行业协会依据法律法规及中国保监会的有关规定，对互联网保险业务进行自律管理。

中国保险行业协会应在官方网站建立互联网保险信息披露专栏，对开展互联网保险业务的保险机构及其合作的第三方网络平台等信息进行披露，便于社会公众查询和监督。中国保监会官方网站同时对相关信息进行披露。

第五章　监 督 管 理

第二十四条　开展互联网保险业务的保险机构具有以下情形之一的，中国保监会可以责令整改；情节严重的，依法予以行政处罚：

（一）擅自授权分支机构开办互联网保险业务的；

（二）与不符合本办法规定的第三方网络平台合作的；

（三）发生交易数据丢失或客户信息泄露，造成不良后果的；

（四）未按照本办法规定披露信息或做出提示，进行误导宣传的；

（五）违反本办法关于经营区域、费用支付等有关规定的；

（六）不具备本办法规定的开展互联网保险业务条件的；

（七）违反中国保监会规定的其他行为。

第二十五条　开展互联网保险业务的第三方网络平台具有以下情形之一的，中国保监会可以要求其改正；拒不改正的，中国保监会可以责令有关保险机构立即终止与其合作，将其列入行业禁止合作清单，并在全行业通报：

（一）擅自与不符合本办法规定的机构或个人合作开展互联网保险业务；

（二）未经保险公司同意擅自开展宣传，造成不良后果的；

（三）违反本办法关于信息披露、费用支付等规定的；

（四）未按照本办法规定向保险机构提供或协助保险机构依法取得承保所需信息资料的；

（五）不具备本办法规定的开展互联网保险业务条件的；

（六）不配合保险监管部门开展监督检查工作的；

（七）违反中国保监会规定的其他行为。

第二十六条　中国保监会统筹负责互联网保险业务的监管，各保监局负责辖区内互联网保险业务的日常监测与监管，并可根据中国保监会授权对有关保险机构开展监督检查。

保险机构或其从业人员违反本办法，中国保监会及其派出机构可以通过监管谈话、监管函等措施，责令限期整改；拒不整改、未按要求整改，或构成《保险法》等法律、行政法规规定的违法行为的，依法进行处罚。

第六章　附　　则

第二十七条　专业互联网保险公司的经营范围和经营区域，中国保监会另有规定的，适用其规定。

再保险业务不适用本办法。

第二十八条　对保险机构通过即时通讯工具、应用软件、社交平台等途径销售保险产品的管理，参照适用本办法。

保险公司、保险集团（控股）公司下属非保险类子公司依法设立的网络平台，参照第三方网络平台管理。

第二十九条　本办法由中国保监会负责解释和修订。

第三十条　本办法自 2015 年 10 月 1 日起施行，施行期限为 3 年。《保险代理、经纪公司互联网保险业务监管办法（试行）》（保监发〔2011〕53 号）同时废止。

《保险公司服务评价管理办法（试行）》

发布时间：2015/07/31
文件编号：保监发〔2015〕75 号

第一章　总　　则

第一条　为科学评价保险公司服务质量，促进保险公司改进服务，提升保险业社会信誉，增强保险消费者信心，推动保险行业持续健康发展，制定本办法。

第二条　服务评价工作遵循下列原则：

（一）消费者导向。服务评价以消费者体验与感受为核心，引导保险公司树立客户至上的经营理念。

（二）全流程覆盖。服务评价覆盖保险服务的各个环节，全方位、多角度评价保险公司服务水平。

（三）客观公正。服务评价力求过程科学规范，结果客观公正。

（四）持续改进。适应形势变化，逐步完善评价体系。同时发挥服务评价导向作用，引导保险公司不断改善服务水平。

第三条　设立"保险公司服务评价委员会"（以下简称"评委会"）。评委会由保监会分管消费者权益保护工作的领导担任主任，成员包括：保监会机关有关部门及部分保监局，中国消费者协会、中国保险行业协会，中国保险信息技术管理有限责任公司（以下简称"中国保信"），中国保险报业股份有限公司，有关专家学者、新闻工作者及保险消费者代表等。

评委会主要职责是组织开展服务评价工作，具体包括：制定服务评价工作方案；确定评价指标体系及评分规则；明确重大服务创新及重大负面事件加减分标准；审定服务评价结果。

第四条　评价工作每年开展一次。评价结果由保险监管部门对外发布。

第二章　评价范围

第五条　开业满一个会计年度的财产保险公司、人身保险公司纳入服务评价范围。养老保险公司、农业保险公司、政策性保险公司视条件成熟逐步纳入评价范围。

第六条　服务评价范围包括保险公司总公司和省级（含计划单列市）分公司两个层级。

第七条　服务评价范围覆盖保险公司销售、承保、保全、理赔、咨询、回访、投诉等所有服务环节和渠道（包括保险公司授权委托提供销售及其他服务的第三方渠道）。

第三章　评价体系

第八条　服务评价体系按财产保险和人身保险分别设定两套定量指标，并在此基础上对重要服务创新和重大负面事件分别进行加减分。

第九条 定量指标是以保险监管部门、中国保信以及保险公司系统数据为基础，根据统计标准和计算公式，对保险公司与消费者各环节接触点的服务质量和效率进行量化评价的客观数值。定量指标评价采用百分制。

第十条 重要服务创新是指保险公司在改进服务质量、提高服务效率、提升消费者满意度等方面取得实际应用效果的保险服务重大创新项目。根据实际应用效果加 1-5 分。

第十一条 重大负面事件是指因保险服务存在严重问题而导致重要媒体负面报道、重大群体性事件或经评委会认定的其他保险服务突出问题。根据问题严重程度扣 1-5 分。

第四章 评 价 方 法

第十二条 建立与监管部门、保险公司、中国保信等多方对接的服务评价系统，接收并处理服务评价数据。

第十三条 保险公司和相关单位按照保监会要求改造业务系统，提取相关定量指标数据，并于规定的时间内上传至服务评价系统。

保险公司分公司的服务创新举措同时报送至各保监局。

第十四条 各保监局根据服务评价系统内提取的指标数据及相关材料，按照评分规则分别计算出辖区内各分公司的定量指标、重要服务创新和重大负面事件得分，并将分公司综合评价结果上传至服务评价系统。

第十五条 评委会根据各保监局对分公司的综合评价结果，按照科学的权重计算出各保险公司总公司的最终得分。

第五章 服 务 评 级

第十六条 根据得分高低，保险公司总公司服务评级分为 A、B、C、D 四大类，具体包括 AAA、AA、A、BBB、BB、B、CCC、CC、C、D 共 10 级。

（一）A 类是指总体服务质量优秀的公司。其中 95 分（含）以上为 AAA，90 分（含）-95 分为 AA，85 分（含）-90 分为 A。

（二）B 类是指总体服务质量较好的公司。其中 80 分（含）-85 分为 BBB，75 分（含）-80 分为 BB，70 分（含）-75 分为 B。

（三）C 类是指总体服务质量较差的公司。其中 65 分（含）-70 分为 CCC，60 分（含）-65 分为 CC，55 分（含）-60 分为 C。

（四）D类是指总体服务质量差的公司。55分以下为D。

第十七条　对保险公司分公司的服务评价只评分，不评级。

第六章　保障措施

第十八条　保险公司服务评价系统由保监会统筹组织开发，中国保信负责建设及运行维护。

第十九条　定量指标数据由保险公司总公司统一提取、审校、上传。

第二十条　全部指标数据应当由系统自动生成，保险公司不得人为操控，并应保留完整日志，确保测评过程和结果的可验证性。

第二十一条　保险公司业务数据以及消费者个人信息，不得向外界泄露。

第二十二条　保险公司及其代理机构不得利用评价结果进行销售误导或同业诋毁。

第七章　附　　则

第二十三条　本办法由保监会负责解释和修订。

第二十四条　本办法自印发之日起生效，《人身保险公司服务评价管理办法》（保监发〔2013〕73号）同时废止。

《保险公司经营评价指标体系（试行）》

发布时间：2015/08/07

文件编号：保监发〔2015〕80号

为科学评价保险公司经营状况，促进保险公司改进经营管理，转变发展方式，加强保险监管，制定保险公司经营评价指标体系。

一、评价对象

（一）经营评价指标体系适用保险公司法人机构和分支机构。

（二）经营不满一个完整会计年度的保险公司法人机构和分支机构不纳入评价范围。

（三）再保险公司、不经营保险业务的养老保险公司和政策性保险公司不适用本指标体系。

二、评价类别

根据保险公司和分支机构的经营状况，将其分为 A、B、C、D 四类：

（一）A 类公司是指在速度规模、效益质量和社会贡献等各方面经营状况良好的公司；

（二）B 类公司是指在速度规模、效益质量和社会贡献等各方面经营正常的公司；

（三）C 类公司是指在速度规模、效益质量和社会贡献某方面存在问题的公司；

（四）D 类公司是指在速度规模、效益质量和社会贡献等方面存在严重问题的公司。

三、评价指标

根据保险公司经营状况，对经营评价指标设定如下：

（一）由定量指标组成，不包括定性指标。

（二）保险公司法人机构经营评价指标由速度规模、效益质量和社会贡献三大类指标构成。产险公司 12 个评价指标，寿险公司 14 个评价指标，具体指标分别见附件 1①、附件 2②。

（三）保险公司分支机构经营评价指标由速度规模、效益质量和社会贡献三大类指标构成。其中，产险公司分支机构 10 个评价指标，寿险公司分支机构 13 个评价指标，具体指标分别见附件 3③、附件 4④。

四、评价方法

（一）中国保险行业协会（以下简称"中保协"）负责对保险公司法人机构的经营状况进行评价；各省（自治区、直辖市、计划单列市）保险行业协会（以下简称"地方行业协会"）负责对保险公司分支机构的经营状况进行评价。

（二）地方行业协会应将某保险公司在其辖区内的所有分支机构作为一个整体进行评价，即本指标体系适用于地方行业协会对保险公司省级（计划单列市）分

---

① 附件 1 为产险公司法人机构经营评价指标，具体参见中国保监会网站。
② 附件 2 为寿险公司法人机构经营评价指标，具体参见中国保监会网站。
③ 附件 3 为产险公司分支机构经营评价指标，具体参见中国保监会网站。
④ 附件 4 为寿险公司分支机构经营评价指标，具体参见中国保监会网站。

公司进行评价。

（三）经营评价采用十分制，满分为 10 分。每项评价指标都有具体评分规则（见附件）。中保协和地方行业协会根据评分规则，对每项评价指标打分，加总得到保险公司和分支机构的得分。

（四）法人机构和分支机构的经营评价指标得分大于等于 8 分，为 A 类机构；得分小于 8 分但大于等于 4 分的，为 B 类机构；得分小于 4 分但大于等于 2 分的，为 C 类机构；得分小于 2 分的，为 D 类机构。

五、评价频率

中保协和地方行业协会每年评价一次保险公司法人机构和分支机构的经营状况。

六、评价结果

（一）中保协和地方行业协会在每年 6 月底前公布保险公司法人机构和分支机构上一年度的评价类别、评价指标的行业均值和中位数，供社会各界查阅。

（二）中保协和地方行业协会可以采取在官方网站上披露等方式进行公布。

七、解释与修订

本指标体系由保监会负责解释与修订。

附录三 我国保险公司治理评价标准

编号	指标名称	指标方向	股份制有限制	评价具体维度	强制合规自主合规	评价标准（指标具体出处来源）
1	章程形式、内容是否健全、合规（有明确强制标准性规定且评价标准明确）	正向	通用	股东治理基础	强制合规	**《公司法》**第十一条 设立公司必须依法制定公司章程。公司章程对公司、股东、董事、监事、高级管理人员具有约束力 **《保险法》**第六十八条 设立保险公司应当具备下列条件：（二）有符合本法和《中华人民共和国公司法》规定的章程
2	章程修改是否按规定进行审批（有明确强制性规定且评价标准明确）	正向	通用	股东治理基础	强制合规	**《公司法》**第十二条 公司可以修改公司章程，改变经营范围，但是应当办理变更登记 **《保险法》**第八十二条 保险公司有下列变更事项之一的，须经保险监督管理机构批准：（六）修改公司章程
3	股权变更是否按规定进行审批（有明确强制性规定且评价标准明确）	正向	通用	股东治理基础	强制合规	**《保险法》**第八十二条 保险公司有下列变更事项之一的，须经保险监督管理机构批准；（七）变更出资额占有限责任公司资本总额百分之五以上的股东，或者变更持有股份百分之五以上的股东 **《保险公司股权管理办法》**第十六条 保险公司变更出资额占有限责任公司注册资本5%以上的股东，或者变更持有股份有限公司股份5%以上的股东，应当经中国保监会批准
4	股权变更是否按规定进行备案（有明确强制性规定且评价标准明确）	正向	通用	股东治理基础	强制合规	**《保险公司股权管理办法》**第十八条 保险公司变更出资或者变更出资或者变更持股比例不足注册资本5%的股东，应当在股权转让协议书签署后的15日内，就股权变更事项报中国保监会备案，上市保险公司除外
5	董事、监事及高级管理人员任职资格是否均经核准（有明确强制性规定且评价标准明确）	正向	通用	董监高	强制合规	**《保险法》**第八十二条 保险公司更换董事长、总经理，监事和高级管理人员，应当报经保险监督管理机构审查其任职资格 **《保险法》**第二十三条 保险公司董事、监事和高级管理人员，监事和高级管理人员的任职资格核准申请和规

续表

编号	指标名称	指标方向	股份制有限制	评价具体维度	强制合规自主合规	评价标准（指标具体出处来源）
5	董事、监事及高管人员任职资格是否均经核准（有明确强制性规定且评价标准明确）	正向	通用	董监高	强制合规	定要求的相关报告，应当由保险公司、省级分公司或者《保险公司管理规定》指定的计划单列市分支机构负责报送 《保险公司管理规定》第五十八条 保险机构董事、监事和高级管理人员的任职资格 第二十八条 中国保监会应当自受理任职资格核准申请之日起20日内，作出核准或者不予核准的决定，经本机关负责人批准，可以延长10日，并应当将延长期限的理由告知申请人。决定不予核准的，应当作出书面决定并说明理由
6	是否按规定报送会议通知（有明确强制性规定且评价标准明确）	正向	通用	外部监管	强制合规	《保险公司董事会运作指引》第五十三条 公司召开董事会定期会议的，应当于会议召开10日前，将会议通知书面方式送达董事，同时通知列席会议的监事。报告部箱: cg@circ.gov.cn 子邮件的方式送达中国保监会，同时通知以书面和电公司召开临时董事会会议时应当载明中明确董事会会议通知的通知和通知的同时，以前款规定方式报告中国保监会。时间紧急的，可以先以电话方式报告
7	是否按规定报送会议决议（有明确强制性规定且评价标准明确）	正向	通用	外部监管	强制合规	《保险公司董事会运作指引》第五十四条 公司应当在每次董事会会议后三十日内，将会议决议以书面和电子邮件的形式报告中国保监会。会议决议应当包括以下内容： （一）会议召开的时间、地点、方式和主持人； （二）董事出席、缺席、委托出席的情况，会议列席人员； （三）每一决议事项的表决结果，包括投赞和反对票以及弃权的董事姓名
8	是否制定关联交易管理制度（有明确强制性规定且评价标准明确）	正向	通用	股东治理基础	强制合规	《保险法》第一百零八条 保险公司应当按照国务院保险监督管理机构的规定，建立对关联交易的管理和信息披露制度 《保险公司关联交易管理暂行办法》第八条 保险公司关联交易管理制度
9	关联交易管理制度是否报保监会备案	正向	通用	外部监管	强制合规	《保险公司关联交易管理暂行办法》第二十一条 保险公司关联交易管理制度应当报中国保监会备案

续表

编号	指标名称	指标方向	股份制 有限制	评价具体 维度	强制合规 自主合规	评价标准（指标具体出处来源）
9	（有明确强制性规定且评价标准明确）	正向	通用	外部监管	强制合规	
10	是否存在发生重大关联交易或重大关联交易未按规定报告或报批的情况 （有明确强制性规定且评价标准明确）	反向	通用	外部监管	强制合规	**《保险公司关联交易管理暂行办法》** 第二十三条 保险公司未按照本办法第二十一条和第二十二条规定向中国保监会备案或报告的，中国保监会将根据有关法律、法规及规章予以处罚
11	董事、监事及高管人员离职是否及时报告 （有明确强制性规定且评价标准明确）	正向	通用	董监高	强制合规	**《保险资金运用管理暂行办法》** 第四十八条 保险集团（控股）公司、保险公司应当发挥内部稽核和外部审计的监督作用，每年至少进行一次保险资金运用的合规状况和风险状况。主管投资的合规管理人员、保险资金运用部门负责人和重要岗位人员离职前，应当进行离任审计。保险集团（控股）公司、保险公司应当定期向中国保监会报告保险资金运用的内部稽核审计结果和有关人员离任审计结果
12	是否按规定配备独立董事公开声明 （有明确强制性规定且评价标准明确）	正向	股份制专用	董事会治理基础	强制合规	**《保险公司独立董事管理暂行办法》** 第八条 独立董事正式任职前，除按照监管规定报中国保监会进行任职资格审查外，还应当在中国保监会指定的媒体上就其独立性发表声明，并承诺勤勉尽职，保证董事在媒体上的公开声明的时间和精力履行职责 **《保险公司董事会运作指引》** 第二十一条 保险公司董事取得任职资格核准后，应当按照监管规定在中国保监会备案，并指定的媒体上就其独立性发表声明 保险公司应当在声明发表后10个工作日内以书面形式向中国保监会备案上公开声明的复印件
13	是否按规定报送公司治理报告 （有明确强制性规定且评价标准明确）	正向	通用	外部监管	强制合规	**《关于进一步规范报送《保险公司治理报告》的通知》** 各保险集团（控股）公司、保险公司、保险资产管理公司： 为进一步简化行政程序、提高保险公司治理效率，我会将保险公司治理工作报告、内部控制管理报告和薪酬管理报告进行了整合，形成了统一的《保险公

续表

编号	指标名称	指标方向	股份制有限制	评价具体维度	强制合规自主合规	评价标准（指标具体出处来源）
13	是否按规定报送公司治理报告（有明确强制性规定且评价标准明确）	正向	通用	外部监管	强制合规	司治理报告范本。现将有关报送要求通知如下： 一、报送主体和报送时间 在中国境内依法设立的保险公司和保险资产管理公司应于每年5月15日前向中国保监会报送上一年度公司治理报告 二、报送方式 各公司应按照《中国保监会办公厅关于进一步规范保险公司使用电子文件传输系统报送文件有关事宜的通知》（保监厅发〔2014〕70号）的要求，向中国保监会报送公司治理报告纸质版和电子版。纸质版报告应单独报行文，不得与其他报告合并报送
14	公司治理报告内容是否真实完整（对公司治理影响意义重大）	正向	通用	外部监管	强制合规	【关于进一步规范报送《保险公司治理报告》的通知】 三、报告编制 1. 各公司应当严格按照本通知所附《保险公司治理报告范本》（电子版可在中国保监会网站下载）的内容和格式范本格式和内容编制《保险公司治理报告》。不得漏填、错填，不得增加、删减及更改范本格式和内容 2. 公司应根据监管要求，认真开展公司治理评价。公司自我评价情况将作为公司治理监管的重要依据 3. 公司治理报告由董事长牵头起草。公司自我评价情况自查，并根据自查结果如实对公司治理情况进行自我评价，经董事会审议通过后，报送中国保监会。独立董事对公司治理报告内容有不同意见的，董事会提名薪酬委员会应对《保险公司治理报告范本》中的第二部分组织机制和第四部分审计内容和第三部分内部控制机制评估内容进行审议，审计委员会应对内部审计内容进行审议 四、相关工作要求 1. 各公司应当高度重视公司治理报告编制和报送工作，确保报告内容真实性和报送及时性 （因为制作并报送《公司治理报告》的目的就是为了能更好地监督和检查公司治理情况，所以该报告应保持内容的真实性和完整性，以实现制作并报送该报告的目的。）
15	独立董事人数是否达到保监会要求（有明确强制性规定且评价标准明确）	正向	股份制专用	董事会治理基础	强制合规	《保险公司独立董事管理暂行办法》 第九条 保险公司董事会应当有一定比例的独立董事。二〇〇七年六月三十日前，各公司应当使董事会成员中至少有两名独立董事；二〇〇六年年底总资产超过五十亿元保险公司，应当在二〇〇七年十二月三十

续表

编号	指标名称	指标方向	股份制有限制	评价具体维度	强制合规自主合规	评价标准（指标具体出处来源）
15	独立董事人数是否达到保监会要求（有明确强制性规定且评价标准明确）	正向	股份制专用	董事会治理基础	强制合规	目前，使独立董事占董事会成员的比例达到三分之一以上。其他公司应当在总资产超过五十亿元后一年内，使独立董事占董事会成员的比例达到三分之一以上
16	是否规定设立审计委员会（有明确强制性规定且评价标准明确）	正向	股份制专用	董事会治理基础	强制合规	《保险公司内部审计指引（试行）》第七条　保险公司应当在董事会下设立审计委员会，应当由三名以上不在管理层任职的董事组成。已建立独立董事制度的，审计委员会成员应当具备与其职责相适应的财务或者法律等方面的专业知识
17	是否规定设立提名薪酬委员会（有明确强制性规定且评价标准明确）	正向	股份制专用	董事会治理基础	强制合规	《保险公司薪酬管理规范指引（试行）》第二十一条　保险公司董事会应当设立薪酬委员会，由独立董事担任主任委员的专业能力，由独立董事担任主任委员。薪酬委员会应当充分发挥研究和决策作用，向董事会提出专业意见和建议。董事会薪酬委员会可以就公司薪酬管理体系对风险、合规管理的影响及关联性征求其他相关专业委员会意见
18	职工监事比例是否符合法律规定（有明确强制性规定且评价标准明确）	正向	股份制专用	监事会治理基础	强制合规	《公司法》第五十一条　有限责任公司设监事会，其成员不得少于三人。股东人数较少或者规模较小的有限责任公司，可以设一至二名监事，不设立监事会。监事会应当包括股东代表和适当比例的公司职工代表，其中职工代表的比例不得低于三分之一，具体比例由公司章程规定
19	职工监事产生办法是否符合法律规定（有明确强制性规定且评价标准明确）	正向	股份制专用	监事会治理基础	强制合规	《公司法》第五十二条　监事会中的职工代表由公司职工通过职工代表大会、职工大会或者其他形式民主选举产生。监事会设主席一人，由全体监事过半数选举产生。监事会主席召集和主持监事会会议；监事会主席不能履行职务或者不履行职务的，由半数以上监事共同推举一名监事召集和主持监事会会议
20	董事是否因未亲自出席会议被书面提示（有明确禁止性规定且评价标准明确）	反向	股份制专用	董事会治理基础	强制合规	《保险公司董事会运作指引》第三十条　董事连续2次未亲自出席，也不委托其他董事出席董事会会议的，视为不能履行职责，董事会或者提请股东会应当提请股东大会予以撤换，董事一年内有2次未亲自出席董事会会议的，公司应当向其发出书面提示

续表

编号	指标名称	指标方向	股份制有限制/股份制专用	评价具体维度	强制合规/自主合规	评价标准（指标具体出处来源）
20	董事是否因未亲自出席会议数书面提示（有明确禁止性规定且评价标准明确）	反向	股份制专用	董事会治理基础	强制合规	独立董事在一届任期之内 2 次被提示的，不得连任。独立董事在第二届任期内存在前述情形的，不得受聘担任其他保险公司独立董事
21	是否制定单独的股东大会、董事会议事规则（有明确强制性规定且评价标准明确）	正向	股份制专用	新三会	强制合规	《公司法》第八十二条 股份有限公司章程应当载明下列事项：（六）董事会的组成、职权和议事规则；（八）监事会的组成、职权和议事规则；（十二）股东大会会议认为需要规定的其他事项 第一百二十条 监事会的议事方式和表决程序，除本法有规定的外，由公司章程规定 《保险公司董事会运作指引》第四十一条 保险公司应当制定董事会议事规则与董事会专业委员会议事规则 《关于规范保险公司章程的意见》（五）主要议事规则 1、保险公司章程应当规范股东大会、董事会、董事及监事会的议事规则，或分别制定专门的议事规则作为章程附件
22	会议召开次数是否符合法律及监管要求（有明确强制性规定且评价标准明确）	正向	股份制专用	新三会	强制合规	《公司法》第一百零一条 股东大会应当每年召开一次年会。有下列情形之一的，应当在两个月内召开临时股东大会：（一）董事人数不足本法规定人数或者公司章程所定人数的三分之二时；（二）公司未弥补的亏损达实收股本总额三分之一时；（三）单独或者合计持有公司百分之十以上股份的股东请求时；（四）董事会认为必要时；（五）监事会提议召开时；（六）公司章程规定的其他情形 第一百一十一条 董事会每年度至少召开两次会议，每次会议应当于会议召开十日前通知全体董事和监事 第一百二十条 监事会每六个月至少召开一次会议。监事可以提议召开临时监事会会议 《保险公司董事会运作指引》第四十二条 董事会定期会议每年至少召开 4 次。定期会议和临时会议连续编号 《保险公司董事会运作指引》
23	是否存在会议程序不合规情况（有明确禁止性规定）	反向	股份制专用	新三会	强制合规	《保险公司董事会运作指引》第七十二条 董事会会议召集程序、董事会会议的决议内容违反法律、行政法规、公司章程，表决方式违反法律、行政法规，行政法规、公司章程，或者决议内容违反公

续表

编号	指标名称	指标方向	股份制有限制	评价具体维度	强制合规自主合规	评价标准（指标具体出处来源）
23	定目评价标准明确）	反向	股份制专用	新三会	强制合规	司章程的，股东可以按照《公司法》的规定请求人民法院撤销（仅规定了董事会相关情形，未规定股东大会和监事会，但是很显然，股东大会和监事会也应该适用）
24	会议记录是否完整并永久保存（有明确强制性规定且评价标准明确）	正向	股份制专用	新三会	强制合规	《公司法》 第九十七条　股份有限公司应当将公司章程、股东名册、公司债券存根、股东大会会议记录、董事会会议记录、监事会会议记录以及财务会计报告置备于本公司。 第一百零八条　股东大会应当对所议事项的决定作成会议记录，主持人、出席会议的董事应当在会议记录上签名。会议记录应当与出席股东的签名册及代理出席的委托书一并保存 第一百一十三条　董事会应当对会议所议事项的决定作成会议记录，出席会议的董事应当在会议记录上签名 第一百二十条　监事会应当对所议事项的决定作成会议记录，出席会议的监事应当在会议记录上签名 《保险公司董事会运作指引》 第七十八条　公司应当制作董事会会议档案。档案材料包括会议决议、会议记录、会议签到簿、会议录音录像资料、董事代为出席会议的授权委托书，按照董事会会议名称连续编号。会议签收回执、会议录音录像资料等。每次董事会会议档案应当单独装订成册，并按照董事会会议名称连续编号。会议档案由公司永久保存 （虽然具体关于保险公司的规定里只有董事会的相关规定，但是很显然股东大会和监事会也应该适用于本规则）
25	是否按规定设立总精算师（有明确强制性规定且评价标准明确）	正向	通用	高管治理基础	强制合规	《保险法》 第八十五条　保险公司应当聘用经国务院保险监督管理机构认可的精算专业人员，建立精算报告制度 《保险公司总精算师管理办法》 第二条　本办法所称总精算师，是指保险公司公司负责精算以及相关事务的高级管理人员。 第三条　保险公司应当设立总精算师职位，规范管理层运作 《关于规范保险公司治理结构的指导意见（试行）》 四、规范董事会运作

续表

编号	指标名称	指标方向	股份制有限制	评价具体维度	强制合规自主合规	评价标准（指标具体出来源）
25	是否按规定设立总精算师（有明确强制性规定且评价标准明确）	正向	通用	高管治理基础	强制合规	（二）强化关键岗位职责 1. 总精算师 人身保险公司应当设立总精算师职位 总精算师既向管理层负责，也向董事会负责，并向中国保监会及时报告公司的重大风险隐患 总精算师应当参与保险公司风险管理、产品开发、资产负债匹配管理等方面的工作
26	是否按规定设立合规负责人（有明确强制性规定且评价标准明确）	正向	通用	高管治理基础	强制合规	《保险法》 第八十五条　保险公司应当聘用专业人员，建立合规报告制度 《关于规范保险公司治理结构的指导意见（试行）》 四、规范管理层运作 （三）强化关键岗位职责 2. 合规负责人 保险公司应当设立合规负责人职位 合规负责人既向管理层负责，也向董事会负责，并向董事会报告公司合规管理方面的工作，定期就合规管理方面存在的问题向董事会会提出改进建议
27	是否按规定设立财务负责人（有明确强制性规定且评价标准明确）	正向	通用	高管治理基础	强制合规	《保险公司财务负责人任职资格管理规定》 第二条　本规定所称保险公司财务负责人（以下简称财务负责人），是指保险公司负责会计核算、财务管理等企业价值管理活动的总公司高级管理人员 第三条　保险公司应当设立财务负责人职位 保险公司任命财务负责人，应当在任命前向中国保险监督管理委员会（以下简称中国保监会）申请核准拟任财务负责人的任职资格；未经核准任命，不得以任何形式任命
28	是否按规定设立审计负责人（有明确强制性规定且评价标准明确）	正向	通用	高管治理基础	强制合规	《保险公司内部审计指引（试行）》 第七条　保险公司应当在董事会下设立审计委员会 第八条　保险公司应当设立审计责任人。审计责任人既向管理层负责，也向董事会负责 《关于规范保险公司治理结构的指导意见（试行）》四、规范管理层运作 （三）建立相关工作部门

续表

编号	指标名称	指标方向	股份制 有限制	评价具体 维度	强制合规 自主合规	评价标准（指标具体出处来源）
28	是否按规定设立审计负责人 （有明确强制性规定且评价标准明确）	正向	通用	高管治理基础	强制合规	为加强内控、风险和合规方面的工作，保险公司应当设立以下职能部门 1、审计部门 审计部门负责对保险公司的业务、财务进行审计，对内控进行检查并定期提交内控评估报告 审计部门应当是独立设立的工作部门，专职负责审计工作
29	是否按规定设立董事会秘书 （有明确强制性规定且评价标准明确）	正向	股份制专用	董事会治理基础	强制合规	《公司法》 第一百二十四条　上市公司设董事会秘书，负责公司股东大会和董事会会议的筹备、文件资料以及公司股东资料的管理、办理信息披露事务等事宜 《保险公司董事会运作指引》 第八十一条　保险公司应当设董事会秘书 董事会秘书为公司的高级管理人员，对公司董事和董事会负责
30	是否存在董事长、总经理关键岗位长期空缺的情况 （有明确禁止性规定且评价标准明确）	反向	通用	董监高	强制合规	《保险公司董事、监事和高级管理人员任职资格管理规定》 第三十二条　保险机构出现下列情形之一，可以指定临时负责人，但临时负责人履行工作职责的时间不得超过3个月： （一）原负责人辞职或者被撤职 （二）原负责人因疾病、意外事故等原因无法正常行使工作职责 （三）中国保监会认可的其他特殊情况 临时负责人应当具有与履行职责相当的能力，并不得有本规定禁止担任高级管理人员的情形 （以上条文中规定了允许临时负责人的情形，而且临时负责人负责期限不得超过3个月，而在在公司中董事长、总经理空缺的情况下更为重要，所以更不允许他们长期空缺的情况存在）
31	是否有关联交易未按规定进行内部审查的情况 （有明确禁止性规定且评价标准明确）	反向	通用	内外部审计	强制合规	《保险公司关联交易管理暂行办法》 第二十四条　保险公司关联交易未按照本规定的管理制度进行审查的、中国保监会可以责令其限期改正；逾期不改正的，由中国保险公司依法对保险公司及相关负责人予以处罚 （由上述条文可知，保险公司关联交易应该按规定进行内部审查）
32	是否每年对关联交易进行审计	正向	通用	内外部审计	强制合规	《保险公司关联交易管理暂行办法》 第十八条　保险公司至少应当每年组织一次关联交易专项审计，并将审计结果

续表

编号	指标名称	指标方向	股份制有限制	评价具体维度	强制合规自主合规	评价标准（指标具体出处来源）
32	（有明确强制规性定目评价标准明确）	正向	通用	内外部审计	强制合规	报董事会和监事会 保险公司董事会应当每年向股东大会报告关联交易情况和关联交易管理制度执行情况 （即保险公司应该每年至少对关联交易进行审计）
33	是否有管理层或分公司高管人员离任未做审计 （有明确禁止性规定目评价标准明确）	反向	通用	高管治理基础	强制合规	《保险资金运用管理暂行办法》 第四十八条 主管投资的高级管理人员、保险资金运用部门负责人和重要岗位人员离职前，应当进行离任审计 《保险机构董事、监事和高级管理人员任职资格管理规定》 第三十九条 中国保监会建立和完善保险机构董事、监事和高级管理人员管理信息系统。保险机构董事、监事和高级管理人员管理信息系统记录下列内容： （四）离任审计报告 《保险公司董事及高级管理人员审计管理办法》 第九条 保险公司应当根据董事、监事及高级管理人员任中审计年度计划，原则上义行先审计后离任的原则。对高管人员实施任中审计的同隔时间不得超过三年。离任审计应当根据人员变动情况及时进行，原则上义行先审计后离任时间，可适当延长审计时间，但最长不得超过6个月离任审计不能事先审计的，应当在审计对象离任后3个月内完成审计并出具审计报告。离任审计由外部审计机构进行的，可适当延长审计时间或管理层或分公司高管任应该做离任审计
34	是否存在不能及时出具外部审计的情形 （有明确禁止性规定目对公司治理影响或意义重大）	反向	通用	内外部审计	强制合规	《保险公司财会工作规范》 第三十五条 保险公司聘请或者解聘会计师事务所为其提供年度审计服务，应当向中国保监会报告 （对公司的审计不能单有内审，外审同样是对公司监督检查中必不可少的环节，所以公司应该及时对该出具外审报告）
35	是否发生过董事和高管人员违反公司章程、股东会决议以及董事会决议的情形 （有明确禁止性规定目对公司治理影响或意义重大）	反向	通用	董监高	强制合规	《保险法》 第八十三条 保险公司的董事、监事、高级管理人员执行公司职务时违反法律、行政法规或者公司章程的规定，给公司造成损失的，应当承担赔偿责任 （发生董事和高管违反公司章程、股东会决议及董事会决议的情形是不应该被允许和接受的）

续表

编号	指标名称	指标方向	股份制有限制	评价具体维度	强制合规自主合规	评价标准（指标具体出处来源）
36	是否有明确制度规定董事、监事及高管人员的责任追究（有明确强制规定且评价标准明确）	正向	通用	董监高	强制合规	**《公司法》** 第一百一十二条　董事应当对董事会的决议承担责任。董事会的决议违反法律、行政法规或者公司章程、股东大会决议，致使公司遭受严重损失的，参与决议的董事对公司负赔偿责任。但经证明在表决时曾表明异议并记载于会议记录的，该董事可以免除责任。 第一百五十条　董事、监事、高级管理人员执行公司职务时违反法律、行政法规或者公司章程的规定，给公司造成损失的，应当承担赔偿责任 **《保险法》** 第八十三条　保险公司的董事、监事、高级管理人员执行公司职务时违反法律、行政法规或者公司章程的规定，给公司造成损失的，应当承担相应赔偿责任 **《保险公司信息披露管理办法》** 第二十四条　保险公司应当建立信息披露管理制度并报中国保监会。保险公司的信息披露管理制度应当包括下列内容： （四）责任追究制度 （由此可以看出公司应该有明确的对董事、监事、高管的责任追究制度） **《关于贯彻实施〈保险公司董事及高级管理人员审计管理办法〉有关事项的通知》** 三、关于责任认定和责任追究 （二）保险公司应当按照《办法》要求，结合自身实际制定责任追究制度，明确董事及高级管理人员的责任追究的程序、方式和处理措施等 **《保险公司合规管理指引》** 第十九条　保险公司应当建立有效的合规考核和问责制度，将合规管理作为公司年度考核指标，对各级管理人员的合规履职情况进行考核和评价，并追究违规事件相关人员的责任 （还是体现明确的责任追究制度的重要性）
37	是否有股东大会或董事会决议违反法律或内部授权规定（有明确禁止性规定且评价标准明确）	反向	股份制专用	新三会	强制合规	**《公司法》** 第二十二条　公司股东大会、股东会、董事会的决议内容违反法律、行政法规的无效。 董事会的会议召集程序、表决方式违反法律、行政法规或者公司章程，或者决议内容违反公司章程的，股东可以自决议作出之日起六十日内，请求人民法院撤销 **《保险公司董事会运作指引》** 第七十三条　董事会的决议违反法律、行政法规、《公司法》的规定的，表决无效。或者决议内容违反公司章程，股东可以请求人民法院撤销（存在股东大会或董事会决议违反法律或内部授权的规定，该决议无效）

续表

编号	指标名称	指标方向	股份制有限制	评价具体维度	强制合规自主合规	评价标准（指标具体出处来源）
38	是否存在公司资产被挪用或被侵占的情况（有明确标准或被规定且评价标准明确）	反向	通用	内外部审计	强制合规	**《公司法》** 第一百四十九条 董事、高级管理人员不得有下列行为：（一）挪用公司资金（二）将公司资金以其个人名义又将个人名义又开立账户存储（三）违反公司章程的规定，未经股东会、股东大会或者董事会同意，将公司资金借贷给他人或者以公司财产为他人提供担保（六）接受他人与公司交易的佣金归为己有董事、高级管理人员在保险业务活动中不得有下列行为：**《保险法》** 第一百一十六条 保险公司及其工作人员在保险业务活动中不得有下列行为：（七）挪用、截留、侵占保险费 **《公司法》** 第一百四十六条 保险公司、董事、高级管理人员不得有下列行为：（一）挪用公司资金 （根据以上条文可知，不应该存在公司资产被挪用或侵占的情况）
39	最近三年是否有年度财务报告被出具有保留意见或被拒绝发表意见（对公司治理影响或意义重大）	反向	通用	内外部审计	强制合规	**《保险公司信息披露管理办法》** 第十条 保险公司披露的上一年度财务会计信息应当与经审计的年度财务会计报告保持一致，并包括下列内容：（三）审计报告的主要审计意见，审计意见中存在解释性说明、保留意见、拒绝表示意见的，保险公司还应当就此做出解释性说明，审计意见或者否定意见的，保险公司最近三年年度财务状况存在问题的可能性比较大，说明公司的财务状况存在问题的可能性比较大，所以需要对此加以注意）
40	最近三年是否有主要高管人员因经济犯罪问题被双规或被司法处理（有明确标准或规定且对公司治理影响或意义重大）	反向	通用	董监高	强制合规	**《保险公司控股股东管理办法》** 第十六条 保险公司有下列重大事项之一的，应当将相关信息并作出简要说明：（十）保险公司或者其董事、总经理因经济犯罪问题被双规或司法处理，这样说明公司运营过程中公规部分出现问题的几率比较大，对公司治理效果产生不利影响的可能性也比较大）

续表

编号	指标名称	指标方向	股份制有限制	评价具体维度	强制合规自主合规	评价标准（诸指标具体出处来源）
41	最近三年是否有股东之间严重对立导致公司董事会会议长期不能正常召开（有明确禁止性规定且对公司治理影响或意义重大）	反向	股份制专用	股东治理基础	强制合规	《公司法》 第一百一十一条 董事会每年度至少召开两次会议，每次会议应当于会议召开十日前通知全体董事和监事（董事会长期不能正常召开，并且股东之间关系严重对立，这严重不利于公司的正常决策和运行）
42	是否有信息披露制度强制规定性（有明确强制性规定且评价标准明确）	正向	通用	外部监管	强制合规	《保险公司控股股东管理办法》 第二十三条 保险公司控股股东应当建立信息披露管理制度，明确规定涉及保险公司重大信息的范围、保密措施、报告和披露等事项 《保险公司信息披露管理办法》 第二十四条 保险公司应当建立信息披露管理制度并报中国保监会。保险公司的信息披露管理制度应当包括下列内容： （一）信息披露的内容和基本格式 （二）信息披露的审核和发布流程 （三）信息披露事务的职责分工、承办部门和评价制度 （四）责任追究制度 （由以上本文可知，保险公司应该建立信息披露制度）
43	股东大会、董事会和管理层的职责是否清晰（没有强制性规定，不易做出客观评价）	正向	股份制专用	股东治理基础	自主合规	《关于规范保险公司治理结构的指导意见（试行）》 二、加强董事会建设 （一）明确董事会职责 保险公司董事会除履行法律法规和公司章程所赋予的职责外，还应当对以下事项负最终责任： 1、内控。使保险公司内控的完整性和有效性定期进行检查评估 2、风险。使保险公司建立识别、评估和监控风险的机制，并对保险公司业务、财务、内控和治理结构等方面的风险管理定期进行检查评估 3、合规。使保险公司建立合规管理制度，并对保险公司遵守法律法规、监管规定和内部管理制度的情况定期进行检查评估 三、发挥监事会作用

续表

编号	指标名称	指标方向	股份制有限制	股份制专用	评价具体维度	强制合规 自主合规	评价标准（指标具体出处来源）
						自主合规	保险公司应当制定监事会工作规则，明确监事会职责，为监事会提供必要的工作保障 监事应当具备与其职责相适应的专业知识和工作经验，审慎勤勉地履行职责；监事会发现董事会决议违反法律法规或公司章程的，应当依法要求其立即改正。股东大会应当每年将监事的尽职情况向股东大会报告，同时报送中国保监会。监事会拒绝接受监事会意见的，监事会应当向股东大会报告 （监事会应当每年将监事的尽职情况向股东大会报告，同时报送中国保监会。） 四、规范运作机制 （一）健全运作机制 保险公司应当制定管理层工作规则，明确管理层职责，清晰界定董事会与管理层之间的关系。 保险公司总经理全面负责公司的日常经营管理，其责任不因其他管理层成员的职责而减轻或免除。 保险公司应当按照现代企业制度的要求，逐步完善董事长与总经理设置、健全制衡机制
43	股东大会、董事会和管理层的职责是否清晰 （没有强制性规定且不易做出客观评价）	正向		股份制专用	股东治理基础	自主合规	《保险公司董事会运作指引》 第三十五条 保险公司可以与董事签订服务合同，服务合同内容不得违反公司章程与股东大会决议 《关于规范保险公司章程的意见》 （三）组织机构及其职权 保险公司章程应当明确股东大会、董事会及其职权 1、股东大会。章程不得允许股东大会将其法定职权授予董事会或其他机构和个人行使 2、董事会。保险公司章程应当明确董事会的构成、非执行董事、义务及董事会组成人数。包括董事会审议决定事项范围、不得为区同数及无定董事会审议提交董事会审议的事项范围、涉及投资或资产交易等董事会授权，应当明确其他机构履行其职权的方式和范围。章程不得允许董事会将其法定职权笼统或永久授予公司其他机构或个人行使 保险公司应当根据监管需要，在章程中规定董事会下设专业委

续表

编号	指标名称	指标方向	股份制有限制	评价具体维度	强制合规自主合规	评价标准（指标具体出处来源）
43	股东大会、董事会和管理层的职责是否清晰（没有强制性规定且不易做出客观评价）	正向	股份制专用	股东治理基础	自主合规	员会，并规定各专业委员会的名称、构成及主要职权 3、监事会。保险公司章程应当明确监事会的构成及职权。监事会中职工代表的比例应当符合《公司法》的规定，不得为区同数 4、管理层。保险公司章程应当明确经理层的构成及职权 公司同时设有首席执行官和总经理设置职位的，章程应当明确其各自职权与产生方式。公司章程对首席执行官执行公司的规定不得违背法律、行政法规及监管规定
44	对主要负责人的授权是否明确（没有强制性规定）	正向	通用	董监高	自主合规	《关于贯彻实施〈保险公司董事及高级管理人员审计管理办法〉有关事项的通知》 三、关于责任认定和责任追究 （一）保险公司应当按照《办法》要求，结合自身实际制定责任认定制度，明确区分职责，分管、协管高管人员的职权和责任，清晰界定责任和管理职责任的认定标准
45	对主要负责人的授权是否过于集中（没有禁止性规定评价）	反向	通用	董监高	自主合规	《保险公司内部控制基本准则》 第四条　保险公司建立和实施内部控制，应当遵循以下原则：（二）制衡和协作，业务分配，权责分离、岗位设置、业务流程等方面，在制衡的基础上，各职权和层级审批等机制，形成合理制约和有效监督，提高效率，在制衡的基础上，各职权和业务单位之间应当相互配合，密切协作 《关于规范保险公司章程及其意见》 （三）组织机构及其职权 保险公司章程应当按照法律、行政法规及监管规定的要求，明确公司组织机构的设置及其职权 4、管理层。保险公司章程应当明确权力制衡的要求，明确对主要负责人的授权不应过于集中。（职权明确及权力制衡上说明了对主要负责人的授权不应过于集中中。）
46	重大决策是否有明确数量标准（不易做出客观评价）	正向	通用	董事会治理基础	自主合规	《保险法》 第一百五十三条　保险监督管理机构根据履行监督管理职责的需要，可以与保险公司董事、监事和高级管理人员进行监督管理谈话，要求其就公司的业务活动和风险管理的重大事项做出说明

续表

编号	指标名称	指标方向	股份制有限制	评价具体维度	强制合规自主合规	评价标准（指标具体出处来源）
46	重大决策是否有明确数量标准（不易做出客观评价）	正向	通用	董事会治理基础	自主合规	《保险公司控股股东管理办法》第二十三条 保险公司控股股东应当建立信息披露管理制度，明确规定涉及保险公司重大信息的范围、保密措施、报告和披露等事项
47	是否有明确的重大决策审议程序并实际执行（没有强制性规定）	正向	通用	董事会治理基础	自主合规	《保险公司合规管理指引》第八条 保险公司设立保险董事会或者监事会的，监督董事会或者监事会履行以下合规职责：（二）监督董事会的决策及决策流程是否合规（既然指引中该及决策流程合规，则说明首先需要有对重大事项决策审议的明确流程）《关于规范保险公司章程的意见》（三）组织机构及其职权：保险公司章程应当按照法律、行政法规及监管规定的要求，明确保险公司组织机构的设置及其职权；6. 关联交易等事项的审议权限及决策方式 重大关联交易等事项的审议权限及决策方式
48	是否有明确制度界定各部门职责分工（没有强制性规定）	正向	通用	内外部审计	自主合规	《关于规范保险公司治理结构的指导意见（试行）》四、规范管理层运作（一）健全运作机制 保险公司应当制定管理层工作规则，明确界定管理层职责，清晰界定董事会与管理层之间的关系。保险公司总经理全面负责公司的日常经营管理，其责任不因其他管理层成员的职责而减轻或免除 保险公司应当按照现代企业制度的要求，逐步完善董事长与总经理设置，健全制衡机制
49	公司的IT系统能否对分支机构的财务、业务进行有效的监控（没有强制性规定）	正向	通用	内外部审计	自主合规	《保险公司分支机构市场准入管理办法》第三章 开业标准 第十六条 保险公司分支机构开业应当符合以下标准：（三）信息系统符合监管要求 《保险公司内部控制基本准则》第八条 内部控制保证。保险公司应当建立多层次、全方位的监控体系，实现对内部控制活动的事前、事中、事后有效监控，为实现内控目标提供保证 保险公司应当建立信息沟通机制，促进公司信息的广泛共享和沟通通道，确保信息和沟通的充分沟通

续表

编号	指标名称	指标方向	股份制有限制	评价具体维度	强制合规自主合规	评价标准（指标具体出处来源）
49	公司的IT系统能否对分支机构的财务、业务进行有效的监控（没有强制制性规定）	正向	通用	内外部审计	自主合规	提高经营管理透明度，防止舞弊事件的发生 第三十条 信息系统管理 保险公司应当建立信息系统管理制度，规范信息系统统的统筹规划、设计开发、运行维护、安全管理、保密管理、灾难恢复管理等管理事项，提高办公的信息化水平，建立符合业务发展和管理需要的信息系统 《保险公司财会工作规范》 第七十九条 保险公司应当建立符合业务发展和管理需要的财务信息系统，制定财务信息系统的管理制度、规范财务管理事项，提高财务管理的信息化水平 《保险公司信息化工作指引（试行）》 第二十条 各公司应全面梳理公司经营管理流程，建立与经营管理相适应的信息系统，加强信息系统间的集成与整合，实现财务、业务等核心系统的无缝对接，提高系统的协同工作水平 第二十一条 各公司应运用信息技术加强内部控制与合规建设，促进内部控制流程与信息系统的有机结合，实现对各项业务和事项的自动控制，减少人为操控因素 （因为保险公司的分支机构也主要由总公司来承担，所以综合以上的相关系统可以看出，公司的IT系统应该能对公司的财务、业务进行有效的监管，这样才能一定程度上减少总公司的财务和业务风险）
50	主要股东是否频繁变更（没有禁止性规定）	反向	通用	股东治理基础	自主合规	《保险公司股权管理办法》 第十六条 保险公司变更出资额占有限责任公司注册资本5%以上的股东，或者变更持有股份公司股份5%以上的股东，应当经中国保监会批准 《保险公司控股股东管理办法》 第三十条 保险公司控股股东转让股权致使保险公司丧失控制权或者有可能导致保险公司共同制定控制权交接计划、确保保险公司经营管理稳定，维护投保人、被保险人和受益人的合法权益 控制权交接计划应当对转让过程中可能出现的违法违规或者违反承诺的行为作出约定处理措施 第十六条 保险公司有下列重大事项之一的，应当披露相关信息并作出相应要说明：（一）控股股东或者实际控制人发生变更，公司主要股东的频繁变动不单在变更程序上繁琐，而且不利于公司经营管理的稳定性

续表

编号	指标名称	指标方向	股份制有限制	评价具体维度	强制合规自主合规	评价标准（指标具体出处来源）
51	董事的能力和经验是否胜任（不易做出客观评价）	正向	通用	董事会治理基础	自主合规	《保险法》第六十八条 设立保险公司应当具备下列条件：（四）有具备任职专业知识和业务工作经验的董事、监事和高级管理人员 《保险法》第八十一条 保险公司的董事、监事和高级管理人员，应当品行良好、熟悉与保险相关的法律、行政法规，具有履行职责所需的经营管理能力，并在任职前取得保险监督管理机构核准的任职资格 《关于规范保险公司董事会运作的指导意见（试行）》第三十一条 董事应当积极参加公司和监管机构等组织的培训，持续具备履行职责所需的专业知识和能力 （二）强化董事会职责 1、董事应当具有良好的品行声誉，具备与其职责相适应的专业知识和企业管理经验
52	董事会的专业结构是否合理（没有强制性规定且不易做出客观评价）	正向	股份制专用	董事会治理基础	自主合规	《保险公司董事会运作指引》第三十八条 董事会人数应当符合《公司法》和公司章程的规定。鼓励保险公司董事会由7至13名董事组成。董事会成员中应当有财务和法律方面的专业人士。鼓励保险公司聘用精算专业人士担任董事。
53	监事会的专业结构是否合理（没有强制性规定且不易做出客观评价）	正向	股份制专用	监事会治理基础	自主合规	（虽然没有找到具体的相关条文，但是由董事会的专业结构应该合理的依据可以看出，监事会的专业结构也应该合理。鼓励保险公司聘用精算专业、高效完成监事职务和法律方面的专业人士。这样才能更好地维持监事会的运行。）
54	管理层成员的经验和管理能力是否胜任（不易做出客观评价）	正向	通用	高管治理基础	自主合规	《保险法》第六十八条 设立保险公司应当具备下列条件：（四）有具备任职专业知识和业务工作经验的董事、监事和高级管理人员 第八十一条 保险公司的董事、监事和高级管理人员，应当品行良好、熟悉与保险相关的法律、行政法规，具有履行职责所需的经营管理能力，并在任职前取得保险监督管理机构核准的任职资格

续表

编号	指标名称	指标方向	股份制有限制	评价具体维度	强制合规 自主合规	评价标准（指标具体出处来源）
55	管理层成员的配合是否协调（不易做出客观评价）	正向	通用	高管治理基础	自主合规	《保险公司内部控制基本准则》第四条　保险公司建立和实施内部控制，应当遵循以下原则：……在制衡的基础上，各职能部门和业务单位之间应当相互配合，密切协作，提高效率，避免相互推诿或工作遗漏。（为了维持整个公司的良好运行，需要各个部门的密切配合协作，这就需要管理层成员间的配合能够协调。）
56	是否建立了董事、监事和高管人员培训制度并严格执行（没有强制性规定）	正向	通用	董监高	自主合规	《保险公司董事会运作指引》第三十一条　董事应当积极参加公司和监管机构等组织的培训，持续具备履行职责所需的专业知识和能力 《保险公司董事、监事和高级管理人员任职资格管理规定》第三十四条　保险公司董事、监事和高级管理人员应当按照中国保监会的规定参加培训 《保险公司董事、监事及高级管理人员培训管理暂行办法》第四条　保险公司董事、监事及高级管理人员在任职期间，必须接受中国保监会组织的继续教育培训，并取得培训合格证书。中国保监会及其派出机构将对保险公司董事、监事和高级管理人员参加培训情况及考核情况进行记录，并将其作为任职资格审查的一项重要内容 第十三条　保险公司董事、监事及高级管理人员任职期间必须每年参加中投集中授课。其中董事长、总经理、总精算师、合规负责人、财务负责人、保险分支机构负责人每年参加年度中投集中授课不得少于7天；董事、独立董事、监事、副总经理、总经理助理每年参加年度中投集中授课不得少于10天；董事会秘书每年参加年度中投集中授课不得少于12天；保险公司董事会每人每年参加中投集中授课不得少于14天
57	董事会及管理层成员是否频繁变动（没有禁止性规定且不易做出客观评价）	反向	通用	董监高	自主合规	《保险公司董事、监事和高级管理人员任职资格管理规定》第三十八条　保险机构频繁变更高级管理人员，对经营造成不利影响的，中国保监会可以采取下列监管措施： （一）要求其上级机构做出书面说明 （二）出示重大风险提示函 （三）对有关人员进行监管谈话 （四）依法采取的其他措施

续表

编号	指标名称	指标方向	股份制有限制	评价具体维度	强制合规自主合规	评价标准（指标具体出处来源）
57	董事会及管理层成员是否频繁变动（没有禁止性规定目不易做出客观评价）	反向	通用	董监高	自主合规	《保险公司控股股东管理办法》第十六条 保险公司有下列重大事项之一的，应当披露相关信息并作出简要说明：（二）更换董事长或者总经理（三）当年董事会累计变更董事会成员人数的三分之一（一方面因为管理层成员及管理层变动程序上繁琐；另一方面董事会和管理层成员变更更不利于公司的稳定经营。）
58	是否定期充分地向股东报送公司业务、财务和管理信息（不易做出客观评价）	正向	通用	股东治理基础	自主合规	《保险公司信息披露管理办法》第六条 保险公司应当披露下列信息：（一）基本信息（二）财务会计信息（三）风险管理状况信息（四）保险产品经营信息（五）偿付能力信息（六）重大关联交易信息（七）重大事项信息（以上条文说明公司应该定期向股东披露报送重要的信息。）
59	是否存在未及时充分地向股东报送公司重大事项的情况（不易做出客观评价）	反向	通用	股东治理基础	自主合规	《保险公司信息披露管理办法》第六条 保险公司应当披露下列信息：（一）基本信息（二）财务会计信息（三）风险管理状况信息（四）保险产品经营信息（五）偿付能力信息（六）重大关联交易信息（七）重大事项信息
60	是否定期向董事报送公司业务、财务和管理信息（没有强制性规定）	正向	股份制专用	董事会治理基础	自主合规	《保险公司董事会运作指引》第二十五条 公司应当建立向董事报送的信息报送制度、规范信息报送的内容、频率、方式、责任主体、保密制度等，使董事能够充分了解公司的经营管理情况、董事可以对公司进行问询，及时了解公司的财务、内控、合规、风险管理及其他经营情况，财务和管理等相关信息。（以二条文说明公司应该定期向董事报送公司业务、财务和管理等相关信息。）

续表

编号	指标名称	指标方向	股份制有限制	评价具体维度	强制合规自主合规	评价标准（指标具体出处来源）
61	是否针对公司会计政策合规性和真实性进行讨论（没有强制性规定）	正向	通用	董事会治理基础	自主合规	**《保险公司信息披露管理办法》** 第十条　保险公司披露的上一年度财务会计信息应当与经审计的年度财务会计报告保持一致，并包括下列内容： （二）财务报表附注，包括财务报表的编制基础，重要会计政策和会计估计变更的说明、资产负债表日后事项的说明、重要会计政策和会计估计变更的说明，对公司财务状况有重大影响的再保险安排事项、企业合并、分立的说明，以及财务报表中重要项目的明细 （既然公司会计信息中应当包含会计政策的相关事项及具体说明，这就说明公司内部应该对会计政策合规性及真实性进行讨论，才能得出上述结论）
62	是否存在对董事对公司重大事项不知情的情况（不易做出客观判断）	反向	股份制专用	董事会治理基础	自主合规	**《保险公司董事会运作指引》** 第二十四条　董事对公司事务有知情权。保险公司应当保障董事对公司事务的知情权 第二十五条　公司应当建立向董事报送的信息报送制度，规范信息报送的内容、频率、方式、责任主体、保密制度等，使董事能够充分了解公司的经营管理情况 （所以公司正常运作过程中不应该存在董事对公司重大事项不知情的情况）
63	董事会会议是否对议案进行详细说明（没有强制性规定）	正向	股份制专用	董事会治理基础	自主合规	**《保险公司董事会运作指引》** 第六十九条　董事会审议和表决事项时，应当取得该需要审议和表决的事项，且审议事项在董事会职权范围之内 第四十八条　董事会会议提案应当有明确的议案，并且对议案进行进行 （以上条文说明议案会议应充分的讨论，这样才能充分发挥董事会议的作用）
64	董事是否相互信任、相互尊重，积极健康地讨论议案（没有强制性规定且不易做出客观评价）	正向	通用	董事会治理基础	自主合规	**《保险公司董事会运作指引》** 第六十九条　董事会审议和表决事项时，应当取得该议案已经过充分讨论，并尽量采取取一审议、逐一表决的方式进行 （以上条文中，董事会要对议案进行充分讨论并逐一表决，要实现这些前提条件是董事相互信任和尊重，这样才能健康积极地讨论议案）

续表

编号	指标名称	指标方向	股份制有限制	评价具体维度	强制合规自主合规	评价标准（指标具体出来源）
65	董事是否积极发言并提出有价值的专业性意见或建议（没有强制性规定）	正向	股份制专用	董事会治理基础	自主合规	**《保险公司董事会运作指引》**第三十三条 董事尽职报告以下内容：（二）董事在董事会上的表决情况和发表意见的情况，包括投弃权或反对票的情况及原因。第六十五条 参会董事应当认真阅读有关会议资料，任无分了解相关情况的基础上独立、客观、审慎地发表意见，接受其他董事委托出席的，应当说明受委托人的审核意见，要充分发挥董事会的作用，需要董事无分了解会议资料，并积极发言，提出有价值的专业性意见或建议）
66	董事会是否制定清晰的公司战略目标并定期检查（没有强制性规定）	正向	股份制专用	董事会治理基础	自主合规	**《保险公司发展规划管理指引》**第二条 本指引所称发展规划，是指保险公司根据现实状况和未来趋势制定的发展目标、经营战略和保障措施。是公司规划内经营发展的基本纲领。保险公司应当根据自身情况科学确定发展规划期，发展规划期一般为三年或五年。第五条 保险公司应当建立由董事会负责的发展规划工作机制，完善组织机构，建立管理制度，明确工作职责。第七条 保险公司发展规划应当包括公司战略目标、业务发展、机构发展、偿付能力管理、资本管理、风险管理、基础性金融，保障市场供需状况、明确市场定位和发展目标。第八条 公司战略目标应当充分考虑宏观经济金融形势、休现差异化特色，保险公司规划部门应当依据发展规划提出年度分解计划和落实措施。第二十四条 保险公司规划和经理层后实施，报董事会说明董事会和经理层对目标实施情况进行定期检查（以上条文说明确定为公司制定明确的战略目标，并针对目标实施情况进于定期检查）
67	董事会是否定期审查管理层对业务、财务计划的执行情况（没有强制性规定）	正向	股份制专用	董事会治理基础	自主合规	**《保险公司发展规划管理指引》**第二十六条 保险公司规划部门应当定期收集和分析相关信息，加强对发展规划定期的监督检查，及时将有关情况报董事会和经理层。其中董事会应当该定期检查公司日常经营情况，董事会从另一个角度说明，财务计划的执行情况是重点重要的监督检查部分（以上条文另一个角度说明，财务计划对业务、财务计划的执行情况是重点重要的监督检查部分）
68	董事会是否及时、认真制定公司经营预算和财务预算（不易做出客观评价）	正向	股份制专用	董事会治理基础	自主合规	**《公司法》**第一百零九条 本法第四十七条关于有限责任公司董事会职责的规定，适用于股份有限公司董事会。第四十七条 董事会对股东会负责，行使下列职权：（三）决定公司的经营计划

续表

编号	指标名称	指标方向	股份制有限制	评价具体维度	强制合规自主合规	评价标准（指标具体出处来源）
68	董事会是否及时、认真制定公司经营预算和财务预算（不易做出客观评价）	正向	股份制专用	董事会治理基础	自主合规	和投资方案；（四）制订公司的年度财务预算方案、决算方案；（五）制订公司的利润分配方案和弥补亏损方案；（六）制订公司增加或者减少注册资本以及发行公司债券的方案 《保险公司财会工作规范》 第六十四条　保险公司应当实行预算管理，根据发展战略、经营规划、偿付能力等编制预算，确定科学、合理、明确的预算目标，促进公司持续、稳健发展 第六十五条　保险公司预算应当经过股东（大）会批准 保险公司应当定期向董事会报告预算执行情况 第六十六条　保险公司应当建立健全预算管理制度，明确预算管理编制、审批、执行、分析、调整、考核等职责分工和操作流程，合理分配人力等各项资源
69	董事会是否积极推动公司建立风险管理体系（没有强制性规定且不易做出客观评价）	正向	股份制专用	董事会治理基础	自主合规	《保险公司风险管理指引》 第九条　保险公司应当建立由董事会负最终责任、管理层直接领导、风险管理机构及相关职能部门紧密配合，覆盖所有业务单位的风险组织体系，以风险管理机构为依托。保险公司董事会风险管理委员会应当全面了解公司面临的各项重大风险及其管理状况，监督风险评估体系运行的有效性，对以下事项进行审议并向董事会提出意见和建议： （一）风险管理的总体目标、基本政策和工作制度 （二）风险管理机构设置及其职责 （三）重大政策和重大风险的解决方案 （四）年度风险评估报告 《保险公司信息披露管理办法》 第十一条　保险公司披露的风险管理状况信息应当与经董事会审议的年度风险评估报告保持一致，并包括下列内容： （一）风险管理状况； （二）风险控制，包括风险组织体系简要介绍、风险管理总体策略及其执行情况 《关于规范保险公司治理结构的指导意见（试行）》 （一）明确董事会职责 2. 使保险公司建立识别、评估和监控风险的机制，并对保险公司业务、财务、内控和治理结构等方面的风险定期进行检查评估 《关于加强保险资金风险管理的意见》 三、改革体制，健全机制，构建风险管理架构

续表

编号	指标名称	指标方向	股份制有限制	评价具体维度	强制合规自主合规	评价标准（指标具体出处来源）
69	董事会是否积极推动公司建立风险管理体系（没有强制性规定且不易做出客观评价）	正向	股份制专用	董事会治理基础	自主合规	建立风险管理组织架构。保险机构要按照《关于规范保险公司治理的指导意见》要求，进一步明确董事会、监事会和经营管理层的职责，严格规范管理程序，建立和完善董事会建设，监督权和经营管理决策权、运营权、风险控制、合规管理的机制；要加强董事会风险管理资金管理决策政策，确立董事会对投资政策、提高决策的独立性；要建立董事会制度，强化独立投资决策委员会、投资决策委员会、风险管理委员会责任。董事会要内设战略配置和投资策略、决定重大投资决策，监事会主要负责审定资产战略配置和基本战略，监督风险管理执行情况。监事会要根据法律、行政法规和保险监管规定，监督董事会提交董事会风险管理体系的资金管理行为。（以上条文均为表明董事会应该积极推动公司风险管理体系的建立）
70	是否要求管理层定期报告风险管理工作及公司风险状况（没有强制性规定）	正向	股份制专用	董事会治理基础	自主合规	《保险公司风险管理指引》第十二条 保险公司可以设立由相关高级管理人员或者部门责任人员组成的综合风险管理机构，由总经理或者总经理指定的高级管理人员担任负责人。风险管理协调机构主要职责如下：（三）向董事会风险管理委员会和管理层提交年度风险评估报告。《关于规范保险公司治理结构的指导意见（试行）》（一）明确董事会职责 2.风险。使保险公司对风险的识别、评估和监控等方面的机制，并对保险公司业务、财务、内控和治理结构等进行检查评估。（以上条文均说明，保险公司管理层应定期向董事会风险管理进行监督和评估。）
71	是否定期对公司风险状况进行全面评估并跟踪整改情况（没有强制性规定）	正向	股份制专用	董事会治理基础	自主合规	《保险公司风险管理指引》第十一条 保险公司董事会风险管理委员会应当全面了解公司面临的各项重大风险及其管理状况，监督风险管理体系运行的有效性，对以下事项进行审议并向董事会提出意见和建议：（一）风险管理的总体目标、基本政策及其职责（二）风险管理机构设置及其职责（三）重大决策的风险评估和重大风险的解决方案（四）年度风险评估报告

续表

编号	指标名称	指标方向	股份制有限制	评价具体维度	强制合规自主合规	评价标准（指标具体出处来源）
71	是否定期对公司风险状况进行全面评估并跟踪整改情况（没有强制性规定）	正向	股份制专用	董事会治理基础	自主合规	《关于规范保险公司治理结构的指导意见（试行）》（一）明确董事会职责 2. 风险。使保险公司建立识别、评价和监控风险等方面的机制，并对保险公司业务、财务、内控和治理结构的风险定期进行检查评估（综合以上条文可以看出，董事会应对该定期对公司风险状况进行全面评估并对此跟踪检查监督）
72	董事长与总经理间工作的沟通配合是否顺畅、协调（没有强制性规定且不易做出客观评价）	正向	通用	董事会治理基础	自主合规	《关于规范保险公司治理结构的指导意见（试行）》（二）强化董事职责 3. 董事应当有权要求管理层全面、及时、准确地提供反映公司经营管理情况的各种资料或就相关事宜作出说明（为了能顺利实现以上条文中所规定的事项，需要董事长与总经理之间能进行顺畅、协调的沟通和配合，这样才能最终有利于公司的经营和发展）
73	是否及时召开会议对重大事项进行专题审议（没有强制性规定）	正向	股份制专用	董事会治理基础	自主合规	《保险公司内部审计指引》第二十三条 保险公司董事会审计委员会应当及时对审计责任人提交的内部控制评估报告进行审议，并就公司内部控制存在的问题向董事会提出意见和建议（即保险公司审计委员会需要召开会议来对重大事项进行专题审议）
74	对重大事项是否进行深入讨论形成专业意见并对风险做出充分提示（没有强制性规定）	正向	股份制专用	董事会治理基础	自主合规	《保险公司风险管理指引》第十一条 保险公司董事会应当全面了解公司面临的各项重大风险及其管理状况、监督风险管理体系运行的有效性，对以下事项进行审议并向董事会提出意见和建议：（三）重大决策的风险评估和建议。（由此条文可以推测出，公司对重大事项需要进行深入讨论形成专业意见，并对相关风险做出充分提示，以此未减小公司可能对应的风险）
75	独立董事是否有充分的独立性（不易做出客观评价）	正向	股份制专用	董事会治理基础	自主合规	《保险公司独立董事管理暂行办法》第八条 独立董事正式任职前，除按照监管规定报中国保监会进行任职资格审查外，还应当在中国保监会指定的媒体上就其独立性声明，并承诺勤勉尽职，保证具有足够的时间和精力履行职责（从独立董事在媒体上对其独立性的公开声明一点可以看出，独立董事勤勉尽责，单要来名义上拥有独立性，在执行工作过程中也要明确有充分的独立性）

续表

编号	指标名称	指标方向	股份制有限制	评价具体维度	强制合规自主合规	评价标准（指标具体出来源）
76	是否存在独立董事因审议事项补充资料不充分要求补充资料或要求延期审查情形（不易做出客观评价）	反向	股份制专用	董事会治理基础	自主合规	《保险公司独立董事管理暂行办法》第二十五条 独立董事享有与其他董事同等的知情权 独立董事认为据以作出决策的资料不充分时，应当要求公司补充。两名以上的独立董事认为资料不充分时，可联名要求延期审议相关议题或者要求延期召开董事会会议，董事会应当采纳。《保险公司董事会运作指引》第七十三条 全体董事过半数或者两名以上独立董事认为会议议题不明确、不具体，或者因会议材料不充分等事由导致其无法对决议事项作出判断时，会议主持人可以宣布对该议题暂缓表决，同时对该审议事项再次提交审议的时间反应当延期召开会议。（根据以上条文可以看出，如果出现两名以上独立董事审查出资料或事项存在严重问题，则说明董事会审查情形，这都不利于公司的经营和发展）
77	独立董事是否能有效地利用自己的知识、经验和专业技术帮助公司解决所面临的问题（没有强制性规定且不易做出客观评价）	正向	股份制专用	董事会治理基础	自主合规	《保险公司独立董事管理暂行办法》第五条 独立董事除应当符合《保险公司董事、监事和高级管理人员任职资格管理规定》担任董事的任职资格要求外，还应当具备以下条件：（二）担任董事会审计委员会委员，应当具有五年以上财务或者法律工作经验；（三）担任董事会提名薪酬委员会委员的，应当具备有较强的识人用人和薪酬管理能力，具备五年以上在企事业机关单位或者担任管理职务的任职经历（之所以上述条文中如此详细地利用自己的知识，目的就是让独立董事能够有效地利用自己的知识、经验和技术来帮助公司解决所面对的问题。这样才能充分发挥独立董事作用）
78	独立董事能否与其他董事进行有效沟通，并保持独立判断（没有强制性规定且不易做出客观评价）	正向	股份制专用	董事会治理基础	自主合规	《保险公司独立董事管理暂行办法》第二十五条 独立董事认为据以作出决策的资料不充分时，应当要求公司补充。两名以上的独立董事认为资料不充分时，可联名要求延期审议相关议题或者要求延期召开董事会会议，董事会应当采纳。（通过以上条文可以看出，独立董事与其他董事的有效沟通并保持自己的独立判断，有利于独立董事能作用的发挥）

续表

编号	指标名称	指标方向	股份制有限制	评价具体维度	强制合规自主合规	评价标准（指标具体出处来源）
79	独立董事是否说明弃权或反对弃权的原因（没有强制性规定且不易做出客观评价）	正向	股份制专用	董事会治理基础	自主合规	**《保险公司独立董事管理暂行办法》** 第二十一条　独立董事对本办法第二十条规定事项投弃权或反对票的，或者认为发表意见存在障碍的，应当提交书面意见 独立董事的书面意见应当存入董事会会议档案 《保险公司董事会运作指引》第三十三条　董事尽职报告包括以下内容： （二）董事在董事会上的表决情况和发表意见的情况，包括投弃权或者反对票的情况及原因 （以上条文表明，独立董事应当就该事情况及原因）
80	是否有独立董事意见不被接受的情形（没有禁止性规定）	反向	股份制专用	董事会治理基础	自主合规	**《保险公司独立董事管理暂行办法》** 第二十四条　董事会议事项可能损害保险公司 被保险人或者中小股东利益，半数以上且不少于两名独立董事可以向董事会提请召开临时股东大会 董事会不接受独立董事意见的，独立董事可以向中国保监会报告 （因为一般情况下独立董事所处的地位都处各观中立的，他们能尽可能接受股东的为除股东外的利益相关人之考虑，所以如果自独立董事的意见不被接受的情况下，在一定程度上说明董事会的运行和发展）
81	是否召开过只有独立董事参加的会议研讨重大事项（没有强制性规定）	正向	股份制专用	董事会治理基础	自主合规	**《保险公司独立董事管理暂行办法》** 第二十三条　独立董事会仅可开由独立董事召集，对公司事务进行讨论。独立董事可以推举一名独立董事负责会议的召集并主持会议 （召开只有独立董事参加的会议及其他重大事项，有利于突出独立董事的地位和作用，有利于公司的运行和发展）
82	薪酬水平是否与公司业务规模、盈利状况相匹配（不易做出客观评价）	正向	通用	董监高	自主合规	**《保险公司薪酬管理规范指引》** 第十条　保险公司应当根据公司财务状况、经营结果、风险控制等多种因素，合理确定董事、监事和高管人员薪酬水平，保险公司偿付能力不足的，中国保监会按照相关规定限制其高薪酬 保险公司不得脱离公司实际发放过高薪酬 （公司薪酬水平应与该公司所处的行业发展阶段和公司实际经营状况、业务规模、盈利状况相匹配）

续表

编号	指标名称	指标方向	股份制有限制	评价具体维度	强制合规自主合规	评价标准（指标具体出处来源）
83	考核指标是否纳入偿付能力、企业价值、业务质量及风险等因素（不易做出客观评价）	正向	通用	高管治理基础	自主合规	《保险公司薪酬管理规范指引》第十七条 保险公司绩效考核指标体系应当包括经济效益指标和风险合规指标。经济效益指标的选取应当符合国家有关规定和公司战略。风险合规指标应当重点反映以下风险： （一）偿付能力充足率 （二）治理风险指标 （三）内控风险指标 （四）合规风险指标 （五）资金运用风险指标 （六）业务经营风险指标 （七）财务风险指标 各类风险指标的构成参照中国保监会有关分类监管的规定确定。保险集团公司、保险资产管理公司和再保险公司风险合规指标由公司根据自身情况和有关监管规定确定（从以上本条文可以看出，应该将公司的偿付能力、企业价值、业务质量等风险因素纳入人员的考核指标当中）
84	考核结果是否能科学反映高管人员对公司的贡献（没有强制性规定且不易做出客观评价）	正向	通用	高管治理基础	自主合规	《保险公司薪酬管理规范指引》第二十一条 保险公司对薪酬管理负最终责任。董事履行薪酬管理职责时，应当具备专业胜任能力，独立发表意见，避免受管理层影响。董事会对保险公司薪酬管理的如下内容进行审核： （三）董事、监事和高管人员的个人绩效考核指标及权重 （如果绩效考核结果反映高管人员能够科学反映对公司的贡献，这样能更有效的对管理人员进行激励）
85	高管人员薪酬考核指标是否由薪酬委员会主导制定（没有强制性规定）	正向	股份制专用	高管治理基础	自主合规	《保险公司薪酬管理规范指引》第二十二条 保险公司董事会应当设立薪酬委员会，薪酬委员会应当具备相应的专业能力，由独立董事担任主任委员。保险公司董事会应当充分发挥薪酬委员会的辅助决策作用。薪酬委员会对保险公司薪酬管理进行专门研究和讨论，向董事会提出专业意见和建议，合规管理的影响及关联性征求其他相关专业委员会意见（因为薪酬管理委员会委员由独立董事担任主任委员，所以高管人员的薪酬考核过程更加客观公正的进行）

续表

编号	指标名称	指标方向	股份制 有限制	评价具体 维度	强制合规 自主合规	评价标准（指标具体出处来源）
86	薪酬管理程序是否 严格明确 （没有强制性规定）	正向	通用	董监高	自主合规	《保险公司薪酬管理规范指引》 第四条　保险公司薪酬管理应当遵循以下原则： （一）科学发展为导向。保险公司应当根据公司发展战略，以提高市场竞争力和实现可持续发展为导向，制定科学的绩效考核机制和合理的薪酬基准 （二）规范严谨。保险公司应当按照规范的程序、制定规范规范的薪酬管理程序，合理确定和适时调整不同岗位的基本薪酬标准 第六条　保险薪酬管理过程科学，确保薪酬管理过程合规，严谨 第七条　保险公司应当根据公司实际和市场水平，严格按照当年绩效考核结果确定和适时调整薪酬。监事和高管人员薪酬评价应当根据薪酬管理的程序、合理确定 （通过以上本文可以看出，既然制定了薪酬评价管理制度及各种标准，那么只有了形式上的公平之后，就需要将薪酬管理程序严格明确的执行下去）
87	是否建立和落实董 事会自我评价制度 （没有强制性规定）	正向	股份制 专用	董事会治 理基础	自主合规	《保险公司发展规划管理指引》 第三十五条　保险公司应当于每年 4 月底前向中国保监会提交公司上一年度规划实施情况全面自我评估报告，其中包括保费收入、总资产、利润率、偿付能力充足率、分支机构建设等重要指标年度完成情况与规划目标的差异情况 第三十六条　中国保监会组织有关专家对保险公司发展规划开展自我评价、实施结果、调整频率、制定程序 工作、内容包括制度建设、基本内容、材料报送等项目 《保险公司董事会运作指引》 第三十二条　保险公司应当建立董事尽职考核评价制度、规范董事尽职考核评价的主体、方式、内容、标准和程序 董事会应当每年对董事进行尽职考核评价，并向股东大会和监事会提交董事职报告 （由此可见，公司治理报告即为公司的自我评价的一种制度，而其中董事会的自我评价制度的建立和落实尤为重要）
88	是否有明确制度规 定高管人员职务消 费并有效的执行 （没有强制性规定）	正向	通用	高管治理 基础	自主合规	《保险公司偿付能力管理规定》 第三十八条　对于不足类公司，中国保监会应当区分不同情形，采取下列一项或者多项监管措施： （二）限制董事、高级管理人员的薪酬水平和在职消费水平 （由上述条文可知，公司应该建立和明确规定高管人员的职务消费，并对此有效的执行）

续表

编号	指标名称	指标方向	股份制有限制	评价具体维度	强制合规自主合规	评价标准（指标具体出处来源）
89	监事会是否对董事会决议提出意见或建议（没有强制性规定）	正向	股份制专用	监事会治理基础	自主合规	《公司法》第五十五条 监事可以列席董事会会议，并对董事会决议事项提出质询或者建议 监事会、不设监事会的公司的监事发现公司经营情况异常，可以进行调查；必要时，可以聘请会计师事务所等协助其工作，费用由公司承担 第一百一十九条 本法第五十四条、第五十五条关于有限责任公司监事会职权的规定，适用于股份有限公司监事会 （由此可见，监事会对董事会决议提出意见或建议是监事会尽职的表现）
90	监事会是否对高管人员进行监督谈话或调查（没有强制性规定）	正向	股份制专用	监事会治理基础	自主合规	《公司法》第五十四条 监事会、不设监事会的公司的监事行使下列职权：（一）检查公司财务（二）对董事、高级管理人员执行公司职务的行为进行监督，对违反法律、行政法规、公司章程或者股东会决议的董事、高级管理人员提出罢免的建议（三）当董事、高级管理人员的行为损害公司的利益时，要求董事、高级管理人员予以纠正（六）依照本法第一百五十二条的规定，对董事、高级管理人员提起诉讼（七）公司章程规定的其他职权（同样，监事会对高管人员进行监督谈话或调查，这也是履行职责的表现）
91	审计人员数量和结构是否符合监管要求或满足工作需要（没有强制性规定且不易做出客观评价）	正向	通用	内外部审计	自主合规	《保险公司内部审计指引》第十二条 保险公司应当配备足够数量的内部审计人员。专职内部审计人员原则上应当不低于公司员工人数的千分之五。保险公司员工人数不足一百人的，至少应当有一名专职内部审计人员。专职内部审计人员应当具有大专以上学历，具备相应的专业知识和工作能力（即保险公司审计人员的数量和结构应符合该机构的要求或满足工作的需要）
92	是否存在主要业务单位连续两年未被审计的情况	反向	通用	内外部审计	自主合规	《保险公司内部审计指引》第二十六条 保险公司内部审计责任人应当至少每年一次向审计委员会和管理层提交内部控制评估报告和审计工作报告

续表

编号	指标名称	指标方向	股份制有限制	评价具体维度	强制合规自主合规	评价标准（指标具体出来源）
92	（没有禁止性规定）	反向	通用	内外部审计	自主合规	第十七条　保险公司内部审计部门主要职责如下：（二）对公司及所属单位各项经营管理活动和财务活动的真实性、合规性进行监督、检查、评价（即根据以上条文可知，保险公司应该每年至少进行一次对公司及所属单位的各项经营管理活动等的审计，所以不应该允许存在主要业务单位未被审计，尤其是连续两年未被审计的情况）
93	是否建立通畅的举报机制并及时处理举报（不易做出客观性评价）	正向	通用	内外部审计	自主合规	《保险公司内部审计指引》第三十三条　保险公司应当建立通畅的投诉举报机制，鼓励员工举报公司经营管理中违法违规及其他不符合内部控制要求的行为，并严格为举报人保密《保险公司合规管理指引》第二十八条　保险公司应当建立通常的举报违规事件都享有权利和途径举报违规事件（保险公司应该设立通常的举报机制并及时处理举报信息，确保举报机制能够充分发挥作用）
94	是否引入战略投资者（没有强制性规定）	正向	通用	股东治理基础	自主合规	《保险公司股权管理办法》第十三条　境内企业法人向保险公司投资入股，应当符合以下条件：（一）财务状况良好稳定，且有盈利（二）具有良好的诚信记录和纳税记录（三）最近三年内无重大违法违规记录（四）投资人为金融机构的，应当符合相应金融监管部门的审慎监管指标要求（五）法律、行政法规及中国保监会规定的其他条件第十四条　境外金融机构向保险公司投资入股，应当符合以下条件：（一）财务状况良好稳定，最近三个会计年度连续盈利（二）最近一年年末总资产不少于20亿美元（三）国际评级机构最近三年对其长期信用评级为A级以上（四）最近三年内无重大违法违规记录（五）符合所在地金融监管机构的审慎监管指标要求

续表

编号	指标名称	指标方向	股份制有限制	评价具体维度	强制合规自主合规	评价标准（指标具体出处来源）
94	是否引入战略投资者（没有强制性规定）	正向	通用	股东治理基础	自主合规	（六）法律、行政法规及中国保监会规定的其他条件（引入战略投资者能够进一步优化公司治理，并且实现股权多元化，对公司的运营和发展都起着正向的作用）
95	是否实施股权激励（没有强制性规定）	正向	通用	董监高	自主合规	《保险公司薪酬管理规范指引（试行）》第九条 中长期激励包括股权性质的激励措施和现金激励等。保险公司实行中长期激励的，应当报经中国保监会备案。保险公司中长期激励办法由中国保监会根据国家有关规定另行制定（因为进行股权激励能够促使管理层与股东利益趋于一致，有利于公司长期的运营发展）